U1015698

21世纪普通高等教育
法学系列教材

房地产法学

王雷　著

中国人民大学出版社
·北京·

图书在版编目（CIP）数据

房地产法学/王雷著. -- 北京：中国人民大学出版社，2021.3
21世纪普通高等教育法学系列教材
ISBN 978-7-300-29069-0

Ⅰ.①房… Ⅱ.①王… Ⅲ.①房地产法-法学-中国-高等学校-教材 Ⅳ.①D922.381

中国版本图书馆CIP数据核字（2021）第035260号

21世纪普通高等教育法学系列教材
房地产法学
王 雷 著
Fangdichan Faxue

出版发行 中国人民大学出版社
社　　址 北京中关村大街31号　　邮政编码 100080
电　　话 010－62511242（总编室）　　010－62511770（质管部）
　　　　 010－82501766（邮购部）　　010－62514148（门市部）
　　　　 010－62515195（发行公司）　　010－62515275（盗版举报）
网　　址 http：//www.crup.com.cn
经　　销 新华书店
印　　刷 唐山玺诚印务有限公司
规　　格 185 mm×260 mm 16开本　　版　　次 2021年3月第1版
印　　张 17.75 插页1　　印　　次 2022年5月第3次印刷
字　　数 449 000　　定　　价 39.00元

作者简介

王雷，中国政法大学民商经济法学院副教授、博士生导师，中国法学会民法学研究会理事兼副秘书长，中国法学会民法典编纂项目领导小组秘书处成员、物权法编课题组成员兼联络人，“金砖国家法律论坛”商法与合同法专业委员会成员，北京市民法典学习宣传讲师团成员，山东省日照市党政一体法律顾问。

前　言

一、内容范围

房地产是土地、土地权益以及地上建筑物、构筑物等房屋的合称。房地产法是确认和保障房地产权益，规范房地产开发建设、交易和使用乃至保障等的综合法律部门。房地产法以物权法、合同法等民事基本法律为基础，同时又包含诸多行政法律、法规的规制内容。自改革开放以来，我国的房地产法律体系经历了一个不断发展完善的过程。当前我国房地产法律体系呈现城乡二元化结构、房产法和地产法二元结构以及行政管理法和民事权利法二元结构。房地产法学内容体系构建中应该妥当回应房地产法律体系的二元结构，应该在房地产综合法律体系的框架下，努力将房地产开发建设、交易、权属、使用乃至保障等领域的社会纠纷法律化。

二、写作缘起及使用对象

2013年至2016年，作者在中国青年政治学院连续承担研究生课程“房地产法专题研究”的讲授任务，在备课过程中，完成《房地产法原理》讲义的写作，并最终以《房地产法学》为题出版。之后，作者结合多次讲课备课积累的资料、参与房地产法学术研讨会撰写的论文和参与《中华人民共和国民法典》《不动产登记暂行条例实施细则》《土地管理法》《北京市物业管理条例》《淮安市住宅物业管理条例》等立法论证积累的资料，持续写作和完善本书稿，使书稿更具理论和实务的前沿性。本书写作时间为《中华人民共和国民法典》颁行前后，故书中所引法条新旧兼顾，以照应过往、回应当下，也前瞻未来。

鉴于房地产法的交叉综合性特点，国内有关房地产法学的教材或者专著相对匮乏，已有者其内容总体比较简单，而房地产法律实务发展迅猛，甚至半数以上的民商事法律纠纷会涉及房地产法律问题，社会需求强烈。本书内容全面，体现了房地产法学的综合性特点，展现了房地产法律体系和理论体系，弥补了国内房地产法学教材对房地产法学综合性、交叉学科性特点反映不足的缺陷。

本书属于研究型/专著型教材，供高年级本科生和研究生学习研究之用，也可以供房地产法学研究者和房地产法律实务工作者参考。

三、写作特点

房地产法学是指以现行房地产法律秩序为基础和界限，借以探求房地产法律问题答案的学问。房地产法学知识体系构建中应贯彻以下原则。

首先，“在房地产法上，城市房地产权利占有主导地位，房地产法上的许多规则都是针对城市房地产权利而设计的”。法学研究和法律实践中长期存在“都市法学”的现象，对农村法治实践关注相对不足。房地产法学应该统筹兼顾“都市法学”和“乡村法学”两个视角。房地产法学应该既研究城市房地产法律关系，也研究农村房地产法律关系，致力解答农村产权改革和乡村治理体系建设中的重大房地产法难题，思考农村“三块地”的未来发展方向，关心“居者有其屋”和“耕者有其田”的重大民生，关注房地产市场平稳健康发展和充分保障粮食安全的国家大计，并努力将房地产社会纠纷法律化。

其次，房地产法学既要研究房地产民事权利规范，也要研究房地产行政管理法律规范。既要研究房地产市场交易行为，分析基于交易行为的物权变动和权属问题，也要研究土地用途管制制度、土地建设规划制度、房地产领域政府保障体系的建立和完善等。

最后，要在房地产法律规范和房地产法律实务之间往返流转。在物权法、合同法、民法典基础上，形成以《土地管理法》《城市房地产管理法》《农村土地承包法》为主干的理论和应用体系，将房地产开发建设、交易、权属、使用乃至保障等领域的社会纠纷法律化。

四、学术方法和观点

第一，交叉学科的学术视角和以问题为导向的思考方法。房地产法学是综合性学科，房地产法律是综合性法律部门。本着交叉学科视角和法学基础知识、法学原理与法学方法论相结合的研究方法，参考领域法学思维，本书的框架结构和内容体系体现民商法、经济法、民事诉讼法、行政法等的多元交叉，力图以问题为导向，突破部门法藩篱。

第二，总结房地产法律和房地产法学的二元结构特点。当前我国房地产法律体系中存在城乡二元化结构的特点，立法数量和质量也存在城乡不平衡现象，房地产司法实务亦然，当然目前逐渐发生了一些积极变化。房地产法律体系的二元结构还表现为房产法和地产法的二元结构，围绕土地使用权的土地立法走在了房产法律的前面，而房产法律还很不完善。此外，从房地产法律的实质内容上看，房地产法律也存在行政管理法和民事权利法的二元结构。

第三，将房地产社会纠纷法律化。房地产问题是当前中国社会热点之一，高房价、高地价引发了很多社会问题，相关社会纠纷需要通过房地产法律进行综合处理。高房价一定程度上引发了“一房数卖”、“一房数租”、“群租”、“限购”政策下的退房、“小产权房”等问题。应该坚持“房住不炒”的定位（房子是用来住的，不是用来炒的），在房地产综合法律体系框架下，努力将房地产社会纠纷法律化。

目　录

第一部分　房地产法与房地产法学概述

第一章　房地产法概述 …… 3
第一节　房地产法与房地产法学概述 …… 3
一、房地产法与房地产法学的定义 …… 3
二、房地产的定义及法律特征 …… 4
第二节　房地产法的内容体系 …… 6
一、房地产法的发展历程 …… 6
二、房地产法的内容体系及相互关系 …… 7
第三节　房地产纠纷法律化——以高房价相关社会纠纷法律化为例 …… 9
第四节　房地产法学体系的构建 …… 11

第二部分　房地产权属法律制度

第二章　房地产权属法律制度 …… 15
第一节　我国房地产权属法律制度概述 …… 15
一、土地归属和利用法律制度 …… 15
二、房屋归属和利用法律制度 …… 16
三、矿产资源公平分配法律制度及自然资源国家所有权 …… 18
四、自然资源用益物权与资源性产品效用之发挥 …… 22
第二节　房地产登记制度 …… 25
一、房地产登记的类型划分 …… 25
二、房地产更正登记、异议登记和预告登记制度 …… 26
三、房地产登记的程序性事项 …… 28
四、《不动产登记暂行条例》的解释与适用 …… 29
第三节　房地产登记簿的权利推定力和公信力 …… 31
一、房地产登记簿之权利推定力 …… 31
二、房地产登记簿的公信力与善意取得制度 …… 33
三、房地产善意取得制度中无权处分的常见情形 …… 35
四、房地产登记簿的推定力和公信力的具体范围 …… 36
五、夫妻一方擅自出卖共有房屋时的无权处分问题 …… 37
六、夫妻一方擅自出卖共有房屋时的无权代理问题 …… 38

第四节　房地产物权变动模式 …… 39
一、基于民事法律行为的房地产物权变动模式 …… 39
二、非基于民事法律行为的房地产物权变动模式：兼评“山东健民晁氏药业有限公司诉张某、泰安山城石油天然气有限公司、第三人山东健民药业有限公司案外人执行异议之诉” …… 40
三、由人民政府生效的征收决定引起的不动产物权变动：评析武汉市国土资源规划局单方注销被征收人不动产权属证书事件 …… 42
四、房地产物权变动与物权保护 …… 45
第五节　房地产“一物数卖”与物的归属之明确 …… 46
一、房地产“一物数卖”中物权归属判断规则 …… 46
二、房地产“一物数卖”中买卖合同的效力判断规则 …… 48
三、房地产“一物数卖”中的违约损害赔偿 …… 49
四、房地产“一物数卖”中的惩罚性损害赔偿 …… 49
第三章　业主的建筑物区分所有权 …… 52
第一节　业主的建筑物区分所有权制度 …… 52
一、业主的建筑物区分所有权概述 …… 52
二、业主的建筑物区分所有权之内容 …… 53
三、小区车位、车库及城市道路划线停车位的物权归属 …… 56
四、小区电梯广告中的房地产法问题 …… 58
五、老旧小区住宅加装电梯的房地产法问题 …… 60
六、管理规约是业主成员权的重要行使方式 …… 61
七、对业主成员权的救济：业主共同决定中少数业主的保护机制 …… 63
八、民法典中小区善治规则的解读与适用 …… 64
第二节　业主的建筑物区分所有权与产权式酒店法律制度 …… 67
一、产权式酒店法律制度概述 …… 67
二、民事法律关系分析法是指导民事法律适用的重要方法 …… 67
三、产权式酒店民事法律关系的多层复合性 …… 69
四、产权式酒店多层复合民事法律关系的法律适用 …… 70
五、多层复合民事法律关系法律适用的一般性结论 …… 74
第三节　违法建筑法律问题 …… 74
一、违法建筑的定义和类型 …… 74
二、违法建筑的物权归属与侵权责任保护 …… 75
三、违法建筑买卖合同和租赁合同的效力 …… 76
四、违法建筑所引发的行政处罚与行政强制 …… 77
第四节　不动产强制执行法律制度 …… 78
一、民事执行中对不动产权属的证明责任分配与案外人执行异议之诉 …… 78
二、不动产抵押权实现的特别程序和强制执行程序 …… 79
三、民事执行标的有限原则与被执行人的基本居住权益保障 …… 80
四、对于规避不动产强制执行行为的处理 …… 81

第四章 房地产相邻关系 …… 85
第一节 房地产相邻关系概述 …… 85
一、相邻关系的定义和法律性质 …… 85
二、相邻关系的规范性质 …… 86
第二节 房地产相邻关系的类型 …… 87
一、《物权法》《民法典》所规定的房地产相邻关系的具体类型 …… 87
二、建筑物采光权、日照权纠纷相关案件的法律适用 …… 88
三、建筑物噪声污染等不可量物侵害纠纷案件的法律适用 …… 89
第三节 房地产相邻关系的处理原则 …… 90

第三部分 房地产开发建设法律制度

第五章 城市房地产开发与建设用地使用权 …… 95
第一节 城市房地产开发概述 …… 95
第二节 城市房地产开发中的建设用地使用权 …… 97
第三节 城市房地产开发中建设用地使用权的取得方式 …… 99
一、建设用地使用权的取得方式概述 …… 99
二、建设用地使用权的出让 …… 99
三、建设用地使用权的划拨与转让 …… 102
第四节 土地储备制度 …… 103
第五节 解析重庆索特盐化股份有限公司与重庆新万基房地产开发有限公司土地使用权转让合同纠纷案 …… 104
第六章 房地产征收拆迁法律制度 …… 107
第一节 所有权的法律限制 …… 107
一、所有权的法律限制概述 …… 107
二、征收与征用制度 …… 107
第二节 我国征收法律制度体系 …… 109
第三节 征收与公共利益 …… 110
一、公共利益的立法技术 …… 110
二、征收拆迁与协议拆迁 …… 112
第四节 征收的法律权限和程序 …… 112
第五节 征收补偿制度 …… 114
一、征收与房地产物权变动 …… 114
二、房地产征收补偿制度 …… 115
三、承包地征收补偿制度——土地补偿费分配权 …… 116
第六节 城乡房屋与土地征收补偿理论与实践 …… 117
第七节 《土地管理法》2019 年修正案对征收等制度的发展 …… 119
第七章 建设工程合同 …… 122
第一节 建设工程合同概述 …… 122
第二节 建筑施工企业资质与建设工程合同的效力 …… 122

第三节　建设工程合同价款优先受偿权 …… 123
一、建设工程合同价款优先受偿权的法律适用 …… 123
二、建设工程合同价款优先受偿权与承包人拒绝交付工程的关系 …… 124
第四节　房屋装修合同与建设工程合同的关系 …… 124
第五节　建设工程合同纠纷案件适用法律的重点难点问题 …… 125
一、建设工程合同领域几类常见法律问题 …… 126
二、建设工程合同效力的判断规则 …… 127
三、建设工程合同中实际施工人和建筑工人权益的保护 …… 128
四、建设工程合同中工程款结算的特殊问题 …… 129

第四部分　房地产交易法律制度

第八章　商品房买卖合同 …… 133
第一节　商品房买卖合同概述 …… 133
一、商品房买卖合同的定义与法律性质 …… 133
二、《北京市高级人民法院关于审理房屋买卖合同纠纷案件若干疑难问题的会议纪要》简析 …… 133
第二节　商品房预售许可证与商品房买卖合同的效力 …… 134
一、商品房买卖合同的生效要件 …… 134
二、商品房预售许可证与商品房预售合同的效力 …… 135
第三节　商品房买卖合同中对买房人的倾斜保护 …… 136
第四节　“借名买房”中的法律问题 …… 137
第五节　商品房买卖合同中的如实告知义务 …… 139
一、商品房销售广告和宣传资料的法律定性 …… 139
二、法律解释方法在凶宅买卖案件中的适用 …… 140
三、学区房买卖中的如实告知义务 …… 142
第六节　楼市新政及地震对房屋买卖合同的影响 …… 142
一、楼市新政与情势变更 …… 142
二、地震对房屋买卖合同、按揭房贷返还的影响 …… 144
三、因灾损毁、倒塌房屋所引发相关房地产法律问题 …… 146
第七节　“以物抵债”法律问题解析：以“以房抵债”为例 …… 147
一、朱某与山西嘉和泰房地产开发有限公司商品房买卖合同纠纷案的基本事实 …… 147
二、“以物抵债”协议不适用流押禁止规则 …… 148
三、对“以物抵债”协议的新解读：附生效条件的买卖合同 …… 148
四、“以物抵债”协议属于附生效条件的诺成合同而非实践合同 …… 151
五、总结：商品房买卖式担保的法律构造 …… 152
第八节　执行异议之诉中抵押权和商品房买受人之权益的冲突与协调 …… 152
第九章　房屋租赁合同 …… 158
第一节　房屋租赁合同概述 …… 158
第二节　效力性禁止性规范与房屋租赁合同的效力 …… 159

一、违法建筑租赁合同的效力 …… 159
二、违法建筑租赁合同无效的具体法律后果 …… 161
第三节 房屋出租人的权利、义务 …… 162
一、房屋出租人的法定解除权 …… 162
二、房屋出租人的维修义务 …… 163
第四节 房屋承租人的权利、义务 …… 164
一、房屋承租人的权利、义务概述 …… 164
二、所有权变动不破租赁制度 …… 165
三、房屋承租人的优先购买权 …… 167
第五节 房屋租赁合同装饰装修问题的处理 …… 169
第六节 对房屋租赁合同的行政管制 …… 171
一、房屋租赁登记备案制度 …… 171
二、对群租的法律规制 …… 171
第七节 《北京市高级人民法院关于审理房屋租赁合同纠纷案件若干疑难问题的解答》的理论与实务问题分析 …… 172
第八节 租房实践中其他常见的房地产法问题 …… 174
第十章 房屋居间合同与房地产中介服务法律制度 …… 177
第一节 房屋居间合同概述 …… 177
一、居间合同的概念、类型和法律特征 …… 177
二、《民法典》将居间合同改为中介合同 …… 178
第二节 房屋委托人的权利、义务 …… 178
一、委托人支付约定报酬义务和支付必要费用义务 …… 178
二、委托人"跳单违约"与合同诚信原则 …… 179
第三节 房屋居间人的权利、义务 …… 180
一、居间人的主要权利、义务 …… 180
二、居间人"吃差价"与合同诚信原则 …… 180

第五部分 房地产使用法律制度

第十一章 物业服务合同与物业管理法律制度 …… 185
第一节 物业管理法律模式概述 …… 185
一、我国物业管理的二元法律模式：委托管理与自行管理 …… 185
二、我国当前物业管理法律模式中的突出问题 …… 186
第二节 业主委托管理与物业服务合同法律关系 …… 187
一、物业服务合同的定义与法律特征 …… 187
二、物业服务合同具有团体性的本质特点 …… 189
三、物业服务合同与其他提供服务类合同的关联 …… 190
四、物业服务合同对其他典型合同的参照适用、类推适用 …… 191
第三节 物业服务合同法律纠纷的类型化 …… 192
一、物业服务企业的法律地位概述 …… 192
二、物业服务费用法律纠纷 …… 193

三、物业服务企业安全保障义务法律纠纷 …… 196
四、住宅专项维修资金的管理与使用 …… 198
五、物业服务合同终止后物业服务企业的后合同义务 …… 199
第四节 业主自行管理：业主管理规约与业主大会的决议行为 …… 200
第五节 《物权法》与《民法典》物权编中的物业管理要点 …… 202
第六节 城市社会治理现代化与物业管理规范化 …… 204
一、城市社会治理的完善与物业管理地方性法规的推进 …… 204
二、《北京市物业管理条例》将物业管理纳入社区治理体系 …… 205
第十二章 建筑物损害责任 …… 207
第一节 建筑物损害责任概述 …… 207
第二节 建筑物管理瑕疵损害责任与建筑物缺陷损害责任 …… 207
第三节 建筑物中抛掷物或者坠落物损害责任 …… 208
一、建筑物中抛掷物或者坠落物损害的补偿责任 …… 208
二、《民法典》对禁止高空抛物规则的发展、完善 …… 209

第六部分 农村房地产法律制度

第十三章 土地承包经营权制度 …… 213
第一节 农村土地权利制度改革研究 …… 213
一、清末变法修律到新中国成立前我国农村土地法律制度变迁 …… 213
二、新中国成立以来我国农村土地法律制度变迁 …… 213
第二节 农村土地“三权分置”、农地流转与农业经营体制创新 …… 218
第三节 农民集体所有权、农民集体成员权与农民集体决议 …… 220
一、农民集体所有权及其行使 …… 220
二、农民集体成员权及其行使 …… 222
三、农民集体决议 …… 223
四、“一体两翼”的乡村治理体系 …… 224
第四节 农村土地承包经营权的概念、法律性质与流转 …… 225
一、土地承包经营权的概念与法律特征 …… 225
二、土地承包经营权的法律性质 …… 227
三、土地承包经营权的流转 …… 228
四、承包地流转的新样态——土地经营权及其再流转 …… 230
第五节 农村土地承包经营权和农民住房财产权抵押法律制度：“两权”抵押贷款 …… 232
一、土地承包经营权抵押制度 …… 232
二、农民住房财产权抵押制度 …… 234
第十四章 宅基地使用权制度 …… 236
第一节 集体建设用地与集体经营性建设用地使用权 …… 236
一、集体建设用地的类型 …… 236
二、集体经营性建设用地入市历程 …… 236

第二节 宅基地使用权 …… 237
一、宅基地使用权制度及宅基地“三权分置”改革 …… 237
二、宅基地使用权的可继承性 …… 239
第三节 农村房屋买卖合同的法律效力——以“小产权房”买卖为中心 …… 240
一、农村房屋买卖合同概述 …… 240
二、“小产权房”买卖合同的法律效力 …… 241
第四节 《城乡建设用地增减挂钩试点管理办法》评析 …… 242
一、城乡建设用地增减挂钩制度的背景、依据和法律性质 …… 242
二、《重庆市地票管理办法》及重庆地票制度实践 …… 244

第七部分 房地产保障法律制度

第十五章 基本住房保障法律制度 …… 251

第一节 城市基本住房保障法律制度及其权利构造 …… 251
一、城市基本住房保障法律制度概述 …… 251
二、经济适用房法律制度 …… 252
三、公共租赁住房与廉租房 …… 253
四、城市棚户区改造 …… 254
五、共有产权住房：解析《北京市共有产权住房管理暂行办法》 …… 255
第二节 农村基本住房保障法律制度 …… 256
一、农村住房保障法律制度建设的意义 …… 257
二、农村基本住房保障法律制度的具体设计 …… 259
三、农村基本住房保障中的政府责任——给付行政的视角 …… 265
四、总结：农村基本住房保障的两个维度 …… 266
第三节 《民法典》中居住权的基本住房保障功能 …… 266
一、居住权具有基本住房保障等多重功能 …… 266
二、以房养老的其他法律探索 …… 267
第四节 房地产税 …… 268
一、房地产税制度的社会背景 …… 268
二、房地产税制度的法律构造 …… 268

后记 …… 271

第一部分

房地产法与房地产法学概述

第一章
房地产法概述

第一节　房地产法与房地产法学概述

一、房地产法与房地产法学的定义

房地产法是规范房地产开发建设、交易、权属、使用乃至保障行为的法律规范的总和。房地产法以物权法、合同法等民事基本法律为基础，同时又包括诸多行政法律、法规中的管制规范，成为一综合性的法律部门。在中国特色社会主义法律体系中，房地产法律是指确认和保障房地产权益，规范房地产开发建设、交易和使用等活动的综合法律部门。房地产法学是指以现行房地产法律秩序为基础和界限，借以探求房地产法律问题答案的学问。

对房地产法律及房地产法学的含义需要作如下几点说明：

第一，房地产法律是针对房地产这一特殊财产形态的立法。划分法律部门的首要根据是法律的调整对象，即法律所调整的社会关系。这是主要标准；同时也要考虑法律的调整方法，只根据法律调整对象是不够的。[①] 房地产法律所调整社会关系的类型及调整方法上的特殊性，均体现在其与房地产这一特殊社会财产形态之结合。

第二，中国特色社会主义法律体系之下，房地产法律并非独立的法律部门，而是一个综合性的法律部门。房地产法律存在多个部门法的交叉，民法、经济法、行政法、诉讼法等均会从不同侧面涉及对房地产权益的确认、保护以及对房地产开发建设、交易和使用等行为的法律规范等问题，基本法律部门中的相关一般规定也会通过配套法规或者司法解释等形式来完善和落实，如《土地管理法》《城市房地产管理法》《农村土地承包法》等。可见，房地产法律是调整房地产法律关系的各个部门法的综合。实际上，房地产法律是以问题为导向的，其调整对象所涉及法律关系和调整方法的多元性使其不能为任何单一的法律部门所涵盖，而成为一个以问题为导向的、公私交叉的综合法律部门，房地产法学也就相应属于综合性的法学部门。还有学者提出“领域法学”的概念，以期为此类法学交叉学科“正名”[②]。

第三，房地产法学不同于“不动产法学”，也不同于“房地产管理法学”或者“土地法学”。房地产法学这一概念更具有直观性、包容性和开放性。与不动产法学相比，房地产法学更加形象直观。与房地产管理法学相比，房地产法学在管理法之外，还可以包括权利法，故其

① 朱景文主编．法理学．北京：中国人民大学出版社，2008：368－369.

② 刘剑文．论领域法学：一种立足新兴交叉领域的法学研究范式．政法论丛，2016（5）.

更具有包容性。“土地法学是以调整土地利用行为和管理行为的法律规范为研究对象的学科。”[①] 与土地法学相比，房地产法学是一个更广义的概念：房地产法学不仅讨论土地法，还研究房屋等建筑物法律。故房地产法学的概念更具有开放性。

第四，房地产法律和房地产法学所着重研究的“房地产”这一特殊财产形态在概念的内涵和外延上具有一定程度的不确定性。如前所述，房地产不同于不动产，也不同于房屋和土地。

总之，房地产法律是一个综合法律部门，房地产法学也是一个开放性、包容性的法学学科。

二、房地产的定义及法律特征

现行房地产法律侧重通过定义性法条描述房地产的社会属性。如《城市房地产管理法》第2条第2款规定：“本法所称房屋，是指土地上的房屋等建筑物及构筑物。”《土地管理法》第4条第2款和第3款分别规定：“国家编制土地利用总体规划，规定土地用途，将土地分为农用地、建设用地和未利用地。严格限制农用地转为建设用地，控制建设用地总量，对耕地实行特殊保护。”“前款所称农用地是指直接用于农业生产的土地，包括耕地、林地、草地、农田水利用地、养殖水面等；建设用地是指建造建筑物、构筑物的土地，包括城乡住宅和公共设施用地、工矿用地、交通水利设施用地、旅游用地、军事设施用地等；未利用地是指农用地和建设用地以外的土地。”

就房地产的定义，存在多种观点。一种观点认为，“房地产是房产和地产的简称”[②]。另一种观点认为，“房地产是指土地、土地权益以及地上建筑物、构筑物等房屋的合称”[③]。本书作者认为，后者更加全面。一方面，房地产不同于“房屋和土地”，房地产是房屋和土地上财产权利的简称，侧重于房屋和土地的社会属性，而非自然属性。另一方面，房地产也不同于“不动产”。《担保法》第92条第1款规定：“本法所称不动产是指土地以及房屋、林木等地上定着物。”《物权法》第2条第2款、《民法典》第115条继续将不动产作为“物”的重要类型加以规定。[④] 我国《不动产登记暂行条例》建立起以土地为核心的不动产统一登记制度，其第2条第2款规定：“本条例所称不动产，是指土地、海域以及房屋、林木等定着物。”《不动产登记暂行条例》扩张了不动产的范围。民法学理论上将不动产定义为不能移动或者移动后会减损其

---

① 高富平主编．土地法学．北京：高等教育出版社，2016：23（高富平教授执笔）．

② 高富平，黄武双．房地产法学．3版．北京：高等教育出版社，2010：1．

③ 房绍坤编著．房地产法．4版．北京：北京大学出版社，2011：1．

④ 在参加中国法学会民法典编纂项目领导小组物权法编课题组研究活动过程中，本书作者建议细化对物权客体的规定，创设独立于普通建设用地使用权的空间建设用地使用权，使空间建设用地使用权真正成为建设用地使用权下的子类型。空间建设用地使用权以地上和地下空间为客体。土地的立体化利用和实现土地的物尽其用，既是社会发展的需求，也是物权法的重要规范目的。对土地空间的技术划分和测量区分登记取决于社会发展的实际需要，而非逻辑概念的圆满。我国台湾地区“民法”就将地上权区别为普通地上权和区分地上权。中共中央办公厅、国务院办公厅2019年4月印发的《关于统筹推进自然资源资产产权制度改革的指导意见》指出，“加快推进建设用地地上、地表和地下分别设立使用权，促进空间合理开发利用”。“探索海域使用权立体分层设权”。住房和城乡建设部组织编制并于2016年5月25日印发《城市地下空间开发利用“十三五”规划》，该规划指出，虽然我国部分城市地下空间开发利用进入迅速发展阶段，但是大多数城市地下空间开发利用仍处于起步阶段，城市地下空间开发利用面临建设发展需求旺盛但系统性不足、有关立法和规划制订相对滞后、现状利用基本情况不清、管理体制和机制有待进一步完善等挑战。空间建设用地使用权也突破了物权客体的传统范围，它以土地上下的一定空间为客体，顺应了对土地的立体化利用趋势。本书作者建议将《物权法》第2条第2款、《民法典（草案）》第115条修改为：“物，包括不动产和动产。法律规定权利或者特定地上、地下空间作为物权客体的，依照其规定。”

价值或使用价值的财产。实际上，房地产只是不动产的一部分，后者还包括森林、海域、矿产资源等。

房地产这一概念的法律特征主要包括以下几点。

第一，房地产是不动产的下位概念，或称狭义的不动产。“从范围上，不动产包括土地及其土地之上附着的或内含的物质。”① 土地及其附着物属于不动产，在土地的附着物中，房屋等建筑物是附着于土地之上的最重要的不动产。土地上的附着物除房屋等建筑物之外，还有生长的树木、农作物、矿藏等，它们也属于不动产。“《物权法》乃至民法典物权编是以不动产为基础构建的。”② 基于土地和房屋这两类不动产的重要性，土地和房屋可谓是最重要的不动产，“不动产的基本规则都是以土地—房屋为基础而建立起来的（并准用于其他不动产）……一定意义上而言，对房地产法律的研究，就相当于对不动产法律的研究”③。

第二，房地产的固定性和永久性。房地产作为最重要的不动产，其自然具有固定性的特征。房地产的固定性特征也是由作为其基础的土地的不可移动性决定的。“（一个公民移居出境时，）他只能带走他的动产，而不能把不动产带走。不过，他有资格出售他的不动产而把售得的金钱带走。”④ 房地产权利可以依法进入市场流转，“但房地产本身的空间位置却不会移动，这就决定了在房地产投资中，空间位置的选择十分重要……就地产而言，土地因其位置固定不变，故其价值受自然环境、社会条件的影响相当大，不同地理位置的土地在价值上会有很大差别”⑤。李嘉诚也曾经说：“决定房地产价值的因素，第一是地段，第二是地段，第三还是地段”。“土地是财富之母”，土地资源的不可再生性和有限性更提高了土地的价值。房地产区别于其他动产的另一主要特征是其能够相对持久存在，具有非损耗性。房地产的使用价值不会因为利用而消耗掉，而是能够长期存在，并可能随着人们对它们需求的增加而增值。基于房地产的固定性、永久性和增值性特点，房地产权利也常被选作担保工具。

第三，房产和地产彼此之间既具有相对独立性又具有密不可分性，不管是从物理属性看还是从法律属性看，均有相关表现。

一方面，从物理属性和法律属性来看，房产和地产具有彼此相对独立性。“地产可以脱离房产而单独存在，如土地承包经营权属于地产的范围而不涉及房产。”⑥ 立法例上，房产和地产的关系一直存在结合主义和分别主义两种立法模式。德国采取结合主义的模式，《德国民法典》第 94 条第 1 款规定：“定着于土地和地面的物，特别是建筑物，以及土地的出产物（只要它们与地面连在一起），属于土地的重要成分。种子在播种时，植物在栽种时，分别成为土地的重要成分。”采取分别主义模式的立法例认为，虽然房产在物理属性上附着于地产之上，属于地上定着物，但从法律权属上看，房屋所有权与土地所有权或者建设用地使用权、宅基地使用权可以分离，我国对房产和地产的权属采取了分别主义。《物权法》第 142 条规定：“建设用地使用权人建造的建筑物、构筑物及其附属设施的所有权属于建设用地使用权人，但有相反证据证明的除外。”第 200 条前段规定：“建设用地使用权抵押后，该土地上新增的建筑物不属于抵押财产。”《民法典》第 352 条、第 417 条前段均保留了这些规定。

另一方面，从物理属性和法律属性来看，房产和地产又具有密不可分性。房产不能脱离地

---

①③　高富平，黄武双．房地产法学．3 版．北京：高等教育出版社，2010：2.

②　尹飞．民法典视野下的房地关系．（2020-04-20）．http://law.cufe.edu.cn/info/1217/41863.htm。

④　康德．法的形而上学原理——权利的科学．沈叔平，译．北京：商务印书馆，1991：171.

⑤　房绍坤．房地产法．4 版．北京：北京大学出版社，2011：2.

⑥　同⑤4.

产而单独存在：房屋建造在土地之上，地产是房产的依托和基础，房产价格通常包含土地价格。“依照现有技术水平，房屋和土地在物理上并不能分割开来，不可能脱离土地而使房屋单独存在，故而就出现了‘房地一致’的原则。”[①] 房产和地产在物理属性上的不可分性也使在法律处分上，二者应实行一体处分原则。《物权法》第 146 条和第 147 条，以及《民法典》第 356 条和第 357 条还分别规定了“房随地走”和“地随房走”的房地一体规则，要求房地流转中建筑物等的所有权和该建筑物等占用范围内的建设用地使用权一并处分。这有利于保存不动产的价值，保持房地权利最终归属上的统一，避免出现不动产法律关系的复杂化。“房地产转让中‘一并处分’的法律规定是对合同内容的强制性规定，不允许当事人通过特别约定进行排除。房和地不一致的情况下，仅房地权利人一方签订合同，应当按照无权处分来处理。”[②]《物权法》第 182 条、《民法典》第 397 条将前述房地一体的规则扩及房地产抵押权的设定。

第四，房地产的生活必需品属性。房地产是人类生存和发展必须依赖的财产，“住有所居”“耕者有其田，住者有其屋”，置业安居有助于勤业乐业。在一定程度上，住有所居是最大的民生。“文明的程度可以根据人类自身获取能量的水平和在生活中使用能量的水准来衡量……拥有住所这件事意义重大，因为这意味着人类在使用能量时不但能够开源，而且能够节流了。”[③] 农业社会中更是要求“农者有其地”“耕者有其田”。在各种时代、各种社会形态下，房子本来都应是基本生活必需品，但在高房价的压力下房子对很多人来说变成了奢侈品。住房问题历代为民所关注，杜甫曾在《茅屋为秋风所破歌》中吟叹：“安得广厦千万间，大庇天下寒士俱欢颜，风雨不动安如山！”这体现出杜甫对安居的人文关怀，而且他推己及人，以“吾庐独破受冻死亦足”的气概充分展现儒家“仁”的思想。[④] 新时期的诗人海子依然梦想“我有一所房子，面朝大海，春暖花开”。房产的生活必需品属性使住房问题的解决不能完全依赖市场，对社会弱势群体的住房需求，应该努力通过政府提供多层次住房公共服务的方式解决。这也就要求“建立市场配置和政府保障相结合的住房制度，加强保障性住房建设和管理，满足困难家庭基本需求”。

第二节　房地产法的内容体系

一、房地产法的发展历程

房地产法是规范房地产开发建设、交易、权属、使用乃至保障行为的法律规范的总和。改革开放以来，我国房地产法律体系与房地产政策体系关联互动，房地产法律体系也经历了一个不断发展完善的过程。

1986 年 6 月 25 日《土地管理法》通过，1987 年 1 月 1 日起施行。1988 年修正的《宪法》第 10 条增加规定：“土地的使用权可以依照法律的规定转让。”据此，1988 年 12 月 29 日，《土地管理法》第一次修正，并于其第 2 条增加规定：“国有土地和集体所有的土地的使用权可以依法转让。土地使用权转让的具体办法，由国务院另行规定。”“国家依法实行国有土地有偿使用制度。国有土地有偿使用的具体办法，由国务院另行规定。”这就为房地产市场的形成和发

①② 尹飞．民法典视野下的房地关系．(2020 年 4 月 20 日)．http：//law.cufe.edu.cn/info/1217/41863.htm.

③ 吴军．全球科技通史．北京：中信出版集团，2019：8-9.

④ 吴良镛．中国人居史．北京：中国建筑工业出版社，2014：244-246.

展奠定了基础。2004 年 8 月，《土地管理法》第二次修正。2019 年 8 月，《土地管理法》第三次修正。2020 年 5 月 28 日，《民法典》表决通过。《民法典》自 2021 年 1 月 1 日起施行。

1989 年 12 月 26 日《城市规划法》通过。根据《土地管理法》的立法授权，国务院于 1990 年 5 月 19 日发布并施行《城镇国有土地使用权出让和转让暂行条例》。该条例就城镇国有土地使用制度进行系统规定，涵盖土地使用权出让、转让、出租、抵押、终止、划拨等制度。1994 年 7 月 5 日《城市房地产管理法》通过，1995 年 1 月 1 日起施行。《城市房地产管理法》系统规定了房地产开发用地、房地产开发、房地产交易、房地产权属登记管理制度等。随后，1997 年《建筑法》通过，1999 年《合同法》通过，2003 年《农村土地承包法》施行，2007 年《物权法》通过。2007 年 8 月、2009 年 8 月、2019 年 8 月，《城市房地产管理法》分别进行了第一次、第二次和第三次修正。2007 年 10 月《城乡规划法》通过，并取代了《城市规划法》。① 2018 年 12 月，《农村土地承包法》第二次修正。2015 年 4 月和 2019 年 4 月，《城乡规划法》分别进行了第一次、第二次修正。

此外，《土地登记办法》于 2007 年 12 月 30 日发布。《房屋登记办法》于 2008 年 1 月 22 日发布。《国有土地上房屋征收与补偿条例》于 2011 年 1 月 21 日起施行。《商品房屋租赁管理办法》于 2011 年 2 月 1 日起施行。《商品房销售管理办法》于 2001 年 6 月 1 日起施行。《物业管理条例》于 2003 年通过，2007 年修订。《农村土地承包经营权流转管理办法》于 2005 年 3 月 1 日起实施。2015 年 3 月 1 日，《不动产登记暂行条例》施行。《不动产登记暂行条例实施细则》自 2016 年 1 月 1 日起公布、施行。

《最高人民法院关于审理商品房买卖合同纠纷案件适用法律若干问题的解释》于 2003 年 6 月 1 日起施行。《最高人民法院关于审理建设工程施工合同纠纷案件适用法律问题的解释》于 2005 年 1 月 1 日起施行。《最高人民法院关于审理涉及国有土地使用权合同纠纷案件适用法律问题的解释》于 2005 年 8 月 1 日起施行。《最高人民法院关于审理涉及农村土地承包纠纷案件适用法律问题的解释》于 2005 年 9 月 1 日起施行。《最高人民法院关于审理城镇房屋租赁合同纠纷案件具体应用法律若干问题的解释》于 2009 年 9 月 1 日起施行。《最高人民法院关于审理建筑物区分所有权纠纷案件具体应用法律若干问题的解释》于 2009 年 10 月 1 日起施行。《最高人民法院关于审理物业服务纠纷案件具体应用法律若干问题的解释》于 2009 年 10 月 1 日起施行。《最高人民法院关于适用〈中华人民共和国物权法〉若干问题的解释（一）》于 2016 年 3 月 1 日起施行。《最高人民法院关于审理建设工程施工合同纠纷案件适用法律问题的解释（二）》于 2019 年 2 月 1 日起施行。以上司法解释均自 2021 年 1 月 1 日起被修改或者废止。

二、房地产法的内容体系及相互关系

卢梭曾经指出："无论在哪一个国家，如果你只看城市的话，那是不可能了解那个国家的政府的，因为政府在城市和农村中的做法是不一样的。"② "研究房地产法，应以广义的房地产法为对象，既要研究城市房地产关系，也要研究农村房地产关系。"③ 中国共产党十九大报告明确指出：我国社会主要矛盾已经转化为人民日益增长的美好生活需要和不平衡不充分的发展

① 2015 年 10 月 15 日，在参加住房与城乡建设部法规司主办的"城市设计管理办法立法起草研讨会"时，本书作者就《城市设计管理办法（草案）》中城市规划与城市设计关系等问题从法律规范层级、行政职权法定、城市设计管理正当程序等方面发表意见。住房与城乡建设部法规司相关负责人及其他专家、学者参加了这次研讨。

② 卢梭．爱弥儿：论教育：下卷．李平沤，译．北京：商务印书馆，1978：722.

③ 房绍坤．房地产法．4 版．北京：北京大学出版社，2011：5.

之间的矛盾。当前我国房地产法律体系中存在城乡二元化结构，立法数量和质量存在城乡不平衡现象，在房地产司法实务中亦然。很多大中城市高房价、高地价，而农村土地确权制度的确立在2013年“中央一号文件”后才启动。2011年5月6日起，国土资源部、财政部、农业部《关于加快推进农村集体土地确权登记发证工作的通知》开始实施，农村土地承包经营权、宅基地使用权和农村建设用地使用权等农村集体土地确权登记发证工作加快推进，以明晰集体土地财产权，提高农村集体土地的利用效率，推动农村土地流转。2020年3月30日《中共中央、国务院关于构建更加完善的要素市场化配置体制机制的意见》宣布，“国土空间规划编制、农村房地一体不动产登记基本完成”，“推动制定不动产登记法”。

房地产法律体系的二元结构还表现在房产法和地产法的二元结构之上，围绕土地使用权的土地立法走在了房产法律的前面，房产法律还很不完善。从法律层面看，当前，我国已经形成以《民法典》《土地管理法》《城市房地产管理法》《农村土地承包法》等为核心的房地产法律体系。

从房地产法律的实质内容来看，房地产法律也存在行政管理法和民事权利法的二元结构。房地产法律的规范内容具有综合性，《土地管理法》《城市房地产管理法》都属于综合性的法律规范，其既调整房地产民事法律关系，又调整房地产行政法律关系乃至经济法律关系。① 基于我国房地产法律体系发展的逐步完善性，很长时间以来，“我国房地产法充当着发育我国不动产物权体系的作用”②。在2007年《物权法》出台之后，不动产物权体系基本形成。这时就需要协调房地产特别法律、法规乃至政策文件和《物权法》之间的关系，淡化房地产法律所承担的不动产交易规则的功能，强化其不动产法律管理法的定位，使房地产法律成为“建立在承认当事人自主行使物权和自由契约权利基础上的强制性规范体系”③。学习和研究房地产法律，应该注意区分房地产民事法律规范和房地产行政法律规范，房地产行政法律规范“大多是限制民事权利或是一些程序性的规定，具有强制性”④。没有足够充分且正当的理由，房地产法律、法规、规章等规范性文件不得限制民事主体的自由，如《不动产登记暂行条例实施细则》第14条规定：“因继承、受遗赠取得不动产，当事人申请登记的，应当提交死亡证明材料、遗嘱或者全部法定继承人关于不动产分配的协议以及与被继承人的亲属关系材料等，也可以提交经公证的材料或者生效的法律文书。”这就涉及继承人和受遗赠人申请办理不动产物权变动登记手续时，登记机构是否有权要求其公证的问题。⑤ 这既关系民事主体不动产物权之取得，又涉及登记机构的登记审查管理权限之所在。《不动产登记暂行条例实施细则》对于继承或者受遗

① 2019年9月9日，凯原法学院“张元济法学讲座”第18讲在上海交通大学举行，陈小君教授主讲“《土地管理法》修法与新一轮土地制度改革”。陈小君教授指出：不同法律部门之间并非泾渭分明，虽然《土地管理法》具有公法性质，但是，土地的财产属性不容置疑，从私法角度切入研究意义重大。在土地法律问题研究中，需要注意行政权力与财产权利的协调。

② 高富平，黄武双．房地产法学．3版．北京：高等教育出版社，2010：6.

③ 同②7.

④ 同②13.

⑤ 继承或遗赠房屋不必须办理公证，是否办理公证由立遗嘱人自行决定。只要遗嘱是真实合法的，不动产登记机构就不能以司法部、建设部《关于房产登记管理中加强公证的联合通知》（司公通字［1991］117号）为由拒绝办理房产所有权转移登记手续。“国家对不动产实行统一登记制度。统一登记的范围、登记机构和登记办法，由法律、行政法规规定。司法部、建设部《关于房产登记管理中加强公证的联合通知》不属于法律、行政法规、地方性法规、规章的范畴，且与《物权法》《继承法》《房屋登记办法》等有关法律法规相抵触，不能成为房屋登记主管部门不履行房屋登记法定职责的依据。”陈爱华诉南京市江宁区住房和城乡建设局不履行房屋登记法定职责案．最高人民法院公报，2014（8）.

赠取得不动产的权属登记不强制公证。

房地产法律渊源多层次、多部门，有些房地产法律规范性文件存在重叠冲突，需要根据《立法法》《民法典》的相关规定对之作体系协调。房地产法律的立法、司法和理论基础在于《物权法》《合同法》《民法典》，房地产法律一度充当了不动产物权法的角色。

此外，房地产法律体系的内容还具有与时俱进性。

第三节　房地产纠纷法律化——以高房价相关社会纠纷法律化为例

房地产问题成为当前中国社会热点之一，特别是高房价伴生很多社会问题，高房价所引发的众多社会纠纷也需要通过房地产法律进行综合处理。最高人民法院《民事审判指导与参考》汇集了最高人民法院民一庭有关房地产纠纷案件的大量裁判意见。[①] 有法官总结道："在房地产领域，存在土地出让、合作开发和房屋买卖的一、二、三级市场，从公权力的干预程度上看，是依次减弱的，因此，在对合同效力的把握上，也要依次放宽。"[②] 北京仲裁委员会近年来仲裁的不动产案件统计情况显示："自 1995 年到 2016 年的二十多年时间内，北仲受理的房地产案件、建设工程案件标的金额 450 多亿，占到北仲全部案件的 30%到 40%。""不动产案件受案数量与市场行情、国家宏观调控政策、相关立法或者司法解释的颁行有着密切关系。房屋买卖合同纠纷中，当事人主要诉求是继续履行以及相关赔偿问题；还涉及合同效力、一房数卖、阴阳合同等。相关法律问题主要集中在损失如何确定、共有部分谁来主张、逾期交房办证是否适用诉讼时效以及以房抵债能否直接确权等。"[③] 高房价在一定程度上引发了"一房数卖"、"一房数租"、"群租"、"限购"政策下的退房、"小产权房"等问题。应该在房地产综合法律体系的框架下，努力将房地产纠纷予以法律化。下文以高房价引发的住房社会纠纷的法律解决机制为例进行阐述。

首先，关于"一房数卖"：一方面，需要通过法律途径解决"一房数卖"纠纷，确定"一房数卖"情形下多方当事人之间的物权归属。原《最高人民法院关于审理商品房买卖合同纠纷案件适用法律若干问题的解释》第 10 条规定："买受人以出卖人与第三人恶意串通，另行订立商品房买卖合同并将房屋交付使用，导致其无法取得房屋为由，请求确认出卖人与第三人订立的商品房买卖合同无效的，应予支持。"至于"一房数卖"情形下房地产物权的最终归属，要根据《物权法》第 9 条和第 16 条以及《民法典》第 209 条和第 216 条等规定解决。另一方面，还应该努力预防"一房数卖"纠纷。《物权法》第 20 条、《民法典》第 221 条将预告登记制度予以明确规定。《民法典》第 221 条规定："当事人签订买卖房屋的协议或者签订其他不动产物权的协议，为保障将来实现物权，按照约定可以向登记机构申请预告登记。预告登记后，未经预告登记的权利人同意，处分该不动产的，不发生物权效力。""预告登记后，债权消灭或者自能够进行不动产登记之日起三个月内未申请登记的，预告登记失效。"以不动产买卖为例，预告登记是为保障不动产买受人债权的实现，确保买受人将来取得不动产物权之目的，限制出卖人重复处分将来的不动产物权，依照约定而为的预先登记。预告登记的功能是保证买受人的债

---

① 最高院民一庭．关于房地产纠纷案件意见汇总（2018 年）．"民商法库"公众号，2018 - 02 - 08.

② 程新文．关于当前民事审判工作中的若干具体问题．（2015 - 12 - 24）．http：//www.132 lawyer.com/a/rdxw/2015/1229/11571.html.

③ 北京市法学会不动产法研究会 2016 年年会暨第二届不动产法论坛顺利举行．"不动产法研究"公众号，2016 - 12 -21.

权的实现，即保障买受人的登记请求权这一债权请求权的实现，实质上是使买受人的债权物权化。预告登记可以防止出卖人“一物多卖”。“预告登记制度的核心问题，在于其效力。”[①] 我国《物权法》第20条第1款后段、《民法典》第221条第1款后段，实际上为此配置了一项授权第三人规范，基于此，买受人就可以否定出卖人和第三人之间重复买卖合同相对自己无效，并阻止相应物权效力的发生。

其次，就“一房数租”问题，原《最高人民法院关于审理城镇房屋租赁合同纠纷案件具体应用法律若干问题的解释》第5条规定：“出租人就同一房屋订立数份租赁合同，在合同均有效的情况下，承租人均主张履行合同的，人民法院按照下列顺序确定履行合同的承租人：（一）已经合法占有租赁房屋的；（二）已经办理登记备案手续的；（三）合同成立在先的。”“不能取得租赁房屋的承租人请求解除合同、赔偿损失的，依照民法典的有关规定处理。”为解决“群租”带来的安全和扰民等问题，部委规章也对“群租”这一市场行为进行了规制，如《商品房屋租赁管理办法》第8条规定：“出租住房的，应当以原设计的房间为最小出租单位，人均租住建筑面积不得低于当地人民政府规定的最低标准。”“厨房、卫生间、阳台和地下储藏室不得出租供人员居住。”不过，在实践中，“群租”禁令的执行难度较大。

再次，对于房价上涨或者严厉“限购”政策后所导致的退房纠纷，一方面，需要判断这是否有情势变更适用的可能。在交易领域，如果作为交易行为基础的客观情势发生了当事人难以预料的变化，并导致当事人之间的利益显失公平，则也可以根据公平原则予以纠正。此即情势变更原则。原《最高人民法院关于适用〈中华人民共和国合同法〉若干问题的解释（二）》第26条规定：“合同成立以后客观情况发生了当事人在订立合同时无法预见的、非不可抗力造成的不属于商业风险的重大变化，继续履行合同对于一方当事人明显不公平或者不能实现合同目的，当事人请求人民法院变更或者解除合同的，人民法院应当根据公平原则，并结合案件的实际情况确定是否变更或者解除。”[②]《民法典》第533条对情势变更也做了规定。另一方面，需要结合不动产物权变动中第三人信赖利益保护相关法律制度，加强对善意第三人的保护。如原《婚姻法司法解释三》第11条规定：“一方未经另一方同意出售夫妻共同共有的房屋，第三人善意购买、支付合理对价并办理产权登记手续，另一方主张追回该房屋的，人民法院不予支持。”“夫妻一方擅自处分共同共有的房屋造成另一方损失，离婚时另一方请求赔偿损失的，人民法院应予支持。”有关夫妻共同共有房屋的无权处分问题，原《婚姻法司法解释三》第11条坚持了《物权法》第106条规定的善意取得制度，应该据此保护善意买受人的利益，避免出卖人在房价上涨的利益诱导下以所谓“无权处分”为由损害他人利益。

最后，《物权法》立法过程中对宅基地使用权讨论最多的是宅基地使用权的流转问题。《物权法》第153条对宅基地使用权的流转采取保守的态度，规定宅基地使用权的转让“适用土地管理法等法律和国家有关规定”。目前，在宅基地使用权流转问题上，国家有关规定主要是指《关于加强土地转让管理严禁炒卖土地的通知》（国办发［1999］39号）第2条，据此，农民的住宅不得向城市居民出售，也不得批准城市居民占用农民集体土地建住宅。这样一来，宅基地使用权人对宅基地使用权的处分权能受限制，城镇居民购买农村集体所有的土地上开发的“小产权房”的买卖合同也就属于非法。在立法论上，有学者对宅基地使用权的流转持否定态

① 王泽鉴．民法物权．北京：北京大学出版社，2009：92.

② 武汉市煤气公司诉重庆检测仪表厂煤气表装配线技术转让合同、煤气表散件购销合同纠纷案．最高人民法院公报，1996（2）.

度①，也有学者持肯定态度。② 当前，法院对“小产权房”买卖合同的法律效力以认定无效为原则，以认定有效为例外。③ 当然，在法院判决“小产权房”买卖合同无效之后，会存在对买受人信赖利益的保护问题。④ 不过，司法实践中也存在法院根据案件的实际情况作综合判断，判决“小产权房”买卖合同有效的案例。⑤ 实际上，《物权法》第153条的规定，也预留了立法调整的弹性空间：在宅基地使用权流转问题上立法机关允许通过“国家有关规定”的方式慢慢凝聚共识、探讨出路。《民法典》第363条仍坚持此弹性立场：“宅基地使用权的取得、行使和转让，适用土地管理的法律和国家有关规定。”

第四节　房地产法学体系的构建

本书作者认为，作为以现行房地产法律秩序为基础和界限，借以探求房地产法律问题答案之学问的房地产法学，其知识体系构建应贯彻以下原则：

首先，“在房地产法上，城市房地产权利占有主导地位，房地产法上的许多规则都是针对城市房地产权利而设计的”⑥。法学研究和法律实践中长期存在“都市法学”的现象，对农村法治实践关注相对不足。房地产法学应该统筹兼顾“都市法学”和“乡村法学”两个视角。房地产法学应该既研究城市房地产法律关系，也研究农村房地产法律关系，致力解答农村产权改革和乡村治理体系建设中的重大房地产法难题，思考农村“三块地”的未来发展方向，关心“居者有其屋”和“耕者有其田”的重大民生，关注房地产市场平稳健康发展和充分保障粮食安全的国家大计，并努力将房地产社会纠纷法律化。

其次，既要研究房地产民事权利规范，也要研究房地产行政管理法律规范。既要研究房地产市场交易行为，分析基于交易行为的物权变动和权属问题，也要研究土地用途管制制度、土地建设规划制度、房地产领域政府保障体系的建立和完善等。⑦

最后，要在房地产法律规范和房地产法律实务之间往返流转。在《物权法》《合同法》的基础上，形成以《土地管理法》《城市房地产管理法》《农村土地承包法》为主干的理论和应用体系，将房地产开发建设、交易、权属、使用乃至保障等领域的社会纠纷法律化。

基于此，本书的内容体系包括：第一部分，房地产法与房地产法学概述；第二部分，房地产权属法律制度，具体包括房地产权属法律制度、业主的建筑物区分所有权、房地产相邻关系；第三部分，房地产开发建设法律制度，具体包括建设用地使用权与城市房地产开发、房地产征收拆迁法律制度、建设工程合同；第四部分，房地产交易法律制度，具体包括商品房买卖合同、房屋租赁合同、房屋居间合同与房地产中介服务法律制度；第五部分，房地产使用法律制度，具体包括物业服务合同与物业管理法律制度、建筑物损害责任；第六部分，农村房地产

---

① 孟勤国．物权法开禁宅基地交易之辩．法学评论，2005（4）．

② 郭明瑞．关于宅基地使用权的立法建议．法学论坛，2007（1）．

③《北京市高级人民法院关于印发农村私有房屋买卖纠纷、合同效力认定及处理原则研讨会会议纪要的通知》。

④ 李玉兰与马海涛买卖合同纠纷案，北京市第二中级人民法院（2007）二中民终字第13692号民事判决书，北京市通州区人民法院（2008）通民初字第02041号民事判决书．

⑤ 陈某诉马某房屋买卖合同无效案，北京市第一中级人民法院（2007）一中民终字第09544号民事判决书．

⑥ 房绍坤．房地产法．4版．北京：北京大学出版社，2011：17．

⑦ 中国人民大学法学院环境法教研室的学者主张构建“四位一体”的房地产法学体系，即包含房地产物权、房地产管理、物业管理及住宅保障四个部分。周珂．环境法学的学术特色与贡献．法学家，2010（4）．本书作者认为该体系很有建设性和启发意义，但相对忽略了对房地产市场交易行为和农村房地产法律问题的研究。

法律制度，具体包括土地承包经营权制度、宅基地使用权制度等。第七部分，房地产保障法律制度，具体包括基本住房保障法律制度、房产税制度。本书体系的建构以现行民法学理论体系为基础，系统兼顾城市与农村房地产法律问题，考虑房地产权属、开发建设、交易、使用乃至保障等法律问题。

本章思考题

1. 请结合房地产的法律特征，分析房屋居住和投资功能之间的关系。

2. 试举例说明房地产社会纠纷的法律化。

3. 请结合法律部门的划分标准，谈谈对房地产法学体系及学习研究方法的认识。

4. 请从房地产法学角度，谈谈对“房子是用来住的，不是用来炒的”这一房屋功能定位的认识。

第二部分

房地产权属法律制度

第二章

房地产权属法律制度

第一节　我国房地产权属法律制度概述

一、土地归属和利用法律制度

土地是人类社会最为重要的物质财富形态，“土地是财富之母”。2020 年 3 月 30 日《中共中央、国务院关于构建更加完善的要素市场化配置体制机制的意见》要求“推进土地要素市场化配置”，包括建立健全城乡统一的建设用地市场，深化产业用地市场化配置改革，鼓励盘活存量建设用地，完善土地管理体制。

在我国，“土地权利包括土地所有权、土地使用权、土地租赁权等，其核心是土地所有权”。“关于土地所有权，我国实行‘一元二分’的公有制土地制度。所谓‘一元’，即单一的土地公有制；所谓‘二分’，即公有土地分别归属于国家和集体两个所有权主体。”①

我国土地所有权的主体具有法律限定性。我国实行土地的社会主义公有制。《宪法》第 10 条规定：“城市的土地属于国家所有。”“农村和城市郊区的土地，除由法律规定属于国家所有的以外，属于集体所有；宅基地和自留地、自留山，也属于集体所有。”“国家为了公共利益的需要，可以依照法律规定对土地实行征收或者征用并给予补偿。”“任何组织或者个人不得侵占、买卖或者以其他形式非法转让土地。土地的使用权可以依照法律的规定转让。”“一切使用土地的组织和个人必须合理地利用土地。”

我国土地所有权的客体具有特定性。我国现行民事立法并没有采取土地所有权和土地上定着物所有权的结合主义，土地所有权的客体就是土地本身，包括国有土地和集体土地。至于地上和地下的自然资源，都成为独立的不动产，不再属于土地所有权的客体，于其上分别成立其法律权属制度。《宪法》第 9 条规定：“矿藏、水流、森林、山岭、草原、荒地、滩涂等自然资源，都属于国家所有，即全民所有；由法律规定属于集体所有的森林和山岭、草原、荒地、滩涂除外。”“国家保障自然资源的合理利用，保护珍贵的动物和植物。禁止任何组织或者个人用任何手段侵占或者破坏自然资源。”

我国土地所有权的权能还具有分离性和法定限制性。国家和集体对于其享有所有权的土地一般并不直接行使权利，而是将土地所有权的归属与对土地所有权的利用相分离，这就形成了

---

① 房绍坤编著．房地产法．4 版．北京：北京大学出版社，2011：16－17，17.

土地所有权与建设用地使用权、土地承包经营权和宅基地使用权等并行的土地权属体系。[①] 土地所有权权能的法定限制性，主要是指我国严格禁止对土地所有权进行交易这一法律处分或者其他事实处分形式。《土地管理法》第 2 条规定："中华人民共和国实行土地的社会主义公有制，即全民所有制和劳动群众集体所有制。""全民所有，即国家所有土地的所有权由国务院代表国家行使。""任何单位和个人不得侵占、买卖或者以其他形式非法转让土地。土地使用权可以依法转让。""国家为了公共利益的需要，可以依法对土地实行征收或者征用并给予补偿。""国家依法实行国有土地有偿使用制度。但是，国家在法律规定的范围内划拨国有土地使用权的除外。"

我国实行土地用途管制制度[②]，"（建立）以空间规划为基础、以用途管制为主要手段的国土空间开发保护制度"[③]。《土地管理法》第 4 条规定："国家实行土地用途管制制度。""国家编制土地利用总体规划，规定土地用途，将土地分为农用地、建设用地和未利用地。严格限制农用地转为建设用地，控制建设用地总量，对耕地实行特殊保护。""前款所称农用地是指直接用于农业生产的土地，包括耕地、林地、草地、农田水利用地、养殖水面等；建设用地是指建造建筑物、构筑物的土地，包括城乡住宅和公共设施用地、工矿用地、交通水利设施用地、旅游用地、军事设施用地等；未利用地是指农用地和建设用地以外的土地。""使用土地的单位和个人必须严格按照土地利用总体规划确定的用途使用土地。"土地用途管制制度在很大程度上有利于实现农地农用，实现《土地管理法》第 3 条前段所规定的"十分珍惜、合理利用土地和切实保护耕地"的基本国策。与土地用途管制制度相配合，国土空间规划也是十分重要的房地产制度。[④]

二、房屋归属和利用法律制度

房屋是人们安居乐业的基本条件。《城市房地产管理法》第 2 条第 2 款规定："本法所称房屋，是指土地上的房屋等建筑物及构筑物。"

与土地所有权主体的法律限定性不同，房屋所有权主体具有相对广泛性，更多民事主体有

① 如《土地管理法实施条例》第 29 条规定："国有土地有偿使用的方式包括：（一）国有土地使用权出让；（二）国有土地租赁；（三）国有土地使用权作价出资或者入股。"2020 年 3 月 30 日《中共中央、国务院关于构建更加完善的要素市场化配置体制机制的意见》指出："深化产业用地市场化配置改革。健全长期租赁、先租后让、弹性年期供应、作价出资（入股）等工业用地市场供应体系。"

② 例如，《土地管理法实施条例》第 35 条规定："在临时使用的土地上修建永久性建筑物、构筑物的，由县级以上人民政府土地行政主管部门责令限期拆除；逾期不拆除的，由作出处罚决定的机关依法申请人民法院强制执行。"自然资源部、农业农村部 2019 年 12 月 17 日发布《关于设施农业用地管理有关问题的通知》（自然资规［2019］4 号）。该通知指出，"设施农业用地包括农业生产中直接用于作物种植和畜禽水产养殖的设施用地"。"设施农业属于农业内部结构调整，可以使用一般耕地，不需落实占补平衡"。"设施农业用地不再使用的，必须恢复原用途。设施农业用地被非农建设占用的，应依法办理建设用地审批手续，原地类为耕地的，应落实占补平衡"。刘振国，关伟，王建．"走样"的看护房——黑龙江省大庆市龙凤区违法占地建别墅案追踪．中国国土资源报，2012-07-02.

③ 中共中央宣传部．习近平总书记系列重要讲话读本．北京：学习出版社，人民出版社，2016：241.

④ 有学者指出："在土地问题上，我主张，规划高于所有权，这在全世界都是一样的。三中全会通过决定说，市场在配置资源中起决定性作用。在土地资源配置上，市场不能起决定性作用，因为要有规划。你必须在规划允许的条件下，再发挥市场经济的作用。因为土地是分类的，有农地、建设用地（包含农村建设用地、城镇建设用地），城镇建设用地有商业贸易用地、住宅用地、工矿企业用地，还有各种各样的划拨的供应性问题。不能跨界使用，这是土地规划的作用，在这个意义上就形成了土地的管制制度的基本内容，即用途管制，所以只有在符合用途管制的前提下，市场才能发挥作用。"陈锡文．农村土地改革不能突破三条底线．（2014-02-17）［2014-02-25］．http：//news.ifeng.com/exclusive/lecture/special/chenxiwen2/.

成为城镇房屋所有权主体的可能。另外，房屋所有权的交易也具有相对自由性。当然，根据我国目前的法律等有关规定，“城镇居民不能基于买卖而成为农村房屋所有权的主体”[①]。房屋所有权人可以依法自己占有、使用房屋，也可以根据《城市房地产管理法》第2条第4款和该法第四章等规定，将自己的房屋转让、抵押或者租赁。

在我国，土地所有权归国家和集体所有，土地使用权在出让时根据开发类型具有不同的使用年限。房屋所有权属于个人产权，是私有财产权的一种，其年限是永久的，只要房产没有完全毁损、灭失就能一直享有，而土地使用权是有期限的。土地使用权年限到期后怎么办?《物权法》第149条规定：“住宅建设用地使用权期限届满的，自动续期。”“非住宅建设用地使用权期间届满后的续期，依照法律规定办理。该土地上的房屋及其他不动产的归属，有约定的，按照约定；没有约定或者约定不明确的，依照法律、行政法规的规定办理。”建设用地使用权期限届满后续期要不要收费、怎么收费问题引发的争议较大，《物权法》回避了这些问题。《城市房地产管理法》第3条、第14条规定了土地使用权的有偿和有期限使用制度，第22条则规定了以出让方式取得的土地使用权的续期制度：“土地使用权出让合同约定的使用年限届满，土地使用者需要继续使用土地的，应当至迟于届满前一年申请续期，除根据社会公共利益需要收回该幅土地的，应当予以批准。经批准准予续期的，应当重新签订土地使用权出让合同，依照规定支付土地使用权出让金。”“土地使用权出让合同约定的使用年限届满，土地使用者未申请续期或者虽申请续期但依照前款规定未获批准的，土地使用权由国家无偿收回。”目前我国尚未出台有关建设用地使用权自动续期的进一步具体细则。[②] 理论上对此解读出两种方法可供选择：第一，延长土地使用权期限。可以由房屋业主联名提出，补交土地出让金，这个价格应该低于同类的土地出让金的价格。第二，根据规划需要，国家收回土地和地上建筑物的，对业主进行相应补偿，用类似拆迁安置的办法解决。[③] 本书作者认为，应该本着“国不与民争利”的原则，妥善协调“房”“地”关系，避免房屋成为“空中楼阁”，改变《城镇国有土地使用权出让和转让暂行条例》第40条和第41条的规定[④]，让房屋尽可能与土地“同寿”[⑤]。即使是收费续期，所缴纳的费用也不应该等同于建设用地使用权出让金，前者应该远低于后者。如2004年4月23日起颁布施行的《深圳市到期房地产续期若干规定》第3条规定：“到期房地产，业主需继续使用该土地的，在不改变用途的情况下，按有偿使用土地的原则延长土地使用年期。延长方式包括补交地价签订土地出让合同或支付土地租金签订土地租赁合同。”“在国家规定的最长土地使用年期减去已使用年期的剩余年期范围内约定年期的，补交地价数额为相应用途公告基准地价的35%并按约定年期修正，补交地价一次性支付；土地租金按年支付，其标准由市国土管理部门定期公布。”

2016年11月4日《中共中央、国务院关于完善产权保护制度依法保护产权的意见》要求，“研究住宅建设用地等土地使用权到期后续期的法律安排，推动形成全社会对公民财产长久受

① 房绍坤编著．房地产法．4版．北京：北京大学出版社，2011：25.

② 温州一批20年产权住宅土地使用权到期 续期须按房产价格三分之一缴费．温州日报，2016-04-15. 王利明．保障公民财产权是最大的民生．学习时报，2016-04-28.

③ 央视：房屋所有权是永久的 房子不塌一直归产权人．http：//news.qq.com/a/20160127/006767.htm. 房子70年产权到期后 到底归谁．人民日报，2016-01-27.

④ 《城镇国有土地使用权出让和转让暂行条例》第40条规定：“土地使用权期满，土地使用权及其地上建筑物、其他附着物所有权由国家无偿取得。土地使用者应当交还土地使用证，并依照规定办理注销登记。”第41条规定：“土地使用权期满，土地使用者可以申请续期。需要续期的，应当依照本条例第二章的规定重新签订合同，支付土地使用权出让金，并办理登记。”

⑤ 王轶．让房屋尽可能与土地“同寿”．法制日报，2006-09-17.

保护的良好和稳定预期”。在立法机关2018年9月5日公布的《关于〈民法典各分编（草案）〉的说明》中指出：关于住宅建设用地使用权期间届满续期问题，根据党中央批准的有关工作安排，该项工作由国务院有关部门研究，提出方案后，国务院提出法律修改议案，修改《城市房地产管理法》或者《物权法》。目前，国务院有关部门尚未正式提出方案和修法议案。物权编草案根据现行《物权法》第149条、《城市房地产管理法》第22条规定，对此先作出一个原则性规定。国务院正式提出修改有关法律的议案后，再进一步做好衔接。《民法典》第359条规定：“住宅建设用地使用权期限届满的，自动续期。续期费用的缴纳或者减免，依照法律、行政法规的规定办理。”“非住宅建设用地使用权期限届满后的续期，依照法律规定办理。该土地上的房屋及其他不动产的归属，有约定的，按照约定；没有约定或者约定不明确的，依照法律、行政法规的规定办理。”

三、矿产资源公平分配法律制度及自然资源国家所有权

自然资源是资源的下位概念。在大数据时代，数据也成为重要的资源和生产要素。自然资源、人力资源、金融资源、数据资源等都可以为“资源”这个概念所涵摄。土地、海洋、山水林田湖草实际上都是自然资源的有机组成部分。人与自然资源、生态环境关系的理论模式反映到民事主体制度上即人类中心主义，这是自然界物种进化的产物。自然资源和生态环境是无言的，它需要代言人，这个代言人还是人类。① “法律对人与自然资源环境的关系作出调整，其调整的并不是人类与自然资源环境的关系，归根结底还是人与人的关系，具体地说，是人与人之间基于自然资源环境而发生的各种社会关系。自然资源环境已经人化、社会化了。”② 当然，在自然资源日益枯竭和环境危机的背景下，为了更好地实现可持续发展，我们对人类中心主义的哲学思想也应该进行必要的反思：“面对如今的社会状况，特别是在主体与环境、自然资源的关系上，民法典若要做到适应和有效运行，科学发展观就必须得到贯彻和体现……科学发展观非常科学，应当作为我国民法典的哲学基础之一。”③

《物权法》第45条规定：“法律规定属于国家所有的财产，属于国家所有即全民所有。”“国有财产由国务院代表国家行使所有权；法律另有规定的，依照其规定。”第46条规定：“矿藏、水流、海域属于国家所有。”第48条规定：“森林、山岭、草原、荒地、滩涂等自然资源，属于国家所有，但法律规定属于集体所有的除外。”《民法典》第246条、第247条和第250条保持了前述规定的内容。有学者指出，“自然资源所有权归国家所有，但在具体操作层面国家的代表者并没有统一的制度来落实。”“自然资源国家所有应采法律保留原则，地方立法和行政法规扩大解释宪法第九条的内容，应属无效。基于宪法解释的权属，法制统一原则，单一制国家原则，自然资源的范围应由全国人大常委会通过法律这一层级的规范来加以规定。”“自然资源法既需要通过公法来限制政府行政许可权力的行使，又需要通过私法来保护获得许可的公民

---

① 2015年7月13日，国务院国资委干部教育培训中心举办“2015年第一期国有企业领导人员依法治企和合规管理培训班”，本书作者主讲“物权法前沿问题”。2015年11月5日，中国石油天然气集团公司法务部在广州市举办“集团公司企业总法律顾问和法律机构负责人培训班”，本书作者主讲“民商事立法和司法解释对企业法务的影响”。2016年1月6日，本书作者在“中石油吐哈油田合规管理班”做学术报告，主讲“民商事立法和司法解释对企业法务的影响”。在这些授课过程中，本书作者均曾就自然资源国家所有权和自然资源用益物权问题做专门讲解。

② 邱本．自然资源环境法哲学阐释．法制与社会发展，2014（3）．

③ 崔建远．编纂民法典必须摆正几对关系．清华法学，2014（6）．

财产权利的安全……自然资源使用权的立法和环境保护立法需要同步。”①

资源性国有资产、行政事业性国有资产和经营性国有资产是国家所有权客体的重要类型，《物权法》第46～51条在《宪法》第9条第1款、第10条第1款的基础上，对资源性国有资产作了具体化的规定。据此，矿藏②、水流、海域、城市的土地、法律规定属于国家所有的野生动植物资源③、无线电频谱资源、法律规定属于国家所有的文物等，为专属于国家所有的资源资产，属于禁止流通物，任何单位或个人不能取得其所有权，只能在法律允许的范围内通过创设作为准物权的他物权等方式加以利用。有学者批评“统一唯一国家所有权”学说，认为该学说的基本缺陷就是公共财产权利主体不明，责任主体更是模糊；主张确立公法法人国家所有权学说，在我国的公共财产法律制度中承认公法法人所有权，权利的主体是一个个具体的公法法人，而不再是“统一唯一”的国家，也不同于“国家统一所有、政府分级管理”的所有权实现方式。④ 本书作者认为，我国自然资源资产产权制度改革不应动摇自然资源国家所有、集体所有制度，坚持的方向应“以落实产权主体为关键”，“依法明确全民所有自然资源资产所有权的权利行使主体”，“推动自然资源资产所有权与使用权分离”，“处理好自然资源资产所有权与使用权的关系，创新自然资源资产全民所有权和集体所有权的实现形式”⑤。我国自然资源资产产权理论体系应该系统总结我国自然资源资产产权制度的实践经验。

所有权乃至物权客体理论简单适用于自然资源会产生一定的体系不协调，需要通过解释予以完善。自然资源具有公共物品属性和公益性（资源公益性）等特点，不完全符合传统物权客体的有体物、稀缺性、可支配性等要求。第一，自然资源的公益性特点不妨碍其成为物权客体。社会公共利益内涵是近现代所有权概念中的一个突出特点，耶林早就指出：“并没有什么绝对的财产，特别是独立于社会利益之外的财产。历史已经反复向我们说明了这一点。”⑥ 否

---

① 汪庆华．自然资源国家所有权的贫困．(2015-04-19). http://www.ghls.zju.edu.cn/chinese/redir.php?catalog_id=68&object_id=294672.

② 2015年1月30日，新疆一牧民无意间捡到一块裸露的“狗头金”。经测量重达近八公斤，是迄今为止公开信息中在新疆发现的最大的“狗头金”。“狗头金”被发现之后，其归属就引发了争论。一块“狗头金”，照出多少尴尬和反省．新华日报，2015-02-11. 我们可以思考：该事例中的“狗头金”是否属于矿藏？是否应该归国家所有？

③ 《野生动物保护法》第2条第2款规定：“本法规定保护的野生动物，是指珍贵、濒危的陆生、水生野生动物和有重要生态、科学、社会价值的陆生野生动物。”第3条第1款规定：“野生动物资源属于国家所有。”《野生植物保护条例》第2条第2款规定：“本条例所保护的野生植物，是指原生地天然生长的珍贵植物和原生地天然生长并具有重要经济、科学研究、文化价值的濒危、稀有植物。”《古生物化石保护条例》第2条第2款规定：“本条例所称古生物化石，是指地质历史时期形成并赋存于地层中的动物和植物的实体化石及其遗迹化石。”第3条规定：“中华人民共和国领域和中华人民共和国管辖的其他海域遗存的古生物化石属于国家所有。”“国有的博物馆、科学研究单位、高等院校和其他收藏单位收藏的古生物化石，以及单位和个人捐赠给国家的古生物化石属于国家所有，不因其收藏单位的终止或者变更而改变其所有权。”

杨威．东北一老农称目睹野生东北虎吃掉自家黄牛．新文化报，2008-10-06. 丁冬．吉林野生丹顶鹤突袭啄伤游客．腾讯网，2014-09-17. 吉林省人民政府2006年10月8日发布的《吉林省重点保护陆生野生动物造成人身财产损害补偿办法》第2条规定：“在本省行政区域内，国家和省重点保护的陆生野生动物（以下简称野生动物）造成人畜伤害或财产损失有下列情形之一的，受害人有依照本办法取得政府补偿的权利：（一）对从事正常生产和生活的公民身体造成伤害或者死亡的；（二）对在依法划定的生产经营范围内种植的农作物造成较大损毁的；（三）对在依法划定的可以放牧或圈养区域内放牧或圈养的牲畜造成伤害或者死亡的；（四）依法认定造成人身、财产损害的其他情形。”该办法对受害人实施补偿，而非全面赔偿，是否妥当，值得思考。

④ 孙宪忠，等．国家所有权的行使与保护研究．北京：中国社会科学出版社，2015：结语．

⑤ 中共中央办公厅、国务院办公厅2019年4月印发的《关于统筹推进自然资源资产产权制度改革的指导意见》。

⑥ Rudolph von Jhering. Der Geist des römischen Rechts auf den verschiedenen Stufen seiner Entwickelung. Teil 1-3. Leipzig，1852-1865//朱冰．自然资源物权立法的逻辑基础——资源与物的比较分析．资源科学，2012 (10).

定自然资源物权法律制度只会带来对资源的无序利用，无法实现归属清晰、权责明确。第二，自然资源的公共物品属性也不是其作为物权客体的障碍，而只是强调应该由此对资源物权加强国家管制。第三，并非所有自然资源均具有有体物和可支配性的特征，将自然资源作为物权客体时，我们更应该看重自然资源的财产价值性，而不必纠缠于其属于有体物还是无体物。从这个意义上看，作为物权客体的“物”也具有动态开放性特点和范围不断扩大的趋势；其仅描绘了物权客体概念的核心地带，并非所有的物都须符合“物”的所有特征才可以成为物权客体。民法上的“物”不可避免地属于“带有开放结构的语言”，其概念的核心地带意义是清晰的，而越趋边缘地带，意义越为模糊。①

自然资源所有权法律制度具有物权法和宪法两个面向，属于具有公权性质的私权。“自然资源国家所有权蕴含着宪法所有权与民法所有权的双阶构造。”② 我国《宪法》第 9 条规定：“矿藏、水流、森林、山岭、草原、荒地、滩涂等自然资源，都属于国家所有，即全民所有；由法律规定属于集体所有的森林和山岭、草原、荒地、滩涂除外。”“国家保障自然资源的合理利用，保护珍贵的动物和植物。禁止任何组织或者个人用任何手段侵占或者破坏自然资源。”第 10 条第 1、2 款分别规定：“城市的土地属于国家所有。”“农村和城市郊区的土地，除由法律规定属于国家所有的以外，属于集体所有；宅基地和自留地、自留山，也属于集体所有。”《宪法》对自然资源国家所有权的规定属于“社会主义基本经济制度”的范畴，是自然资源国家主权的体现；其规范本质是避免生产要素集中而导致剥削，保障对战略性自然资源的全民共享；其作为国家利益具有“整体利益性”和“长远利益性”的特点，这也决定了《宪法》对国家所有权客体中“等自然资源”的规定是开放的而非封闭的，国家对自然资源的所有权是一个具有法政策形成空间的开放结构。③ 如《物权法》第 46 条、第 49 条、第 50 条、第 51 条就增加规定海域、法律规定属于国家所有的野生动植物资源、无线电频谱资源、法律规定属于国家所有的文物等“具有战略意义的物质生产资料”属于国家所有权的客体。《民法典》第 248 条还增加规定无居民海岛为国家所有权客体。随着社会发展，自然资源国家所有权的客体还可能出现进一步扩张。④ 与之相对应，自然资源集体所有权的客体则具有法定性特征，《物权法》第 58 条、《民法典》第 260 条规定：“集体所有的不动产和动产包括：（一）法律规定属于集体所有的土地和森林、山岭、草原、荒地、滩涂……”不过，在立法技术上令人困惑的是，《物权法》第 45 条第 1 款、《民法典》第 246 条第 1 款规定：“法律规定属于国家所有的财产，属于国家所有即全民所有。”这是否意味着自然资源国家所有权的客体范围也须遵循法定性要求？⑤

---

① H. L. A. 哈特．法律的概念．2 版．许家馨，李冠宜，译．北京：法律出版社，2006：123.

② 税兵．自然资源国家所有权双阶构造说．法学研究，2013（4）.

③ 王旭．论自然资源国家所有权的宪法规制功能．中国法学，2013（6）.

④ 2012 年 8 月 1 日起施行的《黑龙江省气候资源探测和保护条例》第 2 条第 2 款规定：“本条例所称的气候资源，是指能为人类活动所利用的风力风能、太阳能、降水和大气成分等构成气候环境的自然资源。”第 7 条第 1 款规定：“气候资源为国家所有。”马玉忠．黑龙江“风能太阳能属国有”规定被指涉嫌违宪．中国经济周刊，2012-07-03.

不过，“能为人类活动所利用的风力风能、太阳能、降水和大气成分等构成气候环境的自然资源”是否属于民法上的物，是否具备民法上物的有体物、稀缺性、可支配性、特定性等特征，尚需论证。国家所有权的客体具有开放性，但也不能盲目扩张。

此外，气候资源为国家所有是否合适，这是否就意味着国家以后对晒晒太阳、喝喝西北风之类的行为都要进行收费，对此也需要本着自然资源的公共物品属性来作解答。巩固．自然资源国家所有权公权说．法学研究，2013（4）.

⑤ 一种可能的思路是借鉴刑法规范论的研究成果，将《物权法》第 45 条第 1 款、《民法典》第 246 条第 1 款解释为不具备实质规范内容的、提示法律适用者的注意规定，但在相同立法技术下为何仅将《物权法》第 58 条第 1 项、《民法典》第 260 条第 1 项解释为具有实质规范内容的立法权源规范，值得进一步思考。

在《森林法》《草原法》《渔业法》《野生动物保护法》《矿产资源法》《土地管理法》《水法》《海域使用管理法》等法律没有规定的情况下，相关自然资源是否就当然不可能成为国家所有权的客体？一方面，从解释论上看，地方性法规或者地方政府规章等法律之外的规范性文件，只能重复、细化宪法和法律对国家所有权的规定，而不能增设法无明文的国家所有权客体。[①]另一方面，从立法论上看，“国有自然资源的范围，应该泛指除集体所有及个别私人所有的自然资源以外的各种自然资源，既包括现已存在的自然资源，也包括将来可能发现的新的自然资源”[②]。如对乌木、陨石等经济价值极高的自然资源就应该被纳入国家所有权的客体范围，以通过行政特许实行有偿使用，最终实现财富的社会共享，而不会出现国家与民争利的现象，同时，对发现人应该给予表扬和合理的物质奖励。本书作者认为，自然埋藏的乌木不属于《物权法》第46条规定的水流或者地质作用形成的矿藏，不属于《物权法》第48条规定的森林、第49条规定的自然生态系统中的野生植物资源、第51条规定的作为人类活动遗存的文物、第113条规定的遗失物、第114条规定的所有人不明的埋藏物、第116条规定的天然孳息，也不属于《民事诉讼法》第191～193条规定的无主财产[③]，而属于《物权法》第48条、《民法典》第250条所规定的“等自然资源”，属于国家所有。

自然资源是国家经济与社会发展的重要物质基础，属于公共物品，具有非排他性和非竞争性属性。对待自然资源，我们应该建立一种财产权的公共性观念，资源公有。自然资源国家所有权的规范目的如下：一方面，它追求一种以自由而平等的社会成员资源共同收益和合理分享为内容的分配正义观，它通过国家管制来抑制自发市场失灵所内生的负外部性或者防止对资源的过度攫取，以确保社会成员持续性地共享自然资源。[④] 自然资源国家所有权还有助于通过国家管制推动人与资源、环境的可持续发展，实现资源分配的代际正义。2015年4月20日公布的《中华人民共和国民法典·民法总则专家建议稿（征求意见稿）》第8条规定：“民事主体从事民事活动应当节约资源、保护环境，促进人与自然的和谐发展。”第109条规定：“应当本着节约、集约原则对水流、森林、山岭、草原、荒地、滩涂等自然生态空间进行利用和保护。”第213条规定：“民事权利的行使应当注重节约资源、保护环境，促进人与自然的和谐发展。”《民法典》第9条“绿色原则”也强调，“民事主体从事民事活动，应当有利于节约资源、保护生态环境”。另一方面，自然资源国家所有权制度本质上意味着国家对自然资源进行管制的国家责任，自然资源国家所有权作为自然资源领域反对剥削、实现人权平等保障的管制手段。按照耶利内克的说法，国家作为法人可以享有公法权利，但这种公法权利本身是一种限制和义

---

① 四川省眉山市2013年2月8日发布的《关于加强全市乌木资源保护管理的通告》第2条规定：“本通告所称乌木，是指远古时期的原始森林，因地壳变迁等自然原因（地震、洪水、泥石流等），树木被埋于古河床、泥沙之下，经数千年后全部炭化或部分炭化的各类古树。”第3条规定：“凡眉山市境内自然埋藏的乌木所有权属于国家，并按属地管理原则，中心城区248平方公里范围内发现的乌木归市人民政府所有，其他范围的由乌木所在区县同级国有资产监督管理机构依法管理。”第4条规定：“乌木的开挖、采集、鉴定、维护、保管、开发利用须乌木所在区县人民政府批准，由所在区县国有资产监督管理、国土、文化、水务、林业、公安部门按各自权限组织实施。”

② 欧阳君君．论国有自然资源的范围——以宪法第9条为中心的分析．中国地质大学学报（社会科学版），2014（3）．巩固．自然资源国家所有权公权说．法学研究，2013（4）．

③ 彭州天价乌木案 四川高院驳回村民所有权起诉．http：//www.calaw.cn/article/default.asp？id＝8673。有学者认为：乌木属于无主物，但应该适用习惯法中的自由先占原则确认其归属，裁判上也可以援引《物权法》第30条所规定的合法事实行为导致物权变动规则，将先占作为其他事实行为。金可可．论乌木之所有权归属——兼论国家所有权之种类及其限度．东方法学，2015（3）．陈甦．审判中的法条辨析与一般社会观念考量．人民法院报，2014－07－23（5）．

④ 王旭．论自然资源国家所有权的宪法规制功能．中国法学，2013（6）．朱虎．国家所有和国家所有权——以乌木所有权归属为中心．华东政法大学学报，2016（1）．

务。他以国家机关的职权为例说明，这种职权与民法上的权利是不同的，它只能为公共利益而行使，也不得抛弃、让渡和随意改变内容。国家所有自然资源正是这样一种职权性的存在。[①]自然资源领域的国家管制有助于消除负外部性，正如罗尔夫·克尼佩尔所说，“针对那些特殊的、对立的利益，只有国家才能贯彻市场参与者所特有的普遍利益”[②]。

《物权法》第9条第2款规定：“依法属于国家所有的自然资源，所有权可以不登记。”《民法典》第209条第2款保留了该规定。2019年7月11日，自然资源部、财政部、生态环境部、水利部、国家林业和草原局发布《自然资源统一确权登记暂行办法》。该暂行办法第2条规定：“国家实行自然资源统一确权登记制度。”“自然资源确权登记坚持资源公有、物权法定和统一确权登记的原则。”第3条规定：“对水流、森林、山岭、草原、荒地、滩涂、海域、无居民海岛以及探明储量的矿产资源等自然资源的所有权和所有自然生态空间统一进行确权登记，适用本办法。”第4条规定：“通过开展自然资源统一确权登记，清晰界定全部国土空间各类自然资源资产的所有权主体，划清全民所有和集体所有之间的边界，划清全民所有、不同层级政府行使所有权的边界，划清不同集体所有者的边界，划清不同类型自然资源之间的边界。”《自然资源统一确权登记暂行办法》的附件《自然资源统一确权登记工作方案》指出：“坚持资源公有，坚持自然资源社会主义公有制，即全民所有和集体所有。坚持物权法定，依法依规确定自然资源的物权种类和权利内容、自然资源资产产权主体和行使代表。”“从2019年起，利用5年时间基本完成全国重点区域自然资源统一确权登记，2023年以后，通过补充完善的方式逐步实现全国全覆盖的工作目标。”中国共产党十九届四中全会通过的《关于坚持和完善中国特色社会主义制度 推进国家治理体系和治理能力现代化若干重大问题的决定》要求：“全面建立资源高效利用制度。推进自然资源统一确权登记法治化、规范化、标准化、信息化，健全自然资源产权制度，落实资源有偿使用制度，实行资源总量管理和全面节约制度。”

四、自然资源用益物权与资源性产品效用之发挥

《物权法》第45条第2款规定：“国有财产由国务院代表国家行使所有权；法律另有规定的，依照其规定。”2013年11月12日中国共产党第十八届三中全会通过的《中共中央关于全面深化改革若干重大问题的决定》指出：“健全自然资源资产产权制度和用途管制制度。对水流、森林、山岭、草原、荒地、滩涂等自然生态空间进行统一确权登记，形成归属清晰、权责明确、监管有效的自然资源资产产权制度。建立空间规划体系，划定生产、生活、生态空间开发管制界限，落实用途管制。健全能源、水、土地节约集约使用制度。”“健全国家自然资源资产管理体制，统一行使全民所有自然资源资产所有者职责。完善自然资源监管体制，统一行使所有国土空间用途管制职责。”明晰自然资源的物权归属有助于避免自然资源“公共资产的悲剧”，健全自然资源资产产权制度是建立生态文明体制的必要环节。根据《宪法》和《物权法》等相关规定，自然资源国家所有权制度明晰，但国家自然资源资产管理体制还需进一步推进和

① 耶利内克．主观公法权利体系．曾韬，等译．北京：中国政法大学出版社，2012：173，178.

② 罗尔夫·克尼佩尔．法律与历史——论《德国民法典》的形成与变迁．朱岩，译．北京：法律出版社，2003：271.

完善。[①] 中共中央办公厅、国务院办公厅 2019 年 4 月印发的《关于统筹推进自然资源资产产权制度改革的指导意见》指出："推进相关法律修改，明确国务院授权国务院自然资源主管部门具体代表统一行使全民所有自然资源资产所有者职责。研究建立国务院自然资源主管部门行使全民所有自然资源资产所有权的资源清单和管理体制。探索建立委托省级和市（地）级政府代理行使自然资源资产所有权的资源清单和监督管理制度，法律授权省级、市（地）级或县级政府代理行使所有权的特定自然资源除外……明确农村集体所有自然资源资产由农村集体经济组织代表集体行使所有权，增强对农村集体所有自然资源资产的管理和经营能力，农村集体经济组织成员对自然资源资产享有合法权益。"[②]

随着社会主义市场经济体制的施行和对自然资源可持续发展的代际正义要求，自然资源国家所有权制度也不应该仅限于满足"明确物的归属"，还要"发挥物的效用"。这也提示我们应加强自然资源的"资源性产品"定位。《物权法》第 119 条规定："国家实行自然资源有偿使用制度，但法律另有规定的除外。"《民法典》第 325 条坚持自然资源有偿使用制度。具体途径有：将自然资源的市场价值产品化（这就需要完善资源性产品价格形成机制，如实现煤炭价格市场化、加大水资源费征收力度等），"使市场在资源配置中起决定性作用"；或者，更重要的是，将自然资源国家所有权的部分权能用益物权化（如设立准物权制度等）以进入生产和分配领域。作为全民共享的要求，对自然资源国家所有权市场化收益应该建立合理的利益共享机制，并通过生态环境补偿机制来落实自然资源的区域平等和代际正义。这些也都属于自然资源宪法所有权在市场经济条件下的民法表达。[③] 2016 年 5 月 13 日，国务院办公厅《关于健全生态保护补偿机制的意见》指出：健全生态保护补偿机制，目的是保护好绿水青山，让受益者付费、保护者得到合理补偿，促进保护者和受益者良性互动，调动全社会保护生态环境的积极性。要完善转移支付制度，探索建立多元化生态保护补偿机制，扩大补偿范围，合理提高补偿标准，逐步实现森林、草原、湿地、荒漠、海洋、水流、耕地等重点领域和禁止开发区域、重点生态功能区等重要区域生态保护补偿全覆盖，基本形成符合我国国情的生态保护补偿制度体系。[④]

传统物权法将用益物权的客体主要限于土地等不动产或不动产权利，我国《物权法》则将用益物权的客体特别扩及特定海域、水域。《物权法》第三编第十章"一般规定"部分中，第 122 条（《民法典》第 328 条）还规定了海域使用权，第 123 条（《民法典》第 329 条）规定了探矿权、采矿权、取水权、养殖权、捕捞权等准物权（也有学者在理论上将之概括为准用益物权或者特许物权等）。[⑤]《物权法》第 46 条、《民法典》第 247 条规定："矿藏、水流、海域属于国家所有。"基于权能分离理论，准物权属于自然资源国家所有权权能派生的产物，其以自然资源国家所有权为"母权"。没有自然资源国家所有权，准物权就会成为"无源之水、无本之

① 邹春霞．中央官员：中国将建立管理自然资源的"国资委"．北京青年报，2014－09－21．陈益刊．官方正考虑建自然资源国资委 地下水费将改税．第一财经日报，2014－09－22．据这些报道，我国将组建统一行使自然生态空间的用途管制权的政府部门，以行使自然资源所有权人的职责。通俗地说，就是建立一个针对自然资源的国资委。2018 年 3 月，自然资源部设立。

② 中共中央办公厅、国务院办公厅 2019 年 4 月印发的《关于统筹推进自然资源资产产权制度改革的指导意见》还指出，"到 2020 年，归属清晰、权责明确、保护严格、流转顺畅、监管有效的自然资源资产产权制度基本建立"。

③ 王旭．论自然资源国家所有权的宪法规制功能．中国法学，2013（6）．

④ 中央深改组审议通过《关于健全生态保护补偿机制的意见》．中国国土资源报，2016－03－23．

⑤ 崔建远．准物权的理论问题．中国法学，2003（3）．

木”。准物权有利于在自然资源全民所有的前提下，贯彻落实自然资源可持续发展理念，充分发挥自然资源的效用，以实现对自然资源和生态环境开发、利用、防治和保护的有机统一。[①]《民法典》第324条规定：“国家所有或者国家所有由集体使用以及法律规定属于集体所有的自然资源，组织、个人依法可以占有、使用和收益。”[②] 第325条规定：“国家实行自然资源有偿使用制度，但是法律另有规定的除外。”第326条规定：“用益物权人行使权利，应当遵守法律有关保护和合理开发利用资源的规定。所有权人不得干涉用益物权人行使权利。”

《物权法》第122条、《民法典》第328条规定，“依法取得的海域使用权受法律保护”。2002年1月1日起施行的《海域使用管理法》则对海域使用权的申请审批、海域使用权的内容及有偿使用等问题作了具体规定。《物权法》在关于用益物权的一般规定中将海域使用权的法律性质确认为用益物权。结合《海域使用管理法》第23条、第25条等规定，海域使用权是指权利人依法占有特定的海域并利用该海域从事养殖、拆船、旅游娱乐、盐业、矿业、修建港口或者修建船厂等建设工程并获取收益的权利。

《物权法》第123条、《民法典》第329条还规定了探矿权、采矿权、取水权、养殖权、捕捞权等准物权（准用益物权），这些准物权的特殊之处是权利人所支配的客体并非特定的物，而是从事特定行为（如对自然资源的勘探、开采）的法律许可[③]，而权利人从事这些经许可的特定行为后可能获得对特定物（如自然资源产品）的所有权。[④] 因此，有学者认为：“此等权利（矿业权、渔业权等准物权）非以现在特定之物为标的，其标的为无形之利益，不过将来权利人依特定之行为，得使发生、确定、存续、变更或消灭特定之法律关系而已。德国学者谓之

① 《矿产资源法实施细则》第41条规定：“国家设立国家规划矿区、对国民经济具有重要价值的矿区时，对应当撤出的原采矿权人，国家按照有关规定给予合理补偿。”2009年，山西省以省政府出台的一个“意见”［《山西省人民政府关于加快推进煤矿企业兼并重组的实施意见》（晋政发〔2008〕23号）］和16个“通知”为依据，在全省开展“煤矿企业兼并重组和资源整合”。《山西省人民政府关于加快推进煤矿企业兼并重组的实施意见》第10条指出：“矿业权调整及转让。对未按一个矿区尽可能由一个主体开发原则发放的矿业权，探矿权用地质勘查资金（周转金）收购，并按照一个矿区尽可能由一个主体开发的原则重新配置。采矿权按照矿区兼并重组规划与有关规定和程序配置给具有规模、技术、资金优势的大型煤矿企业。已全额缴纳采矿权价款的被兼并企业，原则上应将其资源、资产评估后入股兼并重组企业。被兼并企业直接转让采矿权的，兼并重组企业应向其支付矿业权价款，并给予适当经济补偿。煤矿企业兼并重组中所涉及资源采矿权价款的有关事宜，按照煤矿企业兼并重组所涉及资源采矿权价款处置办法执行。”

本书作者认为，在山西煤矿企业兼并重组整合的“国进民退”大潮中，如何“使市场在资源配置中起决定性作用和更好发挥政府作用”，政府如何遵循行政法定原则、行政信赖保护原则和比例原则，值得深思。

② 《民法典》第246条第2款规定：“国有财产由国务院代表国家行使所有权；法律另有规定的，依照其规定。”《自然资源统一确权登记暂行办法》第10条规定：“全民所有自然资源所有权代表行使主体登记为国务院自然资源主管部门，所有权行使方式分为直接行使和代理行使。”“中央委托相关部门、地方政府代理行使所有权的，所有权代理行使主体登记为相关部门、地方人民政府。”

③ 参见《矿产资源法》第3条第3、4款和第6条，《矿产资源法实施细则》第5条第1款，《探矿权采矿权转让管理办法》第10条。司法实践中，如果当事人采取股权转让的手段转让探矿权、采矿权乃至划拨土地使用权（参见《城镇国有土地使用权出让和转让暂行条例》第44、45条），即“名为股权转让，实为矿业权转让”，以规避矿业权转让批准手续或者规避税收等，则相关股权转让合同的效力如何？本书作者认为，对此可以适用《民法典》第146条的规定：“行为人与相对人以虚假的意思表示实施的民事法律行为无效”，“以虚假的意思表示隐藏的民事法律行为的效力，依照有关法律规定处理”。

根据第十三届全国人大常委会立法规划的要求，自然资源部起草了《中华人民共和国矿产资源法（修订草案）》（征求意见稿），并于2019年12月17日至2020年1月15日向社会公开征求意见。该征求意见稿第29条规定：“矿业权人可以依法转让、出租、抵押矿业权。”“矿业权人以股权转让等形式变更矿业权实际控制人的，视为矿业权转让，应当办理登记手续。”“矿业权转让时，矿业权出让合同约定的权利义务随之转移。”这实际上取消了矿业权转让的批准手续。

④ 参见《矿产资源法》第34条，《矿产资源法实施细则》第6条、第30条第1款等规定。

能权。亦有称为得有权者。盖依自己一方之行为，得享有法律上效果之权利也。”① 不过，学者多注意到海域使用权和准物权在均须经特许取得之共性外还存在一些交叉②，比如说养殖权人利用特定海域从事养殖行为，就属于行使对特定海域的海域使用权这种用益物权。不过，在特定海域内从事捕捞的权利仍属于准物权，因为其支配的客体仍非特定物。

马克思曾经指出：“……社会不是以法律为基础的。那是法学家们的幻想。相反地，法律应该以社会为基础。法律应该是社会共同的、由一定物质生产方式所产生的利益和需要的表现，而不是单个的个人恣意横行。”③ 社会生活决定法律概念，而不是法律概念决定生活。一方面，自然资源使用权这一准物权制度与传统用益物权制度存在体系上的不协调之处，需要本着社会生活决定法律概念的法律思维来解释完善。首先，传统用益物权的客体是不可消耗物，而有些准物权如采矿权的客体为可消耗物，这也就超出了用益物权“使用”权能的内容。其次，传统用益物权的客体主要是不动产，而有些准物权如养殖权、捕捞权的客体就难以归于不动产。再次，准物权须经行政许可取得，而传统用益物权属于私权，其取得和行使主要取决于当事人的意思自治。最后，准物权中的取水权也不完全符合传统用益物权的排他性特点。④ 另一方面，《水法》第 7 条规定：“国家对水资源依法实行取水许可制度和有偿使用制度。但是，农村集体经济组织及其成员使用本集体经济组织的水塘、水库中的水的除外。国务院水行政主管部门负责全国取水许可制度和水资源有偿使用制度的组织实施。”居民从河里取水是否侵犯了国家对水流的所有权?⑤ 民法规范从来不能绝缘于社会生活，如果一个民法规范在市民社会生活中被轻而易举地违反，就需要反思该民法规范是否妥当、合理地转述和翻译了生活规则。“为了避免国家在不经意间摧毁一直为人们自愿遵守和维护之既定规则，颠覆人们长期建立起来的预期”⑥，立法者应该尊重基于历史传统形成的自然资源习惯使用权（习惯权利）。

第二节　房地产登记制度

一、房地产登记的类型划分

房地产物权变动的公示方法为登记，登记是指将物权变动的事项记载于登记机构的不动产登记簿上予以公示的行为。我国长期存在不动产登记机构未统一、“多头登记”的情况。为此，《物权法》第 10 条、《民法典》第 210 条规定：“不动产登记，由不动产所在地的登记机构办理。”“国家对不动产实行统一登记制度。统一登记的范围、登记机构和登记办法，由法律、行政法规规定。”《物权法》第 246 条又规定：“法律、行政法规对不动产统一登记的范围、登记机构和登记办法作出规定前，地方性法规可以依照本法有关规定作出规定。”相应地，我国有《不动产登记暂行条例》(2015 年 3 月 1 日起施行)、《不动产登记暂行条例实施细则》(2016 年

① 史尚宽．民法总论．北京：中国政法大学出版社，2000：12.

② 王利明．试论《物权法》中海域使用权的性质和特点．社会科学研究，2008 (4). 崔建远．海域使用权制度及其反思．政法论坛，2004 (6).

③ 马克思恩格斯全集：第 6 卷．北京：人民出版社，1961：291－292.

④ 金海统．自然资源使用权：一个反思性的检讨．法律科学，2009 (2). 谭向阳．自然资源使用权性质探讨．人民论坛，2013 (17).

⑤ 柳经纬．我家住在小河边//法学家茶座：第 19 辑．济南：山东人民出版社，2008.

⑥ 肖泽晟．论公物附近居民增强利用权的确立和保障．法商研究，2010 (2).

1月1日起施行)，等等。本着同一件事由一个部门负责的行政部门职能配置原则，应整合房屋登记、林地登记、草原登记、土地登记的职责，建立不动产统一登记制度，以更好地落实物权法规定，保障不动产动态交易安全，有效保护不动产权利人的合法财产权。[①] 2020年3月30日《中共中央、国务院关于构建更加完善的要素市场化配置体制机制的意见》指出，“农村房地一体不动产登记基本完成”，“推动制定不动产登记法”。

学理上将房地产物权登记根据登记目的的不同分类为本登记和预备登记。本登记也称为终局登记，其登记的物权变动状态具有确定的、终局的效力。预备登记则是为了保障登记请求权而为的一种登记。[②] 本登记又可以分为总登记、初始登记、宣示登记、变更登记、转移登记、更正登记、回复登记、查封登记、注销登记等，预备登记可以分为预告登记和异议登记。《不动产登记暂行条例》第3条规定：“不动产首次登记、变更登记、转移登记、注销登记、更正登记、异议登记、预告登记、查封登记等，适用本条例。”《不动产登记暂行条例实施细则》第五章“其他登记”也根据登记目的的不同进行分类。

此外，根据不动产登记的物权种类和内容，可以将不动产物权登记区分为所有权登记、用益物权登记、不动产抵押权登记等。《不动产登记暂行条例实施细则》第四章“不动产权利登记”采此种分类。

二、房地产更正登记、异议登记和预告登记制度

本书对房地产登记类型，择要介绍。结合《物权法》第19条第1款、《民法典》第220条第1款，以及《不动产登记暂行条例实施细则》第79条、第80条、第81条的规定，更正登记是指权利人、利害关系人或者登记机构认为或者发现登记簿记载的事项有错误时，对错误事项申请更正或者依职权进行更正的登记。《不动产登记暂行条例实施细则》第79条第1款规定：“权利人、利害关系人认为不动产登记簿记载的事项有错误，可以申请更正登记。”需要注意的是，根据《不动产登记暂行条例实施细则》第79条第2款和第3款，权利人申请更正登记时应当提交的材料包括“证实登记确有错误的材料”，利害关系人申请更正登记时应当提交的材料包括“证实不动产登记簿记载错误的材料”。在实际操作层面可以发现，《民法典》第220条第1款将更正登记的条件设置为选择式（“不动产登记簿记载的权利人书面同意更正或者有证据证明登记确有错误的”）并不妥当。单有不动产登记簿记载的权利人书面同意更正，不能开启更正登记，以防当事人以更正登记之名行转移登记之实。进一步而言，利害关系人认为登记错误而申请更正登记，权利人不同意更正的，即便利害关系人有证据“证实不动产登记簿记载错误”，也不宜开启更正登记。此时针对当事人之间的物权归属、内容争议，应该通过物权确认之诉解决。[③]《不动产登记暂行条例实施细则》第79条第2款和第3款对于权利人申请更正登记和利害关系人申请更正登记的证据要求作不同安排，证实“确有错误”和证实“记载错误”。然而，两者之间有何实质差别？“确有”二字是否意味着证明标准的提高？如此区分对待，正当性存疑。当然，根据《不动产登记暂行条例实施细则》第81条，如果登记机构“发现不动产登记簿记载的事项错误”，可以依法予以更正。此时不受权利人是否同意的限制。

① 马凯．关于国务院机构改革和职能转变方案的说明——2013年3月10日在第十二届全国人民代表大会第一次会议上．新华社，2013-03-10．还有学者认为，不动产统一登记制度有助于震慑腐败、抑制过高房价，便于通过税收进行财富二次分配，调节过大的贫富差距等。刘戈．房产统一登记震慑腐败抑房价．环球时报，2013-03-11．

② 王轶．物权变动论．北京：中国人民大学出版社，2001：161，164．

③ 王雷．对《中华人民共和国民法典（草案）》的完善建议．中国政法大学学报，2020（2）．

《物权法》第19条第2款、《民法典》第220条第2款对异议登记作了详细规定："不动产登记簿记载的权利人不同意更正的，利害关系人可以申请异议登记。登记机构予以异议登记，申请人在异议登记之日起十五日内不起诉的，异议登记失效。异议登记不当，造成权利人损害的，权利人可以向申请人请求损害赔偿。"据此，异议登记是指权利人不同意利害关系人的更正登记请求时，登记机构根据利害关系人的申请将其对不动产登记簿登记事项的异议记载于登记簿上的行为。异议登记是一种临时性的保护措施，在异议登记的有效期内，不动产登记簿的正确性推定效力及公信力被中止。[①] 实际上，异议登记是在利害关系人更正登记请求权不能实现时，给予利害关系人一定的准备时间，及时提起物权确认之诉，以最终达到确权目的。可以说，异议登记是不动产物权确认之诉的预备阶段，或者说是对更正登记请求权的一种保全措施。当利害关系人确权之诉成功后，该利害关系人可以据人民法院的判决重新申请更正登记。2016年3月1日起施行的《最高人民法院关于适用〈中华人民共和国物权法〉若干问题的解释(一)》第3条规定不动产确权争议不受异议登记失效影响："异议登记因物权法第十九条第二款规定的事由失效后，当事人提起民事诉讼，请求确认物权归属的，应当依法受理。异议登记失效不影响人民法院对案件的实体审理。"此外，异议登记和与其功能类似的财产保全是并行模式，其并不以后者为前置程序，这样也提高了通过异议登记保全更正登记请求权的效率。[②]

《物权法》第20条、《民法典》第221条还规定了预告登记制度。《物权法》第20条规定："当事人签订了买卖房屋或者其他不动产物权的协议，为保障将来实现物权，按照约定可以向登记机构申请预告登记。预告登记后，未经预告登记的权利人同意，处分该不动产的，不发生物权效力。""预告登记后，债权消灭或者自能够进行不动产登记之日起三个月内未申请登记的，预告登记失效。"《民法典》第221条规定："当事人签订买卖房屋的协议或者签订其他不动产物权的协议，为保障将来实现物权，按照约定可以向登记机构申请预告登记。预告登记后，未经预告登记的权利人同意，处分该不动产的，不发生物权效力。""预告登记后，债权消灭或者自能够进行不动产登记之日起九十日内未申请登记的，预告登记失效。"就预告登记的效力，原《最高人民法院关于适用〈中华人民共和国物权法〉若干问题的解释（一）》第4条规定："未经预告登记的权利人同意，转移不动产所有权，或者设定建设用地使用权、地役权、抵押权等其他物权的，应当依照物权法第二十条第一款的规定，认定其不发生物权效力。"第5条规定："买卖不动产物权的协议被认定无效、被撤销、被解除，或者预告登记的权利人放弃债权的，应当认定为物权法第二十条第二款所称的'债权消灭'。"《不动产登记暂行条例实施细则》第85条第2款规定："预告登记生效期间，未经预告登记的权利人书面同意，处分该不动产权利申请登记的，不动产登记机构应当不予办理。"可见，预告登记生效期间，未经预告登记的权利人书面同意，不得办理处分该不动产权利的转移登记或者抵押权登记、地役权登记等。有学者认为，预告登记制度适用于房屋买卖、抵押等引致不动产物权变动的交易，功能是通过防范不动产物权人的"一物数卖"等行为，来确保买受人等债权人实现其请求权。在房屋买卖或抵押交易中，网上签约机制发挥着防止所有权人"一房数卖"的实际作用。这与预告

① 原《最高人民法院关于适用〈中华人民共和国物权法〉若干问题的解释（一）》第16条第1款第1项确认，异议登记仅中止不动产登记簿的正确性推定效力及公信力，并不阻止登记权利人（名义权利人）对不动产物权继续进行处分。类似地，《不动产登记暂行条例实施细则》第84条也正本清源，明确异议登记的功能是风险告知，而非禁止登记权利人（名义权利人）对不动产物权进行处分。该条规定："异议登记期间，不动产登记簿上记载的权利人以及第三人因处分权利申请登记的，不动产登记机构应当书面告知申请人该权利已经存在异议登记的有关事项。申请人申请继续办理的，应当予以办理，但申请人应当提供知悉异议登记存在并自担风险的书面承诺。"

② 刘保玉．异议登记与财产保全关系的处理模式及其选择．法商研究，2007（5）.

登记制度的功能高度重合，导致预告登记制度在实践中走向死亡。为了避免制度资源的浪费，使预告登记制度获得再生，有必要调整其适用领域，进行制度整合和创新，把租赁权、优先购买权等也纳入其中。[①]

三、房地产登记的程序性事项

有关不动产登记的程序性事项，目前主要由《不动产登记暂行条例》和《不动产登记暂行条例实施细则》分别规定。《物权法》对其要者作了一般规定。《物权法》第10条规定了统一登记制度、统一登记机构，但未对争议颇大的统一至何种机构进行登记具体规定[②]；第12条规定，登记机构形式审查为主、实质审查为辅的登记审查义务（职责）；第13条规定禁止登记机构从事与公示功能无关的超出登记职责范围的行为；第18条规定登记机构有为权利人、利害关系人提供查询、复制登记资料服务的义务；第22条规定了登记按件收费制度。《民法典》第210条、第212条、第213条、第218条、第223条总体坚持了《物权法》的原有规定。

《物权法》第21条还规定了登记错误的赔偿责任："当事人提供虚假材料申请登记，给他人造成损害的，应当承担赔偿责任。""因登记错误，给他人造成损害的，登记机构应当承担赔偿责任。登记机构赔偿后，可以向造成登记错误的人追偿。"《民法典》第222条总体坚持该规定的内容。对《物权法》第21条，有学者认为在第21条第1款规定的情况下，登记机构承担过错责任；在第21条第2款前段规定的情形下，登记机构承担严格责任。[③] 在立法论上，学者更倾向于采取过错推定的归责原则，即由登记机构对于自己已经尽到登记审查注意义务承担举证责任，从而达到当事人之间的利益平衡。[④] 就不动产登记机构的审查标准和赔偿责任问题，本书作者认为，明晰不动产登记机构的合理审慎审查职责是确定其登记错误时赔偿责任归责原则的前提，而就该合理审慎审查职责的认定标准，可以转化为登记程序制度，只要登记机构尽到法定登记程序职责，就认定其完成合理审慎审查。此外，《民法典》物权编中的不动产登记制度与不动产登记单行行政法规、规章，乃至未来"不动产登记法"之间是上位法与下位法、一般法与特别法的关系。《民法典》物权编无法将不动产登记制度全部收纳，登记机构合理审慎审查职责和登记错误赔偿责任都属于民事基本制度，虽不直接关涉物权法"明确物的归属，发挥物的效用"的基本规范目的，但本着立法技术考虑，其无法进入《民法典》其他各编，因此适宜在《民法典》物权编作立法明晰。

应该区分造成登记错误的原因，细化规定，对于单纯登记机构工作人员疏忽、过失等原因造成登记错误的，采过错推定归责原则。此外，《最高人民法院关于审理房屋登记案件若干问题的规定》第12条和第13条区分登记机构的无意思联络侵权行为和恶意串通的共同侵权行为，并进行按份责任和连带责任的责任形态划分。由此，登记机构承担责任的归责原则也就相应转变为过错责任原则。该解释第12条规定："申请人提供虚假材料办理房屋登记，给原告造成损害，房屋登记机构未尽合理审慎职责的，应当根据其过错程度及其在损害发生中所起作用承担相应的赔偿责任。"第13条规定："房屋登记机构工作人员与第三人恶意串通违法登记，

---

① 常鹏翱．预告登记制度的死亡与再生．法学家，2016（3）．

② 2013年11月20日，国务院第31次常务会议明确指出，由国土资源部负责指导、监督全国土地、房屋、草原、林地、海域等不动产统一登记职责，基本做到登记机构、登记簿册、登记依据和信息平台"四统一"。《不动产登记暂行条例》（2019年修订）第6条第1款规定："国务院国土资源主管部门负责指导、监督全国不动产登记工作。"

③ 王利明．物权法研究：上卷．2版．北京：中国人民大学出版社，2007：368．

④ 李显冬．新编中国物权法要义与案例释解．2版．北京：法律出版社，2009：59．

侵犯原告合法权益的，房屋登记机构与第三人承担连带赔偿责任。”

四、《不动产登记暂行条例》的解释与适用

民法，给程序以应有的地位[①]，该程序不仅包括诉讼程序，也包括行政程序。《物权法》第10条规定：“不动产登记，由不动产所在地的登记机构办理。国家对不动产实行统一登记制度。统一登记的范围、登记机构和登记办法，由法律、行政法规规定。”第246条又规定：“法律、行政法规对不动产统一登记的范围、登记机构和登记办法作出规定前，地方性法规可以依照本法有关规定作出规定。”不动产统一登记制度属于重要的“社会主义市场经济法律制度”“市场法律制度”。2015年3月1日《不动产登记暂行条例》施行。该条例是集中规定有关统一不动产登记机构、登记簿册、登记程序、登记依据、信息平台等程序性事项和规范登记行为的行政法规，是落实《物权法》所提出的不动产实行“统一登记”要求的不动产登记程序法。[②]《不动产登记暂行条例》共六章，分别为总则、不动产登记簿、登记程序、登记信息共享与保护、法律责任和附则。

《不动产登记暂行条例》建立起以土地为核心的不动产统一登记制度，其第2条第2款规定：“本条例所称不动产，是指土地、海域以及房屋、林木等定着物。”《担保法》第92条规定：“本法所称不动产是指土地以及房屋、林木等地上定着物。”《不动产登记暂行条例》扩张了不动产的范围，“不动产”不等同于《城市房地产管理法》中所使用的“房地产”。

“不动产登记簿，是指由不动产登记机构依法制作的，对某一特定地域辖区内的不动产及其上的权利状况加以记载的具有法律效力的官方记录。”[③] 根据《不动产登记暂行条例》第8条第3款的规定，不动产登记簿记载不动产的自然状况、权属状况、不动产权利限制与提示等相关事项。作为不动产登记程序法，《不动产登记暂行条例》不规定不动产登记簿的法律效力问题，后者属于实体性权利规范。

统一不动产登记是市场经济的一项基础性制度，《不动产登记暂行条例》第2条第1款规定：“本条例所称不动产登记，是指不动产登记机构依法将不动产权利归属和其他法定事项记载于不动产登记簿的行为。”作为不动产物权的公示手段，不动产登记本质上是产生民法上效果的事实行为，而非登记机构的行政管理行为；从统一不动产登记的机构、程序、依据、簿册、信息平台等角度看，不动产登记机构在登记活动中应该遵循行政法定原则，因此，不动产登记又具有行政确认行为的性质。

《不动产登记暂行条例》第8条第2款规定：“不动产登记机构应当按照国务院国土资源主管部门的规定设立统一的不动产登记簿。”第21条规定：“登记事项自记载于不动产登记簿时完成登记。”“不动产登记机构完成登记，应当依法向申请人核发不动产权属证书或者登记证明。”与《不动产登记暂行条例》的施行同步，2015年3月1日正式启用统一的不动产登记簿证，包括“不动产登记簿”“不动产权证书”“不动产登记证明”。2015年3月4日，有媒体报道，3月1日起制作的房地合一的“不动产权证书”所设计的唯一表格中以“使用期限”来体

---

① 崔建远．民法，给程序以应有的地位．政治与法律，1998（2）．

② 孙宪忠．不动产登记基本范畴解析．法学家，2014（6）．

③ 国土资源部政策法规司，国土资源部不动产登记中心．不动产登记暂行条例．北京：中国法制出版社，2015：85．

现不动产权利，存在严重错误，该证书会令全中国的业主都变成房客。① 本书作者认为，前述观点是对新版“不动产权证书”的误读。单一版不动产权证书“填写说明”之“使用期限”中明确说明：“涉及地上房屋、构筑物的，填写土地使用权的起止日期。”统一不动产登记制度之下，房屋及其占有范围内的建设用地使用权、宅基地使用权统一登记于同一登记簿中，相应地，新版“不动产权证书”也应一体记载。房屋所有权没有期限，可以不记载，只需记载相应土地使用权使用期限。不动产权属证书需分清权利类别，针对房屋的权利属于所有权，而针对土地的权利为使用权，“使用期限”所填内容为土地使用权的期限，房屋所有权没有期限。新版不动产登记证书是按照“房地合一”的思路设计的，这就打破了原有的土地权属登记和房屋权属登记的二元结构，打破了城乡房地产权属公示区分的二元结构。在新版“不动产权证书”上明确设置“使用期限”一项，是为了更加醒目地标明土地使用权的期限，提醒业主在土地使用权期限届满前及时续期。

《物权法》第 18 条规定：“权利人、利害关系人可以申请查询、复制登记资料，登记机构应当提供。”《不动产登记暂行条例实施细则》第 97 条第 4 款规定：“因不动产交易、继承、诉讼等涉及的利害关系人可以查询、复制不动产自然状况、权利人及其不动产查封、抵押、预告登记、异议登记等状况。”在我国首例利害关系人要求以姓名查房胜诉案件中，法官认为：他人单以权利人的姓名查询其名下房产，除公权力机关外，当然应该禁止。但问题是，本案被告拒绝的是与被查询人有直接利害关系的唯一法定继承人，这就既不合法也有违情理，最终结果将事实上侵害原告的合法继承权。《房地产登记技术规程》6.1.4 规定：“登记资料不得仅以权利人姓名或名称为条件进行查询。”6.2.1 规定：“查询、复制登记簿应符合下列规定：……4 利害关系人提供身份证明、与查询房地产有利害关系的证明、房屋坐落，可查询、复制登记簿中相关信息。”该案的判决，突破了此前《房地产登记技术规程》中“不得仅以权利人姓名或名称为条件进行查询”的限制，明确了利害关系人可查询房产登记信息。此案的判决对于规范房产信息查询是有价值的。②

司法实践中，须进一步明确不动产登记资料查询、复制的利害关系人范围和登记资料范围，须在特定人的知情权与不动产权利人的隐私权之间进行利益平衡，避免因不当查询侵害他人隐私权。《民事诉讼法》第 61 条规定：“代理诉讼的律师和其他诉讼代理人有权调查收集证据，可以查阅本案有关材料。查阅本案有关材料的范围和办法由最高人民法院规定。”《律师法》第 35 条第 2 款规定：“律师自行调查取证的，凭律师执业证书和律师事务所证明，可以向有关单位或者个人调查与承办法律事务有关的情况。”在重庆市国土资源与房屋管理局与陈某、蔡某不动产登记查询案中，争议焦点是“律师主张在民事诉讼程序中查询对方当事人名下所有的房产信息是否具有法律法规依据”；律师在代理民间借贷纠纷诉讼过程中，作为申请人向不动产登记机构申请查询诉讼对方当事人名下的房产信息，以便通过诉讼保全措施确保债权得到法院判决支持后能够顺利实现。登记机构根据《房地产登记技术规程》，告知不能“以人查房”，以申请人无法提供被查询人的房屋坐落信息为由拒绝提供查询不动产登记信息。在审理本案过程中，法院认为：对方当事人名下所有的房产信息不是民间借贷诉讼的案件“证据”。有权申请查询、复制不动产登记资料的主体限于权利人、利害关系人和有关国家机关。“律师

① 华新民．一夜之间，新制作的《不动产权证书》令全中国的业主都变成了房客！．(2015-03-04)．http://finance.ifeng.com/a/20150304/13529715_0.shtml.

② 李自庆．无奈！能够证明“我爸是我爸”也不行：以亡父之名查询房产遭拒 南京市民状告住建委胜诉．人民法院报，2015-08-04.

作为民间借贷纠纷的诉讼代理人，既不属于不动产的权利人，也不属于利害关系人。”《不动产登记暂行条例实施细则》第 97 条第 4 款规定：“因不动产……诉讼等涉及的利害关系人”可以查询、复制不动产登记资料，法院认为本案律师所代理的是民间借贷纠纷，不是“因不动产引发的诉讼”，而且即便律师所代理案件的委托人也不属于有权申请查询、复制的利害关系人。律师在代理民事案件过程中因客观原因不能自行收集证据的，可以依法申请法院、检察院收集调取。在民事案件执行环节，法院可以依申请或者依职权向当事人的代理律师发出调查令，持令律师可以调查被执行人名下的财产现状及变动或者交易明细情况。“即便是权利人、利害关系人申请查询、复制不动产登记资料，其能够查询、复制的范围亦有明确限制”，“并非指向特定自然人名下的所有房产信息”。根据《不动产登记暂行条例实施细则》第 97 条第 3 款和第 4 款，权利人可以查询、复制自己名下的所有不动产登记资料，利害关系人可以查询、复制的范围也限于特定不动产的自然状况、权利信息和其他事项。①

《物权法》第 18 条、《民法典》第 218 条所规定的登记资料查询、复制制度，主要涉及对交易关系情形下不动产交易安全的保障，也间接涉及在“房产反腐”背景下对“以人查房”与“个人住房信息隐私”之间的法律政策协调。②《不动产登记暂行条例》第 27 条扩大了查询、复制主体的范围，该条第 2 款规定：“有关国家机关可以依照法律、行政法规的规定查询、复制与调查处理事项有关的不动产登记资料。”这为利用不动产登记信息加大反腐力度提供了一定的便利，但反腐并非该法的主导目的，只是在不动产信息查询问题上的附带效果。《不动产登记暂行条例》的主要立法目的体现在该条例第 1 条的规定之中：“为整合不动产登记职责，规范登记行为，方便群众申请登记，保护权利人合法权益，根据《中华人民共和国物权法》等法律，制定本条例。”《民法典》第 219 条新增规定：“利害关系人不得公开、非法使用权利人的不动产登记资料。”

第三节　房地产登记簿的权利推定力和公信力

一、房地产登记簿之权利推定力

《物权法》第 16 条第 1 款、《民法典》第 216 条第 1 款规定：“不动产登记簿是物权归属和内容的根据。”该条实际上就是对不动产物权的权利推定规范③，其推定不动产登记簿这一书证所记载的不动产权利为真实。当然，根据权利存在与否的客观后果进行判断，不动产登记簿既可以起到积极推定（Positive Vermutung）的效果，也可以起到消极推定（Negative Vermutung）的效果，后者是指登记簿上已经被涂销的不动产物权不存在，或者基于法律行为发生物

---

① 重庆市国土资源与房屋管理局、重庆市规划与自然资源局与陈某、蔡某不动产登记查询案，重庆市第五中级人民法院（2018）渝 05 行终 604 号行政判决书．

② 欧昌梅，周祺瑾，王齐．“以人查房”的法理追溯：“没必要再出台新办法限定”．东方早报，2013－02－20．范春旭．买房遇阻欲查名下房产遭拒．新京报，2012－03－22．

③ 2014 年 11 月 15 至 16 日，第四届两岸民商法前沿论坛“民商法理论与方法论”在北京航空航天大学召开，本书作者提交论文《〈物权法〉中的证据规范：物权推定规范及其展开》并做主题报告。王雷．论物权推定规范．比较法研究，2016（6）．

权变动却没有记载于登记簿上的不动产物权不存在。[①]《物权法》第 17 条、《民法典》第 217 条对不动产登记簿的权利推定效力作了进一步对比规定："不动产权属证书是权利人享有该不动产物权的证明。不动产权属证书记载的事项，应当与不动产登记簿一致；记载不一致的，除有证据证明不动产登记簿确有错误外，以不动产登记簿为准。"

不动产登记簿之权利推定规范在立法上解决了不动产物权的证明责任分配问题：一方面，权利推定规范属于民事证据规范，其会产生举证责任倒置的证明负担效果，即否定登记簿上记载事项真实性的当事人须就其权利否定事项承担证明责任；受益于登记簿推定力之登记名义人只需要证明其物权已经在登记簿上登记记载。"在强制执行程序中，法院要查封某一不动产时，必须依据不动产登记簿的记载来确定被查封的不动产是否属于被执行人所有。"[②]《最高人民法院关于人民法院民事执行中查封、扣押、冻结财产的规定》第 2 条规定："人民法院可以查封、扣押、冻结被执行人占有的动产、登记在被执行人名下的不动产、特定动产及其他财产权。""未登记的建筑物和土地使用权，依据土地使用权的审批文件和其他相关证据确定权属。""对于第三人占有的动产或者登记在第三人名下的不动产、特定动产及其他财产权，第三人书面确认该财产属于被执行人的，人民法院可以查封、扣押、冻结。"第 15 条规定："被执行人将其所有的需要办理过户登记的财产出卖给第三人，第三人已经支付部分或者全部价款并实际占有该财产，但尚未办理产权过户登记手续的，人民法院可以查封、扣押、冻结；第三人已经支付全部价款并实际占有，但未办理过户登记手续的，如果第三人对此没有过错，人民法院不得查封、扣押、冻结。"另一方面，权利推定规范属于可推翻之推定，而非终局的、确定的，其并不能终局性地解决不动产物权的归属和内容。[③] 权利推定规范之所以能被确立，是因为不动产登记簿所彰显的权利外观在绝大多数情况下具有真实正确性。此即"不动产登记簿正确性的推定"（Die Vermutung der Richtigkeit des Grundbuchs）。然而，不动产登记簿存在登记簿记载错误的可能，这就需要配合更正登记和异议登记制度。"对登记簿正确性有异议者只要证明该权利产生要件或消灭要件并不存在即可。"[④]

不动产登记簿的推定力和公信力适用于交易关系背景下当事人之间的利益冲突协调，而不适用于非交易关系背景下当事人之间的利益冲突之协调，前者如第三人善意取得，后者如夫妻法定共同财产制。对不动产物权交易关系中，适用不动产登记簿推定力的形式审查规则；对夫妻等具有特殊身份者之间的内部确权问题，适用实质审查规则，不受权利外观登记的限制。一方面，《婚姻法》第 17 条和第 19 条第 1 款（《民法典》第 1062 条和第 1065 条第 1 款）关于对夫妻财产"没有约定或约定不明确的"，适用法定共同共有的规定，属于拟制规定，不得再行推翻，而此拟制规定可以推翻《物权法》第 16 条第 1 款、《民法典》第 216 条第 1 款所规定的不动产登记簿的推定力。例如，如果丈夫未经妻子同意将登记在自己名下的共同不动产赠与非婚同居之第三人，则该赠与行为因并非出于日常生活需要，非属于交易关系背景下的利益冲

① 有学者认为该种情形属于系争权利原本不存在，不属于消极推定的范围。常鹏翱．物权法中的权利证明规范．比较法研究，2006（2）．本书作者认为这实际上属于纯粹民法学问题中的解释选择问题，此种争论并不会影响法律的解释和适用。

② 程啸．不动产登记簿之推定力．法学研究，2010（3）．

③ 基于审执分离原则，人民法院在强制执行程序中奉行形式审查原则，在执行异议之诉中则作实质审查。不动产登记证书记载的所有权人是一种法律推定事实，可以被真实的物权关系推翻。在某未成年子女提起的执行异议之诉中，父母出资购买的房屋产权份额 95％登记在未成年子女名下，5％登记在母亲名下，但该未成年子女未举证证明该房屋系其劳动所得或通过继承、奖励、他人赠与、报酬、收益等合法来源取得，故应认定诉争房屋的真实所有权人为其父母。朱红祥．登记在未成年子女名下房产可否被执行．"审判研究"公众号，2020－05－12．

④ 同②．

突，侵害了妻子的合法权益，有悖公序良俗原则，应为全部无效，而非有效或者部分无效。①另一方面，对不动产交易关系中的第三人而言，其不负有查明所交易的不动产是否属于夫妻法定共同共有财产的义务，第三人只需要了解不动产登记簿记载的权利状况，无须承担额外的审查义务，因为不动产登记机构编制的不动产登记簿相比较于占有能提供更为坚实的信赖基础。② 原《最高人民法院关于适用〈中华人民共和国婚姻法〉若干问题的解释（三）》第 11 条也规定："一方未经另一方同意出售夫妻共同共有的房屋，第三人善意购买、支付合理对价并办理产权登记手续，另一方主张追回该房屋的，人民法院不予支持。""夫妻一方擅自处分共同共有的房屋造成另一方损失，离婚时另一方请求赔偿损失的，人民法院应予支持。"

二、房地产登记簿的公信力与善意取得制度

动产物权变动的公信原则主要体现为动产占有这一公示方法的公信力，并通过动产物权善意取得制度来落实。房地产等不动产物权变动的公信原则主要体现为不动产登记这一公示方法的公信力，此种公信力能否通过不动产物权善意取得制度来落实？我国物权法学说上一度存在争论，《物权法》通过之前通说认为善意取得制度仅适用于动产，对不动产则适用登记的公信力来保护交易安全。③ 实际上，仅从逻辑上分析，动产占有的公信力和不动产登记的公信力是处于同一层级的概念，用来落实该类公信力的动产善意取得制度和不动产善意取得制度是另一组处于同一层级的制度。为何我国通说长期将动产善意取得制度和不动产登记公信力并列？对该问题的解释只能从历史分析的角度展开，恰如有学者所说的那样，此时"一页历史就抵得上一卷逻辑"④。长期以来，我国大陆民法学说主要继受我国台湾地区和德国的民法学说，我国台湾地区"民法"第 948 条和《德国民法典》第 932 条均仅规定动产所有权或者其他物权的善意取得制度；对不动产的善意取得，《德国民法典》在第 891 条和第 892 条另作规定，我国台湾地区"民法"仅在 2009 年增订第 759 条之一时对此作补充规定，之前仅在其"土地法"第 43 条规定了登记的绝对效力。德国和我国台湾地区的民法学说在解释论上也长期持守动产善意取得制度与不动产，特别是土地登记簿公信力并列的模式⑤，甚至认为"善意取得之标的物以动产为限"⑥。我国《物权法》第 106 条、《民法典》第 311 条统合落实不动产和动产物权变动公信力的善意取得制度。这是立法政策上的结论，也是相对符合事物逻辑次序的安排。

本书作者认为，不动产公示方法的公信力与不动产善意取得制度的对比也并非纯粹民法问题中的解释选择问题，比前者而言后者在构成要件上包含了对交易相对人更多的要求，可见，两者在价值判断上仍有差异。不动产登记公信力是不动产善意取得的前提，但二者不简单等同。当然，善意取得制度统合模式带来的问题是不动产善意取得制度和动产善意取得制度相比

① 李梅诉李霞返还财产案，北京市海淀区人民法院（2011）海民初字第 27214 号民事判决书．翟珺，费敏蔚．豪掷百万包"小三"妻子讨还没商量 法院判决赠与行为无效．上海法治报，2013-09-18（A06）．王川，潘静波，闫艳．已婚男子给情人近 250 万元 法院认定擅自处分夫妻共有财产无效．上海法治报，2013-07-02（A06）．中国首例夫妻联手告"二奶"案在广西玉林审结．中国法院网，2002-04-26.

② 程啸．不动产登记簿之推定力．法学研究，2010（3）.

③ 梁慧星．物权法草案（第二次审议稿）若干条文的解释与批判//易继明主编．私法：第 5 辑第 1 卷．北京：北京大学出版社，2005：5-11.

④ Oliver Wendell Holmes，Jr. N. Y. Trust Co. v. Eisner，256 U. S. 345，349. //本杰明·卡多佐．司法过程的性质．苏力，译．北京：商务印书馆，1998：32.

⑤ 迪特尔·施瓦布．民法导论．郑冲，译．北京：法律出版社，2006：325-328.

⑥ 谢在全．民法物权论：上册．修订 5 版．北京：中国政法大学出版社，2011：275.

是否应具有特殊之处，尤其在构成要件方面有无特殊性。这就需要相应进行很多解释论上的工作。

房地产等不动产物权善意取得制度相应地需要具备如下构成要件：第一，客体为不动产；第二，出让人为无权处分行为；第三，受让人受让不动产时是善意的；第四，以合理的价格转让；第五，转让的不动产依照法律规定应当登记的已经登记。

与动产物权善意取得的构成要件相比，不动产物权善意取得制度的构成要件中具有特殊性的是：

第一，不动产受让人的善意程度较动产受让人的善意程度要低，后者为受让人对于出让人无处分权“不知道且不应当知道”，而前者为“不知道”，即受让人“不知物权登记系属不实……至其不知有无重大过失而不知则非所问，盖不动产登记由‘国家机关’作成，本应确保其真实，其真实之外观强度极高之故”①。就善意的举证责任问题，应当根据《物权法》第16条第1款、《民法典》第216条第1款的规定采取权利推定的做法，由否定受让人为善意之人负担举证责任。

在异议登记的场合，不动产登记的公信力被阻断，受让人对异议登记就有注意义务。此时无善意取得适用的可能。在预告登记的情况下是否存在善意取得制度的适用？本书作者对此持否定见解，原因有二：一方面，预告登记时出卖人并未丧失对不动产的处分权，不构成无权处分；另一方面，根据《物权法》第20条第1款后段、《民法典》第221条第1款后段的规定，预告登记后出卖人的处分行为不发生物权效力。原《最高人民法院关于〈中华人民共和国物权法〉若干问题的解释（一）》第16条规定：“具有下列情形之一的，应当认定不动产受让人知道转让人无处分权：（一）登记簿上存在有效的异议登记；（二）预告登记有效期内，未经预告登记的权利人同意；（三）登记簿上已经记载司法机关或者行政机关依法裁定、决定查封或者以其他形式限制不动产权利的有关事项；（四）受让人知道登记簿上记载的权利主体错误；（五）受让人知道他人已经依法享有不动产物权。”“真实权利人有证据证明不动产受让人应当知道转让人无处分权的，应当认定受让人具有重大过失。”

至于受让人为善意的判断时点，应为不动产变动记载于登记簿时而非办理登记申请之时，因为根据法律规定，不动产物权变动最终完成于登记簿为相应记载之时。原《最高人民法院关于〈中华人民共和国物权法〉若干问题的解释（一）》第18条规定：“物权法第一百零六条第一款第一项所称的‘受让人受让该不动产或者动产时’，是指依法完成不动产物权转移登记或者动产交付之时。”“当事人以物权法第二十五条规定的方式交付动产的，转让动产法律行为生效时为动产交付之时；当事人以物权法第二十六条规定的方式交付动产的，转让人与受让人之间有关转让返还原物请求权的协议生效时为动产交付之时。”“法律对不动产、动产物权的设立另有规定的，应当按照法律规定的时间认定权利人是否为善意。”

第二，就合理的价格转让之要件，也因为不动产善意取得还是动产善意取得而有不同。在不动产善意取得的情形下，“要求交易有偿是必要的，但不一定要求价格是合理的。这是因为动产的外在公示手段是占有，但占有的公示方法非常薄弱，发生占有的基础很多……与动产占有不一样，登记具有很强的公信力，在不动产登记之后，交易当事人完全有理由信赖登记所记

---

① 谢在全．民法物权论：上册．修订5版．北京：中国政法大学出版社，2011：87.

有学者认为受让人受让不动产物权时善意的“含义与动产善意取得场合相同”。梁慧星，陈华彬．物权法．5版．北京：法律出版社，2010：215. 陈华彬．民法物权论．北京：中国法制出版社，2010：289. 崔建远．物权：规范与学说：上册．北京：清华大学出版社，2011：215-216.

载的权利人具有处分权利，即使不动产转让的价格偏低，也不能影响登记公信力，只要受让人信赖登记并支付了一定的价款就足以构成善意”①。

可见，不动产物权善意取得制度在构成要件问题上的特殊性在根本上是由不动产登记公信力高于动产占有公信力所决定的。非真实权利人占有动产并无权处分之，可能导致动产的善意取得；非真实权利人被登记为不动产物权人并无权处分之，可能导致不动产的善意取得。在满足不动产物权善意取得构成要件的情况下，就会发生相应的法律效果，其类似于动产善意取得的法律效果，如受让人取得不动产物权、原所有权人有权向无权处分人请求赔偿损失、原所有权人不得向受让人行使所有物返还请求权等。至于受让人所取得的不动产物权上原来的权利负担是否继续存在，《物权法》第 108 条、《民法典》第 313 条并未明示。本书作者认为，对此应该贯彻不动产物权登记公信力原则，登记公示之权利负担仍基于善意取得制度为受让人所继续承担，未登记表彰之权利负担则消灭。根据原《最高人民法院关于适用〈中华人民共和国物权法〉若干问题的解释（一）》第 16 条第 1 款第 5 项的规定，受让人知道他人已经依法享有不动产物权的②，应当认定不动产受让人知道转让人无处分权。该规定并不周延：他人已经依法享有不动产物权不尽然会导致原物权人构成无权处分，如当该他人已经依法享有用益物权乃至担保物权时，所有权人对该不动产的处分权并未丧失，甚至受限制，受让人仍可善意取得，只是须承受该不动产上经登记表彰的权利负担而已。

三、房地产善意取得制度中无权处分的常见情形

以房屋所有权善意取得制度为例，非真实权利人作为不动产登记名义人并进行无权处分的情形主要包括：第一，因房屋登记机关登记错误，房屋登记簿上记载的原所有权消灭，产生了新的登记权利，登记人擅自以自己名义处分房屋。第二，当事人约定一方以他人名义购买房屋，并将房屋登记在他人名下，名义登记人（出名人）擅自以自己名义处分房屋。第三，权利人基于非依法律行为的物权变动取得房屋所有权，但未办理宣示登记，房屋登记在他人名下，登记人擅自以自己名义处分房屋。第四，夫妻共同共有及其他法定共有房屋仅登记在其中部分

---

① 王利明．物权法研究：上卷．2 版．北京：中国人民大学出版社，2007：446.

② 原《最高人民法院关于适用〈中华人民共和国物权法〉若干问题的解释（一）》第 16 条第 1 款第 5 项规定，“受让人知道他人已经依法享有不动产物权的”；该条第 2 款规定，“不动产受让人应当知道转让人无处分权的”。关于不动产善意取得中受让人恶意/注意义务的这两项认定规则均具有较大弹性解释空间。有法院认为：“赋予登记以公信效力，是为保护因善意信赖登记而取得不动产权利的第三人，不能仅主张登记之公信力来否认真实权利的存在，只要有充分的证据证明事实物权人有合法的依据足以确定该不动产的最终归属，就应当保护该事实物权人的真实权利。”“事实物权人的真实权利优先保护”。银行作为抵押权人应当对设押房屋的出租、出售情况进行充分的现场调查，否则可能影响抵押效力。“在房屋被他人占有使用的情形下，（银行）作为专业金融机构应当对房屋的出租情况进行充分的现场调查，以查明出租人是否是抵押物的所有权人、抵押物是否存在其他真实的权利人，从而避免错误接受已出售房屋作为抵押物。”银行未对案涉房屋进行审慎调查，未尽到专业金融机构审慎、合理的注意义务，银行对案涉房屋不享有抵押权。新疆维吾尔自治区高级人民法院（2018）新民终 173 号民事判决书，最高人民法院（2019）民申 2834 号民事判决书。

类似地，在连某诉臧某排除妨害纠纷案中，连某在购买房屋过程中，在卖方谢某告知其房屋内住有他人时仍未实地查看房屋，是否是日常生活中的理性交易做法？臧某作为真正所有权人一直在该房屋内生活居住。连某在明知该房现有他人居住而未合理怀疑、审慎调查、现场查看、积极核实，是否尽到了理性、谨慎买房人的注意义务？能否构成善意并主张善意取得？基于不动产登记的公信力可以推定不动产买受人的善意，但登记公信力并不绝对，该善意之推定也是可以被反驳、推翻的。从生活情理角度，买房人买房时是否可以因卖房人是房屋登记名义人而合理信赖其有处分权，而不用实地查看房屋，这值得认真思考和深入论证。最高人民法院公报，2015（10）.

共有人名下，登记人未按照共有人之间约定的条件或者在无约定的情况下未按照《物权法》第97条、《民法典》第301条规定的经占份额2/3以上的按份共有人或者全体共同共有人同意的条件，擅自以自己名义处分房屋。第五，出卖人转让房屋并办理了所有权转移登记，其后买卖合同被确认无效或被撤销、解除，尚未办理所有权回复登记，登记人（买受人）擅自以自己名义处分房屋。①

四、房地产登记簿的推定力和公信力的具体范围

《物权法》第16条第1款、《民法典》第216条第1款是对不动产登记簿推定力的规定："不动产登记簿是物权归属和内容的根据。"不动产登记簿的公信力，是指即便不动产登记簿上记载的物权归属、内容与真实的物权归属、内容不一致，善意信赖该登记簿记载之人仍可以如同登记簿记载正确那样，依民事法律行为取得相应的不动产物权。不动产登记簿的公信力通过《物权法》第106条、《民法典》第311条所规定的不动产善意取得制度来落实。

有法院在裁判中指出："涉讼买卖合同对标的物坐落位置、建筑面积、房屋类型等的约定，与不动产登记簿记载的内容一致。该不动产登记簿记载的内容具有公示、公信效力，一方面表明被告为涉讼房屋的登记权利人，依法享有该房屋的所有权和土地使用权；另一方面表明涉讼房屋的登记信息具有权利的正确性推定效力，可推定登记的权利状态、范围与现实的客观状态相符，善意相对人因信赖该登记的正确性而与登记权利人签订合同，该合同的效力不因登记的错误或权利内容的状态而受影响。"② 本书作者认为，此种对不动产登记簿之权利推定力和公信力的理解并不妥当。一方面，不动产登记簿的推定力是一种权利推定而非事实推定。"不动产登记簿的推定力是以不动产登记簿记载的物权与真实的物权在绝大多数情况下都相一致为基础的。"③ 不动产登记簿的权利推定又包括积极推定和消极推定，不动产登记名义人被积极推定为该不动产的物权人；登记名义人被注销登记后就消极推定其不再享有该不动产物权。《不动产登记暂行条例》第8条第3款规定："不动产登记簿应当记载以下事项：（一）不动产的坐落、界址、空间界限、面积、用途等自然状况；（二）不动产权利的主体、类型、内容、来源、期限、权利变化等权属状况；（三）涉及不动产权利限制、提示的事项；（四）其他相关事项。"不动产登记簿的权利推定力并不适用于登记簿上记载的全部事项，只适用于登记簿上具有登记能力的权利事项，不适用于不动产坐落位置、建筑面积、房屋结构、经济用途等自然状况。"不动产登记簿的推定力仅仅是为了更有效率地实现不动产登记簿使法律上交易明确化、清晰化的制度功能，而产生的权利推定，其仅与权利相关，确切地说是与那些具有登记能力的物权相关。"④ 另一方面，不动产登记簿的公信力仅仅适用于无处分权人处分不动产的情形。不动产登记簿的推定力，对不动产的自然状况的记载事项是不能适用的，也不及于不动产登记名义人以何种方式取得登记簿上记载的权利。不动产登记簿上所记载的物权归属和内容形成"权利外观"（Rechtsschein），法律保护不动产交易当事人对不动产登记簿所记载的物权归属和内容的信赖，以保障交易安全，提高交易效率。⑤

① 参见2010年12月21日起施行的《北京市高级人民法院关于审理房屋买卖合同纠纷案件适用法律若干问题的指导意见（试行）》第5条、第15条、第18条。

② 丁福如与石磊房屋买卖合同纠纷案．最高人民法院公报，2012（11）．

③④ 程啸．不动产登记簿之推定力．法学研究，2010（3）．

⑤ 程啸．不动产登记簿的推定力、公信力与买方信赖的保护——"丁福如与石磊房屋买卖合同纠纷案"评释．交大法学，2013（4）．

五、夫妻一方擅自出卖共有房屋时的无权处分问题

“夫妻一方未经另一方同意擅自将共有房屋出卖给他人，另一方提起诉讼请求人民法院认定所订立的买卖合同无效，而受让人主张自己为善意，应受善意取得制度的保护，这是司法实践中经常遇到的情形。”[①] 就夫妻一方擅自出卖共有房屋行为的法律性质，需要作类型化分析：第一，在该房屋登记在夫妻双方名下，夫妻一方擅自以夫妻共同名义出卖该共有房屋，出卖人谎称出卖房屋的行为已经得到夫妻另一方的同意的情形中，此出卖行为是否构成日常家事代理行为？第二，在该房屋登记在夫妻一方名下，登记名义人擅自出卖该房屋，登记名义人谎称自己是该房屋的唯一权利人的情形中，该出卖行为是否构成无权处分行为？买受人能否善意取得？第三，在该房屋登记在夫妻一方名下，另一方非登记名义人擅自以夫妻共同名义出卖该房屋，非登记名义人以配偶的身份谎称自己有权出卖该房屋的情形中，该出卖行为是否构成无权处分行为？

“与善意取得制度相关的‘无权处分’，仅指当公示状态与实际权属不一致时，动产的占有人或者不动产的登记名义人未经真正权利人同意而转让标的物的情形。”[②] 因此，前述所列夫妻一方擅自出卖共有房屋的情形中，仅登记名义人擅自出卖该房屋，登记名义人谎称自己是该房屋的唯一权利人，该出卖行为构成无权处分行为。夫妻共同共有及其他法定共有房屋仅登记在其中部分共有人名下，登记人未按照约定的条件或者在无约定的情况下未按照《物权法》第97条、《民法典》第301条规定的经占份额2/3以上的按份共有人或全体共同共有人同意的条件，擅自以自己名义处分房屋的，此时存在交易第三人基于对房屋登记外观的信赖而相信出卖人有“处分权”，有可能构成第三人的善意取得。

原《最高人民法院关于适用〈中华人民共和国婚姻法〉若干问题的解释（三）》第11条规定：“一方未经另一方同意出售夫妻共同共有的房屋，第三人善意购买、支付合理对价并办理产权登记手续，另一方主张追回该房屋的，人民法院不予支持。夫妻一方擅自处分共同共有的房屋造成另一方损失，离婚时另一方请求赔偿损失的，人民法院应予支持。”有学者认为：“在私卖夫妻共有房屋的情况下，由于房屋属不动产，以登记为公示方式，因此对受让人‘善意’的认定应主要根据不动产登记簿来进行。”[③]《物权法》第16条第1款、《民法典》第216条第1款是对不动产登记簿的推定力、公信力的规定：“不动产登记簿是物权归属和内容的根据。”不动产登记簿的推定力、公信力是相对的，可反驳、推翻的推定。《婚姻法》第19条第1款、第17条（《民法典》第1065条第1款、第1062条）的规定也可以直接排除《物权法》第16条第1款（《民法典》第216条第1款）的适用。[④] 本书作者认为，关于对夫妻共有房屋的善意取得，第三人对交易安全的“善意”注意义务标准应该更高。根据不动产买卖的一般民事交易习惯和日常生活经验法则，第三人需要实地查看该不动产状况，以尽到更高的交易信息审查义务，如果夫妻一方擅自处分登记在自己名下的夫妻共有并共同居住的唯一住房，而第三人未实地验房查看，仅单纯“信赖”不动产登记簿所记载的权利状况，就不宜适用善意取得制度，否则有可能因第三人善意取得而致共有唯一住房的夫妻另一方的基本生活保障受到不利影响。正是在这个意义上，该学者为以下补充论证：“在确认不动产善意取得的过程中，虽然对于受让人的善意应主要根据不动产登记簿来认定，但是否意味着受让人只要举证登记簿记载的只有让

①②③ 刘贵祥．论无权处分与善意取得的冲突和协调——以私卖夫妻共有房屋时买受人的保护为中心．法学家，2011（5）.

④ 程啸．不动产登记簿之推定力．法学研究，2010（3）.

与人，就一概认定受让人是善意呢？也不一定。”比如说，夫妻一方举证证明自己与出卖人、买受人三人早就相识，买受人知道房屋是夫妻共有财产；或者举证证明出卖人和买受人是亲戚，关系很好，不可能不知道房屋是夫妻共有财产。① 此种情形实际上也对应原《最高人民法院关于适用〈中华人民共和国物权法〉若干问题的解释（一）》第16条第1款之规定：“具有下列情形之一的，应当认定不动产受让人知道转让人无处分权：……（四）受让人知道登记簿上记载的权利主体错误；（五）受让人知道他人已经依法享有不动产物权。”

六、夫妻一方擅自出卖共有房屋时的无权代理问题

夫妻一方擅自出售共有房屋构成无权代理有两种情形：（1）该房屋登记在夫妻双方名下，夫妻一方擅自以夫妻共同名义出卖该共有房屋，并谎称出卖房屋的行为已经得到夫妻另一方的同意；（2）该房屋登记在夫妻一方名下，另一方非登记名义人擅自以夫妻共同名义出卖该房屋。这两种情形中买受人基于出卖人与登记名义人之间的夫妻身份关系而相信出卖人有“代理权”，有可能构成表见代理。

《婚姻法》第17条第2款规定：“夫妻对共同所有的财产，有平等的处理权。”《民法典》第1062条第2款规定：“夫妻对共同财产，有平等的处理权。”原《最高人民法院关于适用〈中华人民共和国婚姻法〉若干问题的解释（一）》第17条规定：“婚姻法第十七条关于‘夫或妻对夫妻共同所有的财产，有平等的处理权’的规定，应当理解为：（一）夫或妻在处理夫妻共同财产上的权利是平等的。因日常生活需要而处理夫妻共同财产的，任何一方均有权决定。（二）夫或妻非因日常生活需要对夫妻共同财产做重要处理决定，夫妻双方应当平等协商，取得一致意见。他人有理由相信其为夫妻双方共同意思表示的，另一方不得以不同意或不知道为由对抗善意第三人。”据此，夫妻日常家事代理权是指夫妻基于日常生活需要得互为代理人，一方得为他方就日常家事对外为一定的民事活动。夫妻共有房屋的处分并非“日常生活需要”，一方的擅自出售不能适用日常家事代理权，而是构成无权代理行为。基于维护交易安全的需要，原《最高人民法院关于适用〈中华人民共和国婚姻法〉若干问题的解释（一）》第17条第2项规定了非日常家事领域的夫妻表见代理制度。

如何判断买受人“有理由相信其为夫妻双方共同意思表示”？如上所述，夫妻共有房屋的处分并非“日常生活需要”，夫妻身份关系的存在不当然意味着夫妻一方有处分共有房屋的家事代理权，买受人不能仅仅因为出卖人出示结婚证、身份证就想当然认为出卖人有代理权。“只有在出卖人出示经过公证的授权委托书时，方能认定‘他人有理由相信其为夫妻共同意思表示’。”② 另外，根据《民法通则》第66条第1款后段、原《最高人民法院关于适用〈中华人民共和国担保法〉若干问题的解释》第54条之规定，买受人能够证明其他房屋共有人“知道他人以本人名义实施民事行为而不作否认表示的”，视为同意，买受人也可据此获得保护。

还需要指出的是，夫妻一方擅自出售共有房屋构成冒名处分他人不动产的情形有二：（1）该房屋登记在夫妻双方名下，夫妻一方伪造对方签名或者找第三方假冒夫妻一方，以夫妻共同名义出卖该共有房屋；（2）该房屋登记在夫妻一方名下，另一方非登记名义人找第三方假冒登记名义人，擅自以登记人名义出卖该房屋。冒名处分他人不动产的行为既与无权处分不同，也与无权代理有异。冒名处分他人不动产的行为不符合不动产登记簿公信力的构成要件，因此不应适用《物权法》第106条（《民法典》第311条）或者类推适用该法第107条（《民法典》第

①② 刘贵祥．论无权处分与善意取得的冲突和协调——以私卖夫妻共有房屋时买受人的保护为中心．法学家，2011（5）．

312 条）。为保护善意第三人的信赖，可以对冒名处分他人不动产的行为类推适用无权代理/表见代理制度，并通过对被冒名者的可归责性与相对人信赖的合理性这两个要素的比较、权衡，在保障交易安全的同时，兼顾所有权人的利益。[①]《北京市高级人民法院关于审理房屋买卖合同纠纷案件若干疑难问题的会议纪要》之八“冒名签订房屋买卖合同的效力”规定：“出卖人冒用房屋所有权人名义（如伪造所有权人身份证明、找相貌近似者冒充所有权人交易等）擅自转让房屋，可以参照《合同法》第 48 条无权代理的规定认定房屋买卖合同无效，该合同对房屋所有权人没有约束力，但买受人有证据证明构成《合同法》第 49 条规定表见代理的除外。”“买受人信赖出卖人享有代理权法律外观的形成系不可归因于房屋所有权人的，不构成前款规定的表见代理。”

第四节　房地产物权变动模式

一、基于民事法律行为的房地产物权变动模式

《物权法》对物权变动模式的立法选择，既是一个对域外法制的物权变动模式通过比较分析进行继受和借鉴的过程，也是一个对《民法通则》以来的我国相关民事立法中所确立的物权变动模式通过历史分析进行坚持和完善的过程。

在《物权法》颁布之前的我国民事立法实践中，对于基于合同法律行为发生的物权变动，实际上是确立了以债权形式主义物权变动模式为原则的多元模式。第一，《民法通则》第 72 条第 2 款和《合同法》第 133 条确立了债权合同和交付或登记结合的债权形式主义的物权变动模式。此为我国物权变动模式的原则。第二，《担保法》第 43 条、《海商法》第 13 条第 1 款、《民用航空法》第 16 条确立了债权合同生效时物权发生变动，登记使该物权取得对抗效力的债权意思主义的物权变动模式。此为我国物权变动模式的一个例外。第三，《海商法》第 9 条第 1 款、《民用航空法》第 14 条第 1 款确立了交付以移转所有权、登记以使该所有权取得对抗效力的混合主义物权变动模式。此为我国物权变动模式的另一个例外。

《物权法》既坚持了民法通说和之前的民事立法中所确立的债权形式主义的物权变动模式，又对该模式的例外规则作了完善、整合，由此就确立了民事法律制度中不同于以往的有资格被称为“中国元素”的物权变动多元模式。[②] 第一，《物权法》第 6 条、第 9 条、第 14 条、第 23 条、第 139 条、第 187 条、第 212 条、第 224 条、第 226 条第 1 款、第 227 条第 1 款、第 228 条第 1 款，均采取了债权形式主义的物权变动模式。与之前的民事立法实践有所区别的是，《物权法》第 23 条对动产物权变动模式的规范配置，由之前的补充性任意性规范改为强行性规范中的强制性规范。第二，《物权法》第 127 条第 1 款、第 129 条、第 158 条、第 188 条、第 189 条第 1 款，均采取了债权意思主义的物权变动模式。与之前的民事立法实践略有不同的是，在设定动产抵押权的动产范围上，《物权法》第 188 条较《担保法》第 43 条有所不同。当然，《物权法》第 188 条和第 180 条第 1 款第 6 项对《海商法》第 13 条第 1 款、《民用航空法》第 16 条所规定的模式作了确认。第三，《物权法》第 24 条确认了《海商法》第 9 条第 1 款和

① 冉克平．论冒名处分不动产的私法效果．中国法学，2015（1）．

② 王轶．论中国民事立法中的“中国元素”．法学杂志，2011（4）．

《民用航空法》第14条第1款关于混合主义的物权变动模式的规定①，略有区别的是，《物权法》第24条将该模式扩大适用到机动车，并且将登记的对抗力由“未经登记，不得对抗第三人”进一步明确为“未经登记，不得对抗善意第三人”。《物权法》第24条所对应的特殊动产登记并非强制性规范，而只是倡导性规范，当事人之间就相关特殊动产的物权变动不采取登记这种公示方法的结果，只是像我妻荣教授界定的不完全物权，即“不产生完全具有排他性的权利变动，让与人也就不成为完全物权利人”②。《民法典》坚持了《物权法》的多元物权变动模式。因此，我国对基于民事法律行为的房地产物权变动模式采取的是债权形式主义。

另外，《物权法》第15条、《民法典》第215条确立了引发不动产物权变动的债权合同和不动产物权变动相区分的原则，该区分原则区分的是债权合同和不动产物权登记的效力，不以是否完成不动产登记来判断债权合同的效力。反之，债权合同有效与否则会对物权变动的效果产生影响。可见，《物权法》没有采纳物权行为及其无因性理论。③ 实际上，对《物权法》第15条的规定可以作进一步的目的性扩张解释，区分债权合同与物权变动的效力，原则上，债权合同的效力不因物权变动是否或者能否完成而受影响。2012年7月1日起施行的《最高人民法院关于审理买卖合同纠纷案件适用法律问题的解释》第3条就规定：“当事人一方以出卖人在缔约时对标的物没有所有权或者处分权为由主张合同无效的，人民法院不予支持。”“出卖人因未取得所有权或者处分权致使标的物所有权不能转移，买受人要求出卖人承担违约责任或者要求解除合同并主张损害赔偿的，人民法院应予支持。”该司法解释不再将区分原则的适用范围局限在不动产物权变动合同。

二、非基于民事法律行为的房地产物权变动模式：兼评“山东健民晁氏药业有限公司诉张某、泰安山城石油天然气有限公司、第三人山东健民药业有限公司案外人执行异议之诉”

物权变动公示原则主要适用于基于民事法律行为发生的物权变动，不适用于《物权法》、《民法典》物权编第五章所规定的专属于国家的所有权，也不适用于非基于民事法律行为发生的物权变动，后者主要包括基于事件（如征收决定、法院判决、被继承人死亡等）和事实行为（包括合法建造和拆除房屋、拾得遗失物等合法的事实行为以及侵权行为等非法的事实行为）发生的物权变动。这是根据引发物权变动原因的不同与公示、公信原则本身权属公开和信赖保护的功能，而对公示、公信原则适用范围所作的目的性限缩。《物权法》、《民法典》物权编第二章第三节“其他规定”主要调整非基于民事法律行为的物权变动，该节未直接正面规定强制执行程序中的房地产物权变动问题，仅《物权法》第28条、《民法典》第229条有部分涉及。

“在强制执行程序中，法院要查封某一不动产时，必须依据不动产登记簿的记载来确定被查封的不动产是否属于被执行人所有。”④《最高人民法院关于人民法院民事执行中查封、扣

① 值得注意的是混合主义的物权变动模式和债权意思主义的物权变动模式不同。根据体系解释方法，结合《物权法》第24条和第23条的规定，船舶、航空器和机动车的物权变动仍须自交付时发生效力，登记只是对抗要件。而在债权意思主义的物权变动模式下，债权合意生效，物权变动即生效，无交付标的物之要求，登记也只是对抗要件。我国民法学者常将这两种物权变动模式混淆而未意识到混合主义模式的特殊性。相关做法请参见梁慧星，陈华彬．物权法．5版．北京：法律出版社，2010：84。

对《物权法》第24条的更详细分析，请参见崔建远．再论动产物权变动的生效要件．法学家，2010（5）。

② 我妻荣．日本物权法．台北：五南图书出版公司，1999：138//崔建远．物权：规范与学说：上册．北京：清华大学出版社，2011：78.

③ 王利明．物权法研究：上卷．2版．北京：中国人民大学出版社，2007：269－272.

④ 程啸．不动产登记簿之推定力．法学研究，2010（3）.

押、冻结财产的规定》第2条规定："人民法院可以查封、扣押、冻结被执行人占有的动产、登记在被执行人名下的不动产、特定动产及其他财产权。""未登记的建筑物和土地使用权，依据土地使用权的审批文件和其他相关证据确定权属。""对于第三人占有的动产或者登记在第三人名下的不动产、特定动产及其他财产权，第三人书面确认该财产属于被执行人的，人民法院可以查封、扣押、冻结。"第15条规定："被执行人将其所有的需要办理过户登记的财产出卖给第三人，第三人已经支付部分或者全部价款并实际占有该财产，但尚未办理产权过户登记手续的，人民法院可以查封、扣押、冻结；第三人已经支付全部价款并实际占有，但未办理过户登记手续的，如果第三人对此没有过错，人民法院不得查封、扣押、冻结。"有学者进一步指出：我国《民事诉讼法》（2007年修正）第227条赋予了执行法官对执行标的实体权属的判断权，但案外人异议中执行法官的权利判断所遵循的程序、适用的法律、判断标准和效力均有别于审判法官的判断，权利判断的性质为形式物权、权利表象，而非实质物权、真实权利。物权公示具有权利推定效力，在有体物作为执行标的之案外人异议的审查中，执行法官的权属判断标准是物权公示原则；在有体物以外的其他权利和利益（如股权、知识产权等）作为执行标的之案外人异议的审查中，执行法官的权属判断标准则为权利外观主义。[①]"在强制执行程序中，第三人不得以被执行财产系错误登记为由提出异议，但第三人在被执行的财产被查封后15日内以法定方式主张其权利的，不在此限。"[②]

在"山东健民晁氏药业有限公司诉张某、泰安山城石油天然气有限公司、第三人山东健民药业有限公司案外人执行异议之诉"中，2011年1月25日，泰安山城石油天然气有限公司与第三人山东健民药业有限公司签订"资产转让协议"，约定由第三人山东健民药业有限公司受让包括本案争议房地产在内的原中圣药业股份有限公司的全部资产，并约定合同项下的权利义务由拟成立的山东晁氏药业有限公司自然继受。合同签订后，健民药业有限公司已支付了包括涉案房产的房款及土地款在内的绝大部分合同价款，涉案房地产已实际交付，但未办理房屋产权及土地使用权的转移过户登记手续。2012年，在另一民间借贷纠纷案中，泰安山城石油天然气有限公司为连带责任保证人，其名下的系争房地产被法院在强制执行程序中裁定查封。山东健民晁氏药业有限公司依据原《最高人民法院关于适用〈中华人民共和国民事诉讼法〉执行程序若干问题的解释》第19条有关"案外人依照民事诉讼法第二百零四条规定提起诉讼的，执行法院应当依照诉讼程序审理。经审理，理由不成立的，判决驳回其诉讼请求；理由成立的，根据案外人的诉讼请求作出相应的裁判"之规定向法院提起诉讼[③]，请求法院依法确认自身对执行标的享有实体权利，对系争房地产停止执行。法院认为山东晁氏药业有限公司对涉案房地产拥有足以阻止人民法院对该标的继续执行的"实体性"权利，其关于对涉案房地产停止执行的请求，法院予以支持。法院在裁判摘要中总结指出：案外人执行异议之诉案件，诉讼的目的是通过民事诉讼排除对执行标的物的强制执行措施，或通过诉讼，对抗对执行标的物的强制执行，而要实现上述目的，首先应审查案外人所主张的实体法律关系是否存在。故该类诉讼应兼具确认之诉和形成之诉两种特征。《最高人民法院关于人民法院民事执行中查封、扣押、冻结财产的规定》第15条中确定的买房人购买房屋后未办理过户登记，但满足已经支付全部价款并实际占有，

---

① 肖建国．执行标的实体权属的判断标准：以案外人异议的审查为中心的研究．政法论坛，2010（3）．

② 尹田，尹伊．论对未经登记及登记不实财产的强制执行．法律适用，2014（10）．

③ 2012年修正后的《民事诉讼法》第227条规定："执行过程中，案外人对执行标的提出书面异议的，人民法院应当自收到书面异议之日起十五日内审查，理由成立的，裁定中止对该标的的执行；理由不成立的，裁定驳回。案外人、当事人对裁定不服，认为原判决、裁定错误的，依照审判监督程序办理；与原判决、裁定无关的，可以自裁定送达之日起十五日内向人民法院提起诉讼。"2017年修正时该条没有变化。

且对未办理过户登记无过错的情形，人民法院不得查封、扣押、冻结，是判断案外人是否具有足以阻却执行的实体权利的一项特殊规定。该规定现行有效，应作为民事审判实践中判断案外人“是否具有足以阻却执行的实体权利”的重要依据和标准。①

三、由人民政府生效的征收决定引起的不动产物权变动：评析武汉市国土资源规划局单方注销被征收人不动产权属证书事件

《物权法》第28条（《民法典》第229条）规定：“因人民法院、仲裁委员会的法律文书或者人民政府的征收决定等，导致物权设立、变更、转让或者消灭的，自法律文书或者人民政府的征收决定等生效时发生效力。”《国有土地上房屋征收与补偿条例》第27条规定：“实施房屋征收应当先补偿、后搬迁。”“作出房屋征收决定的市、县级人民政府对被征收人给予补偿后，被征收人应当在补偿协议约定或者补偿决定确定的搬迁期限内完成搬迁。”“任何单位和个人不得采取暴力、威胁或者违反规定中断供水、供热、供气、供电和道路通行等非法方式迫使被征收人搬迁。禁止建设单位参与搬迁活动。”此为基于生效的征收决定而发生物权变动的规则。征收补偿协议的订立以及先补偿后搬迁规则，都被规定在《国有土地上房屋征收与补偿条例》第三章“补偿”部分，其与第二章“征收决定”相并列，这就使补偿协议的订立和补偿的完成是否构成征收决定生效的条件，存在相对模糊的解释空间。征收决定何时起生效？理论上曾存在争议，争议焦点在于是否以征收补偿的完成为要件。有学者认为应该本着保护被征收人利益的原则，对《物权法》第28条和第42条作体系解释和目的解释：“必须在征收补偿完成之后，被征收人对征收决定未提起行政复议或诉讼，或者提起了诉讼或行政复议后原征收决定被维持的，才能认为征收令发生了效力……结合《物权法》第42条的规定，征收必须满足基于公共利益需要、符合法定权限和法定程序、依法作出补偿这三个要件才能产生效力。因此，征收也必须符合这三个条件才能生效。”② 本书作者认为，本着目的解释和体系解释等方法，从保护被征收人利益的角度出发，应该将这些程序的完成作为征收决定生效的条件，特别是要强调征收决定自征收补偿完成时生效，而不能仅仅以征收决定的作出或者公告作为征收决定的生效条件。

案例：从2016年11月6日到12月7日，湖北省武汉市国土资源与规划局先后发布了26次《不动产权属证书/不动产登记证明作废公告》，作废了汉阳区总计320户不动产权属证书。据报道，在这320户被作废的不动产权属证书中，涉及的多属旧城改建项目房屋，存在部分未与相关部门达成征收补偿协议的住户。这些被注销不动产权的原产权人在收到“征收补偿决定

---

① 山东健民晁氏药业有限公司诉张茂乐、泰安山城石油天然气有限公司、第三人山东健民药业有限公司案外人执行异议之诉，山东省泰安市中级人民法院（2013）泰民一初字第3号民事判决书．山东省高级人民法院2016年2月10日发布2015年《案例参阅与指导》案例裁判观点汇总（民商事篇）．http：//toutiao. com/a6249508027608531202/.

② 王利明．物权法研究：上卷．3版．北京：中国人民大学出版社，2013：295－296.

根据我国现行相关法律规定（《国有土地上房屋征收与补偿条例》第14条、第26条第3款，《最高人民法院关于审理行政协议案件若干问题的规定》第2条，《行政复议法》第9条第1款、第21条，《行政诉讼法》第46条、第56条第1款），市、县级人民政府作出的房屋征收决定和房屋征收补偿决定均属于具体行政行为，被征收人对征收决定或者征收补偿决定不服，依法申请行政复议或者依法提起行政诉讼的，原则上，行政复议或者行政诉讼期间具体行政行为不停止执行。但本书作者认为，对不动产征收决定和征收补偿决定而言，从保护被征收人合法权益角度出发，被征收人对征收决定或者征收补偿决定申请行政复议或者提起行政诉讼后原决定被维持的，才能认为征收决定或者征收补偿决定发生了效力，在行政复议和行政诉讼期间，原决定应当停止执行，以免决定的执行“造成难以弥补的损失”。从民法角度看，征收决定或者征收补偿决定被申请行政复议或者提起行政诉讼的，不能径行以该决定已经生效为由认定被征收不动产物权灭失。

书”之前，其不动产产权登记证书即被注销。武汉市汉阳区政府的多处房地产也在本次公告注销作废之列，注销原因同样是“无法收回房地产权属证书”。相应作废公告称：“因我机构无法收回下列不动产权属证书和不动产登记证明，根据《不动产登记暂行条例实施细则》第二十三条的规定，现公告作废。”根据作废公告备注所示，部分被注销国有土地使用权的申请方为汉阳区房屋征收管理办公室，注销根据是汉阳区人民政府的相应房屋征收决定和房屋征收补偿决定书。① 公告作废的不动产权属证书，分别包含近年来启用的不动产权证（国土证、房产证合一的证书），以及此前未“两证合一”的国有土地使用权证和房屋产权证。事实上武汉市在过去几年中，曾多次成批注销不动产权属证书。武汉市国土资源和规划局2016年12月14日称，“媒体报道对注销原因的定性有误，注销相关权利人持有的不动产权证书或不动产登记证明的原因不是拆迁，而是区人民政府依据公共利益需要实施的征收行为”。

评析：市、县人民政府基于公共利益对国有土地上房屋进行征收和补偿，会导致相应国有土地上房屋所有权灭失和相应国有土地使用权被收回。《国有土地上房屋征收与补偿条例》第13条第3款规定：“房屋被依法征收的，国有土地使用权同时收回。”根据《不动产登记暂行条例实施细则》第28条第1款，国有土地上房屋依法被征收，相应国有土地使用权被收回的，当事人可以申请办理注销登记，但人民政府的征收决定须为生效征收决定，征收决定的作出或者公告不当然导致其生效，征收决定还必须满足基于公共利益的需要、符合法定权限和法定程序、依法作出补偿这三个要件才能生效。《国有土地上房屋征收与补偿条例》第27条规定：“实施房屋征收应当先补偿、后搬迁。”对被征收房屋的搬迁须在征收补偿作出、征收决定生效之后方可进行。

不动产登记采取由当事人各方共同申请为原则，当事人单方申请为例外。根据《不动产登记暂行条例》第14条第2款第3项、第5项规定，“人民法院、仲裁委员会生效的法律文书或者人民政府生效的决定等设立、变更、转让、消灭不动产权利的”，“不动产灭失或者权利人放弃不动产权利”，当事人可以单方申请办理注销等相应登记。该条例第19条还进一步规定，因不动产灭失导致注销登记的，不动产登记机构可以对申请注销登记的不动产进行实地查看。《不动产登记暂行条例实施细则》第23条规定：“因不动产权利灭失等情形，不动产登记机构需要收回不动产权属证书或者不动产登记证明的，应当在不动产登记簿上将收回不动产权属证书或者不动产登记证明的事项予以注明；确实无法收回的，应当在不动产登记机构门户网站或者当地公开发行的报刊上公告作废。”对此，须进一步运用法律解释方法明晰相关构成要件事实的含义。

第一，办理注销登记的事由是《不动产登记暂行条例实施细则》第28条第1款规定的“不动产权利消灭”（《不动产登记暂行条例实施细则》第23条称之为“不动产权利灭失”）。“不动产登记机构需要收回不动产权属证书或者不动产登记证明”对应的“不动产权利灭失等情形”不限于不动产征收决定。《不动产登记暂行条例实施细则》第28条第1款规定：“有下列情形之一的，当事人可以申请办理注销登记：（一）不动产灭失的；（二）权利人放弃不动产权利的；（三）不动产被依法没收、征收或者收回的；（四）人民法院、仲裁委员会的生效法律

① 武汉市国土资源与规划局发布《不动产权属证书/不动产登记证明作废公告》的注销依据包括武汉市的“旧城改建项目征收决定”和区政府的“房屋征收补偿决定书”，而没有房屋征收补偿协议。实践中，并非所有国有土地上房屋征收过程中都可在征收人与被征收人间依据《国有土地上房屋征收与补偿条例》第25条达成补偿协议；在无法达成补偿协议的情况下，作出房屋征收决定的市、县级人民政府可依据《国有土地上房屋征收与补偿条例》第28条申请人民法院强制执行以拆除被征收房屋，此时征收人可进一步根据生效的征收决定书和补偿决定书单方申请因被征收不动产权利消灭而办理注销登记。

文书导致不动产权利消灭的；（五）法律、行政法规规定的其他情形。”据此，不动产权属证书的注销登记不以不动产灭失为唯一情形，不动产被依法没收、征收或者收回的①，也可相应办理注销登记。

第二，“不动产灭失”与“不动产权利灭失”并非同一概念。“不动产灭失”是指不动产已经因为人为原因或者自然原因而消灭，比如由于焚毁、爆炸、地震、拆除等原因房屋不复存在，土地因地震、泥石流或者洪水冲刷等而灭失，因填海造地被填海域灭失。根据《不动产登记暂行条例实施细则》第28条第1款，不动产灭失是引起不动产权利灭失的情形之一。在房屋征收过程中，征收决定生效，被征收人搬迁后，被征收房屋被拆除的，也属于“不动产灭失”的情形。但此时即使征收人尚未对被征收房屋实施拆除，被征收人对被征收房屋的所有权也已经灭失。此时对应的是人民政府的生效征收决定导致“不动产权利灭失”，但前提是人民政府的相关征收决定已经“生效”。

第三，对“当事人单方申请”办理注销登记中“当事人”的范围如何理解？根据《不动产登记暂行条例》第14条第2款第3项、第5项规定，“人民法院、仲裁委员会生效的法律文书或者人民政府生效的决定等设立、变更、转让、消灭不动产权利的”，“不动产灭失或者权利人放弃不动产权利，申请注销登记的”，当事人可以单方申请办理注销等相应登记。这里的“当事人”是否包括政府的房屋征收部门，还是仅限于房屋权利人？本书作者认为，作出生效征收决定的人民政府和被征收权利人均可以单方申请办理注销登记，作出房屋征收决定的市、县级人民政府还可依法申请人民法院强制执行，但此时单方申请办理注销登记或者依法申请人民法院强制执行均以“人民政府生效的决定”为前提。《国有土地上房屋征收与补偿条例》第28条规定：“被征收人在法定期限内不申请行政复议或者不提起行政诉讼，在补偿决定规定的期限内又不搬迁的，由作出房屋征收决定的市、县级人民政府依法申请人民法院强制执行。”“强制执行申请书应当附具补偿金额和专户存储账号、产权调换房屋和周转用房的地点和面积等材料。”

第四，不应该对“确实无法收回”作扩大泛化解释。“确实无法收回”通常是指因不动产权属证书丢失、毁损或者当事人隐匿等原因，无法回收。如果被征收人与征收人未达成征收搬迁协议，征收人未对被征收人依法给予拆迁补偿，导致征收决定未能生效，则不属于“确实无法收回”。也就是说，在征收拆迁的情形下，不动产权属证书“确实无法收回的，应当在不动产登记机构门户网站或者当地公开发行的报刊上公告作废”。适用该规定的前提仍然是不动产征收决定的生效，不能绕过征收与补偿的正当程序而仅基于人民政府作出的征收决定径行单方申请对被征收不动产注销登记，这不利于对被征收人产权的合法保护。《武汉市国有土地上房屋征收与补偿实施办法》第20条第3款规定：“房屋被依法征收的，国有土地使用权同时收回，房屋、土地管理部门可以根据征收补偿协议或者征收补偿决定直接办理注销登记手续。”2016年2月，武汉市国土资源和规划局发布此办法的修改意见稿，该款被修改为：“房屋被依法征收的，国有土地使用权同时收回，不动产登记机构可以根据征收补偿协议或者征收补偿决定直接办理注销登记手续。”该修改后的第20条第3款不因在制定或者修订过程中曾公开征求了社会公众意见就当然合法正当。武汉市房屋、土地管理部门或者不动产登记机构根据征收补

---

① 《土地管理法》第58条规定：“有下列情形之一的，由有关人民政府自然资源主管部门报经原批准用地的人民政府或者有批准权的人民政府批准，可以收回国有土地使用权：（一）为实施城市规划进行旧城区改建以及其他公共利益需要，确需使用土地的；（二）土地出让等有偿使用合同约定的使用期限届满，土地使用者未申请续期或者申请续期未获批准的；（三）因单位撤销、迁移等原因，停止使用原划拨的国有土地的；（四）公路、铁路、机场、矿场等经核准报废的。”“依照前款第（一）项的规定收回国有土地使用权的，对土地使用权人应当给予适当补偿。”

偿协议或者征收补偿决定直接办理注销登记手续的前提仍然是征收决定的“生效”。

此外，在房产和地产统一登记前分别办理的房屋所有权证和国有土地使用权证也应分别办理注销登记，被征收房屋对应的“房屋所有权证”注销登记的，则相应的国有土地使用权证书也要被注销。这是我国《物权法》第146条和第147条、《民法典》第357条和第358条所规定的“房地一体原则”的体现。在房产和地产统一登记后办理的不动产权证书则一次性办理注销登记即可。

四、房地产物权变动与物权保护

物权保护属于非交易法律关系，不动产物权变动公示方法主要适用于交易关系背景下的物权变动，不动产物权变动公示方法的公信力亦然。不动产的登记名义人和真实权利人都有权主张物权保护，但就登记名义人和真实权利人之间的内部法律关系，须考察当事人之间法律关系的实质，不能单纯依据不动产物权公示来判断。能够提起所有物返还之诉的权利人也不限于名义上的所有权人。原《最高人民法院关于适用〈中华人民共和国物权法〉若干问题的解释(一)》第8条规定：“依照物权法第二十八条至第三十条规定享有物权，但尚未完成动产交付或者不动产登记的物权人，根据物权法第三十四条至第三十七条的规定，请求保护其物权的，应予支持。”房地产物权保护诉讼中经常会出现请求—抗辩—再抗辩的动态展开过程。例如，《物权法》第34条规定：“无权占有不动产或者动产的，权利人可以请求返还原物。”《物权法》第16条第1款规定：“不动产登记簿是物权归属和内容的根据。”房屋登记名义人可以根据《物权法》第34条和第16条第1款要求房屋的现在占有人返还房屋以排除妨害，此时，《物权法》第34条对应请求权基础规范，第16条第1款对应请求权辅助规范。而房屋的现在占有人可以抗辩并举证证明自己构成有权占有，或者根据原《最高人民法院关于适用〈中华人民共和国物权法〉若干问题的解释（一)》第2条证明自己是系争房屋的真实权利人。随后，房屋登记名义人有可能基于善意取得进行再抗辩以排除房屋占有人的原所有权。

下面以连某诉臧某排除妨害纠纷案为例进行说明。

案情介绍：2008年臧某购买系争房屋，并将产权登记在自己名下。系争房屋原系臧某在房屋拆迁后以补偿安置款购得，产证附记记载“配套商品房，自登记日起在5年内不得转让、出租”。房屋由臧某及家人居住使用。2010年12月9日，臧某向李某出具了包括授权代为签订房地产买卖合同等事项在内的公证委托书。2011年8月，李某以臧某代理人身份将系争房屋售予谢某并将产权变更至谢某名下。2011年10月，连某与谢某就系争房屋签订买卖合同并随后将产权变更至连某名下。2012年7月，连某起诉谢某，要求交付系争房屋。法院以生效判决确认以臧某名义与谢某签订的买卖合同无效。[①] 2013年10月，连某再诉至法院，要求臧某迁出系争房屋。法院以连某为系争房屋的合法产权人为由，支持其诉讼请求。臧某不服，上诉至上海市第一中级人民法院。上海市第一中级人民法院经审理认为，生效判决已确认臧某的代理人与谢某就系争房屋所签订的买卖合同无效，因此，臧某占有、使用该房屋具有合法依据。产权人连某在从未获得系争房屋实际控制权的情况下，不得径行要求实际占用人迁出。现谢某因其未能合法取得系争房屋而客观上无法履行交付房屋的义务，连某可向谢某主张违约责任以寻求救济。上海市第一中级人民法院遂作出改判，驳回了连某的诉讼请求。本案裁判摘要明确：“签订房屋买卖合同后出卖方应向买受人履行权利与实物的双重交付，在买受方已取得房屋产

① 连某与谢某房屋买卖合同纠纷案，上海市浦东新区人民法院（2012）浦民一（民）初字第21647号民事判决书.

权而未实际占有的情况下，其仅仅基于物权请求权要求有权占有人迁出，法院应作慎重审查。若占有人对房屋的占有具有合法性、正当性，买受方应以合同相对方为被告提起债权给付之诉，要求对方履行交付房屋的义务或在房屋客观上无法交付的情况下承担相应的违约责任。”①

评析：本书作者认为：从法律适用的角度看，不能径行根据生效判决已确认臧某的代理人与谢某就系争房屋所签订的买卖合同无效，就当然认定臧某占有、使用系争房屋具有合法依据。这只考察了本案系争法律关系的一个环节而非全部，臧某对房屋占有、使用的合法依据不当然可以排除连某的权利，换言之，连某对房屋的所有权可以进一步排除臧某对房屋的所谓合法占有、使用。本案的关键是判断连某是否构成善意取得。以下运用民事法律关系分析法，对本案交易从前往后分析。

第一，李某作为代理人以臧某的名义与谢某签订房屋买卖合同（第一手交易），此时是否构成《合同法》第49条、《民法总则》第172条、《民法典》第172条所规定的表见代理？

第二，若前一环节构成表见代理，谢某取得系争房屋所有权，则谢某当然有权将系争房屋再转让给连某。若前一环节不构成表见代理（其他生效判决已确认李某以臧某代理人身份与谢某就系争房屋所签订的买卖合同无效，即第一手的房屋买卖并非原始产权人臧某之真实意思表示，该买卖合同对臧某自始不发生法律效力），则谢某不能取得系争房屋所有权，谢某对房屋的再转让就构成无权处分。此时须进一步考察在谢某和连某之间的房屋买卖（第二手交易）中，连某是否构成善意取得。系争房屋产证附记记载“配套商品房，自登记日起5年内不得转让、出租”，该登记记载事项对于谢某能否基于表见代理取得系争房屋所有权、连某能否随后基于善意取得而取得系争房屋所有权，都有重要的价值，但法院在本案及相关联案件中对此未予回应。

第三，本案虽然以“排除妨害纠纷”为案由，但前提和关键为连某是否构成善意取得，而非“当所有权与占有权能发生分离的情况下，买受人是否可以其为房屋所有权人基于返还原物请求权要求房屋内的实际占有人迁出”。法院认为，第二手交易即连某与谢某签订的系争房屋的房地产买卖合同有效，谢某自始至终没有合法取得过系争房屋而客观上无法向连某履行交付房屋的义务，故连某应向谢某主张无法交付房屋导致合同无法继续履行的违约责任。此种裁判做法属于避重就轻、转移话题。如本书作者在本书“房地产登记簿的公信力与善意取得制度”部分的注释中所论，连某在购买房屋过程中，在卖方谢某告知房屋内住有他人时仍未实地查看房屋，是否为日常生活中理性交易做法？臧某作为真正所有权人一直在该房屋内生活居住。连某在明知该房现有他人居住而未合理怀疑、审慎调查、现场查看、积极核实，是否尽到了理性谨慎买房人的注意义务？能否构成善意并主张善意取得？基于不动产登记公信力可以推定不动产买受人的善意，但登记公信力并不绝对，该善意之推定也是可以被反驳、推翻的。从生活情理角度看，买房人买房时是否可以基于卖房人是房屋登记名义人即合理信赖其有处分权，从而不用实地查看房屋？凡此种种疑问，本书作者均持否定见解，对应裁判规范则是原《最高人民法院关于适用〈中华人民共和国物权法〉若干问题的解释（一）》第16条。

第五节　房地产“一物数卖”与物的归属之明确

一、房地产“一物数卖”中物权归属判断规则

现实生活中基于买卖标的物价格上涨等原因，“一物数卖”等违背诚信、有失公平的行为

① 连成贤诉臧树林排除妨害纠纷案．最高人民法院公报，2015（10）．

屡见不鲜。“一物数卖”与《物权法》“明确物的归属”之立法目的紧密关联，需要认真研究。不动产物权变动公示方法中的预告登记制度能够对不动产的“一物数卖”现象起到防患于未然的作用，使不动产买受人的债权产生物权化的效果。但是对于已经发生的不动产“一物数卖”现象，需要结合我国不动产物权变动模式区分类型、综合判断物的归属。这属于协调多方民事主体之间利益冲突的价值判断问题，应该本着诚实信用原则和公平原则进行利益衡量。

针对房屋等不动产“一物数卖”的情形，司法实践陆续确立了一系列裁判规范。《最高人民法院关于审理商品房买卖合同纠纷案件适用法律问题的司法解释》第 7 条规定：“买受人以出卖人与第三人恶意串通，另行订立商品房买卖合同并将房屋交付使用，导致其无法取得房屋为由，请求确认出卖人与第三人订立的商品房买卖合同无效的，应予支持。”该条规定包含着一项授权第三人的法律规范[①]，在多重买卖法律纠纷处理过程中，本着“同样情况同等对待”的平等原则，善意买受人可以类推适用该规定来主张出卖人与第三人（恶意买受人）之间的买卖合同构成恶意串通而无效。此种恶意串通导致合同无效的事实也构成对多重买卖合同中物的归属判断规则的限缩解释，但是善意买受人必须证明出卖人与第三人之间恶意串通的存在。《最高人民法院关于审理涉及国有土地使用权合同纠纷案件适用法律问题的解释》第 9 条规定：“土地使用权人作为转让方就同一出让土地使用权订立数个转让合同，在转让合同有效的情况下，受让方均要求履行合同的，按照以下情形分别处理：（一）已经办理土地使用权变更登记手续的受让方，请求转让方履行交付土地等合同义务的，应予支持；（二）均未办理土地使用权变更登记手续，已先行合法占有投资开发土地的受让方请求转让方履行土地使用权变更登记等合同义务的，应予支持；（三）均未办理土地使用权变更登记手续，又未合法占有投资开发土地，先行支付土地转让款的受让方请求转让方履行交付土地和办理土地使用权变更登记等合同义务的，应予支持；（四）合同均未履行，依法成立在先的合同受让方请求履行合同的，应予支持。”“未能取得土地使用权的受让方请求解除合同、赔偿损失的，依照民法典的有关规定处理。”[②] 2010 年 10 月 22 日公布的《北京市高级人民法院关于审理房屋买卖合同纠纷案件适用法律若干问题的指导意见（试行）》第 13 条指出：出卖人就同一房屋分别签订数份买卖合同，在合同均为有效的前提下，买受人均要求继续履行合同的，原则上应按照以下顺序确定履行合同的买受人：(1) 已经办理房屋所有权转移登记的；(2) 均未办理房屋所有权转移登记，已经实际合法占有房屋的；(3) 均未办理房屋所有权转移登记，又未合法占有房屋，应综合考虑各买受人实际付款数额的多少及先后、是否办理了网签、合同成立的先后等因素，公平合理的予以确定……买受人中之一人起诉要求出卖人继续履行买卖合同，出卖人以房屋已转让给他人为由提出抗辩的，法院可以根据案件具体情况决定是否追加其他买受人作为第三人参加诉

---

① 关淑芳，王轶．论授权第三人规范——兼论违反《物权法》第 74 条第 1 款的法律效果．法律适用，2009 (8).

② 就“一房数租”案件的处理规则，《最高人民法院关于审理城镇房屋租赁合同纠纷案件具体应用法律若干问题的解释》第 5 条规定：“出租人就同一房屋订立数份租赁合同，在合同均有效的情况下，承租人均主张履行合同的，人民法院按照下列顺序确定履行合同的承租人：（一）已经合法占有租赁房屋的；（二）已经办理登记备案手续的；（三）合同成立在先的。”“不能取得租赁房屋的承租人请求解除合同、赔偿损失的，依照民法典的有关规定处理。”就“一地数包”案件的处理规则，《最高人民法院关于审理涉及农村土地承包纠纷案件适用法律问题的解释》第 19 条规定：“发包方就同一土地签订两个以上承包合同，承包方均主张取得土地经营权的，按照下列情形，分别处理：（一）已经依法登记的承包方，取得土地经营权；（二）均未依法登记的，生效在先合同的承包方取得土地经营权；（三）依前两项规定无法确定的，已经根据承包合同合法占有使用承包地的人取得土地经营权，但争议发生后一方强行先占承包地的行为和事实，不得作为确定土地经营权的依据。”

讼；其他买受人另行提起诉讼，要求继续履行合同的，应当依据前款原则协调处理。[①] 最高人民法院在此类案件的裁判意见中指出："对于房地产商非法融资及一房多卖、重复抵押的，在相对人均为善意的情况下，要按照物权优先于债权的原则、物权成立时间先后以及合同履行情况等，确定权利优先保护的顺位。"[②]

可见，在"一房数卖"情形中，各买受人均要求实际履行有效合同的，就需要协调数个买受人之间的利益冲突。此时，优先根据《物权法》第 9 条及第 14 条、《民法典》第 209 条及第 214 条的强制性规范判断物的归属，然后再结合标的物类型根据其他公示外观、付款事实或者合同成立先后等综合判断物的归属。总体上，在"一物数卖"情形下，基于诚实信用原则，出卖人在履行合同方面的自主决定（选择）权被否定了，债权也未必都是平等的、无排他效力的。[③] 债权平等仅属于纯粹民法学上解释选择的一个结论，此原则在司法实践中屡屡被突破。"一物数卖"情形中，即使买受人享有的都是债权，法院也会根据一些考量的因素，给这些债权的实现排出一个比较明确的序位。[④]

二、房地产"一物数卖"中买卖合同的效力判断规则

多重买卖合同不同于无权处分合同，不适用权利的瑕疵担保规则。"二重买卖的构成以出卖人在先后二次买卖契约之缔结时均握有标的物之所有权为前提。在第二次缔约时，出卖人已不再拥有标的物之所有权，则其第二次买卖，将不是二重买卖，而是为他人之物之买卖。"[⑤] 在"一房数卖"均属于有权处分的情形下，数个买卖合同的效力都不取决于物权变动是否完成。根据《物权法》第 15 条、《民法典》第 215 条的规定，应该区分合同效力与基于合同的物权变动，后者仅属于合同的履行行为。[⑥]

原《最高人民法院关于适用〈中华人民共和国合同法〉若干问题的解释（二）》第 15 条关于多重买卖合同效力的判断规则，为原《最高人民法院关于审理买卖合同纠纷案件适用法律问题的解释》第 9 条和第 10 条所沿用和发展。原《最高人民法院关于适用〈中华人民共和国合同法〉若干问题的解释（二）》第 15 条规定："出卖人就同一标的物订立多重买卖合同，合同均不具有合同法第五十二条规定的无效情形，买受人因不能按照合同约定取得标的物所有权，请求追究出卖人违约责任的，人民法院应予支持。"《最高人民法院关于审理买卖合同纠纷案件适用法律问题的解释》第 6 条规定："出卖人就同一普通动产订立多重买卖合同，在买卖合同均有效的情况下，买受人均要求实际履行合同的，应当按照以下情形分别处理：（一）先行受领交付的买受人请求确认所有权已经转移的，人民法院应予支持；（二）均未受领交付，先行

① 二手房"一房二卖"引纠纷 判已付款的优先履行．(2014－03－21)［2014－04－16］．中国法院网，http：//www.chinacourt.org/article/detail/2014/03/id/1235993.shtml."在一房数卖时，网签有保障买方债权的效力，应优先实现通过网签成立的合同中买方的债权。"［常鹏翱．存量房买卖网签的法律效力．当代法学，2017（1）.］

② 程新文．关于当前民事审判工作中的若干具体问题．(2015－12－24)．http：//www.132 lawyer.com/a/rdxw/2015/1229/11571.html.

③ 对原《最高人民法院关于审理买卖合同纠纷案件适用法律问题的解释》第 9 条和第 10 条所确立的多重买卖中标的物所有权归属判断规则的批判意见，参见程啸．论动产多重买卖中标的物所有权归属的确定标准——评最高法院买卖合同司法解释第 9、10 条．清华法学，2012（6）。

④ 王闯．买卖合同纠纷审判实务若干问题——《买卖合同司法解释》价值取向与重要规则．(2013－12－26)［2014－03－31］．http：//www.civillaw.com.cn/article/default.asp? id=60344.

⑤ 黄茂荣．买卖法．北京：中国政法大学出版社，2002：27.

⑥ 三门峡水利管理局诉郑州市配套建设公司房屋买卖合同纠纷案．最高人民法院公报，2004（8）．崔建远．一房成为数个权利标的物时的紧张关系及其理顺．清华法学，2013（5）.

支付价款的买受人请求出卖人履行交付标的物等合同义务的，人民法院应予支持；（三）均未受领交付，也未支付价款，依法成立在先合同的买受人请求出卖人履行交付标的物等合同义务的，人民法院应予支持。”《最高人民法院关于审理买卖合同纠纷案件适用法律问题的解释》第7条规定：“出卖人就同一船舶、航空器、机动车等特殊动产订立多重买卖合同，在买卖合同均有效的情况下，买受人均要求实际履行合同的，应当按照以下情形分别处理：（一）先行受领交付的买受人请求出卖人履行办理所有权转移登记手续等合同义务的，人民法院应予支持；（二）均未受领交付，先行办理所有权转移登记手续的买受人请求出卖人履行交付标的物等合同义务的，人民法院应予支持；（三）均未受领交付，也未办理所有权转移登记手续，依法成立在先合同的买受人请求出卖人履行交付标的物和办理所有权转移登记手续等合同义务的，人民法院应予支持；（四）出卖人将标的物交付给买受人之一，又为其他买受人办理所有权转移登记，已受领交付的买受人请求将标的物所有权登记在自己名下的，人民法院应予支持。”“一房数卖”及其他“一物数卖”纠纷中，存在传统的债权平等原则与诚实信用原则、鼓励市场竞争与诚实信用原则的冲突协调问题，相关一系列司法解释根据诚实信用原则否定了基于债权平等原则的“出卖人自主决定说”。

三、房地产“一物数卖”中的违约损害赔偿

未能如期取得标的物物权的买受人可据原《最高人民法院关于适用〈中华人民共和国合同法〉若干问题的解释（二）》第15条的规定向出卖人请求违约损害赔偿。买卖标的物之涨价部分，也属于此买受人可期待之利益，应视为所失利益，当可列入赔偿范围之内。[①]

《合同法》第113条规定：“当事人一方不履行合同义务或者履行合同义务不符合约定，给对方造成损失的，损失赔偿额应当相当于因违约所造成的损失，包括合同履行后可以获得的利益，但不得超过违反合同一方订立合同时预见到或者应当预见到的因违反合同可能造成的损失。”“经营者对消费者提供商品或者服务有欺诈行为的，依照《中华人民共和国消费者权益保护法》的规定承担损害赔偿责任。”《民法典》第584条总体上保留了《合同法》第113条第1款，删除了该条第2款。据此，对房屋差价款的违约损害赔偿应该依合同约定的履行时间的市场价格计算，至于履行之后房屋继续升值的损失，不在违约损害赔偿范围之内，而属于买受人应该根据《合同法》第119条、《民法典》第591条采取适当措施防止损失扩大的问题。

四、房地产“一物数卖”中的惩罚性损害赔偿

原《最高人民法院关于审理商品房买卖合同纠纷案件适用法律若干问题的解释》第8条规定：“具有下列情形之一的，导致商品房买卖合同目的不能实现的，无法取得房屋的买受人可以请求解除合同、返还已付购房款及利息、赔偿损失，并可以请求出卖人承担不超过已付购房款一倍的赔偿责任：（一）商品房买卖合同订立后，出卖人未告知买受人又将该房屋抵押给第三人；（二）商品房买卖合同订立后，出卖人又将该房屋出卖给第三人。”可见，该条第2项规定了“一房数卖”情形下先买受人对出卖人合同订立后的欺诈行为的惩罚性损害赔偿请求权。原《最高人民法院关于审理商品房买卖合同纠纷案件适用法律若干问题的解释》第9条规定：“出卖人订立商品房买卖合同时，具有下列情形之一，导致合同无效或者被撤销、解除的，买

---

① 王泽鉴．二重买卖．民法学说与判例研究：第4册．北京：北京大学出版社，2009：126．王闯．买卖合同纠纷审判实务若干问题——《买卖合同司法解释》价值取向与重要规则．（2013-12-26）［2014-04-01］．http：//www.civillaw.com.cn/article/default.asp？id=60344.

受人可以请求返还已付购房款及利息、赔偿损失，并可以请求出卖人承担不超过已付购房款一倍的赔偿责任：（一）故意隐瞒没有取得商品房预售许可证明的事实或者提供虚假商品房预售许可证明；（二）故意隐瞒所售房屋已经抵押的事实；（三）故意隐瞒所售房屋已经出卖给第三人或者为拆迁补偿安置房屋的事实。”可见，该条第3项规定了“一房数卖”情形下后买受人对出卖人合同订立时故意隐瞒所售房屋已经出卖给第三人的惩罚性损害赔偿请求权。

《合同法》第113条第2款规定：“经营者对消费者提供商品或者服务有欺诈行为的，依照《中华人民共和国消费者权益保护法》的规定承担损害赔偿责任。”《消费者权益保护法》第55条规定：“经营者提供商品或者服务有欺诈行为的，应当按照消费者的要求增加赔偿其受到的损失，增加赔偿的金额为消费者购买商品的价款或者接受服务的费用的三倍；增加赔偿的金额不足五百元的，为五百元。法律另有规定的，依照其规定。”“经营者明知商品或者服务存在缺陷，仍然向消费者提供，造成消费者或者其他受害人死亡或者健康严重损害的，受害人有权要求经营者依照本法第四十九条、第五十一条等法律规定赔偿损失，并有权要求所受损失二倍以下的惩罚性赔偿。”

原《最高人民法院关于审理商品房买卖合同纠纷案件适用法律若干问题的解释》第8、9条和《消费者权益保护法》第55条第1款之间，在惩罚性损害赔偿的赔偿基准和赔偿倍数计算问题上存在旧的针对特别问题的司法解释和新的一般性法律之间的矛盾冲突，如何协调二者之间关于“一房数卖”情形下惩罚性损害赔偿责任的法律适用关系？本书作者认为，需要做如下目的解释工作：一方面，原《最高人民法院关于审理商品房买卖合同纠纷案件适用法律若干问题的解释》第8、9条均规定相关惩罚性损害赔偿责任的计算标准为“……出卖人承担不超过已付购房款一倍的赔偿责任”，而《消费者权益保护法》第55条第1款规定的惩罚性损害赔偿责任的计算标准为“消费者购买商品的价款或者接受服务的费用的三倍”。本着妥当的利益衡量，在赔偿基准方面应该确定为原《最高人民法院关于审理商品房买卖合同纠纷案件适用法律若干问题的解释》第8、9条所规定的“已付购房款”而非“购买商品房的价款”。原《最高人民法院关于审理商品房买卖合同纠纷案件适用法律若干问题的解释》第8、9条之所以采取此种计算基准，是为了更好地妥当协调出卖人和买房人之间的利益，使买房人所获得的赔偿额以实际付出为基准，避免采取过于僵化的“全有全无”式的责任计算方法，避免出卖人因为高房价而承担过于沉重的赔偿责任。另一方面，在惩罚性损害赔偿的赔偿倍数上，《消费者权益保护法》第55条第1款采取了三倍赔偿的做法并且规定了500元的最低标准，结合目的解释方法，三倍赔偿较之于原《最高人民法院关于审理商品房买卖合同纠纷案件适用法律若干问题的解释》第8、9条所规定的一倍赔偿更有利于保护买房人的利益，也更有助于遏制出卖人的不诚信行为，故应该采取《消费者权益保护法》第55条第1款规定的三倍赔偿的倍数计算标准。值得注意的是，修改后的《最高人民法院关于审理商品房买卖合同纠纷案件适用法律若干问题的解释》已经将原司法解释第8、9条删除。商品房买卖合同的消费者主张惩罚性损害赔偿请求权时就要回归《消费者权益保护法》第55条第1款。原司法解释第8、9条被删除，效果如何，有待后观。

本章思考题

1. 试述土地用途管制制度的目的。如何完善我国的土地用途管制制度？

2. 论述不动产更正登记和异议登记中举证责任的配置关系。

3. 梳理分析我国司法解释中不动产物权期待权的规范演变过程。

4. 论“一房数卖”中物的归属之明确。

5. 原《最高人民法院关于审理买卖合同纠纷案件适用法律问题的解释》第3条规定：“当事人一方以出卖人在缔约时对标的物没有所有权或者处分权为由主张合同无效的，人民法院不予支持。”“出卖人因未取得所有权或者处分权致使标的物所有权不能转移，买受人要求出卖人承担违约责任或者要求解除合同并主张损害赔偿的，人民法院应予支持。”

《合同法》第 51 条规定：“无处分权的人处分他人财产，经权利人追认或者无处分权的人订立合同后取得处分权的，该合同有效。”第 132 条规定：“出卖的标的物，应当属于出卖人所有或者出卖人有权处分。”“法律、行政法规禁止或者限制转让的标的物，依照其规定。”

《民法典》删除了《合同法》第 51 条，《民法典》第 597 条将《合同法》第 132 条修改为：“因出卖人未取得处分权致使标的物所有权不能转移的，买受人可以解除合同并请求出卖人承担违约责任。”“法律、行政法规禁止或者限制转让的标的物，依照其规定。”

请结合上述规定，分析“一房数卖”情形下合同效力之判断。

6. 案例分析

陈某有私房一处，于 2002 年 2 月以 3 万元将此房屋卖给王某，双方订立了书面合同。同年 3 月，陈某将房屋交给王某使用，但未办理登记过户手续。后陈某与王某因其他事情发生纠纷，陈某于 2002 年 5 月又以 4 万元将房屋卖给李某，并且双方到房管部门办理了登记过户手续。其后，陈某将 3 万元房款退还给王某，并要求王某搬出该房，双方发生争执。王某起诉到法院，请求确认其与陈某的房屋买卖合同有效，房屋所有权归其所有。

对本案存在三种处理意见：第一，陈某与王某未办理房屋过户登记手续，其合同无效。第二，未办理过户登记并不影响合同的有效，因房屋已经实际交付给王某，法院应撤销陈某与李某的买卖合同，确认房屋为王某所有。第三，两份买卖合同都有效，但因李某已经办理过户登记，应由李某取得房屋所有权。

试评析上述三种观点，并根据《民法典》分析妥当处理本案的可能思路。

7. 材料评析

家住北京市通州区的谢女士在买第二套房时，被告知此前购房身份信息录入时发生错误，且其名下可能已不止一套房。谢女士欲在北京市住建委城研中心查询其名下有几套房，遭到拒绝。对方工作人员表示，不能以名字和身份证查询自己名下房产以及房产信息；用名字和身份证号查询不了拥有房子的情况，这不仅技术上不行，政策上也不允许，只允许公、检、法机关查询，自己查自己的也不行。这些并非北京市自己的规定，而是住房和城乡建设部下发的相关规章中明确要求的，即全国性的规定。如《房地产登记技术规程》中明确规定：登记资料不得仅以权利人姓名或名称为条件进行查询。

依据《物权法》和住房和城乡建设部相关的规定，房屋所有权人和利害关系人提供房屋坐落或房产证编号等信息，以及相关的证明材料后，可以查询到房屋的自然状况、限制状况，以及房屋所有权人相关信息。这些信息包括房屋的坐落、面积等状况以及房主是谁、有无抵押等。也就是说，要查房产信息，除了身份证明，还需提供房产证相关信息。[①]

试从房屋登记查询法律制度角度对上述材料作出评析。

8. A 与 B 合伙买了四套房，约定一人两套，均登记在 A 名下。B 实际出资一半，但 A 与 B 签订合伙买房协议是在 A 与开发商签订协议之后，且首付款都是 A 支付的，B 只付了尾款。B 实际占有使用其中两套房屋。后双方发生纠纷，可否判决其中 B 所占有的房屋归 B 所有？有法官认为不行，但感觉这和买卖有点不一样，是基于一种合伙行为。[②]

试评析上述案例及对应的观点。

---

① 范春旭．买房遇阻欲查名下房产遭拒．新京报，2012-03-22.

② 该案例由山东省济南市历城区人民法院张迎法官 2016 年 8 月 1 日提供。

第三章

业主的建筑物区分所有权

第一节　业主的建筑物区分所有权制度

一、业主的建筑物区分所有权概述

近现代社会，尤其是20世纪六七十年代以来，高层建筑物激增，公寓大厦盛行，以建筑物的某一特定部分为客体成立不动产所有权的现象越来越多。为了回应社会现实生活中对这一新现象的法律规制需要，其他国家或者地区纷纷在民法典或者单行法中规定建筑物区分所有权制度。①

根据我国《物权法》第70条、《民法典》第271条等条文的规定，在建筑物区分所有的功能类型上不仅包括住宅的区分所有，还包括经营性用房的区分所有，所以《物权法》并未采纳德国立法例上的“住宅所有权”或者英国法上的“公寓所有权”的名称。建筑物的区分所有也不简单等于分层所有，其主要是指横纵双向分割成的单元划分，所以《物权法》也没有采纳法国立法例上的“住宅分层所有权”的名称。我国《物权法》采用了日本法上“建筑物区分所有权”的名称，并在该名称之前加上“业主的”这一定语，即“业主的建筑物区分所有权”，从而使概念更加具体和通俗易懂。②

对业主的建筑物区分所有权进行定义，“关键是确定区分所有权的内容”③。比较民法上对该问题向来存在一元说、二元说和三元说的争议④，“三元说自德国学者贝尔曼提倡以来，有成为通说之趋势”⑤。我国《物权法》起草过程中这些争议也曾延续，最终《物权法》采纳了符合现代建筑物区分所有权法最新发展趋势的三元说，原因至少有二：第一，从逻辑角度看，如果只强调区分所有权中的专有权和共有权，就没有全面揭示区分所有权的权利特殊性，实际上就可以分别用所有权和共有制度来调整，也就没有必要单独设立一个区分所有权。第二，从现实角度看，区分所有人因区分所有而产生了共同生活关系，并必然会产生需要共同管理的共同事务，而管理这些事务的成员权不能为专有权或者共有权所包含，相反，成员权得到

① 陈华彬．建筑物区分所有权研究．北京：法律出版社，2007：16－79.

②③ 王利明．论业主的建筑物区分所有权的概念．当代法学，2006（5）.

④ 陈华彬．民法物权论．北京：中国法制出版社，2010：214－218.

⑤ 温丰文．建筑物区分所有权之研究．台北：三民书局，1992：16.

肯定和被妥当行使能够保障专有权和共有权的物尽其用，符合《物权法》的立法宗旨。根据《物权法》第70条、《民法典》第271条的规定，业主的建筑物区分所有权就是指由业主对建筑物内的住宅、经营性用房等专有部分所有权、共有部分共有权，以及因区分所有建筑物共同管理关系所生的成员权共同组成的复合性物权。原《最高人民法院关于审理建筑物区分所有权纠纷案件具体应用法律若干问题的解释》第1条对“业主”的概念作了进一步的明晰：一方面，依法登记取得或者根据《物权法》第二章第三节取得建筑物专有部分所有权的人，应当被认定为《物权法》第六章所称的业主。另一方面，基于与建设单位之间的商品房买卖民事法律行为，已经合法占有建筑物专有部分，但尚未依法办理所有权登记的人，可以被认定为《物权法》第六章所称的业主。

业主的建筑物区分所有权具有如下法律特征：第一，权利复合性。区分所有权是由专有权、共有权和成员权复合而成的，因此，享有建筑物区分所有权的业主的主体身份也就具有多重性，即其同为该建筑物的专有权人、共有权人和成员权人。第二，专有权的主导性。专有权能够派生区分所有权中的共有权和成员权并决定这些权利及其他义务的份额或比例的大小。《物权法》第80条、《民法典》第283条特别规定：建筑物及其附属设施的费用分摊、收益分配等事项，没有约定或者约定不明确的，按照业主专有部分面积所占比例确定。另外，业主的建筑物区分所有权登记也仅需登记业主对专有部分的所有权。第三，一体性，即建筑物区分所有权的三要素结为一体，不可分离，处分建筑物时，对三要素须一并处分。《物权法》第72条第2款、《民法典》第273条第2款即规定，“业主转让建筑物内的住宅、经营性用房，其对共有部分享有的共有和共同管理的权利一并转让”。

二、业主的建筑物区分所有权之内容

1. 专有权

根据《物权法》第71条前段、《民法典》第272条前段的规定，业主的建筑物区分所有权中的专有权是指业主对其建筑物专有部分享有的占有、使用、收益和处分的权利。可见，专有权是所有权在建筑物区分领域的具体表现。专有权权利内容的确定主要涉及如下问题：第一，专有权的客体是建筑物内的住宅或者经营性用房等的专有部分。根据原《最高人民法院关于审理建筑物区分所有权纠纷案件具体应用法律若干问题的解释》第2条第1款的规定，建筑物区划内的房屋、车位、摊位等特定空间只要在实质及形式上具备三个要件就可以成为区分所有的专有部分，即：具有构造上的独立性，能够明确区分；具有利用上的独立性，可以排他使用；能够登记成为特定业主所有权的客体。根据该解释第2条第2款的规定，规划上专属于特定房屋，且建设单位销售时已经根据规划列入该特定房屋买卖合同中的露台等，也应当被认定为专有部分的组成部分。至于专有部分范围的确定，涉及某专有部分与其他专有部分、专有部分与共有部分的分界；特别是具体到应将室内墙壁视为专有部分还是共有部分时①，还会涉及区分所有建筑物面积的计算和区分所有相邻室内墙的使用、维护等问题。对此，应本着物尽其用的宗旨和符合生活习惯与交易习惯的原则来确定。学说上对此有空间说、墙面说、壁心说、墙面与壁心的结合说等观点，通说为折中观点，认为在区分所有人的内部关系上以墙面说为宜，在

① 王利明．物权法研究：上卷．2版．北京：中国人民大学出版社，2007：583－585.

外部关系上以壁心说为宜。[①] 第二，《物权法》立法过程中对于建筑区划内规划用于停放汽车的车位车库的归属也存在很大争议。《物权法》第 74 条未将车位车库一概规定为业主共有或者业主专有。对于占用业主共用部分之外的车位车库，该条第 1 款规定“应当首先满足业主的需要”，第 2 款规定开发商和业主通过出售、附赠或者出租等方式来具体约定。《物权法》第 74 条第 1 款实际上配置的是授权第三人规范，业主可以据此主张开发商违反该规定而处分车位车库的合同相对无效。《民法典》第 275 条和第 276 条调整了条文顺序，但没有改变实质内容：《物权法》第 74 条第 2 款和第 3 款变成《民法典》第 275 条，《物权法》第 74 条第 1 款变成《民法典》第 276 条。第三，为了建筑物所在小区的生活安宁和国家建设用地用途管制制度的实施，业主不得擅自将专有部分的住宅改为经营性用房，即不得擅自从事“住改商”的行为。[②] 根据《物权法》第 77 条的规定，业主将住宅改变为经营性用房的，除遵守法律、法规以及管理规约外，应当经有利害关系的业主同意。《民法典》第 279 条进一步要求“经有利害关系的业主一致同意”。原《最高人民法院关于审理建筑物区分所有权纠纷案件具体应用法律若干问题的解释》第 11 条具体规定了何为“有利害关系的业主”：“业主将住宅改变为经营性用房，本栋建筑物内的其他业主，应当认定为物权法第七十七条所称‘有利害关系的业主’。建筑区划内，本栋建筑物之外的业主，主张与自己有利害关系的，应证明其房屋价值、生活质量受到或者可能受到不利影响。”根据该解释第 10 条第 1 款，业主将住宅改变为经营性用房，未按照《物权法》第 77 条的规定经有利害关系的业主同意，有利害关系的业主请求排除妨害、消除危险、恢复原状或者赔偿损失的，人民法院应予支持。

2. 共有权

建筑物的何种部分属于区分所有权中共有权的客体，涉及开发商和业主两个群体的不同利益诉求。《物权法》立法过程中对此存在很大争议。共有权的客体范围广泛，不限于建筑物，还可能延伸到建筑物所在小区。开发商在取得建设用地使用权的建设用地上进行建筑物的开发建设的，不管地上建筑物是否完工，不管已经完工的建筑物是否办理了初始登记，根据《物权法》第 30 条、《民法典》第 231 条的规定，该在建工程或者建筑物的所有权都归开发商。当开发商通过商品房买卖合同将建筑物区分所有权转让给业主时，就产生建筑物的何种部分必须或者可以随之转让给业主并为之共有的问题。如果说专有部分构成区分所有建筑物的基础，那么共有部分是结合各个专有部分的纽带。[③] 共有权相关法律问题主要有：一方面，法定共有部分的确定。根据《物权法》第 73 条、第 74 条第 3 款和第 79 条，以及《民法典》第 275 条、第

---

① 谢在全．民法物权论：上册．修订 5 版．北京：中国政法大学出版社，2011：239－241．王泽鉴．民法物权．北京：北京大学出版社，2009：172－173．陈华彬．民法物权论．北京：中国法制出版社，2010：225－228．

② 2012 年 11 月 1 日起修订施行的《济南市大气污染防治条例》第 38 条规定：“城市餐饮服务业的经营者应当安装油烟净化设施，实现油烟达标排放，防止对附近居民的正常生活造成干扰。”“禁止在下列场所新建从事产生油烟、恶臭或者其他异味的餐饮服务项目：（一）不含商业裙楼的住宅楼；（二）未设立专用烟道的商住综合楼；（三）商住综合楼内与居住层相邻的楼层；（四）与居民住宅楼等环境敏感目标水平间距小于九米的场所。”“本条例实施前，在前款规定的场所内建成的餐饮服务项目，其经营许可到期后，环境保护、卫生、食品药品监督、消防等管理部门不再核发相关证照，工商行政管理部门不予办理登记。”“市人民政府及有关部门应当依法加强对露天烧烤产生油烟、废气等污染大气环境的治理。”高健，侯莎莎，童曙泉．居民楼里开饭馆该不该禁 专家建议可给住户补偿．北京日报，2013－03－18．

③ 陈华彬．业主的建筑物区分所有权——评《物权法草案》第六章．中外法学，2006（1）．

281条，建筑区划内城镇公共道路之外的其他的道路[①]、城镇公共绿地或者明示属于个人的绿地之外的其他绿地，建筑区划内的其他公共设施、公用设施、物业服务用房，占用业主共有的道路或者其他场地用于停放汽车的车位、建筑物及其附属设施的维修资金属于业主共有。[②]原《最高人民法院关于审理建筑物区分所有权纠纷案件具体应用法律若干问题的解释》第3条第1款第1项和第3条第2款还将建筑区划内的如下部分认定为业主共有：建筑物的基础、承重结构、外墙、屋顶等基本结构部分，通道、楼梯、大堂等公共通行部分，消防、公共照明等附属设施、设备，避难层、设备层或者设备间等结构部分，建筑区划内属于业主专有的整栋建筑物的规划占地或者城镇公共道路、绿地占地之外的建设用地使用权。该解释第3条第1款第2项还设置了一个兜底条款，将“其他不属于业主专有部分，也不属于市政公用部分或者其他权利人所有的场所及设施等”推定为业主共有部分。[③]另一方面，原《最高人民法院关于审理建筑物区分所有权纠纷案件具体应用法律若干问题的解释》第4条还就建筑物屋顶、外墙面等共有部分的利用作出了规定：“业主基于对住宅、经营性用房等专有部分特定使用功能的合理需要，无偿利用屋顶以及与其专有部分相对应的外墙面等共有部分的，不应认定为侵权。但违反法律、法规、管理规约，损害他人合法权益的除外。”

3. 成员权

成员权是业主的建筑物区分所有权的有机组成部分。《物权法》第75条、第76条、第78

---

① 2016年2月6日，《中共中央、国务院关于进一步加强城市规划建设管理工作的若干意见》指出：“（十六）优化街区路网结构。加强街区的规划和建设，分梯级明确新建街区面积，推动发展开放便捷、尺度适宜、配套完善、邻里和谐的生活街区。新建住宅要推广街区制，原则上不再建设封闭住宅小区。已建成的住宅小区和单位大院要逐步打开，实现内部道路公共化，解决交通路网布局问题，促进土地节约利用……”《物权法》第73条规定：“建筑区划内的道路，属于业主共有，但属于城镇公共道路的除外。建筑区划内的绿地，属于业主共有，但属于城镇公共绿地或者明示属于个人的除外。建筑区划内的其他公共场所、公用设施和物业服务用房，属于业主共有。”《民法典》第274条坚持该规定的内容。北京市规划委员会2016年3月9日发布《西城区三里河南二巷增设规划道路项目控规调整的公示（公示期限30天）》，该公示“拟调整指标”项载明：“将现状道路沿四十四中东侧围墙向东拓宽至18米并设置为规划道路，将原综合商业金融服务业用地及基础教育用地性质调整为道路用地，同时调整东侧现状控规边界和该道路东红线一致。”王利明教授认为，对于已经建成的小区，《物权法》规定得非常明确，小区内道路、空地属于业主共有。如果要打开封闭小区，只能走征收然后补偿的途径，从而实现使用权的移转，这在《物权法》上几乎是唯一的途径。根据《国有土地上房屋征收与补偿条例》第8条规定，为了保障国家安全、促进国民经济和社会发展等公共利益的需要，由政府组织实施的交通等基础设施建设，确需要征收房屋的，由市、县级人民政府作出房屋征收决定。如果既不征收又不补偿，就涉及侵犯业主权利了。就相应征收补偿，应该按照《国有土地上房屋征收与补偿条例》的相关规定来执行。一般而言，只要严格符合征收程序且基于公共利益的基础之上，政府征收便可以进行。对于将来新建的小区，应该通过规划明确道路性质，已经规划为公共道路后，就不能随意共有了。秦夕雅．打开封闭小区 如何不违《物权法》．第一财经日报，2016-02-24．高圣平．开放小区的现行法径路．武汉大学学报（人文科学版），2016（3）．庄贵阳，王苒．建好城市街区（前沿观察）．人民日报，2016-05-22（5）．石祖波．海口市开放式小区无围墙存在安全隐患．南国都市报，2017-06-14．

② 是否允许快递公司缴纳场地租金在小区公共空间设置智能快递柜，也属于全体业主共同决定的事项。上海市普陀区中环花苑业主委员会．上海中环花苑小区致丰巢公司的公开信．“中环花苑”微信公众号，2020-05-10．

打着免费旗号进小区的丰巢电子收件柜于2020年4月底5月初宣布超时收费。对于消费者而言，由于网购时已经支付了快递费，如果再支付快递保管费，相当于二次支付快递费用，明显不合理，而且丰巢快递柜一直都向快递员收取使用费，因此，丰巢超时收费商业新计划遭到上海、杭州等地多个小区的强烈抵制，引发丰巢收费风波。随着国家邮政局的介入，丰巢所属公司迅速表示整改。5月15日晚间，丰巢所属公司发布声明称，用户免费保管时长由12小时延长至18小时，超时后每12小时收费0.5元，3元封顶；国务院规定的节假日不计费；写字楼周六日（休息日）不计费。同时快递员将快递存放电子柜时需经消费者同意。

③ 值得注意的是商品住宅的配套设施并不当然属于全体业主共有。南天一花园业委会诉深圳城建公司等房屋侵权纠纷案．人民法院报，2014-02-22（3）．

条和第83条（《民法典》第277条、第278条、第280条、第286条）对建筑物区分所有权中的成员权作了规定：业主可以设立业主大会这一意思决定机构，选举业主委员会这一事务执行机构[①]；业主大会或业主委员会的决定对业主具有约束力，其决定侵害业主合法权益时该业主还有撤销诉权，共同管理行为侵害业主合法权益时该业主也可以依法向人民法院提起诉讼。业主成员权是落实业主自治的技术手段，业主自治是私法自治原则在建筑物区分所有权中的具体体现。业主可以制定管理规约这种自治规则以规范区分所有建筑物的管理、使用乃至所有关系。[②] 管理规约的制定或修改须依据《物权法》第76条第2款、《民法典》第278条第2款所规定的表决规则，故属于多方民事法律行为中的决议行为。[③] 业主大会和业主委员会是否具有民事诉讼主体资格和民事主体资格，也是理论上颇多讨论的问题。一方面，从解释论来看，《物权法》第78条第2款和第83条第2款（《民法典》第280条第2款和第286条第2款）设置的法律规范，实际上已经赋予业主大会和业主委员会民事诉讼主体资格和民事主体资格。另一方面，从立法论来看，业主大会和业主委员会能否独立承担财产责任不能成为判断其是否具有民事诉讼主体资格和民事主体资格的前提条件。业主大会和业主委员会是业主的自治组织，其对外行为的法律后果理应由全体业主来承担。当然，如果业主大会或者业主委员会的行为违反法定职责或者业主授权范围而造成侵权，则其行为的后果不宜由全体业主承担，而应由有过错的业主或者业主委员会委员来承担。[④]

业主行使建筑物区分所有权过程中除了涉及业主和开发商之间的法律关系、业主和业主之间的法律关系，还会涉及业主和物业服务企业之间的法律关系。对物业服务方面的法律关系，《物权法》第81条和第82条、《民法典》第284条和第285条作了概括规定，《物业管理条例》《最高人民法院关于审理物业服务纠纷案件具体应用法律若干问题的解释》也作了详细规定。《民法典》合同编则将物业服务合同新增为典型合同。物业管理以服务于业主充分利用其所有的区分建筑物为目的，物业管理制度应该以业主的建筑物区分所有权为基础和前提条件去构建。[⑤]

三、小区车位、车库及城市道路划线停车位的物权归属

《物权法》第136条规定："建设用地使用权可以在土地的地表、地上或者地下分别设立。新设立的建设用地使用权，不得损害已设立的用益物权。"土地分层利用模式为地下车位单独所有权提供了前提。因车位具有构造和使用上的独立性，故车位不再附属于商品住房，对其不适用主从物规则。《物权法》立法过程中关于建筑区划内规划用于停放汽车的车位、车库的归属存在很大争议，最终《物权法》第74条规定："建筑区划内，规划用于停放汽车的车位、车

---

① 北京天鹅湾小区业委会"难产"当地居委会成"罪魁祸首". 央广网，2016-04-18.

② 陈华彬. 论区分所有建筑物的管理规约. 现代法学，2011（4）.

③ 有学者认为管理规约属于共同行为. 王泽鉴. 民法物权. 北京：北京大学出版社，2009：181. 陈华彬. 业主的建筑物区分所有权——评《物权法草案》第六章. 中外法学，2006（1）.

④ 陈枫. 在现实与文本之间的慎重选择——从实务角度看建筑物区分所有权司法解释. 法律适用，2009（7）.

2020年5月下旬，上海东海别墅业主获知，小区业主委员会被前物业公司告上法庭，且被法院判决败诉，小区为此要付给原告近三十万元的监控设备安装费，案件进入了执行阶段。上海东海别墅小区业主委员会惹上了官司，但它在4年前就已"解散"。有律师认为，业主委员会作为业主大会的执行机构，在某些特殊情况下，可作为诉讼当事人，但因其自身并没有单独财产，不能独立承担法律义务，因此，对于要由全体业主共同承担责任的债务类型的诉讼，业主委员会不可以单独作为民事诉讼的被告。业主委员会成立难破坏容易，人员补充难、换届更难。柴会群."下落不明"的业委会：一起败诉官司背后的空壳困局. 南方周末，2020-06-12.

⑤ 王利明. 论业主的建筑物区分所有权的概念. 当代法学，2006（5）.

库应当首先满足业主的需要。”“建筑区划内，规划用于停放汽车的车位、车库的归属，由当事人通过出售、附赠或者出租等方式约定。”“占用业主共有的道路或者其他场地用于停放汽车的车位，属于业主共有。”原《最高人民法院关于审理建筑物区分所有权纠纷案件具体应用法律若干问题的解释》第5条规定：“建设单位按照配置比例将车位、车库，以出售、附赠或者出租等方式处分给业主的，应当认定其行为符合物权法第七十四条第一款有关‘应当首先满足业主的需要’的规定。”“前款所称配置比例是指规划确定的建筑区划内规划用于停放汽车的车位、车库与房屋套数的比例。”第6条规定：“建筑区划内在规划用于停放汽车的车位之外，占用业主共有道路或者其他场地增设的车位，应当认定为物权法第七十四条第三款所称的车位。”

《物权法》第74条未将车位、车库一概规定为业主共有或者业主专有。对于占用业主共有部分之外的车位、车库，该条第1款规定“应当首先满足业主的需要”，第2款规定开发商和业主通过出售、附赠或者出租等方式来具体约定。《物权法》第74条第1款属于不完全法条，其并未规定“建筑区划内，规划用于停放汽车的车位、车库”未“首先满足业主的需要”时的法律后果。这就关系到该条的规范性质，需要结合该条规范目的和所调整利益的类型等进行判断。对此，存在如下观点：第一，有学者认为《物权法》第74条第1款属于强制性规定，违反该规定而订立的合同应属无效，理由在于该条款不仅使用了“应当”的字样，更重要的是该条款是调整公共利益的，全建筑区划内的业主对车位、车库的需要属于公共利益。[①] 第二，有学者认为根据立法目的，《物权法》第74条第1款属于效力性强制性规定，但其并非旨在调整、保护公共利益或者特定第三人（特定业主）的利益，而是旨在保护业主群体的利益，限制开发商在车位处分问题上选择相对人的自由，故违反该规定而订立的合同应属无效。对于违反该条的具体法律后果，可以借鉴《最高人民法院关于审理建筑物区分所有权纠纷案件具体应用法律若干问题的解释（征求意见稿）》（2008年）第5条的规定：“建设单位违反物权法第七十四条第一款规定，将建筑区划内规划用于停放汽车的车位、车库通过出售、赠与或者出租等方式处分给业主以外的人，业主请求确认该行为无效的，应予支持。”“建设单位应当就其未违反物权法第七十四条第一款规定承担举证责任”[②]。第三，还有学者认为《物权法》第74条第1款不涉及公共利益，仅属于调整交易关系当事人和交易关系以外特定第三人之间利益关系的法律规范，认定其为授权第三人规范即足以保护该特定第三人。[③] 业主可以据《物权法》第74条第1款主张开发商违反该规定而处分车位、车库的合同相对无效，业主对该合同享有撤销权。本书作者认为《物权法》第74条第1款、《民法典》第276条不涉及公共利益，仅属于调整交易关系当事人和特定第三人之间利益关系的法律规范，认定其为授权第三人规范即足以保护该特定第三人，在利益衡量上较符合比例原则的要求。

近年来，城市路边停车位收费问题也引发了社会的持续关注和讨论。[④] 城市道路划线停车泊位并非无主资源，而是位归国家所有，不能适用“先到先得”规则。根据《物权法》第47条和第52条、《民法典》第249条和第254条的规定，城市的土地，属于国家所有。在城市土地上建设的公路作为基础设施，属于国家所有。根据《道路交通安全法》第33条第2款，在

---

① 崔建远．物权：规范与学说：上册．北京：清华大学出版社，2011．陈华彬．民法物权论．北京：中国法制出版社，2010：239．杜万华，辛正郁，杨永清．最高人民法院《关于审理建筑物区分所有权纠纷案件具体应用法律若干问题的解释》、《关于审理物业服务纠纷案件具体应用法律若干问题的解释》的理解与适用．法律适用，2009（7）．

② 刘阅春．“应当首先满足业主需要”的规范性质探讨．法律科学，2013（5）．刘阅春．论建筑物区分所有权中的配置比例标准——兼谈违反“应当首先满足业主需要”规范的法律后果．清华法学，2013（5）．

③ 关淑芳，王轶．论授权第三人规范——兼论违反《物权法》第74条第1款的法律效果．法律适用，2009（2）．

④ 张灿灿．路边停车位：本是公共空间，理应服务公益．检察日报，2017－04－11．

城市道路范围内，在不影响行人、车辆通行的情况下，政府有关部门可以施划停车泊位。中国法学会民法典编纂项目领导小组和中国法学会民法学研究会组织撰写并于 2015 年 6 月 24 日提交全国人大常委会法制工作委员会的《中华人民共和国民法典·民法总则专家建议稿》第 102 条规定了公用物制度：“公共道路、桥梁、公园、公共建筑等公用物的所有人或者管理人不得拒绝民事主体对公用物的正当、合理使用。”“公用物不得流转。”本书作者认为，城市公共道路及其划线停车泊位均属于公用物。

城市道路和城市道路划线停车泊位属于公共资源，对作为国家所有权客体的公共资源进行有偿使用不违反国家所有权的规范目的。政府或者其委托的企业对占用公共资源设置的城市道路划线停车泊位收取一定的补偿费用，对于提高停车位的资源配置和利用率，引导市民减少不必要的机动车出行，保障交通秩序畅通和停车有序等，具有重要意义。但城市道路划线停车泊位该不该收费、如何确定收费标准以及收费去向等问题，涉及城市道路划线停车位收费的合法性、标准的合理性和用途的透明性问题，都应该有法可依。不能车主稀里糊涂地交，有关部门稀里糊涂地收。即使收费，根据我国《价格法》的规定，城市道路划线停车泊位收费标准作为关系群众切身利益的公用事业价格、公益性服务价格，应当建立听证会制度，论证其必要性、可行性。针对城市道路划线停车泊位收取的款项应当专款专用于道路或停车场建设，通过国家所有权有偿使用制度实现对公共资源的全民所有、全民共享，而不是被纳入城建资金统一使用，乃至另作他用。根据《政府信息公开条例》的规定，城市道路划线停车泊位收费的依据、标准、收支、管理、使用情况等属于涉及公民、法人或者非法人组织的切身利益的信息，属于需要社会公众广泛知晓或者参与的事项，应当由相应行政机关主动进行政府信息公开。

根据《立法法》的规定，基本财政制度只能由国家立法机关制定法律予以规定，行政机关不能通过地方政府规章，乃至其他红头文件自我授权，设定行政事业性的非税财政收入项目。根据行政法定原则和“法无授权不可为”的行政权力行使原则，结合《物权法》第 45 条第 2 款、《民法典》第 246 条第 2 款，由哪个行政部门代表国家对城市道路及其划线停车泊位行使所有权，应当由法律规定；城市道路划线停车泊位是否收费、确定收费标准的行政程序、所收费用的管理和使用等，均宜由法律作出规定。

四、小区电梯广告中的房地产法问题

物业服务企业擅自利用物业共用部位、共用设施设备进行经营的，所得收益应归属全体业主共有。未经全体业主或者业主委员会同意，物业服务企业无权使用该收益，物业服务企业应该将该收益返还业主委员会。虽然在物业服务合同中，业主委员会通常会委托物业服务企业就共有区域进行管理，但并不因此产生收益权属的转移①，物业服务企业受托过程中的报酬表现为物业服务费用。《物业管理条例》第 54 条规定：“利用物业共用部位、共用设施设备进行经营的，应当在征得相关业主、业主大会、物业服务企业的同意后，按照规定办理有关手续。业主所得收益应当主要用于补充专项维修资金，也可以按照业主大会的决定使用。”《最高人民法院关于审理建筑物区分所有权纠纷案件适用法律若干问题的解释》第 14 条也规定：“建设单位、物业服务企业或者其他管理人等擅自占用、处分业主共有部分、改变其使用功能或者进行经营性活动，权利人请求排除妨害、恢复原状、确认处分行为无效或者赔偿损失的，人民法院应予支持。”“属于前款所称擅自进行经营性活动的情形，权利人请求建设单位、物业服务企业

① 沈阳市大东区鹏利花园 AB 区业主委员会诉沈阳凯莱物业管理有限公司不当得利纠纷案，辽宁省沈阳市中级人民法院（2014）沈中审民终再字第 136 号民事判决书。

或者其他管理人等将扣除合理成本之后的收益用于补充专项维修资金或者业主共同决定的其他用途的，人民法院应予支持。行为人对成本的支出及其合理性承担举证责任。”①

物业服务合同中能否约定建筑物内的住宅、经营性用房等专有部分以外的楼道、大堂、电梯内等公共区域的广告费用属于物业服务资金？本书作者持否定意见。对此，原《最高人民法院关于审理物业服务纠纷案件具体应用法律若干问题的解释》第1条规定：“建设单位依法与物业服务企业签订的前期物业服务合同，以及业主委员会与业主大会依法选聘的物业服务企业签订的物业服务合同，对业主具有约束力。业主以其并非合同当事人为由提出抗辩的，人民法院不予支持。”第2条规定：“符合下列情形之一，业主委员会或者业主请求确认合同或者合同相关条款无效的，人民法院应予支持：（一）物业服务企业将物业服务区域内的全部物业服务业务一并委托他人而签订的委托合同；（二）物业服务合同中免除物业服务企业责任、加重业主委员会或者业主责任、排除业主委员会或者业主主要权利的条款。”“前款所称物业服务合同包括前期物业服务合同。”《物权法》第80条规定：“建筑物及其附属设施的费用分摊、收益分配等事项，有约定的，按照约定；没有约定或者约定不明确的，按照业主专有部分占建筑物总面积的比例确定。”《民法典》第282条规定：“建设单位、物业服务企业或者其他管理人等利用业主的共有部分产生的收入，在扣除合理成本之后，属于业主共有。”第283条规定：“建筑物及其附属设施的费用分摊、收益分配等事项，有约定的，按照约定；没有约定或者约定不明确的，按照业主专有部分面积所占比例确定。”据此，业主共有部分产生的收入属于业主共有。《物业管理条例》第54条与《民法典》第282条不一致，应该以《民法典》第282条为准。业主的共有部分产生的收益，包括收入，也包括其他利益。相关收益的用途，属于业主自主决定的范畴，立法不宜规定“应当主要用于补充专项维修资金”。至于产生收益过程中应该被扣除的合理成本，由成本支付之人承担举证责任。共有部分的收益，可以是业主通过业主委员会自行管理共有部分而产生，也可以是业主委托物业服务企业管理共有部分而产生。

业主对共有部分收益共有权的享有，以知情权为重要保障手段。知情权及对应的公示义务，不仅仅是公法上的权利、义务，在民法上也有其适用空间。《最高人民法院关于审理建筑物区分所有权纠纷案件适用法律若干问题的解释》第13条规定：“业主请求公布、查阅下列应当向业主公开的情况和资料的，人民法院应予支持……（三）物业服务合同、共有部分的使用和收益情况……”业主对共有部分收益情况的知情权，以物业服务企业、业主委员会、其他控制相关收益的建设单位或者其他管理人为义务人，相关义务人应当举证证明自己履行了公示义务。相应地，第一，业主委员会有权代表全体业主监督管理业主公共收益及其使用，业主委员会及其委员不得骗取、挪用、侵占住宅专项维修资金或者公共收益等业主共有财产。业主委员会应当公开公共收益、酬金制物业服务资金收支情况。第二，前期物业服务合同中应当载明公共收益的收取、分配。物业服务企业应当公开前期物业服务期间公共收益的收支情况。第三，物业服务企业对于其管理的公共收益收支未单独建账、独立核算的，由县（区）物业管理行政主管部门责令限期改正；逾期不改正的，处一定数额的罚款。

立法资料

2019年6月27日，江苏省淮安市人民政府向市八届人大常委会第二十四次会议提请审议《淮安市住宅物业管理条例（草案）》。该市人大常委会会议进行了初次审议。为了更好地修改、完善法规草案，进一步体现各界意愿，淮安市人大常委会决定将该法规草案全文公布，2019

---

① 该司法解释修改过程中，本条第2款最后一句中的“行为人”未被改为“建设单位、物业服务企业或者其他管理人等”，使条文存在明显瑕疵。

年7月31日前公开征求意见建议。2019年7月30日，本书作者在中国政法大学政治与公共管理学院主办的江苏省淮安市人大常委会立法和监察司法工作培训班上进行专题讲座“物权法与物业管理条例要点解读”，并对《淮安市住宅物业管理条例（草案）》发表立法咨询论证建议。《淮安市住宅物业管理条例（草案）》（2019年6月27日）第58条规定：“利用物业共用部分和共用设施设备所产生的公共收益归全体业主所有。”“业主（代表）大会成立前，公共收益的百分之七十纳入住宅专项维修资金，其余部分可以用于物业服务企业经营管理费用。”“业主（代表）大会成立后，公共收益按照物业服务合同约定分配，没有约定或者约定不明的按照本条第二款执行。”“物业服务企业应当对其管理的公共收益收支单独建账、独立核算。”本书作者认为：该条第2款违反了上位法，因为公共部分的收益既然归业主共有，就应该由业主自行决定其用途，是否需要纳入住宅专项维修资金应由业主自行决定。物业服务合同中应当载明公共收益的收取、分配，没有约定或者约定不明的应该归业主共有，因此该条第3款同样违反上位法。2020年3月1日起施行的《淮安市住宅物业管理条例》第62条仍存在前述问题，该条规定：“利用业主共有部分、共用设施设备经营所得的汽车停放费、广告费、场地使用费、房屋出租费等公共收益，由业主委员会或者物业服务企业等负责管理。公共收益应当单独建账、独立核算。”“业主大会成立前，公共收益的百分之七十纳入住宅专项维修资金，其余部分可以用于补贴物业服务费用。”“业主大会成立后，公共收益按照业主大会或者业主大会授权的业主委员会决定、物业服务合同约定使用；没有决定或者约定的，按照前款规定使用。”“公共收益的收支情况应当至少每半年在住宅物业管理区域内显著位置向业主公示一次，公示时间不少于十五日。业主委员会或者十名以上业主对公共收益有异议的，可以要求查询有关财务账簿；经已交付使用物业专有部分占建筑物总面积百分之二十以上业主且占总人数百分之二十以上的业主提议，业主大会或者业主委员会应当按照业主大会议事规则的规定，委托第三方机构对公共收益收支情况进行审计。”“对公共收益的审计结果应当在住宅物业管理区域内显著位置公示，公示时间不少于十五日。审计费用从公共收益中列支。”

业主的法治意识和权利意识日益增长，如果小区电梯广告的内容不合适，包含一些不适合传播的内容，容易产生不良影响，则业主还有权要求更正或者移除。业主因未获知电梯广告收益去向而拒缴物业费也不合理，因为二者不构成对待给付，不产生同时履行抗辩权。

五、老旧小区住宅加装电梯的房地产法问题

在老旧小区治理过程中，亟须研究老旧小区住宅加装电梯的民主决策机制。《淮安市住宅物业管理条例（草案）》（2019年6月27日）第60条第1款规定：“支持业主为既有住宅加装电梯，改善居住条件。既有住宅加装电梯需经本单元（幢）专有部分占建筑总面积三分之二以上且占总人数三分之二以上业主同意。”《淮安市住宅物业管理条例》第五章“物业使用与维护”第三节“老旧小区”第76条仅抽象规定：“市、县（区）人民政府应当制定政策，支持老旧小区既有住宅加装电梯，改善居住条件。”

北京市老旧小区治理过程中，也遇到加装电梯难的问题。据2017年6月28日《北京日报》报道[①]，在北京市力推老楼加装电梯多年后，目前仅装上了45部电梯，仅丰仪家园就占了43部。力推老楼加装电梯试点，一些小区在解决了“钱”的问题后，又卡在了民意这关上。

① 曹政．老楼加装电梯全市完成45部，丰仪家园独占43部 五次改方案终获居民都赞同．北京日报，2017-06-28．“十三五”期间，北京推进新一轮老旧小区综合整治，截至2020年11月底，全市老旧住宅楼累计加装电梯1 601部。沙雪良．北京一老小区加装178部电梯，学者建议出政策解决居民意愿难题．新京报，2020-12-24.

从北京市多个老楼加装电梯的试点项目了解到，住一层的居民往往是反对意见最多的——与自家没多大关系，还有可能被遮挡光线。根据北京市相关规定，加装电梯得过两个三分之二关口，即“征得所在楼栋专有部分占建筑物总面积三分之二以上的业主，且总人数三分之二以上业主同意”。不过，双“三分之二”的原则更多的是针对整栋楼加装电梯的方案论证。具体到一个楼门的加装电梯，不少试点小区都执行必须全部同意的原则。实际施工过程中，如果有一户不同意、阻碍，电梯都很难加装成功。2020年5月1日起施行的《北京市物业管理条例》第4条第2款抽象规定：“支持社会资本参与老旧小区综合整治和物业管理。”

本书作者认为，老旧小区改造是民生工程和拉动内需新方向。老旧小区住宅加装电梯（既有多层住宅加装电梯）是老旧小区改造的重点内容，也是大势所趋。一方面，从理论和法律文本层面看，老旧小区住宅加装电梯属于《物权法》第76条第1款第6项、《民法典》第278条第1款第7项规定的情形，即“改建、重建建筑物及其附属设施”，相应民主决策机制遵循《物权法》第76条第2款所规定的“双三分之二以上多数决”即可：“决定前款第五项和第六项规定的事项，应当经专有部分占建筑物总面积三分之二以上的业主且占总人数三分之二以上的业主同意。”《民法典》第278条第2款中段进一步降低了表决比例要求。上海、北京老楼加装电梯不采取一票否决。2020年5月20日北京市住房和城乡建设委员会发布的《北京市老旧小区综合整治工作手册》首次明确：既有多层住宅加装电梯，双三分之二以上的业主同意且其他业主不持反对意见就可实施。拟加装电梯的住宅还应满足建筑物结构安全、消防安全、建筑节能等规范、标准要求。另一方面，从具体操作实施层面看，老旧小区住宅加装电梯适宜先行试点、充分汇集业主意见，不宜简单粗暴、操之过急。要坚持业主自治基础上多方共治，在加装电梯改善居住条件和提升住宅品质过程中充分尊重业主自治，推进小区善治。为充分尊重业主自治，便于业主高效决策，预防矛盾，建议在征求业主是否同意加装电梯意见时，不宜过于抽象，应该在征求意见之初即提出较为详细方案，后续逐渐完善，以免出现初始同意，后续反对。

六、管理规约是业主成员权的重要行使方式

业主可以制定管理规约这种自治规则以规范区分所有建筑物的管理、使用。业主通过共同决定制定管理规约，就有关共有和共同管理权利的重大事项作出协调安排，实现业主自治。业主通过多数决作出的决议行为对全体业主都具有法律约束力。业主制定管理规约与公司作出决议类似，皆属于决议行为。管理规约多数决规则有利于保障多数业主意思表示的顺利作出，提高决议效率，避免久议不决。管理规约的制定和共同决定的作出都是对业主成员权的具体实现，业主通过共同决定、共同管理也就践行了业主自治。业主依照法律规定和业主大会议事规则共同决定重大事项的过程也是一个典型的民主决策过程。建筑物区分所有权背景下业主管理规约等决议行为对传统民法中的诸多基本概念提供了发展契机，如团体法视角与区分所有权制度、业主大会和业主委员会与民事主体诉讼主体制度、决议行为与民事法律行为的类型区分、决议行为的成立与效力判断、业主管理规约与其他类似决议行为法律规则之间的类推适用（如公司决议、农民集体决定）。

管理规约等决议行为主要具有如下法律特点：第一，管理规约具有超越业主个体意思的团体意思特点，管理规约中业主的意思表示并不要求像共同行为那样具有方向上的高度一致性。第二，管理规约的效力取决于其决策过程是否依法采取多数决规则，在管理规约作出过程中单个业主具体意思表示的瑕疵原则上不影响管理规约的法律效力，除非其达到影响多数决的程度。第三，管理规约对于未参与决策的后加入业主也具有法律约束力。第四，司法对管理规约

等决议行为的效力审查具有法定有限性，只要作为决议行为自治机制的召集程序、表决方式和决议内容合法，此决议行为就不进入司法审查的范围，避免司法过度介入业主的自治判断。①

业主还可以通过管理规约对专有权的行使作出限制，具体阐述如下。

第一，关于业主成员权共同管理的具体相关事项，《物权法》第 76 条第 1 款规定："下列事项由业主共同决定：（一）制定和修改业主大会议事规则；（二）制定和修改建筑物及其附属设施的管理规约；（三）选举业主委员会或者更换业主委员会成员；（四）选聘和解聘物业服务企业或者其他管理人；（五）筹集和使用建筑物及其附属设施的维修资金；（六）改建、重建建筑物及其附属设施；（七）有关共有和共同管理权利的其他重大事项。"原《最高人民法院关于审理建筑物区分所有权纠纷案件具体应用法律若干问题的解释》第 7 条规定："改变共有部分的用途、利用共有部分从事经营性活动、处分共有部分，以及业主大会依法决定或者管理规约依法确定应由业主共同决定的事项，应当认定为物权法第七十六条第一款第（七）项规定的有关共有和共同管理权利的'其他重大事项'。"管理规约的制定或修改须依据《物权法》第 76 条第 2 款所规定的多数决规则进行："决定前款第五项和第六项规定的事项，应当经专有部分占建筑物总面积三分之二以上的业主且占总人数三分之二以上的业主同意。决定前款其他事项，应当经专有部分占建筑物总面积过半数的业主且占总人数过半数的业主同意。"《民法典》第 278 条第 1 款吸纳了原《最高人民法院关于审理建筑物区分所有权纠纷案件具体应用法律若干问题的解释》第 7 条，《民法典》第 278 条第 2 款进一步降低了表决比例要求以提高决议效率，助力解决业主大会"决议难"问题。

第二，管理规约不仅可以作为业主成员权的行使方式，还可以作为其共有权的行使方式。例如，业主对于占用业主共有的道路用于停放汽车的车位或人防车位等也需通过管理规约的方式来确定其使用，但管理规约的制定常需要较高的决策成本，与单独所有相比较，不利于提高物的利用效率。再如，业主管理规约可以对建筑物及其附属设施维修资金的筹集、使用作约定，对建筑物及其附属设施的费用分摊和收益分配等事项作约定，等等。

第三，管理规约还可以对业主的专有权作出限制，以避免业主行使专有权过程中产生负外部性。有学者指出："由于专有权具有客体上的非独立性、主体间的团体性以及内容上的差异性，业主在权利的行使中不可能享有和传统所有权一样的排他的、全面的支配权……作为团体性权利，业主专有权因团体利益而受到限制，是业主选择自由下的产物，符合其根本利益，并体现了业主的共同意志……专有权有别于传统所有权，对专有权的限制并不违背保护所有权的理念。为业主团体利益限制业主专有权，是团体利益优先于个体利益的团体法规则的体现。"②如管理规约中禁止封闭阳台的条款③；管理规约中对于业主就其专有部分进行租赁的控制；管理规约中对经营性用房统一经营方式的约款；管理规约中根据《物权法》第 77 条、《民法典》第 279 条规定的"住改商"的约款；管理规约中根据《物权法》第 83 条、《民法典》第 286 条

① 李某诉上海佳动力环保科技有限公司公司决议撤销纠纷案．该案的裁判要点为："人民法院在审理公司决议撤销纠纷案件中应当审查：会议召集程序、表决方式是否违反法律、行政法规或者公司章程，以及决议内容是否违反公司章程。在未违反上述规定的前提下，解聘总经理职务的决议所依据的事实是否属实，理由是否成立，不属于司法审查范围。"

② 尤佳．团体法视角下的建筑物区分所有权研究．北京：中国人民大学，2013：77－78.

③ 舟山市某法院 2011 年判决的一个案件中认为，业主临时公约中的禁封阳台条款对全体业主具有拘束力．擅自封闭阳台被法院判决限期拆除．http：//zhoushan. house. sina. com. cn/2011－03－10/1328899. shtml. 而成都市 2010 年 12 月 9 日判决的一个相似案件中认为，业主临时公约中的禁封阳台条款无效。规约不得侵害业主权益．http：//www. legalinfo. gov. cn/pfkt/content/2011－02/13/content 2471117 . htm? node＝7905∥尤佳．团体法视角下的建筑物区分所有权研究．北京：中国人民大学，2013：65.

规定的对饲养动物、违法搭建、拒付物业费等问题的约款。

为了保证所建居民楼外的观保持协调一致，房产公司在出售房屋时，常常在购房合同乃至小区临时公约、装饰装修管理协议书、入住协议书中约定，业主不得对房屋外墙及阳台进行任何更改，不允许自行封闭阳台，以保持敞开式阳台的原貌。然而，部分业主入住后，仍然可能基于居住安全等考虑选择对阳台进行封闭式改造。此时，房产公司能否追究业主的违约责任？对此，有法院认为，当事人所签订的商品房买卖合同、装饰装修管理协议、入住协议中关于禁止封闭阳台的条款均属于格式条款，该格式条款排除了业主对阳台这一专有部分的主要权利，应属无效。业主对阳台加以封闭，不可避免地改变了房屋的部分外观，对建筑物和小区的整体美观造成一定的影响，但在建筑物和小区的整体美观和业主的居住利益发生冲突时，业主基于专有所有权而享有的居住利益相比于建筑物和小区的整体美观这样的表层利益等次更高，也更为重大，应得到优先保护。①

七、对业主成员权的救济：业主共同决定中少数业主的保护机制

需要注意的是业主大会或者业主委员会依多数决机制作出共同决定有可能损害少数业主的权益，这就有可能出现利用少数服从多数的民主程序来剥夺、践踏少数人权益的民主悖论现象②，形成“多数人暴政”。因此需要讨论在业主共同决定过程中时少数业主权益的保护机制。

一方面，受侵害的业主享有对业主大会或者业主委员会决定的撤销权。《物权法》第78条规定：“业主大会或者业主委员会的决定，对业主具有约束力。”“业主大会或者业主委员会作出的决定侵害业主合法权益的，受侵害的业主可以请求人民法院予以撤销。”③《民法典》第280条总体上坚持该规定。有学者指出：“考虑到管理规约由业主大会制定修改，所以‘业主大会所作决定’应作体系解释，既指一般的业主大会决议，也包括管理规约在内。”④就《物权法》第78条第2款、《民法典》第280条第2款中的“作出的决定侵害业主合法权益”中的“侵害”也应该作目的性扩张解释，包括直接侵害和间接侵害。《最高人民法院关于审理建筑物区分所有权纠纷案件适用法律若干问题的解释》第12条规定：“业主以业主大会或者业主委员会作出的决定侵害其合法权益或者违反了法律规定的程序为由，依据民法典第二百八十条第二

① 邹向朋．开发商图美观 禁止业主封阳台．汴梁晚报，2016-07-04．为美观开发商规定不得封阳台 法院判无效．http://mt.sohu.com/20160505/n447790433.shtml.

② 姚辉．《物权法》上的业主撤销权及其适用．法学论坛，2009（6）.

③ 有学者指出：“从未来立法层面而言，相关立法应当确立异议业主利益补偿制度，赋予因共同决定而个体利益受损的业主对其他业主的补偿请求权；从当前司法层面而言，法官应积极引导异议业主以补偿诉请替代撤销诉请。”尤佳．团体法视角下的建筑物区分所有权研究．北京：中国人民大学，2013：141.

李某、樊某诉常熟市明珠佳苑业主委员会、常熟市明珠物业管理有限公司业主撤销权纠纷案//最高人民法院中国应用法学研究所编．人民法院案例选：2011年第3辑．北京：人民法院出版社，2011：136-140．在该案中，法院认为：民事活动应当遵循诚实信用的原则。当事人在从事民事活动时，应诚实守信，以善意的方式履行义务，不得滥用权利以及规避法律或者合同约定的义务。业主委员会通过合理方式召集业主就物业服务合同的签订事宜召开业主大会，而业主怠于行使管理权，未积极参与业主大会致有关事项无法形成业主大会决议的，业主委员会为维护小区的正常生活秩序，善意履行职责，与物业管理公司签订物业服务合同，合同条款符合相关规定且合同内容为大多数业主实际接受的，则那些怠于行使管理权的业主无权提起诉讼，要求撤销该决定。物业管理服务的实践中，很多业主怠于行使管理权，使业主大会对诸多管理事项的决定无法得到有效通过和执行，物业管理的效率极为低下。为有效地督促业主积极行使管理权、履行管理义务，有必要对业主行使撤销权加以限制。业主不参加表决，在一定程度上可被视为放弃对业主大会决定的异议权。同时业主不参加表决，也是业主不履行法定管理义务的行为，对其业主撤销权进行限制可被视为对其不履行义务的一种苛责。

④ 尤佳．团体法视角下的建筑物区分所有权研究．北京：中国人民大学，2013：145.

款的规定请求人民法院撤销该决定的，应当在知道或者应当知道业主大会或者业主委员会作出决定之日起一年内行使。”管理规约等决议行为可能由于程序违法而被撤销，也可能由于实体侵权而被撤销。为了防止法院等裁判机构的意思被过多“带入”管理规约之中，法院等对管理规约的效力审查应该以程序审查为主，以实体审查为辅。集体意志的合法性来自民主程序，民主程序表现为，赋予所有利益相关者在决策程序中充分参与、自由表达、磋商争论的权利。“只要在程序上能保障所有利益相关者的平等参与，且他们有平等机会互相影响，在结果上也为所有参与者创造了平等机会，那么所达成的协议就可以被视为是公平的。”① 罗尔斯则认为：“我们不能因为一种特殊结果是在遵循一种公平的程序中达到的就说它是正义的。”② “团体决议的效力基础在于其形成中对程序要件的满足，但程序上的满足并不意味着正义的彻底实现。”③

另一方面，业主大会或者业主委员会“有关共有和共同管理权利的其他重大事项”的范围也具有限定性，不能通过业主共同决定作出与物业管理无关的决议，以妨碍其他业主的自主选择和基本自由。④《物业管理条例》第 19 条第 1 款规定：“业主大会、业主委员会应当依法履行职责，不得作出与物业管理无关的决定，不得从事与物业管理无关的活动。”《物权法》第 70 条、《民法典》第 271 条也暗含对业主共同管理权利范围的界定，即限于“对专有部分以外的共有部分享有共有和共同管理的权利”。可见，市民社会生活中的多数决事项“一般限于共同体特有的公共事务，排除就个人事务进行多数决，以禁止多数意志替代个人选择”⑤，“非为业主共同决定事项，除非全体业主同意，不能依多数决来侵害少数业主的专有权”⑥。单纯对《物权法》第 70 条后半句（《民法典》第 271 条后半句）和第 76 条第 1 款第 7 项（《民法典》第 278 条第 1 款第 9 项）作文义解释，将管理规约的适用范围严格限缩为“有关共有和共同管理权利”，不符合对《物权法》第六章、《民法典》物权编第六章进行体系解释的结论，如《物权法》第 77 条、第 83 条（《民法典》第 279 条、第 286 条）等条文中都体现出对业主专有部分专有权的必要限制。⑦

八、民法典中小区善治规则的解读与适用

当前中国处于城镇化快速发展时期，2019 年年末，我国常住人口城镇化率首次超过 60%，但仍远低于发达国家 80%的平均水平。过去 10 年来，我国城镇化率每年约提升 1 个百分点。⑧ 城镇化快速发展时代的小区善治成为基层治理的重难点问题。我国住宅小区围绕明确不动产权归属、充分发挥不动产效用、保护不动产权利人物权、规范物业服务、保障人们头顶上的安全等存在哪些治理难题？《民法典》提供了哪些新制度以助力小区治理，推进小区善治？

第一，针对业主大会成立难，《民法典》第 277 条规定：“业主可以设立业主大会，选举业主委员会。业主大会、业主委员会成立的具体条件和程序，依照法律、法规的规定。”“地方人民政府有关部门、居民委员会应当对设立业主大会和选举业主委员会给予指导和协助。”对于

① 哈贝马斯．在事实与规范之间．童世骏，译．北京：三联书店，2003：204.
② 罗尔斯．正义论．李少军，杜丽燕，张虹，译．台北：桂冠图书股份有限公司，2003：67.
③ 尤佳．团体法视角下的建筑物区分所有权研究．北京：中国人民大学，2013：135.
④ 王利明．论商铺业主的专有权及其行使．法学论坛，2009（6）.
⑤ 华燕．论社会多数决的适用——基于公寓大厦管理立法展开．法制与社会发展，2012（3）.
⑥ 高圣平．论业主自治的边界．法学论坛，2009（6）.
⑦ 同③144－145.
⑧ 林火灿．逾 60%：城镇化仍有巨大潜力．经济日报，2020－06－18.

设立业主大会和选举业主委员会，地方人民政府有关部门、居民委员会应当给予指导和协助，而非批准或者登记，公权力机关和基层自治组织在小区治理过程中不能缺位也不能越位。这体现了多方共治思维。选举业主委员会、设立和召开业主大会，才能对有关共有和共同管理权利的重大事项进行共同决策，避免“公地悲剧”。

第二，针对业主大会作出决议难，《民法典》第 278 条第 2 款通过参与表决比例基础上的多数决，而非全体业主基础上的多数决，实质降低了表决比例要求，以提高决议效率：“业主共同决定事项，应当由专有部分面积占比三分之二以上的业主且人数占比三分之二以上的业主参与表决。决定前款第六项至第八项规定的事项，应当经参与表决专有部分面积四分之三以上的业主且参与表决人数四分之三以上的业主同意。决定前款其他事项，应当经参与表决专有部分面积过半数的业主且参与表决人数过半数的业主同意。”

第三，针对住宅保质提质难，需要妥当协调业主专有部分、共有部分权利行使的边界，需要为老旧小区治理难提供制度助力。

首先，针对业主专有部分“住改商”，《民法典》第 279 条规定：“业主不得违反法律、法规以及管理规约，将住宅改变为经营性用房。业主将住宅改变为经营性用房的，除遵守法律、法规以及管理规约外，应当经有利害关系的业主一致同意。”

其次，针对利用业主共有部分从事经营活动及其收入归属。根据《民法典》第 278 条第 1 款第 8 项，“改变共有部分的用途或者利用共有部分从事经营活动”由业主共同决定。根据该条第 2 款，此种共同决定属于特别决议事项。《民法典》第 282 条还规定：“建设单位、物业服务企业或者其他管理人等利用业主的共有部分产生的收入，在扣除合理成本之后，属于业主共有。”

最后，在老旧小区改造、住宅品质改善过程中，多层住宅加装电梯，如何决策？根据《民法典》第 278 条第 1 款第 7 项，“改建、重建建筑物及其附属设施”由业主共同决定。根据该条第 2 款，此种共同决定属于特别决议事项。

第四，针对公共维修资金使用难，《民法典》第 278 条第 1 款区分维修资金的使用和筹集，该条第 2 款将使用维修资金作为业主大会一般决议事项，将筹集维修资金作为业主大会特别决议事项。第 281 条明确维修资金的使用范围并进一步简化了紧急情况下的使用程序：“建筑物及其附属设施的维修资金，属于业主共有。经业主共同决定，可以用于电梯、屋顶、外墙、无障碍设施等共有部分的维修、更新和改造。建筑物及其附属设施的维修资金的筹集、使用情况应当定期公布。”“紧急情况下需要维修建筑物及其附属设施的，业主大会或者业主委员会可以依法申请使用建筑物及其附属设施的维修资金。”

第五，针对业主知情权实现难，《民法典》物权编和合同编共同助力。《民法典》第 285 条第 1 款规定：“物业服务企业或者其他管理人根据业主的委托，依照本法第三编有关物业服务合同的规定管理建筑区划内的建筑物及其附属设施，接受业主的监督，并及时答复业主对物业服务情况提出的询问。”第 943 条进一步规定了物业服务人的信息公开义务：“物业服务人应当定期将服务的事项、负责人员、质量要求、收费项目、收费标准、履行情况，以及维修资金使用情况、业主共有部分的经营与收益情况等以合理方式向业主公开并向业主大会、业主委员会报告。”

第六，针对业主维权难，《民法典》第 280 条第 2 款规定了业主对业主大会、业主委员会决议的撤销诉权：“业主大会或者业主委员会作出的决定侵害业主合法权益的，受侵害的业主可以请求人民法院予以撤销。”第 286 条第 3 款规定了业主的报告或者投诉权：“业主或者其他行为人拒不履行相关义务的，有关当事人可以向有关行政主管部门报告或者投诉，有关行政主管部门应当依法处理。”《民法典》第 942 条规定了物业服务人对违法行为的制止、报告并协助处理义务，这也是物业服务人安全保障义务的具体化：“物业服务人应当按照约定和物业的使用性质，妥善维修、养护、清洁、绿化和经营管理物业服务区域内的业主共有部分，维护物业服务区域内的基本秩序，采取合理措施保护业主的人身、财产安全。”“对物业服务区域内违反有关治安、环保、消防等法律法规的行为，物业服务人应当及时采取合理措施制止、向有关行政主管部门报告并协助处理。”

第七，针对业主委员会发挥作用难，一方面要确立由谁选举、对谁负责，根据《民法典》第 278 条第 1 款第 3 项，“选举业主委员会或者更换业主委员会成员”由业主共同决定；另一方面要明确业主委员会在签订物业服务合同时的代表权限，业主委员会是业主大会决议的执行机构，《民法典》第 939 条规定：“建设单位依法与物业服务人订立的前期物业服务合同，以及业主委员会与业主大会依法选聘的物业服务人订立的物业服务合同，对业主具有法律约束力。”

第八，针对物业服务费用收缴难，《民法典》第 944 条规定：“业主应当按照约定向物业服务人支付物业费。物业服务人已经按照约定和有关规定供服务的，业主不得以未接受或者无需接受相关物业服务为由拒绝支付物业费。”“业主违反约定逾期不支付物业费的，物业服务人可以催告其在合理期限内支付；合理期限届满仍不支付的，物业服务人可以起诉讼或者申请仲裁。”“物业服务人不得采取停止供电、供水、供热、供燃气等方式催交物业费。”给付物业费请求权对应的通常是连续产生的债权，而非分期履行的债权。《民法典》第 189 条规定：当事人约定同一债务分期履行的，诉讼时效期间从最后一期履行期限届满之日起计算。

第九，针对老物业退出难，要明确物业服务企业的选聘、解聘权归属，要明确物业服务合同正常终止时或者被解聘物业服务企业的移交义务、退出义务等后合同义务。一方面，根据《民法典》第 278 条第 1 款，“选聘和解聘物业服务企业或者其他管理人”由业主共同决定，属于该条第 2 款业主大会一般决议事项。另一方面，《民法典》第 949 条规定了物业服务企业的退出、交还①、交接、告知义务：“物业服务合同终止的，原物业服务人应当在约定期限或者合理期限内退出物业服务区域，将物业服务用房、相关设施、物业服务所必需的相关资料等交还给业主委员会、决定自行管理的业主或者其指定的人，配合新物业服务人做好交接工作，并如实告知物业的使用和管理状况。”“原物业服务人违反前款规定的，不得请求业主支付物业服务合同终止后的物业费；造成业主损失的，应当赔偿损失。”第 950 条规定了新老物业交接期间，老物业的继续处理物业服务事项的后合同义务：“物业服务合同终止后，在业主或者业主大会选聘的新物业服务人或者决定自行管理的业主接管之前，原物业服务人应当继续处理物业服务事项，并可以请求业主支付该期间的物业费。”

第十，针对小区治理过程中公权力的缺位现象，针对高空抛物治理难，《民法典》也综合施策，推动多方共治。《民法典》第 285 条第 2 款规定了物业服务企业对应急处置措施的配合义务：“物业服务企业或者其他管理人应当执行政府依法实施的应急处置措施和其他管理措施，积极配合开展相关工作。”第 286 条第 1 款规定了业主对应急处置措施的配合义务：“业主应当遵守法律、法规以及管理规约，相关行为应当符合节约资源、保护生态环境的要求。对于物业服务企业或者其他管理人执行政府依法实施的应急处置措施和其他管理措施，业主应当依法予

① 北京市朝阳区某酒店式公寓的前物业公司被业主大会辞退后，占据部分公共区域拒绝交接。为此，业主委员会将前物业公司诉至法院。2020 年 5 月 18 日，北京市朝阳区人民法院对此案作出一审判决，要求前物业公司向大厦业主委员会移交被其占用的公共区域。据悉，此案为北京市首例援引 2020 年 5 月 1 日施行的《北京市物业管理条例》作出判决的案件，在该案件审理中，《北京市物业管理条例》第 26 条、第 76 条第 1 款发挥了裁判规范功能。首例判决来了！《北京市物业管理条例》为业主撑腰．北京日报，2020－05－20.

以配合。”《民法典》第1254条第2款规定了物业服务企业在防范高空抛掷物品、坠落物品时的安全保障义务：“物业服务企业等建筑物管理人应当采取必要的安全保障措施防止前款规定情形的发生；未采取必要的安全保障措施的，应当依法承担未履行安全保障义务的侵权责任。”

综上，小区治理是市域治理和国家治理的有机组成部分。小区善治是基层治理现代化、市域治理现代化和国家治理现代化的应有之义。《民法典》助力小区治理，推进小区善治：通过权利、义务、责任的配置，明确业主、业主委员会、物业服务企业、建设单位、地方人民政府有关部门、居民委员会、公安等机关的行止边界，使其各尽所能、各得其所、各安其分、和谐相处，以实现小区善治，实现业主自治基础上的多方共治。

第二节　业主的建筑物区分所有权与产权式酒店法律制度

一、产权式酒店法律制度概述

产权式酒店是一种将房地产业、酒店业、旅游业结合起来的商业新术语，它已经成为一种新型旅游消费方式。20世纪90年代我国引入此概念。产权式酒店，又被称为产权式度假酒店或者分时度假（Timeshare，Teilzeit-Wohnrechtegesetz，Ferieneigentum），实务中更经常采用产权式酒店的表述方法。旅游城市的自然条件和地理位置适合发展产权式酒店，产权式酒店有可能成为旅游房地产的主打产品，进而带动旅游经济和房地产业的发展。海南省的产权酒店行业走在全国的前列，2016年8月23日起施行的《海南省产权式酒店建设销售管理暂行规定》第3条规定：“本规定所称产权式酒店，是指由开发单位开发建设后将部分客房产权分割出售、配套经营性用房及设施由开发单位所有，自营或委托统一经营管理的酒店。”“产权式酒店出售的客房数量可由各市县政府根据需要决定，但不得超过客房总数的70%。所有客房由开发单位统一经营或委托统一经营，以保证酒店的完整性。产权式酒店不同于商品住宅，属商业性质，用于商业经营活动。”“本规定所称客房产权人，是指取得产权式酒店客房产权的单位或个人。”酒店产权人所取得的配套用房及设施的产权并不均属于区分所有的专有权，也有可能是法定共有权，对此须作类型化考虑。客房产权人除取得客房产权外，还可以依约定取得对法定共有部分的使用权。

产权式酒店介于商品房和酒店之间，产权式酒店是将酒店客房分成单元的形式出售给投资人，同时投资人又委托酒店管理公司进行经营管理，从中获得一定的投资回报。产权式酒店满足了喜欢经常变换生活方式者的旅游居住需要。现在我国很多旅游城市的酒店在互联网上进行了登记，专门为产权式酒店的业主办理房屋使用权互换业务。产权式酒店运营过程中的一系列生活事实并非独立于民法调整之外，需要将产权式酒店运营过程中的生活事实上升为民事法律事实，将产权式酒店中各方主体的利益诉求纳入民事法律关系的分析框架，以将产权式酒店运营中的纠纷法律化。

二、民事法律关系分析法是指导民事法律适用的重要方法

“人是生而自由的，但却无往不在枷锁之中。”[①] 民事法律关系已成为人与人之间在市民社

① 卢梭．社会契约论．2版．何兆武，译．北京：商务印书馆，1980：4.

会生活领域的法律纽带，“人无时无刻不在民事法律关系中”①。民事法律关系既是《民法总则》和《民法典》中的一个立法术语，也是民法学理论上的一个学术概念，还是现行民事立法体系构建的“中心轴”②；既是我们用以打开民法殿堂的“钥匙”③，也是指导民事法律适用的重要方法。民事法律关系是经由民事法律规范调整所形成的以民事主体之间的民事权利、民事义务和民事责任为核心内容的社会关系，是民法所调整的平等主体之间的财产关系和人身关系在法律上的表现。

民事法律关系也可以说是基于民事法律事实所形成的社会关系。民事法律规范作为民法适用的大前提并不能自动引起民事权利或者民事义务，它只是表明民事主体享有民事权利或者承担民事义务的可能性。生活事实也不能当然引发民事权利、民事义务或者民事责任，它必须先上升为能够被涵摄在民事法律规范构成要件之下的民事法律事实，在法律适用过程中，“未经加工的案件事实”作为单纯的生活事实是没有意义的，有意义的是经诉讼当事人所描述并由法院认定的“作为陈述的案件事实”④。民事法律事实在民事纠纷解决的过程中以“作为陈述的案件事实”的面目出现并与民事法律规范的构成要件发生连接，以引发民事法律关系变动的法律后果。

在大陆法系传统民法教义学著述体系中，大多未将民事法律关系明示在外，而主要是以现行法为依据进行体系的展开。萨维尼在《当代罗马法体系》一书中以法律关系为其私法体系展开的基础，并主张法律关系也是法官判决的基础：“所有个别的权利都只是描述了法律关系的特别的、通过抽象分离出来的一个方面，这样，即使是关于个别权利的判决也只是在以下范围内才是真实的和令人信服的，即它以对于法律关系的整体直观（Gesammtanschauung）为出发点。”⑤ 拉伦茨更进一步指出，私法的第一个基本概念是作为“权利主体”的人即权利的所有者和义务的承担者，第二个基本概念就是法律关系。⑥ 从民法立法和司法技术的角度看，民事法律关系是构建民法典体系的基础，也是指导民法案例分析的重要思维方法。

民事法律关系分析法是指导民事法律适用的重要方法。⑦ 解决民事案件的过程中，本着民事法律关系的思维方法，就能够在纷繁复杂的案件事实和博大精深的法律体系中抽丝剥茧、条分缕析。正可谓“法书万卷，法典千条，头绪纷繁，莫可究诘，然一言以蔽之，其所研究或所规定之对象，要不外法律关系而已……吾人苟能把握以上重点（法律关系的构成），对于任何法律之研究必能以简驭繁，迎刃而解，盖法律规定，无论其范围之大小，总不离乎法律关系，而法律关系之构成，总不外乎上述之成分”⑧。需要确定涉案生活关系是否属于民事法律关系、属于民事法律关系中的何种具体类型、该民事法律关系的具体要素如何、该民事法律关系基于何种民事法律事实发生何种变动，并在此基础上对当事人之间的利益冲突作出利益的取舍或者排序。现实生活中多种民事法律关系有可能复合交织在一起，这就需要在学界已有的民事法律关系一般分析方法⑨基础上总结提炼多层复合民事法律关系中民事法律适用的系统方法。

---

① 梁慧星．民法总论．4版．北京：法律出版社，2011：57.

② 王利明．民法典体系研究．北京：中国人民大学出版社，2008：190－202.

③ 魏振瀛主编．民法．4版．北京：北京大学出版社，2010：31.

④ 卡尔·拉伦茨．法学方法论．北京：商务印书馆，2003：160－163.

⑤ 萨维尼．当代罗马法体系：Ⅰ 法律渊源·制定法解释·法律关系．朱虎，译．北京：中国法制出版社，2010：10.

⑥ Karl Larenz, Manfred Wolf. Allgemeiner Teil des Bürgerlichen Rechts. C. H. Beck, München, 2004: S. 226.

⑦⑨ 王利明．法学方法论．北京：中国人民大学出版社，2012：265－279.

⑧ 郑玉波．民法总则．北京：中国政法大学出版社，2003：93－95.

请求权基础分析方法是常用的民法案例分析方法，但是并非所有的民事纠纷都围绕请求权展开，对请求权之外的其他民事纠纷就往往需要借助民事法律关系分析方法来解决。另外，请求权基础分析方法也往往不能提供一个法律关系要素及其变动的全貌，在很大程度上，可以将请求权基础分析方法作为民事法律关系分析方法的下位概念，是在请求权民事纠纷案件中法律关系分析方法的简化形态。

作为指导民事法律适用重要方法的民事法律关系分析法同样可以适用于对产权式酒店乃至其他房地产法律问题的分析。本书首先解析产权式酒店民事法律关系的多层复合性特点，在此基础上进一步分析产权式酒店多层复合民事法律关系的法律适用，并由此总结提炼多层复合民事法律关系法律适用的一般性结论，以期对房地产法律问题的解决提供一般性的方法论指引。

三、产权式酒店民事法律关系的多层复合性

产权式酒店作为一个综合性的旅游产品，涉及若干房地产法律问题。从民法角度看，产权式酒店民事法律关系具有主体的多层性、法律关系的多层复合性和客房产权人与酒店产权人之间法律关系的主导性等突出特征。

第一，产权式酒店民事法律关系主体的多元性。相较于传统产品简单的“供需双方”而言，产权式酒店涉及的主体要复杂得多，可能涉及经营者（开发商或酒店、度假村的经营者）、销售代理商（旅行社或专业房地产销售公司）、购买者（或会员、投资者）等。除了上述几种主要民事主体，产权式酒店还可能涉及再销售商、度假房产管理公司、信托公司、分时度假行业协会以及其他相关群体，如律师、金融机构、咨询顾问等直接或间接与分时度假产品有关的专业群体。结合产权式酒店法律实务中的常见表现和术语表述，其民事法律关系的主体主要包括开发商、酒店产权人、酒店管理人和客房产权人四方，其中，前三方民事主体之间有可能存在不同程度的身份混同。

第二，产权式酒店民事法律关系客体功能的多层次性。在产权式酒店民事法律关系中，客房产权人取得客房产权的目的是投资理财和度假居住，需要“稳步发展满足避寒、疗养等不同需求的度假居住型房地产（产权式度假酒店）”[①]。而产权式酒店不同于具有生活必需品属性的普通商品住房或者保障住房，其属于一种特殊的旅游消费方式。产权式酒店的客房产权人对客房权利的使用具有分时特性，因而为越来越多的旅游消费者所青睐。从“以所有为中心向利用为中心”的发展趋势出发，产权式酒店房产空间的分割出售和使用时间的分时出售具有合理性[②]，产权式酒店的产品时空共享等特性也有助于满足客房产权人对客房的居住和投资等多层需求。

第三，产权式酒店民事法律关系客体法律定位的双重性。产权式酒店的法律地位究竟是住宅项目还是酒店项目，对开发商和投资者的意义是不一样的。有学者从维护投资者利益出发主张将其界定为住宅项目。[③] 产权式酒店本身具有住宅和酒店的双重定位，这也是由其功能的多层次性和客房产权人需求的多样性所决定的。产权式酒店介于商品房和酒店之间，在产权式酒店实务中，其住宅用地和酒店用地的双重定位一度被承认，例如，被废止的《海口市产权式酒店管理暂行办法》第7条规定：“商服用地、住宅用地、金融办公用地可兼容建设产权式酒店，用地性质和年限可以不变。”这就从产权式酒店开发过程中建设用地使用权的取得方面规定了

① 《国务院关于推进海南国际旅游岛建设发展的若干意见》。

② 孟春燕．分时度假权属问题研究．呼和浩特：内蒙古大学，2006.

③ 安娜．我国分时度假的法律规制．重庆：西南政法大学，2008.

其灵活多样性。但是,《海南省产权式酒店建设销售管理暂行规定》第5条规定:"产权式酒店土地用途属于商服用地。严禁借产权式酒店项目的名义在土地使用、规划设计、功能用途以及后续经营等方面变相开发商品住宅。商品住宅用地土地使用权人申请将部分或全部商品住宅用地用于产权式酒店建设的,可以保持商品住宅用地用途不变,但产权式酒店用地评估价格高于商品住宅用地评估价格的,土地使用权人应补缴差额部分的土地出让金。"

第四,产权式酒店民事法律关系客体物理组成部分的多元性。基于产权式酒店综合服务功能的特点,作为产权式酒店民事法律关系客体的酒店客房也就包括多个组成部分,包括已经分割出售的酒店客房本身(狭义的酒店客房)、已分割进行销售的客房外酒店其他客房、配套用房及设施等等。对于酒店客房中的配套用房及设施,根据其服务于酒店客房使用功能的不同程度,又可以将其进一步区分为法定共有部分配套用房及设施和专有配套经营性用房及设施。《海南省产权式酒店建设销售管理暂行规定》第7条规定:"门厅(或独立门厅)、大厅(酒店大堂)、外墙面、屋面露台、楼梯间(井)、电梯间(井)、电梯机房、过道、管道井、垃圾道、设备间、物业管理用房、值班警卫室等共用部位及设施属于产权式酒店中不可分割使用的共有部分。""餐饮用房、商场、会议用房、娱乐用房、文体用房、室内(外)游泳池、室内车库和车位等配套经营性用房及设施属于产权式酒店中的专有部分。""客房产权人可与开发单位约定以上部分(但不限于以上部分)的使用权。"第11条规定:"开发单位不得将配套经营性用房及设施等专有部分分割进行销售、转让和抵押。"

第五,产权式酒店民事法律关系中权利义务关系的复合性和客房产权的主导性。"分时度假合同是一种四方当事人参与、由多层合同关系有机结合而成的非典型合同,买受人通过该合同获取分时度假设施时段所有权或使用权。由于分时度假合同由多方当事人参与,杂糅了各色合同的特征,所涉关系极为复杂……(对其)合同的效力,主要以合同的基础性法律关系——分时度假业的经营者与消费者之间的法律关系为考察基点。"①

第六,引发产权式酒店民事法律关系变动的法律事实的多样性。有学者认为,完整的产权式酒店运作分为开发、销售、经营三个阶段。② 实际上,产权式酒店的运作是一项复杂的系统工程,包括规划、开发、建设、装修、销售、使用、经营、管理等各个环节,各种不同的法律事实会引发相应法律关系的变动和当事人之间权利义务关系的展开。

综上,产权式酒店民事法律关系具有多层复合性特点,此种特点也决定了对产权式酒店在解释论即法律规范的选择适用上,乃至立法论即法律规范的制定上的综合性和复杂性。

四、产权式酒店多层复合民事法律关系的法律适用

产权式酒店在我国仍属于新型法律产品,尚无系统、完整而有针对性的专门法律法规,再加上产权式酒店民事法律关系的多层复合性特点,产权式酒店的实际运作中法律乱象丛生③,客房产权人的权利确定和权益保护问题在法律上具有较多不确定因素。产权式酒店的实务运作走在了立法的前面,法律具有相对滞后性。从解释论和立法论的角度明确产权式酒店实务操作中的法律适用和法律风险防控,有利于其高利润和低风险优势的发挥,否则就可能导致其运作变形。

---

① 肖玲.分时度假合同法律问题研究.北京:中央民族大学,2007.

② 孙楠.产权式酒店的欺诈销售与法律规制.昆明:云南大学,2012.

③ 汪传才.分时度假的消费者保护初探.法律科学,2006(4).朱力."南海传说":惊曝产权式酒店潜在危机.市场报,2004-02-06(7).

第一，酒店客房区分所有权取得法律适用。

明确物的归属是发挥物的效用的前提。在对产权式酒店的法律模式分析中，起关键作用的是客房产权人对酒店客房的区分所有权。[①] 应该强化客房产权人权属的区分所有权属性，强调其使用和收益上的时空分割性并不影响其所有权的定性，而只是其区分所有权在部分权能上的特殊表现。“就产品本身来说，看似完美的产权式酒店也存在没有住宅或酒店的独立使用功能、共用部位的所有权属性不明确、购房者与酒店管理公司之间关系不明等缺陷……对于购买人来说，了解产权式酒店的风险，尤其是明晰产权最为关键。”[②] 而在客房产权人对酒店客房的区分所有权中，酒店客房专有权居于主导地位。[③] 客房产权人基于其对酒店客房的区分所有权，对酒店客房就具有了使用和收益权能。客房产权人据其对酒店客房的产权可获得酒店管理公司赠送的一定期限的免费入住权，不自住时可取得委托酒店管理所取得的经营收益或者出租给酒店管理人所取得的固定租金。

酒店产权人可以取得产权式酒店中对应部分，主要包括酒店配套经营性用房及设施等的所有权。这就在很大程度上解决了之前长期存在的“产权式酒店的共用部位所有权归属也很难明确”[④] 的问题。

而引发客房产权人取得对酒店客房的区分所有权的法律事实，是客房产权人与开发商之间的酒店客房买卖合同，对酒店客房买卖合同法律关系适用商品房买卖合同法律规则即可。由于开发商可能通过酒店客房买卖合同进行不完善的信息披露、虚假陈述、欺诈销售的现象[⑤]，适合从法律规定和合同约定层面分别对之作提前约束，可考虑《海南省产权式酒店建设销售管理暂行规定》第10条第1款和第2款的规定：“产权式酒店客房预（销）售必须严格实行买卖合同网上签约及备案制度。开发单位在预（销）售产权式酒店客房前应明确酒店经营方式，并将客房委托经营合同、投资回报、冷静期等相关信息予以公开披露。开发单位应在销售现场张贴公布本规定，购房

---

① 就客房产权人对酒店客房权属的法律性质，理论上存在不同解读：王利明教授和高富平教授认为其属于所有权的期限分割或有期产权，徐国栋教授区分所有权型和租赁权型的产权式酒店模式，申卫星教授则认为其属于投资型的居住权。王利明．物权法研究：上卷．2版．北京：中国人民大学出版社，2007：29-30．高富平．物权法原论：上．北京：中国法制出版社，2001：212-213．徐国栋．绿色民法典．北京：中国社会科学文献出版社，2004：617-624．申卫星．视野拓展与功能转换：我国设立居住权必要性的多重视角．中国法学，2005（5）．

② 武汉市产权式酒店的“水”到底有多深？．长江商报，2008-02-05．

③ 当然，实践中的产权式酒店包括两类：一类是本书所讨论的所有权型的产权式酒店，另一类是租赁型的产权式酒店。

徐国栋教授主编的《绿色民法典草案》设专章对分时使用度假设施（Timesharing）合同作了规定。该草案第862条规定：“分时使用度假设施合同是开发商与买受人签订的、有效期在3年以上、规定买受人在按约定价格付款之后可直接或间接获得在一年内的某些特定时段（这一期限应在一周以上）排他性地使用某项度假设施的权利的合同。”“前款规定的度假设施是房屋、游艇和野营地等，它们必须已建成使用、即将交付使用或即将建成。”第863条规定：“按买受人享有权利的不同，分时使用度假设施合同分为所有权型的和租赁型的。”“在前者之情形，买受人作为共有人享有所有人的权利，在分时使用度假设施的计划终止时，各买受人均拥有度假设施剩余利益的分配权；在后者之情形，买受人享有承租人的权利，在分时使用度假设施的计划终止时，真正的所有权人拥有度假设施剩余利益的分配权。”“如无特殊说明，本节的规定同时适用于这两种类型。”（徐国栋．绿色民法典草案．北京：社会科学文献出版社，2004：617-618．）

在分时使用度假设施合同中，时间作为法律关系的存在环境或条件，已成为外在于民法的一种自然常态而非社会创造，并没有内化于民法中、成为民法的调整对象。马俊驹，王恒．时间观念的发展与时间所有权的私法构造//梁慧星主编．民商法论丛：第57卷．北京：法律出版社，2015．

④ 朱靖阳．论产权式酒店开发的法律问题．湖北经济学院学报（人文社会科学版），2006（7）．

⑤ 事后常常会存在开发商与客房产权人就合同标的究竟是客房所有权还是租赁权（客房产权人仅获得对酒店客房的使用权和收益权）的争议。俞兆洪．产权式酒店：获取收益等于交付使用？．浙江人大，2006（4）．

者须在认真阅读购房合同条款和规定后签订合同。”“产权式酒店客房买卖合同应当包括但不限于以下内容：客房和共有部分翻新维护责任和费用承担、冷静期无条件退款等退出机制的约定、违约责任以及《中华人民共和国物权法》规定的地役权合同的一般条款内容等。”

根据酒店客房买卖合同确定的酒店客房区分所有关系需要通过房地产权属登记制度加以确认；对酒店客房的区分所有权应该按照套内建筑面积分割登记，并在房屋登记簿上表明其规划用途为“产权式酒店”。对于不得分割销售的法定共有部分，按建筑面积统一登记，不颁发房屋所有权证。如《海南省产权式酒店建设销售管理暂行规定》第13条第1款规定：“本规定发布前产权式酒店客房已分割销售的，符合本规定要求，依法办理不动产登记；不符合本规定，但经整改后符合本规定要求的，依法办理不动产登记。”

第二，客房产权人对酒店客房使用、收益模式的法律适用。

产权式酒店是所有权与经营权相分离的商业房地产投资产品。“产权式酒店与一般住宅本质的不同就是提供酒店式的服务，故而今后服务质量的好坏直接关系到物业今后的租金和收益回报。对此，投资者一定要查看产品是否聘请了有高质量和好口碑的酒店管理公司，毕竟开发企业的实力和文化价值将在很大程度上决定产品的未来。”①

客房产权人对酒店客房的收益模式涉及对客房产权人与酒店管理人间之法律关系的安排和法律规则的适用。在客房产权人和酒店管理人间之法律模式的设计和法律规则的适用上，存在租赁合同法律关系、委托经营合同法律关系和信托收益权法律关系等法律模式。② 目前我国没有房产信托的完善配套规定，尚难以通过信托制度来实现产权式酒店的经营管理。③

在客房产权人委托酒店管理人进行酒店客房的日常经营过程中，客房产权人人数众多、地域分散、彼此独立，这就容易导致“所有权人对酒店的经营者的监督是十分有限的，从而会产生委托者虚位的问题”④。基于客房产权人作为业主在经济和信息上的相对弱势地位，应当提倡客户产权人组成业主委员会集体行使业主权利，有效监督酒店管理人的日常经营管理行为。

此外，在客房产权人收益的过程中存在较大的经营收益风险，在已有的规范性文件和酒店客房买卖合同示范文本中多未对此作规范配置，客房产权人可以在买卖合同中与开发商约定对最低投资回报率的担保，以减少客房产权人的投资风险。客房产权人也可以与开发商在买卖合同中约定对酒店客房附条件附期限的退出与回购机制，如“投资者购房后满三年的，若回报率低于合同约定，可以以原购买价将所购房屋出售给开发商，开发商保证回购”⑤。对于此类保障作为相对弱势群体的客房产权人的投资权益的合同行为，不宜通过行政管制予以限控。

第三，产权式酒店销售、使用和管理过程中无名合同规则和有名合同规则的适用。

产权式酒店的法律实务运作过程中，开发商、客房产权人、酒店产权人、酒店管理人多方民事主体之间的多重法律关系往往交织复合在一起，酒店产权人和酒店管理人往往是一个主体在不同法律关系面向下的不同具体身份，甚至其与开发商有可能是同一主体。产权式酒店民事主体之间的民事法律关系主要有两种法律模式：模式一，开发商与酒店产权人、酒店管理人为同一旅游发展公司，开发商将酒店客房分割出售给客房产权人，作为酒店产权人和酒店管理人，其再与客房产权人签订客房租赁合同或者客房委托经营合同。如此，即存在客房的卖出租回合同或者卖出又委托经营合同。模式二，开发商作为客房产权人和酒店产权人之外的第三方

① 武汉市产权式酒店的“水”到底有多深？. 长江商报，2008-02-05.

② 檀儒伟. 论信托制度在分时度假中的运用. 厦门：厦门大学，2007.

③ 黄健雄. 分时度假法律模式之研究. 中国法学，2006（6）.

④ 吴雨冰. 产权式酒店存在的法律问题. 中国房地产，2005（4）.

⑤ 朱靖阳. 论产权式酒店开发的法律问题. 湖北经济学院学报（人文社会科学版），2006（7）.

民事主体，将客房和酒店配套经营用房及设施等分别出售给客房产权人和酒店产权人，客房产权人再将自己所有的酒店客房出租或者委托经营于同为酒店产权人的酒店管理人。如此，在客房产权人和酒店产权人（酒店管理人）之间就存在客房租赁合同或者客房委托经营合同。

在第一种法律模式下（参见图1），由于存在开发商、酒店产权人和酒店管理人主体身份的归一，其与客房产权人之间存在卖出租回或卖出又委托经营合同关系，此即构成无名合同。以卖出租回合同为例，其构成无名合同中的合同联立（Vertragsverbindungen），即数个有名合同（客房买卖合同和客房租赁合同）具有互相结合的关系，且该数个有名合同之间并非不具有依存关系的单纯外观结合，而是具有一定依存关系的紧密结合。对于此种酒店客房无名合同的法律适用，我国《合同法》第124条统一规定："本法分则或者其他法律没有明文规定的合同，适用本法总则的规定，并可以参照本法分则或者其他法律最相类似的规定。"《民法典》第467条有类似规定。

在酒店客房无名合同法律模式之下，还需要特别讨论客房买卖合同和客房租赁合同（客房委托经营合同同理）之间的依存结合关系。其依存结合性主要表现为客房租赁合同关系的效力在一定程度上取决于作为出租人的客房产权人能否依照客房买卖合同取得客房的区分所有权，若否，则客房产权人作为出租人在客房租赁合同中就构成对客房的无权处分。可见，在此种合同联立情形下，多层复合民事法律关系中居于主导地位的是酒店客房买卖合同，可以据此指导民事案由的确定和审判过程中找法顺序的展开。当然，在此种卖出租回式的无名合同中，客房产权人和开发商之间须完成客房所有权的移转，但并不需要实物交付。此时可以类推适用《物权法》第27条、《民法典》第228条规定的动产物权转让时的占有改定制度，客房产权人"获取租金收益就视为享受利益，意味着房屋已经交付"。

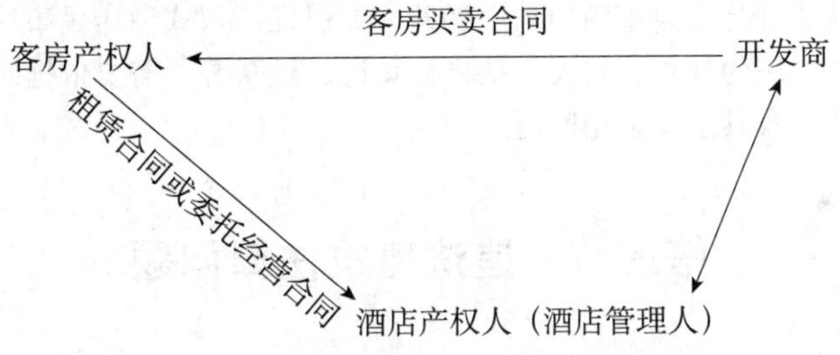

图1　无名合同模式下的法律规则适用

在第二种法律模式下（参见图2），存在客房产权人、酒店产权人（酒店管理人）之外的第三方民事主体——开发商，多方民事主体之间的法律关系包括开发商和客房产权人、酒店产权人分别成立的客房买卖合同关系，以及后续的客房产权人与酒店管理人（酒店产权人）之间的客房租赁关系或客房委托经营关系。这属于在一组复杂的民事法律事实中存在多层次民事法律关系，各种民事法律关系都分别构成有名合同，对其可以分别适用有名合同的法律规则。

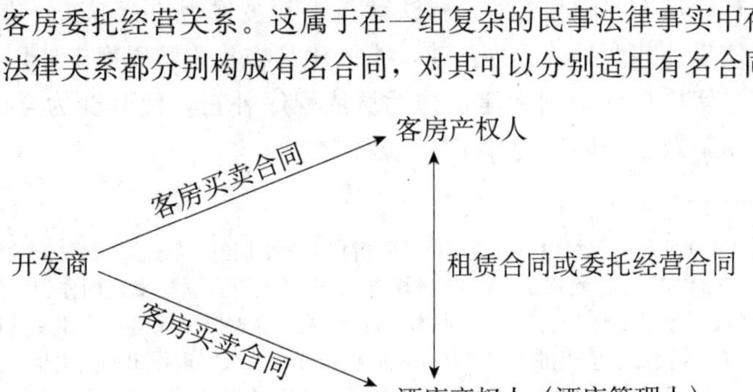

图2　有名合同模式下的法律规则适用

五、多层复合民事法律关系法律适用的一般性结论

结合对产权式酒店中民事法律关系的分析，可以得出分析多层复合民事法律关系的法律适用问题时的几个一般性结论，也可以作为解决房地产法律问题的一般性的方法论指引。

第一，生活事实的各个面向往往交织杂糅在一起，与之相对应的民事法律关系也常常具有多层次性和复合性。如产权式酒店合同法律关系就可能涉及酒店客房买卖合同法律关系、酒店客房租赁或委托经营合同法律关系等，而这些多层次的合同法律关系又具有有名合同和无名合同的不同组合形式。

第二，在多层复合民事法律关系中往往会有居于主导地位的民事法律关系。在对多层复合民事法律关系进行梳理和解决的过程中，也要依据居于主导地位的民事法律关系的性质来决定民事案由的确定和法律适用中找法顺序的展开。如产权式酒店民事法律关系中的酒店客房买卖合同法律关系居于主导地位。①

第三，多层复合民事法律关系的综合性特点决定了其中可能会有物权规则和合同规则的交织、有名合同规则和无名合同规则的并存。如在产权式酒店民事法律关系处理过程中，要以酒店客房买卖合同为主导处理后续客房租赁或委托经营合同等的法律问题，以基于酒店客房买卖合同所取得的客房区分所有权为主导处理对客房产权人的业主权益保护问题。

第四，在对多层复合民事法律关系进行分析梳理的过程中，时间线索具有重要意义，应该基于时间线索梳理作为其基础的民事法律事实全貌。这一点对于其他法律部门同样适用：在对某一综合法律问题进行立法配置过程中，同样应该基于法律事实的时间线索分析其涉及的立法需求，乃至以此为标准进行法律规则的顺序展开。如引发产权式酒店民事法律关系变动的法律事实依次会有产权式酒店的规划、建设、销售、登记、经营等，需要依据时间先后依次分析其中涉及的民事法律关系及其法律适用问题。

第三节　违法建筑法律问题

一、违法建筑的定义和类型

违法建筑是指违反《土地管理法》《城乡规划法》等法律法规的相关规定，未取得建设用地使用权，或者未取得规划许可或违反规划许可，而建造的建筑物和其他工作物。违法建筑的含义可以涵盖“小产权房”和越界建筑。违法建筑也常被称为违章建筑。有学者认为，“违章建筑有程序违建及实质违建两种。程序违建，指该建筑物并非妨碍都市计划，建造者得依一定程序申领建筑执照。实质违建，则指建筑物无从依程序补正，使其变为合法的建筑物”②。本书所讨论的违法建筑，及于程序违建和实质违建两类。

---

① 又如，在房地产买卖式担保纠纷中，也应该以民间借贷为案由展开。《最高人民法院关于审理民间借贷案件适用法律若干问题的规定》（2020 年第二次修正）第 23 条规定：“当事人以订立买卖合同作为民间借贷合同的担保，借款到期后借款人不能还款，出借人请求履行买卖合同的，人民法院应当按照民间借贷法律关系审理。当事人根据法庭审理情况变更诉讼请求的，人民法院应当准许。”“按照民间借贷法律关系审理作出的判决生效后，借款人不履行生效判决确定的金钱债务，出借人可以申请拍卖买卖合同标的物，以偿还债务。就拍卖所得的价款与应偿还借款本息之间的差额，借款人或者出借人有权主张返还或补偿。”

② 王泽鉴．民法物权．北京：北京大学出版社，2009：81－82.

如我国《土地管理法》第53条规定："经批准的建设项目需要使用国有建设用地的，建设单位应当持法律、行政法规规定的有关文件，向有批准权的县级以上人民政府自然资源主管部门提出建设用地申请，经自然资源主管部门审查，报本级人民政府批准。"第61条规定："乡（镇）村公共设施、公益事业建设，需要使用土地的，经乡（镇）人民政府审核，向县级以上地方人民政府自然资源主管部门提出申请，按照省、自治区、直辖市规定的批准权限，由县级以上地方人民政府批准；其中，涉及占用农用地的，依照本法第四十四条的规定办理审批手续。"第62条第4款规定："农村村民住宅用地，由乡（镇）人民政府审核批准；其中，涉及占用农用地的，依照本法第四十四条的规定办理审批手续。"据此，农村集体土地之上建造的商品住宅或者农村村民在未取得宅基地使用权的农村集体土地上建造的住宅都属于违法建筑。依据《城乡规划法》第40、64、65、66条等，违法建筑还包括如下几类：（1）未取得建设工程规划许可证或者未按照建设工程规划许可证的规定进行建设的建筑物；（2）在乡、村（庄）规划区内未依法取得乡村建设规划许可证或者未按照乡村建设规划许可证的规定进行建设的建筑物；（3）未经批准进行临时建设的建设工程、未按照批准内容进行临时建设的建设工程，以及临时建筑物或构筑物超过批准期限不拆除的。

二、违法建筑的物权归属与侵权责任保护

《物权法》第30条、《民法典》第231条规定："因合法建造、拆除房屋等事实行为设立或者消灭物权的，自事实行为成就时发生效力。"关于建造人对违法建筑的权利，民法理论上存在占有权说、对违法建筑中建筑材料的动产所有权说和不动产所有权说三种观点。

主张不动产所有权说的学者认为，"应将《物权法》第30条视为具有概括条款性质的转介规范，其旨在形成与纷繁复杂之建筑管制规范的沟通……赋予违法建筑的所有权地位，并非无视其'违法性'"[①]。建造人可以基于其建造行为取得违法建筑的所有权，但根据《物权法》第31条、《民法典》第232条的规定，建造人无法完成初始登记，其处分违法建筑的行为不发生物权效力。《物权法》第30条、《民法典》第231条关于由事实行为引起的物权变动的规定仅属于例示规定，可以将"违法建造"包含在"等事实行为"中。[②] 确认建造人对违法建筑的不动产所有权也可以避免违法建筑沦为无主物，最大限度实现物尽其用的物权法立法宗旨。比较法上也多肯定建造人对违法建筑的不动产所有权。本着目的解释和比较法解释方法，应该超越对《物权法》第30条、《民法典》第231条的文义解释结论，认可建造人对违法建筑的所有权，只是限制其再处分时物权效力的发生。如原《最高人民法院关于适用〈中华人民共和国担保法〉若干问题的解释》第48条规定："以法定程序确认为违法、违章的建筑物抵押的，抵押无效。"该规定也与《物权法》第31条、《民法典》第232条的规定相吻合。根据《不动产登记暂行条例实施细则》第35条的规定，申请国有建设用地使用权及房屋所有权首次登记的，应当提交的材料中包括"建设工程符合规划的材料"，国有建设用地上的违法建筑缺乏建设工程符合规划的材料的，无法办理所有权首次登记。根据《不动产登记暂行条例实施细则》第41条的规定，申请宅基地使用权及房屋所有权首次登记的，应当提交的材料中包括"不动产权属证书或者有批准权的人民政府批准用地的文件等权属来源材料""房屋符合规划或者建设的相关材料"等。宅基地上的违法建筑也无法办理所有权首次登记。

有学者认为：不能对《物权法》第30条作反面解释。《城乡规划法》等管制规范是针对建

① 黄忠．违法建筑的私法地位之辨识——《物权法》第30条的解释论．当代法学，2017（5）．

② 周友军．违章建筑的物权法定位及其体系效应．法律适用，2010（4）．

造行为设置要求，并对违背该行为者施以处罚等不利益的后果，但不涉及所建房屋的权属。遏制违法建造的关键在于，主管部门能否严格适用管制规范来及时查处，至于在民法中是否赋予违法建筑以所有权，与此并没有关联作用。尽管违法建筑不能办理所有权首次登记，但基于事实行为发生物权变动的规则，建造人在房屋建成后就取得所有权。在建造这样的引起物权变动的原因事实中，行政行为不能起到参与其中并发挥实质控制的作用。① 总之，应该区分违法建筑的建造人所应该承担的公法后果与违法建筑物权归属等民法后果，违法建筑行为违反公法上的强制性规范并不必然否定其违法建筑所有权的成立。

此外，只有行政机关依照法律规定的权限和程序才可以对违法建筑作出相应的行政处罚，其他民事主体无权拆除他人违法建筑，否则仍要承担侵权损害赔偿责任，而非恢复原状的侵权责任。② 违法建筑物、构筑物中的建筑材料，属于当事人的合法财产。行政机关对违法建筑强制拆除的手段、方式不当导致损坏建筑材料合法权益的，应予赔偿。③ 有学者进一步认为，侵害违法建筑人对违法建筑的占有而导致其不能使用、收益的可得利益损失，不应在侵权损害赔偿责任的范围之中。④

三、违法建筑买卖合同和租赁合同的效力

关于违法建筑买卖合同的法律效力，民法理论上存在效力待定说、无效说和有效说三种观点。依不动产所有权说的观点，违法建筑买卖合同和租赁合同的效力也都不受“违法建筑”事实之影响，其债法上的效力不因为“违法建筑”未办理初始登记而受阻却：因“标的物的违法性不能等同于法律行为的违法性”⑤，故“违法建筑的买卖合同，原则上不应认定为无效”⑥。

在《最高人民法院公报》刊登的违法建筑买卖合同纠纷案中，违法建筑买卖合同也不当然无效：“房屋行政主管部门对未经审批而改建、重建的房屋，可因现实状况与不动产登记簿记载的权利状况不一致，将其认定为附有违法建筑并结构相连的房屋并限制交易。如何认定这类房屋买卖合同的效力，实践中存在分歧。善意买受人根据不动产登记的公示公信原则，确信登记的权利状态与现实状态相一致，此信赖利益应予保护；根据区分原则，房屋因附有违法建筑而无法过户属合同履行范畴，不应影响合同效力。因此，这类合同如不具备《合同法》第 52 条的无效情形，应当认定有效。出卖人负有将房屋恢复至原登记的权利状态并消除行政限制的义务。在买受人同意按现状交付并自愿承担恢复原状义务的情况下，出卖人应按诚实信用原则将房屋交付买受人，并于买受人将房屋恢复原状、消除行政限制后协助完成过户手续。”⑦

就违法建筑租赁合同的法律效力，《最高人民法院关于审理城镇房屋租赁合同纠纷案件具体应用法律若干问题的解释》第 2 条规定：“出租人就未取得建设工程规划许可证或者未按照建设工程规划许可证的规定建设的房屋，与承租人订立的租赁合同无效。但在一审法庭辩论终

---

① 常鹏翱．行政行为的物权法意义：一种规范分析．行政法学研究，2019 (5).

② 若要求非法拆除人承担恢复原状的法律责任，实质上就是通过诉讼使违法建筑合法化。这有违违法建筑的违法性本质。对此可以类推适用我国《合同法》第 110 条、《民法典》第 580 条的规定。

③ 张文胜诉沈阳市于洪区人民政府行政赔偿案，最高人民法院（2016）行申字第 6 号行政裁定书//肖洒．违法建筑上合法权益的行政赔偿——张文胜诉沈阳市于洪区人民政府行政赔偿案评析．行政法学研究，2019 - 12 - 30，网络首发。

④ 刘宗胜，乔旭升．论违章建筑侵害赔偿．学术交流，2006 (3).

⑤ 杨延超．违法建筑物之私法问题研究．现代法学，2004 (2).

⑥ 尹飞．民法典视野下的房地关系．http：//law. cufe. edu. cn/info/1217/41863. htm。

⑦ 丁福如与石磊房屋买卖合同纠纷案．最高人民法院公报，2012 (11).

结前取得建设工程规划许可证或者经主管部门批准建设的，人民法院应当认定有效。”第 3 条规定：“出租人就未经批准或者未按照批准内容建设的临时建筑，与承租人订立的租赁合同无效。但在一审法庭辩论终结前经主管部门批准建设的，人民法院应当认定有效。”“租赁期限超过临时建筑的使用期限，超过部分无效。但在一审法庭辩论终结前经主管部门批准延长使用期限的，人民法院应当认定延长使用期限内的租赁期间有效。”第 4 条第 1 款规定：“房屋租赁合同无效，当事人请求参照合同约定的租金标准支付房屋占有使用费的，人民法院一般应予支持。”

四、违法建筑所引发的行政处罚与行政强制

违法建筑现象中私益、公益交织，私法、公法交融。① 违法建筑的建造人须对其违法建设行为承担公法上的责任，主要包括行政处罚及行政强制。

如我国《土地管理法》第 83 条规定：“依照本法规定，责令限期拆除在非法占用的土地上新建的建筑物和其他设施的，建设单位或者个人必须立即停止施工，自行拆除；对继续施工的，作出处罚决定的机关有权制止。建设单位或者个人对责令限期拆除的行政处罚决定不服的，可以在接到责令限期拆除决定之日起十五日内，向人民法院起诉；期满不起诉又不自行拆除的，由作出处罚决定的机关依法申请人民法院强制执行，费用由违法者承担。”我国《城乡规划法》第 64、65、66 条等也规定了责令停止建设、责令限期改正、责令限期拆除、没收实物或违法收入、罚款等处罚措施。该法第 68 条还进一步规定：“城乡规划主管部门作出责令停止建设或者限期拆除的决定后，当事人不停止建设或者逾期不拆除的，建设工程所在地县级以上地方人民政府可以责成有关部门采取查封施工现场、强制拆除等措施。”《行政强制法》第 44 条赋予行政机关对违法建筑的行政强制执行权：“对违法的建筑物、构筑物、设施等需要强制拆除的，应当由行政机关予以公告，限期当事人自行拆除。当事人在法定期限内不申请行政复议或者提起行政诉讼，又不拆除的，行政机关可以依法强制拆除。”在对违法建筑的建造人课加行政处罚或者实施行政强制执行时，应该遵循行政行为的比例原则，结合违法建筑的影响程度，既要保证行政管理目标的实现，又要兼顾保护相对人的权益，应以达到行政执法目的为限，尽可能使相对人的权益遭受最小的侵害。②

根据《立法法》第 92 条所规定的新法优于旧法规则，《行政强制法》第 44 条要优先于前述其他规定行政强制执行的法律而适用。基于此，自 2013 年 4 月 3 日起施行的《最高人民法院关于违法的建筑物、构筑物、设施等强制拆除问题的批复》规定：“根据行政强制法和城乡规划法有关规定精神，对涉及违反城乡规划法的违法建筑物、构筑物、设施等的强制拆除，法律已经授予行政机关强制执行权，人民法院不受理行政机关提出的非诉行政执行申请。”当然，违法建设的相邻权人可以提起行政不作为诉讼，督促行政机关切实充分地履行拆除违建、保障民生的法定职责。针对各地违法建设数量庞大，局部地区有所蔓延的态势，虽然《城乡规划法》规定了县级以上人民政府对违反城市规划、乡镇人民政府对违反乡村规划的违法建设有权强制拆除，但实际情况不甚理想。违法建设相邻权人的合法权益受侵犯后难以被救济成为一种普遍现象和薄弱环节。即使行政机关对违法建设采取过一定的查处措施，但如果履行不到位仍

---

① 王洪平．公私法交融视域下的违法建筑问题研究．北京：中国人民大学出版社，2020：56－87.

② 最高人民法院（1999）行终字第 20 号判决书//王达．比例原则在违章建筑处理中的运用．人民司法·应用，2007（9）．丁晓华．强制拆除违法建筑行为定性与规范——基于对《行政强制法》第 44 条的解读．法学，2012（10）.

构成不完全履行法定职责，法院有权要求行政机关履行到位。这方面的审判力度需要不断加强。①

第四节　不动产强制执行法律制度

一、民事执行中对不动产权属的证明责任分配与案外人执行异议之诉

不动产强制执行的标的须具有流通性，对禁止流通的不动产不得执行。凡是作为执行标的物的不动产都应该是能够流通的，这是由执行程序的目的决定的。在不动产强制执行程序中，法院对强制执行措施的实施更多地具有行政权行使的特点，法院于此不应该像行使审判权那样恪守中立，法院应该对被执行人的财产主动调查。② 当然，在民事执行程序中，执行案件当事人也需要负担相应的证明责任。

不动产登记簿之权利推定规范在立法上解决了不动产物权的证明责任分配问题。权利推定规范属于民事证据规范，会产生证明责任转换的证明负担效果，否定登记簿上记载事项真实性的当事人须就其权利否定事项承担证明责任；受益于登记簿推定力之登记名义人只需要证明其物权已经在登记簿上登记记载。“在强制执行程序中，法院要查封某一不动产时，必须依据不动产登记簿的记载来确定被查封的不动产是否属于被执行人所有。”③《最高人民法院关于人民法院民事执行中查封、扣押、冻结财产的规定》第 2 条规定：“人民法院可以查封、扣押、冻结被执行人占有的动产、登记在被执行人名下的不动产、特定动产及其他财产权。”“未登记的建筑物和土地使用权，依据土地使用权的审批文件和其他相关证据确定权属。”“对于第三人占有的动产或者登记在第三人名下的不动产、特定动产及其他财产权，第三人书面确认该财产属于被执行人的，人民法院可以查封、扣押、冻结。”有学者进一步指出：我国《民事诉讼法》赋予了执行法官对执行标的实体权属的判断权，但案外人异议之诉中执行法官的权利判断所遵循的程序、适用的法律、判断的标准和效力等方面均有别于审判法官的判断，权利判断的标准为形式物权、权利表象，而非实质物权、真实权利。物权公示具有权利推定效力，在对有体物为执行标的之案外人异议的审查中，执行法官的权属判断标准是物权公示原则；在对有体物以外的其他权利和利益（如股权、知识产权等）为执行标的之案外人异议的审查中，执行法官的权属判断标准则为权利外观主义。④“在强制执行程序中，第三人不得以被执行财产系错误登记为由提出异议，但第三人在被执行的财产被查封后 15 日内以法定方式主张其权利的，不在此限。”⑤

当然，法院执行被执行人占有的动产或登记在被执行人名下的不动产、特定动产及其他财产权时，真正权利人可以根据《民事诉讼法》第 227 条提起案外人异议之诉。案外人以不动产登记不实为由提出异议时，当事人之间就物权归属产生争议的，该实体权利归属的判断权归审判机构，就此异议，执行机构应该裁定予以驳回。执行机构针对登记在被执行人名下的不动产

① 该案为最高人民法院 2014 年 8 月 30 日公布的人民法院征收拆迁十大案例之一：叶某诉湖南省株洲市规划局、株洲市石峰区人民政府不履行拆除违法建筑法定职责案．

② 叶蓁．论民事强制执行中的财产调查权．环球法律评论，2011（1）．

③ 程啸．不动产登记簿之推定力．法学研究，2010（3）．

④ 肖建国．执行标的实体权属的判断标准：以案外人异议的审查为中心的研究．政法论坛，2010（3）．

⑤ 尹田，尹伊．论对未经登记及登记不实财产的强制执行．法律适用，2014（10）．

进行查封执行，符合物权法公示公信原则和执行机构的审查权限。案外人就登记在被执行人名下的不动产主张物权的，应该通过诉讼途径解决，执行机构不裁断当事人之间的实体权利争议。《民事诉讼法》第227条规定了案外人执行异议："执行过程中，案外人对执行标的提出书面异议的，人民法院应当自收到书面异议之日起十五日内审查，理由成立的，裁定中止对该标的的执行；理由不成立的，裁定驳回。案外人、当事人对裁定不服，认为原判决、裁定错误的，依照审判监督程序办理；与原判决、裁定无关的，可以自裁定送达之日起十五日内向人民法院提起诉讼。"该条中的"与原判决、裁定无关的，可以自裁定送达之日起十五日内向人民法院提起诉讼"指的就是案外人执行异议之诉。[①]《最高人民法院关于适用〈中华人民共和国民事诉讼法〉的解释》第311条规定："案外人或者申请执行人提起执行异议之诉的，案外人应当就其对执行标的享有足以排除强制执行的民事权益承担举证证明责任。"

二、不动产抵押权实现的特别程序和强制执行程序

《物权法》第195条规定："债务人不履行到期债务或者发生当事人约定的实现抵押权的情形，抵押权人可以与抵押人协议以抵押财产折价或者以拍卖、变卖该抵押财产所得的价款优先受偿。协议损害其他债权人利益的，其他债权人可以在知道或者应当知道撤销事由之日起一年内请求人民法院撤销该协议。""抵押权人与抵押人未就抵押权实现方式达成协议的，抵押权人可以请求人民法院拍卖、变卖抵押财产。""抵押财产折价或者变卖的，应当参照市场价格。"《民法典》第410条总体上坚持了该规定。

关于抵押权优先受偿权的具体实现方式，《物权法》第195条规定了当事人协议实现的方式（约定实现程序）以及请求人民法院直接强制执行实现的方式（法定实现程序）。

一方面，《物权法》第195条第1款第一句规定抵押权的约定实现，尊重了抵押人和抵押权人的意思自治，提高了交易的效率。《物权法》第195条第1款第二句实际上是配置了一个授权第三人规范，授予权益受到实现抵押权的协议侵害的其他债权人撤销权。

另一方面，《物权法》第195条第2款改变了《担保法》第53条第1款中关于"协议不成，抵押权人可以向人民法院提起诉讼"的规定，使抵押权人可以请求人民法院以裁定的方式直接实现抵押权，而无须通过诉讼程序、实体判决来实现，这就降低了抵押权的实现成本。与此相对应，2012年修正后的《民事诉讼法》第十五章"特别程序"中增加规定第七节"实现担保物权案件"，于第196条规定："申请实现担保物权，由担保物权人以及其他有权请求实现担保物权的人依照物权法等法律，向担保财产所在地或者担保物权登记地基层人民法院提出。"于第197条规定："人民法院受理申请后，经审查，符合法律规定的，裁定拍卖、变卖担保财产，当事人依据该裁定可以向人民法院申请执行；不符合法律规定的，裁定驳回申请，当事人可以向人民法院提起诉讼。"《最高人民法院关于适用〈中华人民共和国民事诉讼法〉的解释》第367规定："申请实现担保物权，应当提交下列材料：（一）申请书。申请书应当记明申请人、被申请人的姓名或者名称、联系方式等基本信息，具体的请求和事实、理由；（二）证明担保物权存在的材料，包括主合同、担保合同、抵押登记证明或者他项权利证书，权利质权的权利凭证或者质权出质登记证明等；（三）证明实现担保物权条件成就的材料；（四）担保财产现状的说明；（五）人民法院认为需要提交的其他材料。"

在抵押权法定实现程序中，人民法院审查的目的是作出裁定，这些不属于强制执行的内

① 张卫平．民事诉讼法．4版．北京：中国人民大学出版社，2019：429.

容，而是取得强制执行的依据，因此，立法上将其置于《民事诉讼法》之非讼“特别程序”中是合适的。“关于实现担保物权案件的审查问题。人民法院对于担保物权实现案件的审查，在性质上，属于‘形式审查’，主要审查担保物权实现的条件是否成就，包括担保物权是否有效成立、主债务履行期是否届满、担保物权的实现是否受到限制等。经审查后发现存在民事权益争议的，应驳回申请人的申请，并告知其向人民法院起诉。对于被申请人提出异议且提供证据证明的，人民法院应进行综合判断。如果被申请人仅笼统提出或表示异议，但未提供证据证明的，人民法院应驳回其异议，以防止被申请人滥用异议权。被申请人提出合理异议，经审查成立的，可驳回申请人的申请，并告知申请人通过诉讼程序予以解决。在审查中，人民法院认为确有必要进行听证的，可依职权启动听证程序，通知申请人、被申请人及相关利害关系人到庭接受询问。担保物权的实现程序属于特别程序，不适用调解，如果双方当事人在人民法院审查过程中自愿和解，可由申请人提出撤回申请，人民法院应予准许。”《最高人民法院关于适用〈中华人民共和国民事诉讼法〉的解释》第 371 条第 1 款规定：“人民法院应当就主合同的效力、期限、履行情况，担保物权是否有效设立、担保财产的范围、被担保的债权范围、被担保的债权是否已届清偿期等担保物权实现的条件，以及是否损害他人合法权益等内容进行审查。”据此，《物权法》第 195 条第 2 款所规定的抵押权法定实现程序并没有完全排除诉讼程序，只是诉讼程序并非抵押权法定实现中的必经程序。抵押权人请求人民法院拍卖、变卖抵押财产的程序，只出现在抵押权人与抵押人就抵押权的实现方式没有达成一致的情形。①

三、民事执行标的有限原则与被执行人的基本居住权益保障

《最高人民法院关于人民法院民事执行中查封、扣押、冻结财产的规定》第 5 条规定：“对于超过被执行人及其所扶养家属生活所必需的房屋和生活用品，人民法院根据申请执行人的申请，在保障被执行人及其所扶养家属最低生活标准所必需的居住房屋和普通生活必需品后，可予以执行。”该规定体现了被执行人基本生存权益高于申请执行人债权的利益衡量结论，是人道主义和人文关怀的要求，也是民事诉讼执行标的有限原则的具体表现。但不能机械地认为被执行人的“唯一住房”就是“最低生活标准所必需的居住房屋”，需要在申请执行人和被执行人之间进行进一步的利益衡量。

一方面，在民事强制执行领域，对被执行人财产的强制执行不得损及其人身权益及其他基本的生存权益。被执行人的人身权益及其他基本生存权益属于社会公共利益的范畴，不得被克减。这具体体现为“执行标的有限原则”：“首先是指执行的标的是债务人的财产，债务人人身不能作为强制执行的对象。在执行中，不得通过扣押债务人清偿债务，也不得要求债务人通过向债权人提供劳务的方法清偿债务。其次是指作为被执行对象的债务人的财产，也不是全部都可以执行，执行人员在对被执行人的财产采取措施时，应当保留被执行人及其扶养家属的生活必需费用和生活必需品。”“该原则是现代执行制度所确立的原则。实行该原则，既是人道主义的要求，也是社会公共利益之所在，否则，被执行人就会一贫如洗，成为社会救济的对象。”②为此，《最高人民法院关于人民法院民事执行中查封、扣押、冻结财产的规定》第 4 条规定：“对被执行人及其所扶养家属生活所必需的居住房屋，人民法院可以查封，但不得拍卖、变卖或者抵债。”

另一方面，对被执行人不能简单地将“唯一住房”等同于“最低生活标准所必需的居住房

① 程啸．论抵押权的实现程序．中外法学，2012 (6).

② 李浩．民事诉讼法学．北京：法律出版社，2011：475.

屋”，以防止其规避执行。不能将《最高人民法院关于人民法院民事执行中查封、扣押、冻结财产的规定》第 4 条理解为禁止执行被执行人的唯一住房，而是应该对该条和该司法解释第 7 条作体系解释和目的解释。该司法解释第 5 条关于保障“最低生活标准所必需的居住房屋”的规范目的在于保护被执行人的基本居住权和生存权，而不是保障其对房产的所有权，不能将其误读为“唯一住房不得执行”。就被执行人超出“最低生活标准所必需的居住房屋”的认定标准，“不能单纯以登记在被执行人名下的房屋数量为标准，应结合被执行人的居住情况、房屋面积、房屋价格等多种因素予以认定”①。对于被执行人超出“最低生活标准所必需的居住房屋”的“唯一住房”，可以按照“以大换小”的方式置换，或者在拍卖款中优先保留相应价款，由被执行人自行购买或租赁房屋，最终实现保障申请执行人的合法权益和被执行人的基本居住权益。② 至于究竟是通过“以大换小”的方式来置换房屋，还是通过拍卖房屋保留租房费用以保障被执行人“最低生活标准所必需的居住房屋”，司法实务中应该综合个案情况、运用比例原则，进行利益动态权衡、取舍与排序。《最高人民法院关于人民法院办理执行异议和复议案件若干问题的规定》第 20 条进一步明确：“金钱债权执行中，符合下列情形之一，被执行人以执行标的系本人及所扶养家属维持生活必需的居住房屋为由提出异议的，人民法院不予支持：（一）对被执行人有扶养义务的人名下有其他能够维持生活必需的居住房屋的；（二）执行依据生效后，被执行人为逃避债务转让其名下其他房屋的；（三）申请执行人按照当地廉租住房保障面积标准为被执行人及所扶养家属提供居住房屋，或者同意参照当地房屋租赁市场平均租金标准从该房屋的变价款中扣除五至八年租金的。”“执行依据确定被执行人交付居住的房屋，自执行通知送达之日起，已经给予三个月的宽限期，被执行人以该房屋系本人及所扶养家属维持生活的必需品为由提出异议的，人民法院不予支持。”

此外，民事执行遵循“法无授权皆禁止”的原则和审执分立的体制，民事执行的范围被限定在当事人起诉时的主张范围内，以符合“无请求无判决、无判决无执行”的诉讼法理念。已生效的法律文书只确定夫妻中的一方为债务人的，在案件执行程序中，不能依据原《最高人民法院关于适用〈中华人民共和国婚姻法〉若干问题的解释（二）》第 24 条等相关规定，直接追加另一方为被执行人，从而执行夫妻共同共有的房屋。该司法解释第 24 条“属于人民法院解决当事人民事争议确定民事责任所依据的裁判规则，不属于执行权的授权规定。执行程序中不能依据该规定追加夫妻中另一方为被执行人，应当告知债权人另行诉讼，可在取得针对被执行人配偶的执行依据后合并执行”③。

四、对于规避不动产强制执行行为的处理

针对被执行人通过出售或者赠与多余房产等方式逃避执行，使登记在其名下的房屋达到“最低生活标准所必需的居住房屋”的情形，可以参考、借鉴 2011 年 2 月 25 日讨论通过的《江苏省高级人民法院关于认定和处理规避执行行为若干问题的规定》。该规定指出：“规避执行行为是指在诉讼程序开始之前一年至执行程序终结之前，有履行能力的被执行人为逃避债务

① 程立．唯一住房执行中的两个问题．人民法院报，2013-06-19.

② 王建芳．老赖“唯一住房”也可执行．河南法制报，2012-07-27.

“2010 年 4 月 1 日，朱某驾驶机动车发生交通事故，致任某三级伤残。此案经法院审理并作出判决，朱某赔偿任某各项损失 450 000 元。判决作出后，朱某未履行给付义务，任某申请法院强制执行。执行过程中发现朱某有一套面积为 124 平方米的商品房，任某申请拍卖该商品房，而朱某主张该房系其唯一住房，一旦拍卖将导致其无家可归。”（韦翔龙．“唯一住房”可以执行．江苏法制报，2012-08-30.）

③ 杨傲多，等．不应直接追加债务人配偶为被执行人．法制日报，2015-02-12.

履行，采取故意转移财产或者为法院处分财产设置障碍并对申请执行人造成损害的行为。”“执行程序终结之前，申请执行人有证据证明被执行人和案外人存在规避执行行为时，可以向负责执行的人民法院提出认定该行为无效或撤销该行为的书面申请。”“申请执行人申请认定被执行人和案外人规避执行行为无效或撤销该行为的案件，由人民法院执行机构负责受理和审查。”“人民法院在执行过程中发现被执行人和案外人存在规避执行行为时，应及时通知申请执行人，告知其有权提出认定该行为无效或撤销该行为的书面申请。”

司法实务中还经常出现抵押人、债务人在不动产抵押财产上设定虚假租赁合同法律关系①，滥用“买卖不破租赁规则”以增加不动产强制执行的难度的情形。对此，有学者从立法论上主张设立不动产租赁登记对抗制度，在解释论上主张存在不动产租赁合同法律关系的案外人应该对支持其异议成立的事实承担证明责任。②《最高人民法院关于适用〈中华人民共和国民事诉讼法〉的解释》第311条也规定：“案外人或者申请执行人提起执行异议之诉的，案外人应当就其对执行标的享有足以排除强制执行的民事权益承担举证证明责任。”《民法典》第405条规定：“抵押权设立前，抵押财产已经出租并转移占有的，原租赁关系不受该抵押权的影响。”

本章思考题

1. 案例分析：

张某等834人与李某等43人均为A商厦的业主。该商厦共有业主1 344人，分别拥有商厦内1 344个商铺。2002年1月25日，A商厦正式开业经营。2004年10月24日，A商厦的业主召开首届代表大会，由每个楼层推选业主代表参加，并有公证机关现场监督。大会通过了“业主委员会章程”和“业主公约”（以下分别简称“章程”和“公约”）并按照法定程序进行了备案。“章程”第7条规定了业主投票权的计算规则：“票权分配按建筑面积计算，100平方米以上的每100平方米一票；100平方米以下的有房屋所有权证的每证一票。”“章程”第11条规定：“业主代表大会作出修改业主委员会章程、业主公约、业主代表大会议事规则，选聘、变更或解聘物业管理企业，专项维修资金使用和统筹方案的决定，分担业主委员会活动经费重大事项的，必须经全体业主所持投票权2/3以上表决通过。对一般事项的决定须经业主代表大会与会业主代表1/2以上通过。”第15条规定：“业主代表大会的职责：……决定选聘、解聘物业管理企业和经营管理企业……决定物业管理和经营管理诉讼的有关事宜。”第19条规定：“业委会应履行下列职责：……选聘物业管理企业与经营管理企业，并与物业管理企业和经营管理企业订立、变更物业管理聘用合同和经营管理委托合同……”第24条规定：“业委会表决经营管理有关事项，需由拥有本楼宇内所有房产权和经济利益相同的业委会委员商议通过后形成方案，提交业主代表大会表决通过。”

“公约”主要约定了商铺的物业及经营等问题。其第3条规定：“由业委会根据业主代表大会的授权，征求本楼宇内所有房产权和经济利益相同的业主意见，表决通过后以合同形式分楼宇所有权分别委托一个经营管理公司实施统一的专业化经营管理服务。业委会可以通过招标或其他方式选聘经营管理公司，并与业主代表大会选定的经营管理公司订立、变更或解除委托经营管理合同。选聘的经营管理公司有权对商场经营布局进行统一设计装修、统一布局、统一经

① 张曲与陈适、吴洋英民间借贷纠纷执行案//最高人民法院通报九起反规避执行典型案例．http://www.chinanews.com/fz/2011/07-05/3158747.shtml.

② 卢正敏．执行程序中的虚假租赁及其法律应对．中国法学，2013（4）.

营、统一管理、统一财务核算。选聘的经营管理公司不能改变本楼宇内原有的设计建设经营方案。”随后业委会按照“章程”和“公约”的规定向有投票权的业主发放了表决票 2 267 张（根据“章程”的规定，全体业主共享有投票权 2 267 票），业主可在表决票中选择是委托经营还是自主经营，如果逾期未返还表决票视为同意委托经营。在规定期限内业委会共收回 1 944 张表决票，其中赞成的 1 738 票，已经超过业主投票权数的 2/3。

2006 年 9 月 29 日，根据部分业主的提议，“章程”和“公约”得到了部分修改，在“章程”第 11 条后增加：“业主委员会可根据多数业主意见，授权经营企业对整体布局进行调整、招商。”“业主委员会设立监督组。对经营管理企业的招商、财务、现场管理等进行现场监督。”在“章程”第 24 条后增加：“业主委员会授权所聘经营管理企业对经营布局进行统一招商、统一布局、统一经营、统一管理、统一财务结算。”将“公约”第 3 条中的“选聘的经营管理公司不能改变本楼宇内原有的设计建设经营方案”改为“选聘的经营管理公司不能改变本楼宇内原有的设计建设方案”。有 946 个铺位的业主签名同意修改意见。

至 2005 年，商厦内部经营方式问题仍没有解决，依然存在部分业主自营。2006 年 11 月 23 日商厦曾经关门停业。2007 年 7 月 8 日，业委会与第三人（某经营服务有限公司）签订了“委托经营管理合同”。合同内容如下：甲方某业主委员会，乙方某经营服务有限公司，鉴于某商厦 1 344 个铺位业主中已有 1 188 个铺位业主与乙方签订了委托经营合同，占业主所持票权总数的 88.39%，超过了 2/3，根据“公约”第 3 条规定，甲乙双方签订本合同。(1) 甲方代表某商厦全体业主与乙方签订本“委托经营管理合同”。(2) 委托乙方经营管理的内容以及业主与乙方的权利义务按 1 188 户业主与乙方签订的“委托经营合同”执行…… (4) 根据“公约”和有关法律规定，甲方的权利仅限于代表全体业主签订本合同。

直到案件审理前，共有 1 190 个铺位的业主与该经营服务有限公司签订了“委托经营管理合同”，将自己的铺位统一交给对方经营管理。由于李某等 43 人不同意将自己的铺位交给第三人经营管理，张某等 834 人向法院起诉，请求确认“章程”和“公约”有效，并确认 2007 年 7 月 8 日业委会代表业主与第三人签订的“委托经营管理合同”有效。双方争议的焦点为“章程”“公约”是否有效、业委会代表业主与第三人签订的“委托经营管理合同”对李某等 43 人是否具有法律约束力。合议庭及审判委员会对此形成不同意见。①

请对本案中的当事人之间的权利义务关系进行分析。

2. 试论业主成员权、管理规约、决议行为和业主自治之间的关系。

3. 从房地产法角度评析在居民住宅楼内开餐馆、培训机构、公司等现象。

4. 2016 年 2 月 6 日，《中共中央、国务院关于进一步加强城市规划建设管理工作的若干意见》指出：“（十六）优化街区路网结构。加强街区的规划和建设，分梯级明确新建街区面积，推动发展开放便捷、尺度适宜、配套完善、邻里和谐的生活街区。新建住宅要推广街区制，原则上不再建设封闭住宅小区。已建成的住宅小区和单位大院要逐步打开，实现内部道路公共化，解决交通路网布局问题，促进土地节约利用……”

请从房地产法角度分析如何使街区制和开放住宅小区的重大改革于法有据。

5. 在打造共建共治共享的社会治理格局背景下，实证分析物业管理委员会的发展脉络和功能发挥。

6. 试论述产权式酒店中客房产权人对酒店客房的权利与业主的建筑物区分所有权之间的关系。

① 建筑物区分所有中业主权利行使笔谈．法学论坛，2011 (6).

7. 案例分析：

2020年4月21日一纸“涞水县野三坡景区管理委员会关于限期拆除山水醉违建别墅项目的告知书”要求业主3日内自行清除所有个人物品，让山水醉小区几十名业主瞬间失去了“安全感”。该小区业主李志刚（化名）向记者反映：“整个小区一期四十多套别墅，五证齐全，部分业主已经拿到了房本，并已入住。但至今也没有人跟我们谈过拆迁补偿事宜”。对此，野三坡景区管委会则表示：上述别墅不符合野三坡风景名胜区总体规划，违反河北省风景名胜区相关条例，所以属于违建别墅，要进行拆除，后续会有工作人员与业主联系处理。①

请关注该事件并分析其中的“违法建筑”问题。

① 张建．河北野三坡景区“五证”齐全别墅将被拆除？主管部门：当时合法，现在不符合规划．新京报，2020-04-22.

第四章 房地产相邻关系

第一节　房地产相邻关系概述

一、相邻关系的定义和法律性质

相邻关系是指相邻不动产权利人在行使不动产权利的过程中，因相邻各方应当给予必要的便利和接受必要的限制而发生的权利义务关系。民法相邻关系的规范目的是确保相邻不动产权利人之间的和睦关系，调和相邻不动产权利人因行使权利而发生的冲突，维护不动产相邻各方利益的平衡，达到物尽其用。

我国《物权法》将“相邻关系”置于第二编“所有权”中予以规定，并在第七章“相邻关系”的具体规定中将适用的主体范围界定为“不动产的相邻权利人”。实际上，这也就使相邻关系法律规范的适用及于不动产所有权人、不动产他物权人、依照合同约定对不动产的债权利用人如租赁权人等。[①]《民法典》坚持了对相邻关系的此种立法体例。

相邻关系的法律性质或者说民法对相邻关系的调和之道是对相邻不动产权利人的权利进行一定的扩张或者限制：从一方不动产权利扩张的角度，对应相邻权；从相对方不动产权利受限制的角度，派生其不作为义务甚至容忍义务[②]等。由此可见，相邻关系只是相邻不动产权利之间相互关系的法定安排。相邻关系中既有权利又有义务，相邻关系并不构成一项独立的物权。在相邻关系对一方所有权的限制层面看，相邻关系也仅是出于正常生产或生活的需要而由法律对所有权的利用所作的必要的最低限度限制。若要从物权角度扩大对不动产利用的调节，提高不动产的效益，则可通过设定地役权等方式来实现。此时，不以客观上的必要的最低限度需要

---

① 苏永钦．民法相邻关系规定可否类推适用于非物权人？．苏永钦．民法物权争议问题研究．北京：清华大学出版社，2004：90-106.

② 容忍义务不完全等同于不作为义务，容忍义务不仅仅是一个不作为义务，承担容忍义务之人不仅有义务不实施某种特定的行为，其还有义务不对权利人进行阻止。Karl Larenz，Manfred Wolf. Allgemeiner Teil des Bürgerlichen Rechts，C. H. Beck，München，2004：S. 234. 王雷．论容忍义务在我国民法典中的体系位置．河南财经政法大学学报，2017（1）.

或者说必要便利为限，即使如眺望[①]等精神上或感情上利益的满足，也可以通过约定地役权的方式来实现。地役权既可以实现对相邻关系的补充、扩张，也可以实现对相邻关系的限制、排除。

二、相邻关系的规范性质

我国《民法通则》第 83 条、原《最高人民法院关于贯彻执行〈中华人民共和国民法通则〉若干问题的意见（试行）》[以下简称《民法通则意见（试行）》] 第 97 条至第 103 条、《物权法》第 84 条至第 92 条、《民法典》第 288 条至第 296 条对相邻关系作了集中规定。这些条文规定多使用“应当”“不得”等语言表述，如何透过这些语言表述的形式发现相邻关系法律规范的性质非常关键，它直接关系到相邻不动产权利人能否基于私法自治原则对相邻关系法律规定进行约定排除或改变等再调整。

我国台湾地区民法学者在“袋地通行权能否预先抛弃”判例之后展开了对民法相邻关系规定之法律性质的检讨。[②] 民事法律规范的性质主要由民事法律规范所调整的利益关系类型所决定，“因为民事法律规范的核心任务就是协调利益关系，立法者总是要根据利益关系类型的不同，设置相应的法律规范”[③]。相邻关系法律规范所调整的主要是相邻不动产权利人之间的利益，虽涉及物尽其用之公共利益，但多属间接[④]，应容留当事人私法自治的空间，自行调整其权利义务关系，较诸将其权利义务关系强行化，更能充分发挥不动产的经济效用，以促进物尽其用的社会整体利益。[⑤] 因此，从任意性规范和强行性规范分类的角度，可以说民法相邻关系法律规范主要为任意性规范[⑥]而非强行性规范。至于当事人通过约定对相邻关系进行再调整的效力，既可以表现为地役权，也可以表现为安定性较弱的单纯的债权约定。

也有学者主张物权法中的相邻关系规范不涉及对民事法律行为的效力评价，而是在非交易关系背景下为裁判者提供相邻关系纠纷处理依据，因此，相邻关系规范仅属于简单规范，不必将之涵括于交易关系背景下服务于民事法律行为效力评价的强制性规范或者任意性规范；而且，从裁判规范角度看，相邻关系规范也属于不完全法条，尚需结合《物权法》第三章“物权

---

① 王利明．物权法研究：上卷．2 版．北京：中国人民大学出版社，2007：659－661．谢在全．民法物权论：中册．修订 5 版．北京：中国政法大学出版社，2011：503．另外，根据《最高人民法院关于审理商品房买卖合同纠纷案件适用法律若干问题的解释》第 3 条的规定，若出卖人在商品房销售过程中就眺望等对房屋价格的确定有重大影响的事项作具体说明或允诺，则应该视为要约，出卖人违反的，应该承担违约责任。

② 苏永钦．法定相邻权可否预先排除？//苏永钦．民法物权争议问题研究．北京：清华大学出版社，2004：107－121.

③ 王轶．对中国民法学学术路向的初步思考——过分侧重制度性研究的缺陷及其克服//王轶．民法原理与民法学方法．北京：法律出版社，2009：18.

④ 我国大陆民法学界对相邻关系的规范性质持强行性规范说之学者多以“不动产相邻关系的规范目的，不仅在于对相邻不动产权利人之间的利害关系作衡平调整，而且还反映了促进物之利用的社会整体利益”为由进行论证。这就忽略了公共利益的直接相关性要求。梁慧星，陈华彬．物权法．5 版．北京：法律出版社，2010：198.

⑤ 王泽鉴．民法物权．北京：北京大学出版社，2009：145．苏永钦．法定相邻权可否预先排除？//苏永钦．民法物权争议问题研究．北京：清华大学出版社，2004：107－121.

⑥ 有学者主张相邻关系规范属于物权调整规范，基于物权法定原则，权利人对此类物权调整规范所派生的相邻权不得抛弃，不能自始排除其发生，但当然可以约定不行使，并将其与任意性规范相区分。本书作者认为实际上这仅涉及任意性规范在物权法领域中的程度限定问题，仅属纯粹民法学上对概念的解释选择问题。苏永钦．法定相邻权可否预先排除？//苏永钦．民法物权争议问题研究．北京：清华大学出版社，2004：107－121.

的保护”等规定以构成完整的裁判规范。①

第二节 房地产相邻关系的类型

一、《物权法》《民法典》所规定的房地产相邻关系的具体类型

“相邻关系”是一个抽象、不确定的法律概念，生活事实中的相邻关系形态复杂多样。“当抽象——一般概念及其逻辑体系不足以掌握某生活现象或意义脉络的多样表现形态时，大家首先会想到的补助思考形式是‘类型’。”“类型几乎处于个别直观及具体的掌握与‘抽象概念’两者之间；它比概念更具体。”② 民法采取类型化的立法技术将生活事实中复杂多样的不动产相邻关系上升为类型化的法律事实。我国现行法将相邻关系类型化如下：

第一，用水和排水的相邻关系。根据《物权法》第 86 条第 2 款第一句、《民法典》第 290 条第 2 款第一句和原《民法通则意见（试行）》第 98 条的规定，相邻一方对自然流水不能擅自堵截或者独占，其对自然流水的用水权应以不妨害他人使用为限度，对自然流水在相邻关系权利人之间的合理使用分配不以高低地之关系为限。根据《物权法》第 86 条第 2 款第二句、《民法典》第 290 条第 2 款第二句和原《民法通则意见（试行）》第 99 条的规定，对自然流水的排放，应当尊重自然流向。此时，相邻权利人对自然流水的排放具有承受义务。不动产权利人因为人工排水，原则上无使用相邻不动产的权利。若不动产权利人设置屋檐、工作物或其他设备，使雨水或其他液体滴于或直注于相邻不动产，则其此类行为构成原《民法通则意见（试行）》第 102 条规定的过错。若不动产权利人无其他合理措施排水而必须使用相邻不动产进行人工排水的，据原《民法通则意见（试行）》第 99 条的规定，应当予以准许，但应当采取对相邻不动产最小损害的方式进行并对由此造成的损失承担合理的补偿。

第二，邻地或邻房使用的相邻关系。根据《物权法》第 87 条、《民法典》第 291 条、原《民法通则意见（试行）》第 100 条和第 101 条的规定，不动产权利人因通行等而必须利用邻地或者历史形成的必经通道的，应当予以准许，邻地权利人此时承担容忍通行义务。根据《物权法》第 88 条、《民法典》第 292 条的规定，因建筑物建造、修缮而必须利用相邻土地或建筑物的，应予准许（此为营缮的相邻关系）；因管线安设而必须利用相邻土地或建筑物的，应予准许（此为管线安设的相邻关系）。

第三，通风、采光和日照的相邻关系。根据《物权法》第 89 条、《民法典》第 293 条的规定，建造建筑物，不得违反国家有关工程建设标准，妨碍相邻建筑物的通风、采光和日照。如果建筑物的建造不违反国家有关工程建设标准，但客观上仍妨碍了相邻建筑物的通风、采光或日照等固有权利，也应当认定为违反了相邻关系的有关内容。③

第四，不可量物侵入的相邻关系。根据《物权法》第 90 条、《民法典》第 294 条的规定，不动产权利人不得违反国家规定弃置固体废物，排放大气污染物、水污染物、噪声、光、电磁辐射等有害物质至相邻不动产。当然，此时是否违反不可量物侵入的相邻关系规范，仍取决于所排放有害物质之侵入是否超出社会一般观念所确定的相邻不动产权利人的忍受义务限度。

---

① 王轶．合同法中的强制性规定．浙江大学光华法学院学术报告，2013－10－18．

② 卡尔·拉伦茨．法学方法论．陈爱娥，译．北京：商务印书馆，2003：337，338．

③ 王利明．物权法研究：上卷．2 版．北京：中国人民大学出版社，2007：658－659．

第五，相邻不动产妨害防免的相邻关系，根据《物权法》第 91 条、《民法典》第 295 条、原《民法通则意见（试行）》第 97 条和第 103 条的规定，不动产权利人在从事挖掘土地、建造建筑物、铺设管线、种植竹木等行为时，不得危及相邻不动产的安全和正常使用。

二、建筑物采光权、日照权纠纷相关案件的法律适用

《民法典》第 293 条规定："建造建筑物，不得违反国家有关工程建设标准，妨碍相邻建筑物的通风、采光和日照。"该条包含对相邻建筑物采光权的规定。采光权司法实践中主要涉及如下重要问题：

第一，相邻不动产权利人可以达成采光权协议，变更或者排除该条规定的适用，形成地役权。不过，此种采光权协议所派生的地役权未经登记不得对抗善意第三人，采光权协议本身也受合同相对性原理的限制。

第二，"关于采光权案件的处理，审判实践中主要的分歧是，如果妨碍采光权的建筑物没有违反国家规定的有关工程建设标准，但确实妨碍了邻居的采光权，妨碍方是否承担责任？……采光权属于物权，根据物权请求权的原理，受害人只需证明自己的采光权受到损害，其损害是妨碍方的建筑物造成的就可以了。与侵权请求权不同的是，受害人不需要就妨碍人的过错和违法性举证……如果妨碍了他人的采光权，即使该建筑物经过了政府批准，那么政府的批准也是不符合法律规定的……对这类案件的处理也要注意不要浪费社会财富。如果修建建筑物的时候，邻居没有提出停止修建，建筑物完工后，确实构成对邻居采光权的妨碍，那么受害人一般也只能请求损害赔偿，而不能请求将已经完工的建筑物拆除。不过如果建筑物价值较小，与保护受害人的采光权相比，拆除建筑物更能保护受害人的采光权的，如果受害人较多的，也可以采用拆除的方式，而不采用损害赔偿的方式。"① 在采光权的具体保护标准上，究竟是采取国家有关工程建设标准确定的最低标准、被侵权人原有采光标准还是建设规划行政许可设定的标准？本书作者认为，鉴于相邻关系法律规定对不动产权利最低限制或者扩张的立法目的，应该采取"国家有关工程建设标准确定的最低标准"，其他标准与该标准不相符合时，以"国家有关工程建设标准确定的最低标准"为准。

在南京第一高楼日照权纠纷案中，"紫峰大厦"的建设，使原告所居住房屋的日照时间明显减少，且低于《城市居住区规划设计规范》中的国家标准，因被告南京国资绿地建设的"紫峰大厦"侵害了原告的家庭日照权，法院判决被告一次性补偿原告 10 万元。

建造建筑物违反国家有关日照时间标准和建筑物间距标准，妨碍相邻建筑物的通风、采光和日照的，构成通风、采光、日照妨害。反之，未违反上述标准但影响相邻建筑物采光、日照的，只要相邻建筑物的通风、采光、日照未低于《城市居住区规划设计规范》规定的标准，就不构成通风、采光和日照妨害。即使由此给相邻方造成了损失，使相邻的建筑物采光低于其原来的标准，但只要未低于法定标准，相邻方就无权获赔。②

第三，就采光权损害赔偿责任的具体承担，《物权法》第 92 条规定："不动产权利人因用水、排水、通行、铺设管线等利用相邻不动产的，应当尽量避免对相邻的不动产权利人造成损害；造成损害的，应当给予赔偿。"《民法典》第 296 条规定："不动产权利人因用水、排水、通行、铺设管线等利用相邻不动产的，应当尽量避免对相邻的不动产权利人造成损害。"在采光

---

① 杨永清．《物权法》分则与民事审判．法律适用，2007（8）．

② 崔佳明，李自庆．"南京第一高楼"侵犯日照权案终审 原告获 10 万补偿．（2016－03－01）．中国新闻网，http：//news. xinhuanet. com/local/2016－03/17/c _ 128809189. htm.

权损害赔偿金给付问题上，究竟采取定期金给付方式还是一次性给付方式？本书作者认为，应该优先选择一次性赔偿方式，类推《最高人民法院关于审理人身损害赔偿案件适用法律若干问题的解释》第20条的规定："赔偿义务人请求以定期金方式给付残疾赔偿金、辅助器具费的，应当提供相应的担保。人民法院可以根据赔偿义务人的给付能力和提供担保的情况，确定以定期金方式给付相关费用。但是，一审法庭辩论终结前已经发生的费用、死亡赔偿金以及精神损害抚慰金，应当一次性给付。"可见，司法实践对赔偿金给付方式也是采取以一次性给付为原则，以定期金给付为例外的做法，因定期金给付给受害人带来的不便和不确定性更大。

三、建筑物噪声污染等不可量物侵害纠纷案件的法律适用

《民法典》第294条规定："不动产权利人不得违反国家规定弃置固体废物，排放大气污染物、水污染物、噪声、光、电磁辐射等有害物质。"该条所规定的相邻不动产使用中的不可量物侵权处理规则，是涉及环境法、侵权责任法与物权法的交叉问题，派生出不动产权利人的"环境保护相邻权"[①]。

首先，就该条的调整范围，从环境保护相邻权制度的规制目的来看，《物权法》第90条、《民法典》第294条所调整的相邻关系不局限于传统意义上的相互"直接毗邻"，而是具有更为广泛的含义，从而扩大了环境保护相邻权的适用范围。当然，对《物权法》第90条、《民法典》第294条的适用范围也不应作无限制的扩张，宜限定在地理上较为接近、社会生活中具有较密切联系的不动产的相邻关系，至于那些不是发生在上述范围之内的对环境保护相邻权的侵害，应该由其他法律如《环境保护法》或《侵权责任法》调整。[②]

其次，关于不可量物侵害与相邻不动产权利人的容忍义务（Duldungspflicht）之间的关系，不可量物的排放超出社会一般观念所确定的相邻不动产权利人的忍受义务限度，就会构成侵权责任，而非简单判断行为人对不可量物的排放是否"违反国家规定"[③]。"我们事实上总是处在一种权利相互性的境地。"[④] 德国学者考夫曼也指出，宽容原则应该成为多元风险社会的法律哲学。[⑤] 在判断不可量物侵权责任构成的过程中，要根据社会一般观念，在相邻不动产权利人之间进行利益衡量，即权衡一方的适当容忍义务和对方不得滥用权利之间的动态边界。如在噪声污染侵权纠纷案件中，法院认为，《环境噪声污染防治法》第2条第2款规定，环境噪声污染是指所产生的环境噪声超过国家规定的环境噪声排放标准，并干扰他人正常生活、工作和学习的现象。与一般环境侵权适用无过错责任原则不同，环境噪声侵权行为须具有超过国家规定的噪声排放标准的违法性，其实施者才承担噪声污染侵权责任。因此，是否超过国家规定的环境噪声排放标准，是判断排放行为是否构成噪声污染侵权的依据。如此，方有利于指引公众在依法保障其合法权益的同时，承担一定范围和限度内的容忍义务，衡平各方利益，促进邻里和睦，共同提升生活质量。[⑥]

最后，不可量物致人损害的侵权责任适用严格责任归责原则，不以行为人是否存在过错为要件。这是由不可量物侵权属于环境污染侵权的具体类型所决定的。

---

① 吕忠梅．关于物权法的"绿色"思考．中国法学，2000（5）.

② 焦富民．环境保护相邻权制度之体系解释与司法适用．法学，2013（11）.

③ 陆耀东诉永达公司环境污染损害赔偿纠纷案．最高人民法院公报，2005（5）.

④ 苏力．"秋菊打官司"案、邱氏鼠药案和言论自由．法学研究，1996（3）.

⑤ 阿图尔·考夫曼．法律哲学．刘幸义，译．北京：法律出版社，2004：第二十章．

⑥ 沈海俊诉机械工业第一设计研究院噪声污染责任纠纷案．http：//www.court.gov.cn/zixun-xiangqing-16396.html.

案例：袁某诉广州嘉富房地产发展有限公司噪声污染责任纠纷案

袁某购买了广州嘉富房地产发展有限公司（以下简称嘉富公司）开发的商品房。2014 年 2 月，袁某委托中国科学院广州化学研究所测试分析中心对其居住的房屋进行环境质量监测。该中心作出的环境监测报告显示袁某的卧室夜间的噪声值超过了《民用建筑隔声设计规范》（GB 50118—2010）规定的噪声最高限值标准。袁某认为，住宅电梯临近其房屋，电梯设备直接设置在与其住房客厅共用墙之上，且未作任何隔音处理，致使电梯存在噪声污染。袁某向法院提起诉讼，要求判令嘉富公司承担侵权责任。袁某对存在噪声污染的侵权行为以及该噪声超标这一侵权损害结果完成了举证责任。法院认为：袁某购买的房屋经监测，噪声值超过国家规定标准，构成了噪声污染。虽然嘉富公司在电梯的设计、建筑、安装、验收方面都是达标的，但是，这只能说明电梯安装符合规定，不能说明其电梯的噪音是达标的。根据《侵权责任法》第 66 条的规定，嘉富公司提供的证据不足以证明其对涉案房屋超标噪声不承担责任或者存在减轻责任的情形。因此，法院判决嘉富公司承担环境污染侵权责任。①

建筑物噪声污染等不可量物侵害纠纷还有可能存在于房屋买卖合同纠纷案件中，如在苏某诉官房公司商品房买卖合同纠纷案中，法院认为：参照《国家标准民用建筑隔声设计规范》的规定，开发商在进行建设设计前，应对环境及建筑物内外的噪声源作详细的调查与测定，并应对建筑物的防噪间距、朝向及平面布置等作综合考虑，在进行上述设计后仍不能达到室内安静要求时，应采取建筑构造上的防噪措施。开发商在开发建设房屋时，立交桥已通车，有关建楼规划手续虽符合当时规定，但并不能免除其对开发的商品房受到噪声污染进行进一步治理的责任。除房屋与道路的间距外，开发商若在楼房设计、房屋朝向、防噪设备上均采取相应的措施，且对所售房屋防噪事宜没有其他约定义务，则属于已经履行了相关的法定义务。购房人主张所购房屋部分房间噪声超标的瑕疵，可通过进一步采取措施加以补救。开发商在履约过程中不存在根本性违约，合同解除的条件未成就，双方当事人签订的商品房买卖合同不应解除。②

第三节　房地产相邻关系的处理原则

根据《物权法》第 84 条、《民法典》第 288 条的规定，在对具体类型的不动产相邻关系处理过程中，应当依据有利于生产、方便生活、团结互助、公平合理的原则进行。《物权法》第 86 条至第 91 条、《民法典》第 290 条至第 295 条对前述处理原则分类型予以具体规则上的落实，当不动产权利人违反前述原则或规则给相邻不动产权利人造成损害时，应当根据《民法典》侵权责任编的相关规定承担损害赔偿等民事责任。当然，民事法律对现实生活中的相邻关

① 袁某诉广州嘉富房地产发展有限公司噪声污染责任纠纷案，广东省广州市中级人民法院（2015）穗中法民一终字第 5108 号民事判决书．http：//www. court. gov. cn/zixun-xiangqing-16396. html.

② 苏某诉官房公司商品房买卖合同纠纷案，云南省昆明市中级人民法院（2004）昆民一初字第 10 号民事判决书，云南省高级人民法院（2004）云高民一终字第 84 号民事判决书。

原《最高人民法院关于审理商品房买卖合同纠纷案件适用法律若干问题的解释》第 12 条规定："因房屋主体结构质量不合格不能交付使用，或者房屋交付使用后，房屋主体结构质量经核验确属不合格，买受人请求解除合同和赔偿损失的，应予支持。"第 13 条规定："因房屋质量问题严重影响正常居住使用，买受人请求解除合同和赔偿损失的，应予支持。""交付使用的房屋存在质量问题，在保修期内，出卖人应当承担修复责任；出卖人拒绝修复或者在合理期限内拖延修复的，买受人可以自行或者委托他人修复。修复费用及修复期间造成的其他损失由出卖人承担。"

系仅择其要者予以规定，对于法律、法规没有规定的其他相邻关系具体纠纷，根据《物权法》第 85 条、《民法典》第 289 条的规定，可以按照当地生活习惯来处理。①

案例：楼上住户买了相邻的两套房子，然后把其中一套房子的厨房改成了卫生间，楼下住户一想到自己的厨房顶着个马桶就无比闹心。《住宅设计规范》（GB 50096—2011）第 5.4.4 条要求："卫生间不应直接布置在下层住户的卧室、起居室（厅）、厨房和餐厅的上层。"据此，法院认为，楼上住户擅自将作为厨房功能使用的房间改建成的卫生间的行为既有悖于公序良俗，也给楼下住户的生活和心理造成了实质影响，应当将由厨房改建成的卫生间内的抽水马桶和排污管道拆除。②

总体上，不动产的相邻权利人应该"坚持与邻为善、以邻为伴，巩固睦邻友好"，不得滥用民事权利，努力使自己对不动产的利用至少不损害不动产的相邻权利人，更充分发挥相邻不动产的效用。

本章思考题

1. 论述不动产相邻关系法律规范的法律性质。
2. 论述地役权制度对相邻关系的可能影响。

① 2015 年 7 月 24 日，本书作者参加南阳市卧龙区光武街道刘庄社区法律咨询服务调研座谈会，在这次座谈会上了解到：在南阳市部分农村和村改居社区，随着城乡建设规划的完善，相邻关系纠纷的数量存在一定的下降趋势。

② 朱某与罗某排除妨害纠纷案，浙江省宁波市中级人民法院（2015）浙甬民一终字第 723 号民事判决书//马涛，贺磊．楼上厨房被改成了卫生间 楼下业主很窝火．宁波晚报，2015-12-02.

第三部分

房地产开发建设法律制度

第五章

城市房地产开发与建设用地使用权

第一节　城市房地产开发概述

城市房地产开发是指在依法取得建设用地使用权的国有土地上进行房屋等建筑物、构筑物建设的行为。《城市房地产管理法》第 2 条第 3 款规定：“本法所称房地产开发，是指在依据本法取得国有土地使用权的土地上进行基础设施、房屋建设的行为。”按照房地产开发的目的，可以将其区分为自用性开发和经营性开发。“在房地产法上，通常所称的房地产开发是指经营性开发。”①

房地产开发主要有以下法律特征。

第一，房地产开发的客体具有特殊性。

城市房地产开发是在取得国有土地使用权的土地上进行。进行利用集体建设用地建设租赁住房试点改革，逐渐完善集体租赁住房建设和运营机制，有利于构建租购并举的住房体系，为构建城乡统一的建设用地市场提供支撑。② 国土资源部、住房城乡建设部《利用集体建设用地建设租赁住房试点方案》确定，“为增加租赁住房供应，缓解住房供需矛盾，构建购租并举的住房体系，建立健全房地产平稳健康发展长效机制”，在试点城市“开展利用集体建设用地建设租赁住房试点”。需要注意的是，土地用途管制制度是最严格土地管理制度的核心，利用集体建设用地建设租赁住房试点是在经审批并符合规划的集体建设用地上建设租赁住房，而不是在农用地上进行房地产开发。2019 年修正后的《土地管理法》第 53 条规定：“经批准的建设项目需要使用国有建设用地的，建设单位应当持法律、行政法规规定的有关文件，向有批准权的县级以上人民政府自然资源主管部门提出建设用地申请，经自然资源主管部门审查，报本级人民政府批准。”第 61 条规定：“乡（镇）村公共设施、公益事业建设，需要使用土地的，经乡（镇）人民政府审核，向县级以上地方人民政府自然资源主管部门提出申请，按照省、自治区、直辖市规定的批准权限，由县级以上地方人民政府批准；其中，涉及占用农用地的，依照本法第四十四条的规定办理审批手续。”该法第 35 条、第 44 条、第 46 条等还规定了严格的农用地转用建设用地审批手续。可见，房地产开发的主体具有扩大的趋势。

在进行利用集体建设用地建设租赁住房试点之前，“在我国，房地产开发用地只能是国有土地，只有在国有土地上取得建设用地使用权以后，才可以进行房地产开发。集体所有土地不

---

① 房绍坤．房地产法．4 版．北京：北京大学出版社，2011：80.

② 2020 年 5 月 11 日《中共中央、国务院关于新时代加快完善社会主义市场经济体制的意见》要求“加快建立多主体供给、多渠道保障、租购并举的住房制度，改革住房公积金制度”。

能直接用于房地产开发，只有在征收转为国有土地以后才能进行房地产开发活动”①。2004 年修正后的《土地管理法》第 43 条规定：“任何单位和个人进行建设，需要使用土地的，必须依法申请使用国有土地；但是，兴办乡镇企业和村民建设住宅经依法批准使用本集体经济组织农民集体所有的土地的，或者乡（镇）村公共设施和公益事业建设经依法批准使用农民集体所有的土地的除外。”“前款所称依法申请使用的国有土地包括国家所有的土地和国家征用的原属于农民集体所有的土地。”② 第 31 条第 2 款规定：“国家实行占用耕地补偿制度。非农业建设经批准占用耕地的，按照‘占多少，垦多少’的原则，由占用耕地的单位负责开垦与所占用耕地的数量和质量相当的耕地；没有条件开垦或者开垦的耕地不符合要求的，应当按照省、自治权、直辖市的规定缴纳耕地开垦费，专款用于开垦新的耕地。”③ 如此一来，国家就垄断了土地一级市场，并通过收取建设用地使用权出让金的方式来获取土地的增值利益。此种土地利用管制制度也是建立在国家土地所有权的基础之上的。④

第二，城市房地产开发过程中必须严格执行城市规划。

城乡土地用途管制和规划管制成为国家对土地开发利用的重要干预手段，也是最严格土地管理制度的核心内容。《城市房地产管理法》第 10 条规定：“土地使用权出让，必须符合土地利用总体规划、城市规划和年度建设用地计划。”第 25 条规定：“房地产开发必须严格执行城市规划，按照经济效益、社会效益、环境效益相统一的原则，实行全面规划、合理布局、综合开发、配套建设。”《城乡规划法》又作了进一步具体规定，如该法第 38 条第 2 款规定：“以出让方式取得国有土地使用权的建设项目，建设单位在取得建设项目的批准、核准、备案文件和签订国有土地使用权出让合同后，向城市、县人民政府城乡规划主管部门领取建设用地规划许可证。”第 40 条第 1 款规定：“在城市、镇规划区内进行建筑物、构筑物、道路、管线和其他工程建设的，建设单位或者个人应当向城市、县人民政府城乡规划主管部门或者省、自治区、直辖市人民政府确定的镇人民政府申请办理建设工程规划许可证。”

符合城市规划，也成为开发企业初始取得房地产物权的必备条件。《不动产登记暂行条例实施细则》第 45 条规定：“申请集体建设用地使用权及建筑物、构筑物所有权首次登记的，申请人应当根据不同情况，提交下列材料：（一）有批准权的人民政府批准用地的文件等土地权属来源材料；（二）建设工程符合规划的材料；（三）权籍调查表、宗地图、房屋平面图以及宗地界址点坐标等有关不动产界址、面积等材料；（四）建设工程已竣工的材料；（五）其他必要材料。”“集体建设用地使用权首次登记完成后，申请人申请建筑物、构筑物所有权首次登记的，应当提交享有集体建设用地使用权的不动产权属证书。”《民法典》第 348 条第 2 款第 4 项规定建设用地使用权出让合同一般包括的条款中有“规划条件”。

第三，房地产开发经营活动具有综合性和高风险性。

“一个房地产开发项目通常要经过立项、可行性研究、取得建设用地使用权、开发建设和经营销售五大环节，每一个环节的实现都需要时间和资金，这些投入只有在房地产售出后才能收回。在资金回收期间，社会需求的变化，市场行情的变化，国家法律政策的变化，以及不可

① 房绍坤．房地产法．4 版．北京：北京大学出版社，2011：58.

② 该条在 2019 年《土地管理法》修正时被删去。

③ 可见，非农建设经批准占用耕地的，由占用耕地的单位履行占补平衡的法定义务。耕地占补平衡制度是严格保护耕地的法定内容。

④ 有学者认为城市国家土地所有权制度是历史演化而来的，依次经历了马克思的级差地租理论、孙中山的平均地权理论和毛泽东的统一的国家地权理论。孙宪忠．论城市房屋拆迁中的物权问题//徐昕．北理法学：第 2 辑．北京：法律出版社，2012：25－28.

抗力等因素都会对房地产产业产生巨大影响，这也给房地产业的经营带来巨大的风险。”①

第四，房地产开发行为具有商事营利性。

房地产开发企业从事房地产经营性开发的目的在于将开发建设的房地产作为商品交易以获取利润回报，而非将其作为自用性的生产资料或者生活资料。《城市房地产管理法》第30条第1款前段规定：“房地产开发企业是以营利为目的，从事房地产开发和经营的企业。”

司法实践中还存在合作开发城市房地产的做法。《城市房地产管理法》第28条规定：“依法取得的土地使用权，可以依照本法和有关法律、行政法规的规定，作价入股，合资、合作开发经营房地产。”《最高人民法院关于审理涉及国有土地使用权合同纠纷案件适用法律问题的解释》第12条规定：“本解释所称的合作开发房地产合同，是指当事人订立的以提供出让土地使用权、资金等作为共同投资，共享利润、共担风险合作开发房地产为基本内容的合同。”在合作开发房地产实践中常常会发生对合作开发房地产合同的性质识别问题，如果在合作开发房地产的过程中，当事人约定一方只投资出地或者只投资出钱而不承担经营风险，则不属于合作开发房地产法律关系，而应当依照具体情况分别确定其法律关系。司法解释对此都作了较为系统的规定。前述司法解释第21条规定：“合作开发房地产合同约定提供土地使用权的当事人不承担经营风险，只收取固定利益的，应当认定为土地使用权转让合同。”第22条规定：“合作开发房地产合同约定提供资金的当事人不承担经营风险，只分配固定数量房屋的，应当认定为房屋买卖合同。”第23条规定：“合作开发房地产合同约定提供资金的当事人不承担经营风险，只收取固定数额货币的，应当认定为借款合同。”第24条规定：“合作开发房地产合同约定提供资金的当事人不承担经营风险，只以租赁或者其他形式使用房屋的，应当认定为房屋租赁合同。”

第二节　城市房地产开发中的建设用地使用权

城市房地产开发是在取得建设用地使用权的国有土地上进行的。根据《物权法》第135条和第151条、《民法典》第344条和第361条的规定，建设用地使用权是指权利人以建造建筑物、构筑物及其附属设施为目的，依法在国家所有或者集体所有的土地上享有的占有、使用和收益的权利。我国《物权法》首次使用“建设用地使用权”的概念，而没有采纳国有土地使用权、土地使用权、基地使用权或者地上权等概念。

建设用地使用权的法律特征有：第一，建设用地使用权的客体是国家所有或者集体所有的土地。《土地管理法》第4条第2款中规定，“建设用地是指建造建筑物、构筑物的土地，包括城乡住宅和公共设施用地、工矿用地、交通水利设施用地、旅游用地、军事设施用地等”②。根据《物权法》第136条、《民法典》第345条的规定，建设用地使用权可以在土地的地表、地上或者地下分别设立。可见，建设用地使用权人所支配的客体范围可以包括地上或者地下空间。有学者进一步认为，地上或者地下空间所形成的空间权还可以与建设用地使用权相分

① 房绍坤．房地产法．4版．北京：北京大学出版社，2011：58.

② 2005年10月1日起施行的《广东省集体建设用地使用权流转管理办法》第8条规定，下列建设项目可以使用集体建设用地：(1) 兴办各类工商企业，包括国有、集体、私营企业，个体工商户，外资投资企业（包括中外合资、中外合作、外商独资企业、“三来一补”企业），股份制企业，联营企业等；(2) 兴办公共设施和公益事业；(3) 兴建农村村民住宅。

离。[①] 第二，建设用地使用权的设立目的是建造建筑物、构筑物及其附属设施并保有其所有权。根据《物权法》第142条、《民法典》第352条的规定，建设用地使用权人建造的建筑物、构筑物及其附属设施的所有权属于建设用地使用权人，但有相反证据证明的除外。[②] 这就与土地承包经营权人在承包地上从事种植业、林业、畜牧业等农业生产并保有其收益不同。第三，建设用地使用权是有期限的物权。这涉及民事主体的个人利益与国家利益之间的关系。《城市房地产管理法》第3条、第14条规定了土地使用权的有偿和有期限使用制度，第22条则规定了以出让方式取得的土地使用权的续期制度："土地使用权出让合同约定的使用年限届满，土地使用者需要继续使用土地的，应当至迟于届满前一年申请续期，除根据社会公共利益需要收回该幅土地的，应当予以批准。经批准准予续期的，应当重新签订土地使用权出让合同，依照规定支付土地使用权出让金。""土地使用权出让合同约定的使用年限届满，土地使用者未申请续期或者虽申请续期但依照前款规定未获批准的，土地使用权由国家无偿收回。"《城镇国有土地使用权出让和转让暂行条例》第12条对不同用途的土地使用权的最高年限分别作了规定。根据《物权法》第149条的规定，住宅建设用地使用权期限届满的，自动续期。非住宅建设用地使用权期限届满后的续期，依照法律规定办理。该土地上的房屋及其他不动产的归属，有约定的，按照约定；没有约定或者约定不明确的，依照法律、行政法规的规定办理。这体现了"国不与民争利"的原则，妥善协调了"房""地"关系，避免房屋成为"空中楼阁"，改变了《城镇国有土地使用权出让和转让暂行条例》第40条和第41条的规定[③]，让房屋尽可能与土地"同寿"[④]。《民法典》第359条规定："住宅建设用地使用权期限届满的，自动续期。续期费用的缴纳或者减免，依照法律、行政法规的规定办理。""非住宅建设用地使用权期限届满后的续期，依照法律规定办理。该土地上的房屋及其他不动产的归属，有约定的，按照约定；没有约定或者约定不明确的，依照法律、行政法规的规定办理。"

在建设用地使用权的取得和流转等方面，法律也设置了相应的规则。首先，设立建设用地使用权可以采取有偿出让或者无偿划拨等方式，以出让方式取得建设用地使用权的，应当由当事人订立建设用地使用权出让合同。建设用地使用权自登记时设立。可见，《物权法》第139条、《民法典》第349条对建设用地使用权的取得采取债权形式主义的调整模式。其次，建设用地使用权的流转相对自由，权利人可以依法采取转让、互换、出资、赠与或者抵押等方式流转。法律对于通过这些方式流转建设用地使用权的，也采取债权形式主义调整模式，当事人须申请相应的变更登记。最后，《物权法》第146条和第147条、《民法典》第356条和第357条还分别规定了"房随地走"和"地随房走"的房地一体规则，要求房地流转中建筑物等的所有权和该建筑物等占用范围内的建设用地使用权一并处分。这有利于保存不动产的价值，保持房

---

① 王利明．空间权：一种新型的财产权利．法律科学，2007（2）．

② 依据《物权法》第142条，"房屋所有权归于建设用地使用权人，但是有相反证据证明的除外。此处所言的相反证据，主要有四种情形：一是历史遗留问题，二是区分所有权，三是建设用地使用权出让合同中当事人作的特别约定，四是法律的特别规定。无论是租地建房还是以租赁方式出让土地，都不构成本条例外。登记机构更不能直接依据合作开发协议为建设单位及其合作方办理房屋所有权首次登记"。尹飞．民法典视野下的房地关系．http：//law.cufe.edu.cn/info/1217/41863.htm.

③ 《城镇国有土地使用权出让和转让暂行条例》第40条规定："土地使用权期满，土地使用权及其地上建筑物、其他附着物所有权由国家无偿取得。土地使用者应当交还土地使用证，并依照规定办理注销登记。"第41条规定："土地使用权期满，土地使用者可以申请续期。需要续期的，应当依照本条例第二章的规定重新签订合同，支付土地使用权出让金，并办理登记。"

④ 王轶．让房屋尽可能与土地"同寿"．法制日报，2006－09－17.

地权利最终归属上的统一，避免出现不动产法律关系的复杂化。《物权法》第 182 条、《民法典》第 397 条将前述房地一体规则扩及房地产抵押权设定之时。

第三节　城市房地产开发中建设用地使用权的取得方式

一、建设用地使用权的取得方式概述

房地产开发企业取得建设用地使用权的方式通常有国家出让、国家划拨或建设用地使用权人转让等。第一，以出让方式取得建设用地使用权。《城市房地产管理法》第 8 条规定：土地使用权出让，是指国家将国有土地使用权在一定年限内出让给土地使用者，由土地使用者向国家支付土地使用权出让金的行为。第二，以划拨方式取得建设用地使用权。《城市房地产管理法》第 23 条第 1 款规定：“土地使用权划拨，是指县级以上人民政府依法批准，在土地使用者缴纳补偿、安置等费用后将该幅土地交付其使用，或者将土地使用权无偿交付给土地使用者使用的行为。”第三，通过其他建设用地使用权人转让的方式取得该建设用地使用权。《城市房地产管理法》第 39 条和第 40 条分别规定了以出让方式取得的土地使用权和以划拨方式取得的土地使用权的转让规则。《最高人民法院关于审理涉及国有土地使用权合同纠纷案件适用法律问题的解释》第 7 条规定：“本解释所称的土地使用权转让合同，是指土地使用权人作为转让方将出让土地使用权转让于受让方，受让方支付价款的合同。”

《物权法》第 137 条第 1 款、《民法典》第 347 条第 1 款规定：“设立建设用地使用权，可以采取出让或者划拨等方式。”有学者基于《物权法》第 5 条规定的物权法定原则主张该第 137 条第 1 款对建设用地使用权设立方式的规定属于列举规定。本书作者认为此结论不尽妥当，理由在于：一方面，《物权法》第 5 条就物权法定原则规定的是“物权的种类和内容，由法律规定”。对物权的设立方式并没有法定要求。另一方面，通过出让或者划拨方式可以取得建设用地使用权，但对《物权法》第 137 条第 1 款所规定的“设立”要作概念上的界定，若其不限于从市、县人民政府土地管理部门初始取得，则在出让、划拨之外，还可以通过转让，乃至人民法院、仲裁机构的生效法律文书等方式取得。

二、建设用地使用权的出让

在建设用地使用权的取得方式中，建设用地使用权出让最为常见，其主要涉及如下法律问题。

第一，建设用地使用权出让合同的法律性质。

《城市房地产管理法》第 15 条第 2 款规定：“土地使用权出让合同由市、县人民政府土地管理部门与土地使用者签订。”《最高人民法院关于审理涉及国有土地使用权合同纠纷案件适用法律问题的解释》第 1 条规定：“本解释所称的土地使用权出让合同，是指市、县人民政府自然资源主管部门作为出让方将国有土地使用权在一定年限内让与受让方，受让方支付土地使用权出让金的合同。”关于建设用地使用权出让合同的法律性质在理论上存在行政合同说和民商事合同说的争论。[①] 本书作者认为，对建设用地使用权出让合同法律性质的判断涉及相关纠纷的法律适用，是一个民法价值判断问题。对合同性质的判断要以主给付义务的性质为准，而非

① 崔建远．物权：规范与学说：下册．北京：清华大学出版社，2011：559.

简单根据公、私法区分的主体说或者特别法规说等等。出让方将建设用地使用权让与受让方和受让方支付建设用地使用权出让金属于建设用地使用权出让合同的主给付义务，而此主给付义务的性质是平等民事主体之间的财产关系，故建设用地使用权出让合同属于民商事合同的范畴。“国有建设用地使用权出让合同在基本属性上应归民事合同……招拍挂程序之前阶段的法律关系为行政法律关系，国有建设用地使用权出让合同基本上属于民事合同关系。”① 司法实践中对建设用地使用权出让合同纠纷也按照民事纠纷来解决，《最高人民法院民事案件案由规定》就将“建设用地使用权合同纠纷”作为合同纠纷的案由之一，并将之细化为“建设用地使用权出让合同纠纷”和“建设用地使用权转让合同纠纷”两种。以此为背景下，对建设用地使用权出让合同法律性质的判断在很大程度上就属于民法学问题中的解释选择问题，不同的结论并不影响司法裁判中的法律适用。

第二，无偿收回建设用地使用权制度的效力与实效。

生活事实的各个面向往往牵连杂糅在一起，与之相对应的民事法律关系也常常具有多层次性和复合性。同一生活事实中甚至会出现民事法律关系和行政法律关系乃至刑事法律关系的交织并存。基于土地资源的稀缺性、促进节约集约用地的必要性和充分发挥土地效用的考虑，法律会特别规定出让方针对受让方在建设用地使用权出让合同履行过程中的违约行为享有无偿收回建设用地使用权，乃至行使行政处罚的权力。如《城市房地产管理法》第 26 条规定：“以出让方式取得土地使用权进行房地产开发的，必须按照土地使用权出让合同约定的土地用途、动工开发期限开发土地。超过出让合同约定的动工开发日期满一年未动工开发的，可以征收相当于土地使用权出让金百分之二十以下的土地闲置费；满二年未动工开发的，可以无偿收回土地使用权；但是，因不可抗力或者政府、政府有关部门的行为或者动工开发必需的前期工作造成动工开发迟延的除外。”《土地管理法》第 38 条、第 58 条、第 66 条等也有类似规定。国土资源部《闲置土地处置办法》第 2 条对闲置土地作了更严格更具体的规定：“本办法所称闲置土地，是指国有建设用地使用权人超过国有建设用地使用权有偿使用合同或者划拨决定书约定、规定的动工开发日期满一年未动工开发的国有建设用地。”“已动工开发但开发建设用地面积占应动工开发建设用地总面积不足三分之一或者已投资额占总投资额不足百分之二十五，中止开发建设满一年的国有建设用地，也可以认定为闲置土地。”该办法第 30 条规定：“本办法中下列用语的含义：动工开发：依法取得施工许可证后，需挖深基坑的项目，基坑开挖完毕；使用桩基的项目，打入所有基础桩；其他项目，地基施工完成三分之一。已投资额、总投资额：均不含国有建设用地使用权出让价款、划拨价款和向国家缴纳的相关税费。”②

但《城市房地产管理法》第 26 条中规定：“因不可抗力或者政府、政府有关部门的行为或者动工开发必需的前期工作造成动工开发迟延的除外。”③ 这一除外条款的配置使无偿收回闲置建设用地使用权的执行力度受到影响，这就造成城市房地产开发用地供需矛盾突出与土地闲

---

① 崔建远．合同解释论．北京：中国人民大学出版社，2020：373.

② 董沛．国土部：土地必须净地出让 避免因拆迁等闲置．工人日报，2012-07-03.

③ 《闲置土地处置办法》第 8 条规定：“有下列情形之一，属于政府、政府有关部门的行为造成动工开发延迟的，国有建设用地使用权人应当向市、县国土资源主管部门提供土地闲置原因说明材料，经审核属实的，依照本办法第十二条和第十三条规定处置：（一）因未按照国有建设用地使用权有偿使用合同或者划拨决定书约定、规定的期限、条件将土地交付给国有建设用地使用权人，致使项目不具备动工开发条件的；（二）因土地利用总体规划、城乡规划依法修改，造成国有建设用地使用权人不能按照国有建设用地使用权有偿使用合同或者划拨决定书约定、规定的用途、规划和建设条件开发的；（三）因国家出台相关政策，需要对约定、规定的规划和建设条件进行修改的；（四）因处置土地上相关群众信访事项等无法动工开发的；（五）因军事管制、文物保护等无法动工开发的；（六）政府、政府有关部门的其他行为。”“因自然灾害等不可抗力导致土地闲置的，依照前款规定办理。”

置情况严重并存的现象。①

第三，建设用地使用权出让合同无效的特别原因。

建设用地使用权出让合同无效的一般原因适用《合同法》第 52 条、《民法典》第 153 条等的规定，而我国现行法律和司法解释对建设用地使用权出让合同无效的特别原因也有规定。《最高人民法院关于审理涉及国有土地使用权合同纠纷案件适用法律问题的解释》第 2 条规定："开发区管理委员会作为出让方与受让方订立的土地使用权出让合同，应当认定无效。""本解释实施前，开发区管理委员会作为出让方与受让方订立的土地使用权出让合同，起诉前经市、县人民政府自然资源主管部门追认的，可以认定合同有效。"第 3 条第 1 款规定："经市、县人民政府批准同意以协议方式出让的土地使用权，土地使用权出让金低于订立合同时当地政府按照国家规定确定的最低价的，应当认定土地使用权出让合同约定的价格条款无效。"《城乡规划法》第 39 条规定："规划条件未纳入国有土地使用权出让合同的，该国有土地使用权出让合同无效；对未取得建设用地规划许可证的建设单位批准用地的，由县级以上人民政府撤销有关批准文件；占用土地的，应当及时退回；给当事人造成损失的，应当依法给予赔偿。"

第四，建设用地使用权出让的具体方式。

《城市房地产管理法》第 13 条规定："土地使用权出让，可以采取拍卖、招标或者双方协议的方式。""商业、旅游、娱乐和豪华住宅用地，有条件的，必须采取拍卖、招标方式；没有条件，不能采取拍卖、招标方式的，可以采取双方协议的方式。""采取双方协议方式出让土地使用权的出让金不得低于按国家规定所确定的最低价。"该条第 3 款就建设用地使用权出让金配置的是混合性规范，即低于国家规定所确定的最低价之出让金约款无效，高于国家规定所确定的最低价之出让金约款有效。《物权法》第 137 条进一步规定："设立建设用地使用权，可以采取出让或者划拨等方式。""工业、商业、旅游、娱乐和商品住宅等经营性用地以及同一土地有两个以上意向用地者的，应当采取招标、拍卖等公开竞价的方式出让。""严格限制以划拨方式设立建设用地使用权。采取划拨方式的，应当遵守法律、行政法规关于土地用途的规定。"《民法典》第 347 条删除了《物权法》第 137 条第 3 款最后一句，保留了该条其他内容。

第五，建设用地使用权出让金的分配。

《城市房地产管理法》第 16 条规定："土地使用者必须按照出让合同约定，支付土地使用权出让金；未按照出让合同约定支付土地使用权出让金的，土地管理部门有权解除合同，并可以请求违约赔偿。"第 19 条规定："土地使用权出让金应当全部上缴财政，列入预算，用于城市基础设施建设和土地开发。土地使用权出让金上缴和使用的具体办法由国务院规定。"可见，该法对土地使用权出让金的用途作了限定。《土地管理法》第 55 条规定："以出让等有偿使用方式取得国有土地使用权的建设单位，按照国务院规定的标准和办法，缴纳土地使用权出让金等土地有偿使用费和其他费用后，方可使用土地。""自本法施行之日起，新增建设用地的土地有偿使用费，百分之三十上缴中央财政，百分之七十留给有关地方人民政府。具体使用管理办法由国务院财政部门会同有关部门制定，并报国务院批准。"可见，该条第 2 款对土地有偿使用费的用途作了立法授权，不再简单局限于"专项用于土地开发"②。

① 陈小瑛．中石化等央企深圳囤地多年 背后藏巨大灰色地带．华夏时报，2013-03-16.

② 于猛．土地财政不可持续．人民日报，2010-12-27. 叶锋．"土地财政"缘何愈演愈烈．人民日报，2011-01-10.

三、建设用地使用权的划拨与转让

《城市房地产管理法》第23条规定：“土地使用权划拨，是指县级以上人民政府依法批准，在土地使用者缴纳补偿、安置等费用后将该幅土地交付其使用，或者将土地使用权无偿交付给土地使用者使用的行为。”“依照本法规定以划拨方式取得土地使用权的，除法律、行政法规另有规定外，没有使用期限的限制。”第24条规定：“下列建设用地的土地使用权，确属必需的，可以由县级以上人民政府依法批准划拨：（一）国家机关用地和军事用地；（二）城市基础设施用地和公益事业用地；（三）国家重点扶持的能源、交通、水利等项目用地；（四）法律、行政法规规定的其他用地。”《土地管理法》第54条规定：“建设单位使用国有土地，应当以出让等有偿使用方式取得；但是，下列建设用地，经县级以上人民政府依法批准，可以以划拨方式取得：（一）国家机关用地和军事用地；（二）城市基础设施用地和公益事业用地；（三）国家重点扶持的能源、交通、水利等基础设施用地；（四）法律、行政法规规定的其他用地。”据此，以划拨方式取得建设用地使用权时，土地使用者无须支付出让金，土地使用者缴纳补偿、安置等费用并不是取得建设用地使用权的对价，其所取得的建设用地使用权一般也没有明确的期限限制。但是，法律严格限制可以通过划拨取得建设用地使用权的情形，土地使用者取得的建设用地使用权流转程度也受到严格限制。如《城镇国有土地使用权出让和转让暂行条例》第44条规定：“划拨土地使用权，除本条例第四十五条规定的情况外，不得转让、出租、抵押。”第45条第1款规定：“符合下列条件的，经市、县人民政府土地管理部门和房产管理部门批准，其划拨土地使用权和地上建筑物、其他附着物所有权可以转让、出租、抵押：（一）土地使用者为公司、企业、其他经济组织和个人；（二）领有国有土地使用证；（三）具有地上建筑物、其他附着物合法的产权证明；（四）依照本条例第二章的规定签订土地使用权出让合同，向当地市、县人民政府补交土地使用权出让金或者以转让、出租、抵押所获收益抵交土地使用权出让金。”①

《城镇国有土地使用权出让和转让暂行条例》第19条规定：“土地使用权转让是指土地使用者将土地使用权再转移的行为，包括出售、交换和赠与。”“未按土地使用权出让合同规定的期限和条件投资开发、利用土地的，土地使用权不得转让。”《最高人民法院关于审理涉及国有土地使用权合同纠纷案件适用法律问题的解释》第7条规定：“本解释所称的土地使用权转让合同，是指土地使用权人作为转让方将出让土地使用权转让于受让方，受让方支付价款的合同。”建设用地使用权的转让有特殊的效力判断规则，如原《最高人民法院关于审理涉及国有土地使用权合同纠纷案件适用法律问题的解释》第8条规定：“土地使用权人作为转让方与受让方订立土地使用权转让合同后，当事人一方以双方之间未办理土地使用权变更登记手续为由，请求确认合同无效的，不予支持。”第9条规定：“转让方未取得出让土地使用权证书与受让方订立合同转让土地使用权，起诉前转让方已经取得出让土地使用权证书或者有批准权的人民政府同意转让的，应当认定合同有效。”第11条规定：“土地使用权人未经有批准权的人民政府批准，与受让方订立合同转让划拨土地使用权的，应当认定合同无效。但起诉前经有批准权的人民政府批准办理土地使用权出让手续的，应当认定合同有效。”本书作者认为，原《最高人民法院关于审理涉及国有土地使用权合同纠纷案件适用法律问题的解释》第11条前段关

① 刘黎，栾红．昆明医科大学置换土地还债风波调查．中国之声“新闻纵横”，2013－04－15.

于合同无效的规定并不妥当，理由在于[①]：一方面，转让划拨土地使用权合同无效后又可以转为有效的做法不符合绝对无效合同属自始无效、当然无效的理论通说观点。另一方面，土地使用权人未经有批准权的人民政府批准，与受让方订立合同转让划拨土地使用权的，应当认定合同未生效而非无效。此种合同未生效的价值判断结论是对《城镇国有土地使用权出让和转让暂行条例》第45条第1款的妥当法律后果配置，而无效之结果过苛。《合同法》第44条第2款(《民法典》第502条第2款和第3款)、原《最高人民法院关于适用〈中华人民共和国合同法〉若干问题的解释（一）》第9条、原《最高人民法院关于适用〈中华人民共和国合同法〉若干问题的解释（二）》第8条、《最高人民法院关于审理外商投资企业纠纷案件若干问题的规定(一)》第1条等立法和司法解释针对同类情况的处理经验可供借鉴。

第四节　土地储备制度

土地储备（Land Banking）制度具有重要意义，其使土地供应方式由“毛地出让”（生地出让）转向“净地出让”（熟地出让）。[②] 这在完善土地取得和供应一级市场的同时，也隔断了用地者与被征地人之间的直接利益联系，激活了存量土地的利用价值，使“原有的土地一级市场巨额增值收益不再被房产商占有，而是进入代表公共利益的国资系统”[③]。

国土资源部、财政部、中国人民银行联合制定的《土地储备管理办法》于2007年12月3日通过。国土资源部、财政部、中国人民银行、中国银行业监督管理委员会2018年1月3日联合修订了该办法。据该办法，土地储备机构应对储备土地进行必要的前期开发，使之具备供应条件。这意味着进入市场的土地都是产权清晰、配套完善、土地平整的“熟地”，从而缩短土地形成房地产有效供应的建设周期，防止开发商闲置、囤积土地。[④]《土地储备管理办法》第2条规定：“土地储备是指县级（含）以上国土资源主管部门为调控土地市场、促进土地资源合理利用，依法取得土地，组织前期开发、储存以备供应的行为。土地储备工作统一归口国土资源主管部门管理，土地储备机构承担土地储备的具体实施工作。财政部门负责土地储备资金及形成资产的监管。”第4条规定：“各地应根据国民经济和社会发展规划、国土规划、土地利用总体规划、城乡规划等，编制土地储备三年滚动计划，合理确定未来三年土地储备规模，对三年内可收储的土地资源，在总量、结构、布局、时序等方面做出统筹安排，优先储备空闲、低效利用等存量建设用地。”《土地储备管理办法》第8条第1款规定了可供储备的土地的范围：“下列土地可以纳入储备范围：1. 依法收回的国有土地；2. 收购的土地；3. 行使优先购买权取得的土地；4. 已办理农用地转用、征收批准手续并完成征收的土地；5. 其他依法取

① 在类似问题上，韩世远教授认为，出卖人对标的物是否有处分权，只是影响最终能否发生物权的变动，并不因此导致买卖合同无效。以划拨土地上房屋之买卖必然涉及土地使用权的转让，起诉前未经有批准权的人民政府批准办理土地使用权出让手续为由，认定房屋买卖合同无效，实属“下策”，应予改正。即便不突破“房地一致”原则，对此仍应作“宽松化”的理解；当事人约定租赁权、地役权等，均可作为“地”权的依据。韩世远．划拨土地上房屋之买卖．中国应用法学，2020 (2).

② 楼建波，等．土地储备及土地一级开发法律制度．北京：中国法制出版社，2009：29.

③ 邓全伦．重庆土地生意．时代周报，2013-03-21.

④ 王娟．聚焦土地储备管理办法：土地供应都将是“熟地”．中国经济网，2007-12-04.

得的土地。”①

结合《土地储备管理办法》的相关规定，可以运用民事法律关系分析方法梳理土地储备过程中相关、主要权属的状态。第一，关于从事土地储备工作的主体。《土地储备管理办法》第3条第一句规定：“土地储备机构应为县级（含）以上人民政府批准成立、具有独立的法人资格、隶属于所在行政区划的国土资源主管部门、承担本行政辖区内土地储备工作的事业单位。”第二，关于纳入土地储备环节中土地的权属变动。土地储备机构在从事具体的土地储备活动、取得土地的过程中，会根据《土地储备管理办法》第8条的规定，通过收回、收购、转用、征收等方式从建设用地使用权人或者被征收人等手中取得供储备之土地，此时土地权属性质就会发生变化：建设用地使用权等消灭，纳入储备之后的土地只留存国家土地所有权。《土地储备管理办法》第15条规定：“储备土地完成前期开发，并具备供应条件后，应纳入当地市、县土地供应计划，由市、县国土资源主管部门统一组织土地供应。供应已发证的储备土地之前，应收回并注销其不动产权证书及不动产登记证明，并在不动产登记簿中予以注销。”第三，土地前期开发环节的建设工程合同法律关系。《土地储备管理办法》第12条规定：“土地储备机构应组织开展对储备土地必要的前期开发，为政府供应土地提供必要保障。”“储备土地的前期开发应按照该地块的规划，完成地块内的道路、供水、供电、供气、排水、通讯、围挡等基础设施建设，并进行土地平整，满足必要的‘通平’要求。具体工程要按照有关规定，选择工程勘察、设计、施工和监理等单位进行建设。”“前期开发工程施工期间，土地储备机构应对工程实施监督管理。工程完成后，土地储备机构应按规定组织开展验收或委托专业机构进行验收，并按有关规定报所属国土资源主管部门备案。”据此，在土地储备机构和工程施工单位之间就存在土地前期开发方面的建设工程合同法律关系。第四，土地供应环节的建设用地使用权出让合同。《土地储备管理办法》第15条第一句规定：“储备土地完成前期开发，并具备供应条件后，应纳入当地市、县土地供应计划，由市、县国土资源主管部门统一组织土地供应。”据此，在土地供应过程中，市、县人民政府国土资源主管部门成为建设用地使用权出让合同的出让方。当然，在通过土地征收进行土地储备的过程中，土地储备机构并非征收、拆迁主体，相对于被征收人来说，征收“当事人为市、县人民政府国土资源管理部门”②。本书作者认为，在解释论上看，征收主体为市、县人民政府更为妥当。根据《物权法》第28条、《民法典》第229条的规定，人民政府生效的征收决定会导致物权变动。《国有土地上房屋征收与补偿条例》第8条也规定：“为了保障国家安全、促进国民经济和社会发展等公共利益的需要，有下列情形之一，确需征收房屋的，由市、县级人民政府作出房屋征收决定：……”

第五节　解析重庆索特盐化股份有限公司与重庆新万基房地产开发有限公司土地使用权转让合同纠纷案

案情介绍：重庆索特盐化股份有限公司（以下简称索特公司）将系争土地使用权抵押给相关银行用于贷款担保，抵押期限自2005年至2011年。2005年12月1日，重庆新万基房地产

---

① 对《土地储备管理办法》第8条第1款规定的第三种情形须结合《城镇国有土地使用权出让和转让暂行条例》第26条的规定来理解，该条规定：“上述使用权转让价格明显低于市场价格的，市、县人民政府有优先购买权。”“土地使用权转让的市场价格不合理上涨时，市、县人民政府可以采取必要的措施。”

② 崔建远．物权：规范与学说：下册．北京：清华大学出版社，2011：550.

开发有限公司与索特公司签订“金三峡花园联合开发协议”，在上述土地上联合开发金三峡花园，并约定由索特公司在不影响开发进度的前提下办理解除抵押的相关手续。可见，索特公司实际上以该联合开发协议的形式将系争土地使用权转让给新万基公司。

评析：法院在该案的裁判摘要中指出：根据《物权法》第191条、《担保法》第49条的规定，抵押期间抵押人转让抵押物，应当通知抵押权人并经抵押权人同意，否则，转让行为无效。但《物权法》第191条以及《最高人民法院关于适用〈中华人民共和国担保法〉若干问题的解释》第67条还同时规定，未经通知或者未经抵押权人同意转让抵押物的，如受让方代为清偿债务消灭抵押权的，转让有效。也即受让方通过行使涤除权涤除转让标的物上的抵押权负担的，转让行为有效。上述法律、司法解释的规定，旨在实现抵押权人、抵押人和受让人之间的利益平衡，既充分保障抵押权不受侵害，又不过分妨碍财产的自由流转，充分发挥物的效益。[①] 也有学者认为，在本案中，抵押人未经抵押权人同意转让抵押物的合同行为本身就是有效的，不存在受让人通过行使涤除权予以补正的问题。[②]

在抵押财产的处分方面，《物权法》第191条规定：“抵押期间，抵押人经抵押权人同意转让抵押财产的，应当将转让所得的价款向抵押权人提前清偿债务或者提存。转让的价款超过债权数额的部分归抵押人所有，不足部分由债务人清偿。”“抵押期间，抵押人未经抵押权人同意，不得转让抵押财产，但受让人代为清偿债务消灭抵押权的除外。”该条并未坚持之前《民法通则意见（试行）》第115条规定的“抵押权人同意方可转让规则”、《担保法》第49条所规定的“通知转让规则”，或者《最高人民法院关于适用〈中华人民共和国担保法〉若干问题的解释》第67条对抵押物转让过程中抵押权人追及权和受让人涤除权的合理规定。《物权法》第191条第2款也未明确，未经抵押权人同意，抵押人转让抵押财产的效力如何。“从抵押权的本质上说，只要抵押人的转让行为不影响抵押权人的优先受偿，抵押人就得转让抵押财产，而不必限制。实际上，抵押权设定后，抵押人行使处分权的限制，仅是受抵押权的追及效力的限制，因为抵押权有追及性和不可分性，不论抵押财产为全部转让还是部分转让，也不论转让于何人，抵押权人均可追及之而行使优先受偿权。所以，我国立法也应采取肯定说，规定抵押人可以让与抵押财产的所有权，但抵押权并不因此而受影响。”[③] 从解释论的角度看，《物权法》第191条实际上区分了经抵押权人同意的转让与未经抵押权人同意的转让，并规定了不同的法律效果，即经抵押权人同意的抵押财产转让有效，抵押权人可以就转让所得价款代位受偿；未经抵押权人同意的抵押财产转让原则上无效，受让人行使涤除权的，作为例外有效。也有学者认为，从解释论上看，《物权法》第191条第2款中“不得转让”的规定属于倡导性规范，仅具有警示注意的功能，不能据此认定抵押人和受让人之间的转让行为无效。[④]《民法典》第406条认可了抵押财产的可转让性：“抵押期间，抵押人可以转让抵押财产。当事人另有约定的，按照其约定。抵押财产转让的，抵押权不受影响。”“抵押人转让抵押财产的，应当及时通知抵押权人。抵押权人能够证明抵押财产转让可能损害抵押权的，可以请求抵押人将转让所得的价款向抵押权人提前清偿债务或者提存。转让的价款超过债权数额的部分归抵押人所有，不足部

---

① 重庆索特盐化股份有限公司与重庆新万基房地产开发有限公司土地使用权转让合同纠纷案，最高人民法院(2008)民一终字第122号民事判决书//最高人民法院公报，2009(4).

② 程啸．论抵押财产的转让——“重庆索特盐化股份有限公司与重庆新万基房地产开发有限公司土地使用权转让合同纠纷案”评释．中外法学，2014(5).

③ 郭明瑞．担保法．北京：法律出版社，2010：114．崔建远．抵押权探微．法学，2004(4).

④ 刘贵祥，吴光荣．论未经抵押权人同意之抵押物转让的效力．比较法研究，2013(5).

分由债务人清偿。”

本章思考题

1. 论述城市房地产开发行为的营利营业性。

2. 论述建设用地使用权出让合同的法律性质。

3. 材料分析：

2013 年 3 月深圳市规划国土委首度在官网上公布了 67 宗闲置土地名单，其中因政府原因导致闲置的有 31 宗，因企业原因导致闲置的有 36 宗，闲置时间最长的达 17 年。中国石化、中国电信等央企赫然在列。尽管国土部门多次重申要加大对闲置土地的处置力度，但效果堪忧。截至 2012 年年底，深圳市共认定闲置土地 696 宗，但收回的土地寥寥无几。深圳市规划国土委有关负责人对《华夏时报》记者表示，企业都清楚土地值钱，会通过各种手段和途径合法“囤地”，政府执行起来确实有难度。①

试分析建设用地使用权人“囤地”行为的危害和对此种行为的法律规制措施。

4. 试结合建设用地使用权出让金的分配分析土地财政问题。

5. 思考城乡规划与房地产开发建设之间的关系。

6.《民法典》第 352 条规定：“建设用地使用权人建造的建筑物、构筑物及其附属设施的所有权属于建设用地使用权人，但是有相反证据证明的除外。”试从物权法原理和司法案例实证分析角度，论述何为该条所谓“但是有相反证据证明的除外”。

7. 实证分析利用集体建设用地建设租赁住房的政策背景并调研其实施效果。

① 陈小瑛．中石化等央企深圳囤地多年 背后藏巨大灰色地带．华夏时报，2013-03-16.

第六章
房地产征收拆迁法律制度

第一节　所有权的法律限制

一、所有权的法律限制概述

所有权的法律定义表述的是权利人对所有物所享有的类型化的自由，《物权法》第 39 条和第 40 条、《民法典》第 240 条和第 241 条所体现出的所有权自由是私法自治原则在物权法领域的具体体现。自由原则总是伴随一定程度的例外限制，所有权一般属于绝对权，这并不意味着所有权人可以不受任何限制地行使权利，“权利是由法律规定和确认的，所有权的行使也必须限制在法律所允许的范围内”①。《物权法》第 39 条、《民法典》第 240 条中的“依法”之规定就将所有权概念纳入法律限制的范围内，其既可以作为引致规范，具有界定所有权内容的功能，还可以作为转介公法行为规范，成为限制物权权能规范之概括条款。②

所有权自由为原则，对所有权自由的限制属例外，私法或者公法对所有权进行限制时均须具有足够充分且正当的理由。对所有权进行限制的足够充分且正当的理由为《物权法》第 7 条所规定的公共利益或者他人的合法权益。“无论对所有权如何加以界定，应推定所有权的自由。主张所有权受有限制者，须负举证责任。”③ 出于保护国家利益或者社会公共利益的使命，诚信原则、公序良俗原则都可以构成对所有权进行限制的足够充分且正当的理由。所有权人对权利的行使不得侵害其他相邻关系人的利益，所有权在私法上首先受到相邻关系的具体限制。法律对所有权作出限制的最典型例子就是国家的征收和征用，其中，对所有权的征收是对所有权最大的限制。

二、征收与征用制度

我国《宪法》第 10 条第 3 款规定：“国家为了公共利益的需要，可以依照法律规定对土地实行征收或者征用并给予补偿。”第 13 条第 3 款规定：“国家为了公共利益的需要，可以依照法律规定对公民的私有财产实行征收或者征用并给予补偿。”作为对宪法前述规定的具体化，《物权法》第 42 条、第 44 条（《民法典》第 243 条、第 245 条）分别规定了征收、征用制度。

---

① 周枏．罗马法原论：上册．北京：商务印书馆，1994：325.

② 苏永钦．从动态法规范体系的角度看公私法的调和——以民法的转介条款和宪法的整合机制为中心//苏永钦．民事立法与公私法的接轨．北京：北京大学出版社，2005：74－117.

③ 王泽鉴．民法物权．北京：北京大学出版社，2009：117.

根据这两个条文的规定，征收和征用制度的区别如下：第一，法律效果不同。征收是为了公共利益的需要，由行政机关依照法律规定的权限和程序将集体或者私人所有的不动产强制收归国家所有。也即征收是国家取得所有权的一种方式，是非基于民事法律行为发生的物权变动。根据《物权法》第 28 条、《民法典》第 229 条，人民政府的征收决定生效时即发生物权变动的效果。征用是国家在紧急情况下依照法律规定的权限和程序强制使用单位、个人的不动产或者动产的行政行为，不发生所有权或者其他物权变动的效果，被征用的不动产或者动产使用后，应当返还被征用人。[①] 可见，征收和征用在是否发生所有权移转的效果上不同，征收实质上是强制有偿取得他人不动产的所有权，征用的实质则是强制使用他人财产。这也是二者的根本区别。第二，适用对象不同。征收的对象是“集体所有的土地和单位、个人的房屋及其他不动产”，征用的对象是“单位、个人的不动产或者动产”。可见，征收的对象限于不动产，征用的对象则既包括不动产也包括动产。第三，适用条件不同。征收是为了和平环境下的公共利益需要而采取的行政行为，属于民事法律事实中的事件，不以紧急需要的存在为其适用条件。也正是出于公共利益的需要，对征收不能适用合同自由原则。征用的实施则是出于“抢险、救灾等紧急需要”[②]，这些紧急需要是公共利益的特殊表现，故征用也就是紧急状态下的特别措施。第四，补偿标准不同。征收涉及被征收人的所有权及其他物权的消灭，是对被征收人强加的一种特别负担。基于公共负担平等说及特别牺牲说的理论，应该给予被征收人相当于被征收物的价值的行政补偿：征收集体所有的土地时应该按照保证被征地农民“生活水平不降低、长远生计有保障”的原则进行补偿安置，征收个人住宅时还应当保障被征收人的居住条件。《物权法》第 42 条第 2 款和第 3 款、《民法典》第 243 条第 2 款和第 3 款等就对此作了具体规定。征用只是临时强制使用，如果没有造成物的毁损、灭失，事后应当将被征用的财产返还被征用人并就被征用物价值降低的损失给予适当补偿。

征收、征用都属于公权力机关的负担性行政行为，本不由民法所规范。《物权法》第 42 条、第 44 条（《民法典》第 243 条、第 245 条）仅从所有权受限制的民法角度作了原则性规定。[③] 征收通过对所有权剥夺来限制所有权，征用通过临时性的强制使用来限制所有权，这些均属于征收和征用的狭义典型形式。在广义上看，对所有权的限制还包括临时性或者永久性地对所有权部分权能的限制。比如，机动车限行也构成对所有权使用权能的限制[④]，有学者主张对此得类推关于征收的法理及规定。[⑤] 德国民法学对征收采取广义的理解，认为征收目的在于

---

① 在学理上还是有必要区别征用和紧急避险的关系。《德国民法典》将紧急避险区分为第 228 条所规定的对危险物本身进行侵害的防御性紧急避险和第 904 条所规定的侵害他人所有权的攻击性紧急避险，且将攻击性紧急避险置于“所有权”一章中，作为对后者的限制。Dieter Medicus：Allgemeiner Teil des BGB，9. neu bearbeitete Auflage，2006. C. F. Müller. Verlag Heidelberg，S. 69－71. 本书作者认为，与征用相比，攻击性紧急避险发生在民事主体之间，是为了保护私人利益而侵害他人所有物，而且其幅度也不限于对该所有物的强制使用，其更经常发生对该所有物的损害。

② 崔红．北京首次征用三级甲等医院及周边宾馆防非典．北京晨报，2003－04－28.

2020 年新冠肺炎疫情防控过程中，政府也有实际征用医院、写字楼、宾馆、招待所、教育培训基地、疗养院等作为定点医院或者个体医学隔离场所，此时要注意根据《民法总则》第 117 条（《民法典》第 117 条）、《物权法》第 44 条（《民法典》第 245 条）、《突发事件应对法》第 12 条、《传染病防治法》第 45 条等规范征用程序和征用补偿。王雷．新冠肺炎疫情防控的民商法应对之策．西南政法大学学报，2020（3）.

③ 胡康生．中华人民共和国物权法释义．北京：法律出版社，2007：101，107.

④ 张兴诉北京市公安局交通管理局朝阳交通支队呼家楼大队交通管理行政处罚案//最高人民法院中国应用法学研究所编：人民法院案例选：2010 年第 1 辑．北京：人民法院出版社，2010：354－357. 北京市朝阳区人民法院（2009）朝行初字第 88 号行政判决书，北京市第二中级人民法院（2009）二中行初字第 677 号行政判决书。

⑤ 姚辉．单双号限行中的所有权限制．法学家，2008（5）.

剥夺私人所有权地位，或加负担于私人所有权。德国司法裁判甚至考虑使征收扩张到具有征收性质的干预。[①]

第二节 我国征收法律制度体系

我国不断加快的城市化进程要求征收法律制度的建立和完善。2004 年宪法修正案完善规定了征收及其补偿制度，《宪法》第 10 条第 3 款和第 13 条第 3 款作了集中规定。2004 年修正后的《土地管理法》第 2 条第 4 款、第 45 条至第 51 条也对土地征收制度作了较为系统的规定，2019 年《土地管理法》修正案对征收制度作了较大完善。2007 年《物权法》进一步落实，细化了《宪法》有关征收制度的概括规定，于第 42 条规定："为了公共利益的需要，依照法律规定的权限和程序可以征收集体所有的土地和单位、个人的房屋及其他不动产。""征收集体所有的土地，应当依法足额支付土地补偿费、安置补助费、地上附着物和青苗的补偿费等费用，安排被征地农民的社会保障费用，保障被征地农民的生活，维护被征地农民的合法权益。""征收单位、个人的房屋及其他不动产，应当依法给予拆迁补偿，维护被征收人的合法权益；征收个人住宅的，还应当保障被征收人的居住条件。""任何单位和个人不得贪污、挪用、私分、截留、拖欠征收补偿费等费用。"于第 43 条规定："国家对耕地实行特殊保护，严格限制农用地转为建设用地，控制建设用地总量。不得违反法律规定的权限和程序征收集体所有的土地。"《物权法》大致确立了征收制度的三个原则：一是目的正当，二是程序正当，三是足额补偿。[②]《城市房地产管理法》为了与《物权法》相适应，也于 2007 年作了相应的修正。于第 6 条规定："为了公共利益的需要，国家可以征收国有土地上单位和个人的房屋，并依法给予拆迁补偿，维护被征收人的合法权益；征收个人住宅的，还应当保障被征收人的居住条件。具体办法由国务院规定。"2019 年《城市房地产管理法》修正时未对第 6 条作改动。

根据《城市房地产管理法》第 6 条的立法授权，2011 年 1 月 21 日国务院公布、施行《国有土地上房屋征收与补偿条例》。该条例废止了 2001 年 11 月 1 日起施行的《城市房屋拆迁管理条例》，将其调整范围限于国有土地上的房屋征收与补偿，区分了协议拆迁和征收拆迁[③]，对公共利益作了开放式的例示规定，将房屋征收部门与征收决定的强制执行部门分开。总体上看，《国有土地上房屋征收与补偿条例》规范了拆迁、强化了补偿，是关注和保障民生的重要举措。[④] 鉴于《国有土地上房屋征收与补偿条例》调整对象的局限性，其限于"规范国有土地上房屋征收与补偿活动"[⑤]，"修订土地管理法、制定农村集体土地征收补偿条例已是当务之急"[⑥]。2015 年 1 月，中共中央办公厅和国务院办公厅联合印发了《关于农村土地征收、集体经营性建设用地入市、宅基地制度改革试点工作的意见》。这标志着，我国农村土地制度改革进入试点阶段。农村土地征收、集体经营性建设用地入市、宅基地制度改革成为农村土地制度

① 鲍尔．施蒂尔纳．德国物权法：上册．张双根，译．北京：法律出版社，2004：254－261，578－581.

② 孙宪忠．论城市房屋拆迁中的物权问题//徐昕．北理法学：第 2 辑．北京：法律出版社，2012：21.

③《城市房屋拆迁管理条例》第 16 条第 1 款曾经规定："拆迁人与被拆迁人或者拆迁人、被拆迁人与房屋承租人达不成拆迁补偿安置协议的，经当事人申请，由房屋拆迁管理部门裁决。房屋拆迁管理部门是被拆迁人的，由同级人民政府裁决。裁决应当自收到申请之日起 30 日内作出。"

④ 王利明．规范拆迁 保障私权．苏州大学学报（哲学社会科学版），2011（1）.

⑤ 赵秀梅，等．农村集体土地征收和补偿立法实证研究．北京：法律出版社，2019.

⑥ 郑晓波．财政部今年将制定农村集体土地征收补偿条例．证券时报，2013－03－25.

改革的三项试点工作。

第三节　征收与公共利益

一、公共利益的立法技术

关于如何界定"公共利益"这一不确定的法律概念，在《物权法》立法过程中就产生很大争议，主要争点在于是否在《物权法》中规定公共利益的定义，是采取正面列举式定义还是采取反面排除式定义，是采取开放例示式的类型化规定还是采取封闭列举式的类型化规定，认定公共利益的程序机制等。[①]《物权法》最终回避了这些争议，将对公共利益的具体界定，乃至各个补偿项目的具体标准等问题留存给单行特别法去解决。有学者呼吁制定"征收征用法"来落实《物权法》的相关规定。[②] 就"公共利益"的立法界定，《物权法》立法过程中达成的共识是公共利益是一个不确定的法律概念，具有内涵与外延的不确定性和动态发展性，立法上无法对公共利益进行明确的概念界定，也不适宜在《物权法》中通过正面列举式[③]或者反面排除式[④]的立法技术进行界定。[⑤]

从民法理论来看，得以限制民事主体自由的主要体现为如下几类：一是他人的合法权利，二是国家利益，三是社会公共利益。国家利益和社会公共利益共同构成了公共利益。国家利益是国家在整体上具有的政治、经济和安全利益。而社会公共利益又可以类型化为：不特定第三人，如善意取得情形下的交易第三人的私人利益；与基本的法律价值相联系的私人利益，如生命利益、健康利益等；社会弱势群体的利益（只有在平等的基础上，自由才能真正得到保障，这也是弱式意义上的平等对待的要求）；与最低限度的道德要求相联系的私人利益。[⑥] 在一个法治社会，政府可以动用公权力征收个人私有财产的唯一足够充分且正当的理由就是"公共利益的需要"。

《国有土地上房屋征收与补偿条例》第 8 条对公共利益作了开放式的例示规定："为了保障国家安全、促进国民经济和社会发展等公共利益的需要，有下列情形之一，确需征收房屋的，由市、县级人民政府作出房屋征收决定：（一）国防和外交的需要；（二）由政府组织实施的能源、交通、水利等基础设施建设的需要；（三）由政府组织实施的科技、教育、文化、卫生、体育、环境和资源保护、防灾减灾、文物保护、社会福利、市政公用等公共事业的需要；（四）由政府组织实施的保障性安居工程建设的需要；（五）由政府依照城乡规划法有关规定组织实施的对危房集中、基础设施落后等地段进行旧城区改建的需要；（六）法律、行政法规规定的

---

① 王轶，董文军．论国家利益——兼论我国民法典中民事权利的边界．吉林大学社会科学学报，2008（3）．

② 王利明．《物权法》的实施与征收征用制度的完善．法学杂志，2008（4）．

③ 有学者坚持对"公共利益"的内涵采取概括加列举的例示模式。陈小君．农村土地制度的物权法规范解析——学习《关于推进农村改革发展若干重大问题的决定》后的思考．法商研究，2009（1）．陈小君．我国《土地管理法》修订：历史、原则与制度——以该法第四次修订中的土地权利制度为重点．政治与法律，2012（5）．

④ 有学者主张对公共利益可以通过反面排除式的方法加以规定，如排除政府利益和商业利益等就不属于公共利益。孙宪忠．论城市房屋拆迁中的物权问题//徐昕．北理法学：第 2 辑．北京：法律出版社，2012：31－34．

⑤ 王轶．物权保护与依法行政//百名法学家百场报告会组委会办公室．法治百家谈——百名法学家纵论中国法治进程．北京：新华出版社，2011：173－177．

⑥ 王轶．民法价值判断问题的实体性论证规则//王轶．民法原理与民法学方法．北京：法律出版社，2009：48－54．

其他公共利益的需要。”据此规定，政府组织实施的交通等基础设施建设需要属于公共利益的一种，是征收的正当理由[①]；出于文化遗产保护的目的也可以进行房屋征收拆迁。[②] 有学者从立法论上对笼统规定旧城区改建属于公共利益的做法提出质疑。[③] 也有学者认为，政府实施的旧城改建和危房改造引起的拆迁是否出于公共利益的需要，应当由规划范围内的全体被拆迁人共同决定，其方式可以是民主表决。[④] 还有学者认为，应该严格限制基于旧城区改建的需要而进行的城市国有土地上房屋征收与补偿，防止政府滥用这一规定，立法者须制定规则细化这一规定，须单独制定相应的法律调整因“集体利益”对私人财产权利予以限制而引起的拆迁问题，从根本上解决非公益性的用地需求。非公益性的用地需求不仅可以通过一对一的协商机制解决，在特殊情形下还可以通过民主表决的方式解决，以降低交易成本与交易风险。通过集体利益适当限制个人利益，为以民主表决方式解决非公益性用地需求提供了理论基础。[⑤]

国内首例地铁拆迁公益诉讼案

案情介绍：宁波轨道交通一号线二期工程仅剩一家拆迁户因不满意政府赔偿方案而拒绝拆迁，导致轨道交通无法合拢。2015 年 5 月 7 日，宁波市北仑区人民检察院向宁波市北仑区人民法院提起诉讼，起诉拆迁户拒不搬迁已构成对公共利益的妨碍，要求法院排除妨碍。其起诉依据是《民事诉讼法》（2012 年）第 55 条：“对污染环境、侵害众多消费者合法权益等损害社会公共利益的行为，法律规定的机关和有关组织可以向人民法院提起诉讼。”2015 年 5 月 13 日，宁波市北仑区人民法院回传给检察院一份告知书，告知检察公益诉讼应该向中级人民法院提起。按照法院的回复，宁波市北仑区人民检察院依然可以向宁波市中级人民法院提起诉讼，但这个诉讼牵涉到征地拆迁，比较敏感，而且因有关公益诉讼的法律规定不是太明确，最高人民检察院于 2015 年 7 月 2 日发布、施行《检察机关提起公益诉讼改革试点方案》，要在全国 13 个省、自治区、直辖市开展试点公益诉讼，而浙江省不是试点地区，故宁波市北仑区人民检察院最终选择了放弃起诉。当地拆迁办正在耐心等待拆迁户走完行政复议和行政诉讼等各项程序。

评析：这起外界眼中的国内首例地铁拆迁公益诉讼案经媒体报道后，“是否应将拆迁纠纷列入检察机关公益诉讼范围”“公益诉讼范围如何厘清”等问题已引起法学界的讨论。[⑥] 本书作者认为，不考虑法律的溯及力，与地铁拆迁公益诉讼案类似的案件究竟应该适用《国有土地上房屋征收与补偿条例》第 14 条、第 28 条所规定的法院强制执行程序，解释适用《民事诉讼法》（2012 年）第 55 条所规定的民事公益诉讼程序，还是解释适用《行政诉讼法》（2014 年）第 25 条第 4 款规定的行政公益诉讼程序，值得研究。《国有土地上房屋征收与补偿条例》第 14 条规定：“被征收人对市、县级人民政府作出的房屋征收决定不服的，可以依法申请行政复议，也可以依法提起行政诉讼。”第 28 条规定：“被征收人在法定期限内不申请行政复议或者不提起行政诉讼，在补偿决定规定的期限内又不搬迁的，由作出房屋征收决定的市、县级人民政府依法申请人民法院强制执行。”“强制执行申请书应当附具补偿金额和专户存储账号、产权调换

① 张颖倩．日本最牛“钉子户”．新京报，2012-12-09.

② 北京中轴线申遗成功 安顿旧城人口是关键．中国城市文化网，2012-02-05.

③ 张素华．房屋强制拆迁制度存在的问题及对策——兼评《国有土地上房屋征收与补偿条例》．法学评论，2012（3）.

④ 姜明安．酒仙桥危改：不妨多一些民主．人权，2007（5）．不同观点，参见胡锦光，王锴．我国城市房屋拆迁中的若干法律问题——以北京酒仙桥拆迁案为例．法学，2007（8）。

⑤ 吴光荣．征收制度在我国的异化与回归——写在《国有土地上房屋征收与补偿条例》通过之后∥崔建远．民法九人行：第 7 卷．北京：法律出版社，2014：1，21.

⑥ 卢义杰，张光辉，阚文琦．宁波一检察院诉“钉子户”损害公共利益案搁浅．中国青年报，2015-07-10.

房屋和周转用房的地点和面积等材料。”作出房屋征收决定的市、县级人民政府未依法申请人民法院强制执行的，属于行政不作为，有损社会公共利益，应当属于行政公益诉讼范围。《行政诉讼法》（2014 年）第 25 条第 4 款规定：“人民检察院在履行职责中发现生态环境和资源保护、食品药品安全、国有财产保护、国有土地使用权出让等领域负有监督管理职责的行政机关违法行使职权或者不作为，致使国家利益或者社会公共利益受到侵害的，应当向行政机关提出检察建议，督促其依法履行职责。行政机关不依法履行职责的，人民检察院依法向人民法院提起诉讼。”

关于公共利益还存在一个决策主体和决策程序的问题①，市、县级人民政府作为征收主体，其对公共利益的认定不是终局性的。《国有土地上房屋征收与补偿条例》第 14 条规定：“被征收人对市、县级人民政府作出的房屋征收决定不服的，可以依法申请行政复议，也可以依法提起行政诉讼。”可见，关于公共利益的决策程序和决策机制，一方面，应该由立法机关依照法律规定的权限和程序进行立法规定，如立法机关对《国有土地上房屋征收与补偿条例》第 8 条的规定；另一方面，应该由司法机关依照法律规定的权限和程序进行司法判断，如《国有土地上房屋征收与补偿条例》第 14 条所规定的行政诉讼。②

二、征收拆迁与协议拆迁

就城市房屋征收拆迁实践来看，判断是否存在公共利益这一征收条件中的首要条件时，尚需区分一个前提性问题，即房屋拆迁的类型区分。“中国现有的房屋拆迁严格来讲要分为两种类型：第一种类型是为了公共利益的需要，由县级以上人民政府依照法律规定的权限和程序发布征收决定，然后进行的房屋拆迁，这是征收拆迁。第二种类型的拆迁不是为了公共利益的需要，不需要县级以上人民政府依照法律规定的权限和程序发布征收决定，而是由拆迁人和被拆迁人通过协商谈判的方式就拆还是不拆、以什么样的对价去拆达成协议所进行的房屋拆迁，这是协议拆迁。”③

第四节　征收的法律权限和程序

《物权法》第 42 条第 1 款特别规定“依照法律规定的权限和程序”征收。就对农村集体土地的征收，《土地管理法》第 45 条至第 51 条有集中规定，但是对征收权限和程序的规定并不完善，其更侧重于第 47 条和第 48 条对征收补偿的规定。就国有土地上房屋征收与补偿的程序来看，《国有土地上房屋征收与补偿条例》作了较为系统的规定。《国有土地上房屋征收与补偿条例》第 3 条规定：“房屋征收与补偿应当遵循决策民主、程序正当、结果公开的原则。”该条

① 王轶，董文军．论国家利益——兼论我国民法典中民事权利的边界．吉林大学社会科学学报，2008（3）.

② 对合法、公正的房屋征收决定，人民法院应予支持。国有土地上房屋征收决定通常既涉及众多被征收人的重大财产权益，又涉及重大公共利益。对于房屋征收决定的合法性，人民法院应当坚持全面的合法性审查原则。对于行政机关依照《国有土地上房屋征收与补偿条例》等法律规范作出的合法的房屋征收决定，人民法院应依法予以支持。王某诉北京市朝阳区人民政府房屋行政征收案，北京市第四中级人民法院向社会公开发布 2017 年度行政审判十大典型案例之一。

③ 王轶．物权保护与依法行政//百名法学家百场报告会组委会办公室．法治百家谈——百名法学家纵论中国法治进程．北京：新华出版社，2011：172－173. 王轶．民法视野中的房屋征收．法制日报，2011－01－29. 王轶．协议拆迁不宜由拆迁条例规范．新京报，2008－09－27.

例还从具体制度上对征收补偿决策的权限和程序作了细化规定。

第一，就征收主体，《国有土地上房屋征收与补偿条例》第 4 条第 1 款和第 2 款分别规定："市、县级人民政府负责本行政区域的房屋征收与补偿工作。""市、县级人民政府确定的房屋征收部门（以下称房屋征收部门）组织实施本行政区域的房屋征收与补偿工作。"据此，政府成为征收拆迁法律关系的一方当事人①，而不再是居中协调的角色。②"国有土地上房屋征收过程中，只有市、县级人民政府及其确定的房屋征收部门依法具有组织实施强制拆除被征收人合法房屋的行政职权。市、县级人民政府及房屋征收部门等不能举证证明被征收人合法房屋系其他主体拆除的，可以认定其为强制拆除的责任主体。市、县级人民政府及房屋征收部门等委托建设单位等民事主体实施强制拆除的，市、县级人民政府及房屋征收部门等对强制拆除后果承担法律责任。建设单位等民事主体以自己名义违法强拆，侵害物权的，除应承担民事责任外，违反行政管理规定的应依法承担行政责任，构成犯罪的应依法追究刑事责任。"③

第二，就征收决定的作出，《国有土地上房屋征收与补偿条例》第 8 条中规定："为了保障国家安全、促进国民经济和社会发展等公共利益的需要，有下列情形之一，确需征收房屋的，由市、县级人民政府作出房屋征收决定：……"在征收决定作出之前，应当事进行社会稳定风险评估和补偿费用足额到位。对此，《国有土地上房屋征收与补偿条例》第 12 条规定："市、县级人民政府作出房屋征收决定前，应当按照有关规定进行社会稳定风险评估；房屋征收决定涉及被征收人数量较多的，应当经政府常务会议讨论决定。""作出房屋征收决定前，征收补偿费用应当足额到位、专户存储、专款专用。"

第三，征收决定中应当包含征收补偿方案。《国有土地上房屋征收与补偿条例》第 10 条规定："房屋征收部门拟定征收补偿方案，报市、县级人民政府。""市、县级人民政府应当组织有关部门对征收补偿方案进行论证并予以公布，征求公众意见。征求意见期限不得少于 30 日。"第 11 条规定："市、县级人民政府应当将征求意见情况和根据公众意见修改的情况及时公布。""因旧城区改建需要征收房屋，多数被征收人认为征收补偿方案不符合本条例规定的，市、县级人民政府应当组织由被征收人和公众代表参加的听证会，并根据听证会情况修改方案。"

第四，征收决定的公告。《国有土地上房屋征收与补偿条例》第 13 条第 1 款规定："市、县级人民政府作出房屋征收决定后应当及时公告。公告应当载明征收补偿方案和行政复议、行政诉讼权利等事项。"第 14 条规定："被征收人对市、县级人民政府作出的房屋征收决定不服的，可以依法申请行政复议，也可以依法提起行政诉讼。"

第五，征收补偿协议的订立和决定。《国有土地上房屋征收与补偿条例》第 25 条规定："房屋征收部门与被征收人依照本条例的规定，就补偿方式、补偿金额和支付期限、用于产权调换房屋的地点和面积、搬迁费、临时安置费或者周转用房、停产停业损失、搬迁期限、过渡方式和过渡期限等事项，订立补偿协议。""补偿协议订立后，一方当事人不履行补偿协议约定的义务的，另一方当事人可以依法提起诉讼。"理论上，对于征收补偿协议究竟属于行政合同还是民事合同，存在争议。④若房屋征收部门与被征收人达不成征收补偿协议，基于征收的公益性，由政府进行强制协议。对此，《国有土地上房屋征收与补偿条例》第 26 条规定："房屋征收部门与被征收人在征收补偿方案确定的签约期限内达不成补偿协议，或者被征收房屋所有

① 刘黎，栾红．昆明医科大学置换土地还债风波调查．中国之声《新闻纵横》，2013-04-15.

② 孙宪忠．论城市房屋拆迁中的物权问题//徐昕．北理法学：第 2 辑．北京：法律出版社，2012：20-25.

③ 许水云诉金华市婺城区人民政府房屋行政强制及行政赔偿案．最高人民法院公报，2018（6）.

④ "国有土地上房屋征收补偿协议"座谈会召开．（2013-02-19）．http：//lawinnovation.com/html/xjdt/8533.shtml.

权人不明确的，由房屋征收部门报请作出房屋征收决定的市、县级人民政府依照本条例的规定，按照征收补偿方案作出补偿决定，并在房屋征收范围内予以公告。”“补偿决定应当公平，包括本条例第二十五条第一款规定的有关补偿协议的事项。”“被征收人对补偿决定不服的，可以依法申请行政复议，也可以依法提起行政诉讼。”《行政诉讼法》第 12 条第 1 款没有区分征收补偿协议和征收补偿决定的性质。该条规定：“人民法院受理公民、法人或者其他组织提起的下列诉讼：……（五）对征收、征用决定及其补偿决定不服的……（十一）认为行政机关不依法履行、未按照约定履行或者违法变更、解除政府特许经营协议、土地房屋征收补偿协议等协议的……”《最高人民法院关于审理行政协议案件若干问题的规定》第 2 条继续明确征收补偿协议的具体行政行为属性：“公民、法人或者其他组织就下列行政协议提起行政诉讼的，人民法院应当依法受理：……（二）土地、房屋等征收征用补偿协议……”

第六，先补偿、后搬迁。《国有土地上房屋征收与补偿条例》第 27 条规定：“实施房屋征收应当先补偿、后搬迁。”“作出房屋征收决定的市、县级人民政府对被征收人给予补偿后，被征收人应当在补偿协议约定或者补偿决定确定的搬迁期限内完成搬迁。”“任何单位和个人不得采取暴力、威胁或者违反规定中断供水、供热、供气、供电和道路通行等非法方式迫使被征收人搬迁。禁止建设单位参与搬迁活动。”第 28 条规定：“被征收人在法定期限内不申请行政复议或者不提起行政诉讼，在补偿决定规定的期限内又不搬迁的，由作出房屋征收决定的市、县级人民政府依法申请人民法院强制执行。”①

还需要指出的是，征收补偿协议的订立和决定规则，先补偿、后搬迁规则，都是规定在《国有土地上房屋征收与补偿条例》第三章“补偿”部分，与第二章“征收决定”相并列。这就使补偿协议和补偿的完成是否构成征收决定生效的条件，存在相对模糊的解释空间。《物权法》第 28 条规定：“因人民法院、仲裁委员会的法律文书或者人民政府的征收决定等，导致物权设立、变更、转让或者消灭的，自法律文书或者人民政府的征收决定等生效时发生效力。”征收决定何时起生效？理论上曾存在争议，核心在于是否以征收补偿的完成为要件。《民法典》第 229 条仍未对该问题加以明晰。有学者认为应该本着保护被征收人利益的原则，对《物权法》第 28 条和第 42 条作体系解释的方法，“必须在征收补偿完成之后、被征收人对征收决定未提起行政复议或诉讼，或者提起了诉讼或行政复议后原征收决定被维持的，才能认为征收令发生了效力……结合《物权法》第 42 条的规定，征收必须满足基于公共利益需要、符合法定权限和法定程序、依法作出补偿这三个要件才能产生效力。因此，征收也必须符合这三个条件才能生效”②。本书作者认为，本着目的解释和体系解释等方法，从保护被征收人利益的角度出发，应该将这些程序的完成作为征收决定生效的条件，而不能仅仅以征收决定的作出或者公告为征收决定的生效条件。

第五节　征收补偿制度

一、征收与房地产物权变动

根据《物权法》第 28 条、《民法典》第 229 条，基于征收决定这一事件发生强制物权变

① 2012 年 4 月 10 日起施行的《最高人民法院关于办理申请人民法院强制执行国有土地上房屋征收补偿决定案件若干问题的规定》。烨泉．强拆，公安处境太尴尬．法制日报，2012－09－25.

② 王利明．物权法研究：上卷．3 版．北京：中国人民大学出版社，2013：295－296.

动。征收决定生效后物权当然发生变动，并不以物权变动公示方法的完成为必要。

国有土地上房屋被征收的，房屋所在地的建设用地使用权也就相应被国家收回，被征收人的房屋所有权和建设用地使用权均归于消灭，国家相应取得被征收房屋的所有权，国家对被征收房屋所在土地的所有权也回复圆满状态。征收主体将被征收房屋拆除的，自被拆迁时，国家也就丧失对被征收房屋的所有权。《物权法》第 30 条、《民法典》第 231 条规定："因合法建造、拆除房屋等事实行为设立或者消灭物权的，自事实行为成就时发生效力。"

征收农村集体土地的，征收决定生效时农村集体土地所有权消灭，国家取得相应土地的所有权。被征收前该集体土地上存在土地承包经营权、宅基地使用权、集体建设用地使用权的，这些用益物权形态均归于消灭。集体土地被征收后，集体土地上存在的相应建筑物、构筑物或农作物的所有权也转归国家，征收主体随后将相应建筑物、构筑物或农作物拆迁、移除的，国家也就丧失对这些标的物的所有权。

二、房地产征收补偿制度

"在实务部门工作的同志都清楚，最容易出问题的就是这个拆迁安置补偿协议谈判的过程。在中国大多数的拆迁纠纷中，被拆迁人不是不同意拆，而是他表示不能接受拆迁人提出的安置补偿条件。"① "在农民集体及其成员的财产权实现过程中，土地征收制度确立的非市场化补偿标准与集体经营性建设用地入市制度中的土地增值收益分配机制在评价上存在冲突，应促使土地补偿观念转向市场化并引入税收制度进行二次分配，以便实现两种制度在土地增值收益分配机制方面的价值整合。"②

根据《物权法》第 42 条第 2 款和第 3 款（《民法典》第 243 条第 2 款和第 3 款），从征收补偿制度的具体规定上可以发现，征收拆迁和社会保障有着非常密切的联系。③

以国有土地上房屋征收与补偿为例，《国有土地上房屋征收与补偿条例》第 17 条规定："作出房屋征收决定的市、县级人民政府对被征收人给予的补偿包括：（一）被征收房屋价值的补偿；（二）因征收房屋造成的搬迁、临时安置的补偿；（三）因征收房屋造成的停产停业损失的补偿。""市、县级人民政府应当制定补助和奖励办法，对被征收人给予补助和奖励。"第 18 条规定："征收个人住宅，被征收人符合住房保障条件的，作出房屋征收决定的市、县级人民政府应当优先给予住房保障。具体办法由省、自治区、直辖市制定。"第 19 条第 1 款规定："对被征收房屋价值的补偿，不得低于房屋征收决定公告之日被征收房屋类似房地产的市场价格。被征收房屋的价值，由具有相应资质的房地产价格评估机构按照房屋征收评估办法评估确定。"第 21 条第 1 款规定："被征收人可以选择货币补偿，也可以选择房屋产权调换。"④ 第 23 条规定："对因征收房屋造成停产停业损失的补偿，根据房屋被征收前的效益、停产停业期限等因素确定。具体办法由省、自治区、直辖市制定。"第 16 条还规定："房屋征收范围确定后，不得在房屋征收范围内实施新建、扩建、改建房屋和改变房屋用途等不当增加补偿费用的行

① 王轶．物权保护与依法行政//百名法学家百场报告会组委会办公室．法治百家谈——百名法学家纵论中国法治进程．北京：新华出版社，2011：172－173.

② 高飞．土地征收中公共利益条款适用的困境及其对策．学术月刊，2020（4）.

③ 孙宪忠．论城市房屋拆迁中的物权问题//徐昕．北理法学：第 2 辑．北京：法律出版社，2012：19－20.

④ 在房屋征收补偿中，被征收人对补偿方式享有选择权，如《国有土地上房屋征收补偿条例》第 21 条第 1 款明确规定："被征收人可以选择货币补偿，也可以选择房屋产权调换"。而实践中不少"官"民矛盾的产生，源于市、县级政府在作出补偿决定时，没有给被征收人选择补偿方式的机会而径直加以确定，如何刚诉淮安市淮阴区人民政府房屋征收补偿决定案（2014 年 8 月 29 日最高人民法院公布的全国法院征收拆迁十大典型案例之一）。

为；违反规定实施的，不予补偿。”“房屋征收部门应当将前款所列事项书面通知有关部门暂停办理相关手续。暂停办理相关手续的书面通知应当载明暂停期限。暂停期限最长不得超过1年。”① 行政补偿是对征收发生时点产生的实际损失的弥补②，行政赔偿是根据违法行为产生的损失、程度、范围等综合考虑给予的全面赔偿。在一并提起的行政赔偿诉讼中，原告应当就因受被诉行为侵害而遭受损失的事实承担举证责任。在行政赔偿诉讼中，原告应当对被诉具体行政行为造成损害的事实提供证据。因被告的原因原告无法举证的，由被告承担举证责任。因此，因行政机关违反正当程序，不依法公证或者依法制作证据清单，给原告履行举证责任造成困难的，且被告也无法举证证明实际损失金额的，人民法院可在原告就损失金额所提供证据能够初步证明其主张的情况下，依法作出不利于行政机关的损失金额认定。有法院在裁判中指出："市、县级人民政府在既未作出补偿决定又未通过补偿协议解决补偿问题的情况下，违法强制拆除被征收人房屋的，应当赔偿被征收人房屋价值损失、屋内物品损失、安置补偿等损失。人民法院在确定赔偿数额时，应当坚持全面赔偿原则，合理确定房屋等的评估时点，并综合协调适用《国家赔偿法》规定的赔偿方式、赔偿项目、赔偿标准与《国有土地上房屋征收与补偿条例》规定的补偿方式、补偿项目、补偿标准，确保被征收人得到的赔偿不低于其依照征收补偿方案可以获得的征收补偿。”③

就农村集体土地征收补偿，原《土地管理法》第48条、第49条也作了较为详细的规定。第48条第2款前段规定："征收土地应当依法及时足额支付土地补偿费、安置补助费以及农村村民住宅、其他地上附着物和青苗等的补偿费用，并安排被征地农民的社会保障费用。”④ 第49条第1款规定："被征地的农村集体经济组织应当将征收土地的补偿费用的收支状况向本集体经济组织的成员公布，接受监督。”⑤ 就土地补偿费，如何提高补偿标准以及如何在农民集体和集体成员之间妥当分配土地补偿费，成为2019年《土地管理法》修正时的重要任务。2019年《土地管理法》第48条第3款对征收农用地的土地补偿费、安置补助费标准由原来的该耕地被征收前三年平均年产值倍数标准改为区片综合地价标准。

三、承包地征收补偿制度——土地补偿费分配权

《物权法》第132条规定："承包地被征收的，土地承包经营权人有权依照本法第四十二条第二款的规定获得相应补偿。”《民法典》第338条坚持此立场。《物权法》第59条、《民法典》第261条规定，“土地补偿费等费用的使用、分配办法”应当依照法定程序经本集体成员集体决定。但现行法对于土地补偿费在集体经济组织成员间的具体分配方法没有明确规定，司法实践中对此问题的处理也较为混乱。集体经济组织成员所享有的土地补偿费分配权这一法定权利如何获得实现颇为重要。《最高人民法院关于审理涉及农村土地承包纠纷案件适用法律问题的解释》第22条规定："农村集体经济组织或者村民委员会、村民小组，可以依照法律规定的民

---

① 20余拆迁户伪造许可证骗取千万补偿款．现代快报，2013-01-29.

② “市、县人民政府在发布征地公告后，如因征收实施机关自身原因导致补偿时点明显延迟，且延迟补偿期间房地产市场价格明显上涨的，征收实施机关再按发布征地公告时适用的征收补偿标准对被征收人进行补偿，并据此责令被征收人交出土地，存在明显不合理、不公平，依法应不予支持。”（“陈某群诉梅州市梅县区国土资源局、梅州市梅县区人民政府责令限期交地纠纷”，广东省高级人民法院发布2018年度行政诉讼十大典型案例之一。）

③ 许水云诉金华市婺城区人民政府房屋行政强制及行政赔偿案．最高人民法院公报，2018（6）.

④ 生俊东．河南一镇政府征地补偿：65年后给800斤玉米和小麦．中国新闻网，2013-04-02.

⑤ 《土地管理法实施条例》第26条第1款规定："土地补偿费归农村集体经济组织所有；地上附着物及青苗补偿费归地上附着物及青苗的所有者所有。”

主议定程序，决定在本集体经济组织内部分配已经收到的土地补偿费。征地补偿安置方案确定时已经具有本集体经济组织成员资格的人，请求支付相应份额的，应予支持。但已报全国人大常委会、国务院备案的地方性法规、自治条例和单行条例、地方政府规章对土地补偿费在农村集体经济组织内部的分配办法另有规定的除外。”

在对具体土地补偿费分配权案件裁判过程中，主要存在如下处理方法：第一，有的法院认为：“村集体经济组织决定将政府发放的土地补偿费用中的多少用于村民之间的分配，属于村民自治的范畴，人民法院不宜调整”①。第二，有的法院认为，农村集体经济组织成员资格的确定，是解决土地补偿费分配纠纷的基本前提，而农村集体经济组织成员资格认定案件，不属于人民法院受理的民事诉讼范围。② 第三，有的法院认可集体经济组织成员分配权纠纷属于平等民事主体之间的法律关系，具有可裁判性，但对于如何判断集体经济组织成员资格未采取户籍这一单一认定标准：“集体组织成员资格的判断，在尊重村（居）民自治的前提下，应结合户籍因素和生活保障基础作综合考量。生活保障基础，是指村（居）民与集体组织形成较为固定的生产、生活关系，包括长期在集体组织所在地生产、生活或虽暂时不在集体组织所在地生产、生活，但其生活保障仍须依附于该集体组织等情形。”③ 有的法院并不采取户籍说、村民说或生活来源说，而是采取地权说，认为虽户籍迁入集体经济组织，但若户籍属于非农业户，则仍不能享有土地补偿费分配权，因“具有农业户资格是取得农村集体经济组织成员资格的基本条件”④。在农民集体成员身份认定标准⑤和承包地征收补偿费分配权的具体实现问题上，立法需求迫切。

第六节　城乡房屋与土地征收补偿理论与实践

《国有土地上房屋征收与补偿条例》第二章规定“征收决定”，第三章规定“补偿”。征收决定和补偿均属于须遵循程序法定原则的具体行政行为，其程序依次大致包括社会稳定风险评估⑥，市、县级人民政府作出房屋征收决定并及时公告，房屋征收部门拟定征收补偿方案，市、县级人民政府组织有关部门对征收补偿方案进行论证并予以公布以征求公众意见，及时公布征求意见情况和根据公众意见修改的情况，订立补偿协议或者作出补偿决定，给予补偿，完成搬迁或者申请法院强制执行，建立房屋征收补偿档案。

在征收决定作出环节，关键是要确定是否满足征收构成要件中的公共利益要件。《国有土地上房屋征收与补偿条例》第 8 条对国有土地上房屋征收基于公共利益的情形作了类型列举和

---

① 和某等诉玉龙县奉科乡奉科存梨园二组承包地征收补偿费用分配案，云南省丽江市中级人民法院（2011）民一终字第 94 号民事判决书．

② 玉某、刀某诉景洪市嘎兰居民委员会曼蚌囡小组村民待遇案，云南省西双版纳州中级人民法院（2011）西民一再终字第 5 号民事裁定书．

③ 吕某诉厦门市同安区新民镇胡安社区居民委员会第三居民小组承包地征收补偿费用分配纠纷案，福建省厦门市同安区人民法院（2011）同民初字第 117 号．

④ 姜某与三元区城东乡荆东村民委员会承包地征收补偿费用分配纠纷案，福建省三明市中级人民法院（2012）三民终字第 32 号民事判决书．

⑤ 王雷．农民集体成员权、农民集体决议与乡村治理体系的健全．中国法学，2019（2）．

⑥ 2011 年 5 月 27 日起施行的《北京市国有土地上房屋征收与补偿实施意见》第 8 条规定：“区县人民政府作出房屋征收决定前，应当按照有关规定进行社会稳定风险评估，制定并认真落实各项防范、化解、处置措施。”“房屋征收决定涉及被征收人数量较多的，应当经区县人民政府常务会议讨论决定。”

兜底条款相结合的规定。被征收人对征收决定不服，特别是对是否存在公共利益有异议时，根据《国有土地上房屋征收与补偿条例》第 14 条规定，可以依法申请行政复议，也可以依法提起行政诉讼。① 对于是否存在征收公共利益，作出征收决定的行政机关承担举证责任②，而立法上的最终决断权归立法机关，法律适用中的最终决断权归人民法院。

我国绝大多数征收拆迁纠纷其实都归因于补偿数额争议。根据《国有土地上房屋征收与补偿条例》第 21 条第 1 款和第 25 条，征收补偿协议属于行政合同。根据《国有土地上房屋征收与补偿条例》第 26 条，征收补偿决定属于具体行政行为。若房屋征收部门与被征收人达不成征收补偿协议，基于征收的公益性特点，由政府作出补偿决定。

若被征收人对征收补偿决定不服并提起诉讼，则人民法院对作为具体行政行为的征收补偿决定进行合法性审查，对于征收补偿决定所确定的补偿数额是否合理的判断，根据《国有土地上房屋征收与补偿条例》第 19 条第 1 款，就转化为对补偿标准和补偿决定程序的合法性判断③，避免补偿数额作为单纯的合理性问题而遁出司法审查的范围。法治国家的要义之一就是通过尽量缩小行政自由裁量权的范围来规范公权力，将行政权的合理性问题转化为合法性问题，这就使司法审查成为可能，有利于对行政权力的约束。如果被征收人对征收决定以及征收补偿决定均未提出异议，但又拒不搬迁，则适用《国有土地上房屋征收与补偿条例》第 28 条第 1 款的规定，"由作出房屋征收决定的市、县级人民政府依法申请人民法院强制执行"④。

资料：

2012 年 8 月 1 日起施行的《河北省国有土地上房屋征收与补偿实施办法》第 13 条规定："给予被征收人停产停业损失补偿的，应当符合下列条件：（一）被征收房屋具有房屋权属证明或者经有关部门认定为合法建筑；（二）被征收房屋为非住宅用房；（三）有合法、有效的营业执照或者其他相关生产经营行政许可手续，且营业执照或者其他相关生产经营行政许可手续上载明的住所（营业场所）为被征收房屋；（四）已办理税务登记并具有纳税凭证。"第 15 条规定："生产经营者依法承租房屋进行生产经营且租赁合同未到期所承租房屋被征收的，其停产停业损失补偿费应当依照生产经营者与被征收人的约定分配；无约定的，房屋征收部门可将生产经营者的停产停业损失直接补偿给生产经营者。"如在某高速公路建设土地征收拆迁过程中，当事人叶某是被征收库房的承租人，其经营烟花爆竹销售企业，所租用的库房正好处于征收范围，租赁合同尚未到期。烟花爆竹销售的库房具有特殊性，有很多限制，包括安全距离、房屋

---

① 在房屋征收过程中，如果规划不合理，致使整幢建筑的一部分未被纳入规划红线范围，而政府出于实用性、居住安全性等因素考虑，将未纳入规划的部分一并征收的，该行为体现了以人为本，有利于征收工作顺利推进。人民法院应认可相关征收决定的合法性，不宜过于片面、机械地理解法律。如杨瑞芬诉株洲市人民政府房屋征收决定案，2014 年 8 月 29 日最高人民法院公布的全国法院征收拆迁十大典型案例之一。

② 廖明耀诉龙南县人民政府房屋强制拆迁案，2014 年 8 月 29 日最高人民法院公布的全国法院征收拆迁十大典型案例之一。该案中，被告将原告的合法房屋在拆除违法建筑过程中一并拆除，在其后诉讼过程中又未能在法定期限内向法院提供据以证明其行为合法的证据，因此只能承担败诉后果。

③ 孔庆丰诉泗水县人民政府房屋征收决定案，艾正云、沙德芳诉马鞍山市雨山区人民政府房屋征收补偿决定案，文白安诉商城县人民政府房屋征收补偿决定案，毛培荣诉永昌县人民政府房屋征收补偿决定案，2014 年 8 月 29 日最高人民法院公布的全国法院征收拆迁十大典型案例。张鹏鹏．房屋评估报告须按规定送达被征收人．人民司法·案例，2014（22）．

④ 《行政强制法》第 44 条规定的对违法建筑拆除的行政强制措施程序不同于征收拆迁强制措施。《行政强制法》第 44 条规定："对违法的建筑物、构筑物、设施等需要强制拆除的，应当由行政机关予以公告，限期当事人自行拆除。当事人在法定期限内不申请行政复议或者提起行政诉讼，又不拆除的，行政机关可以依法强制拆除。"叶呈胜、叶呈长、叶呈发诉仁化县人民政府房屋行政强制案，叶汉祥诉湖南省株洲市规划局、株洲市石峰区人民政府不履行拆除违法建筑法定职责案，2014 年 8 月 29 日最高人民法院公布的全国法院征收拆迁十大典型案例。

结构等。房屋的整改都是叶某自己出钱解决的。出租人只是出租了一个房子给叶某，并没有参与经营，也没有对房屋作任何修缮。一旦叶某租用的房屋被征收，他的企业就会因为没有库房，而无法经营下去，损失非常大。因为烟花爆竹作为危险品，没有库房，则经营许可会被吊销。烟花爆竹的库房具有特殊性，暂时没有合适的替代地点作为库房。此时，应该补偿承租人停产停业损失等。《河北省国有土地上房屋征收与补偿实施办法》第10条规定："设区的市、县（市、区）人民政府作出房屋征收决定前，应当组织有关部门依照法律法规和有关规定对征收范围内未经登记的建筑物、构筑物进行调查、认定和处理。对认定为合法建筑和未超过批准期限的临时建筑，应当给予补偿；对认定为违法建筑和超过批准期限的临时建筑，不予补偿。"

值得注意的是，在国有土地上房屋征收补偿过程中，行政机关对房屋使用性质的认定也采取权利外观的判断态度，认为应当以房屋登记簿等原始权利记载为前提。房屋变更使用性质的，行政相对人应当提供有权机关批准变更的文件，并结合房屋实际使用情况进行认定。不能提供批准文件的，对房屋性质仍按照原有记载予以认定。①

我国尚无一部统一的不动产征收补偿法，在我国既有法律体系下，被征收人对土地增值收益的分配主要体现在农村集体成员对土地补偿费的分配。《村民委员会组织法》第24条第1款规定："涉及村民利益的下列事项，经村民会议讨论决定方可办理：……（七）征地补偿费的使用、分配方案……"村民会议针对征地补偿费的使用、分配所达成的决议成为村民自治的表现形式，而司法审查介入土地补偿费分配纠纷的应有限度为对村民会议决议效力的合法性判断，即村民会议决议是否由法定主体依照法定的表决程序和表决规则作出。

第七节　《土地管理法》2019年修正案对征收等制度的发展

《全国人民代表大会常务委员会关于修改〈中华人民共和国土地管理法〉、〈中华人民共和国城市房地产管理法〉的决定》于2019年8月26日通过，自2020年1月1日起施行。《土地管理法》本次修改总结、吸收农地改革经验，着重对农村土地征收、集体经营性建设用地入市、宅基地制度改革等农村"三块地"改革成果作出了最新规定。改变、完善现有的建设用地土地供应的格局，集体经营性建设用地入市是这次修法中最大的亮点（《土地管理法》第63条）。本次修改中增加规定了集体经营性建设用地入市首先要符合规划，规划必须是工业、商业等经营性用途；规定了集体经营性建设用地入市的民主决策程序，授权国务院制定"集体经营性建设用地出让转让管理条例"；完善农村宅基地制度，下放宅基地审批权限，明确农村村民住宅用地由乡镇人民政府审核批准（《土地管理法》第62条第4款）；规定宅基地自愿有偿退出制度②（《土地管理法》第62条第6款），为"多规合一"改革预留法律空间；将基本农田提升为永久基本农田；合理划分了中央和地方的土地审批权限，国务院只审批涉及永久基本农田的农用地转用，其他的由国务院授权省级政府审批；按照谁审批谁负责的原则，取消省级征地批准报国务院备案的规定；规定了土地督察制度。

---

① 霍佩英与上海市黄浦区人民政府、第三人上海市黄浦区住房保障和房屋管理局、孙慰萱、陈伟理、孙维强房屋征收补偿决定案，上海市黄浦区人民法院（2013）黄浦行初字第350号行政判决书//王艳姮，葛翔．证明房屋使用性质变更要提供批准文件．人民司法·案例，2014（22）．

② 有学者认为："农民本能地感觉到他们现在还没到退出宅基地的时候……年轻时进城，年老了可能还得退回农村……即使将来万一进城生活了，再退出宅基地不迟，现在就让宅基地放在那里吧，也许将来用得着。"（贺雪峰．地权的逻辑：II 地权变革的真相与谬误．北京：东方出版社，2013：192.）

此外，修改后的《土地管理法》第45条首次对土地征收的公共利益进行了明确界定："为了公共利益的需要，有下列情形之一，确需征收农民集体所有的土地的，可以依法实施征收：（一）军事和外交需要用地的；（二）由政府组织实施的能源、交通、水利、通信、邮政等基础设施建设需要用地的；（三）由政府组织实施的科技、教育、文化、卫生、体育、生态环境和资源保护、防灾减灾、文物保护、社区综合服务、社会福利、市政公用、优抚安置、英烈保护等公共事业需要用地的；（四）由政府组织实施的扶贫搬迁、保障性安居工程建设需要用地的；（五）在土地利用总体规划确定的城镇建设用地范围内，经省级以上人民政府批准由县级以上地方人民政府组织实施的成片开发建设需要用地的；（六）法律规定为公共利益需要可以征收农民集体所有的土地的其他情形。""前款规定的建设活动，应当符合国民经济和社会发展规划、土地利用总体规划、城乡规划和专项规划；第（四）项、第（五）项规定的建设活动，还应当纳入国民经济和社会发展年度计划；第（五）项规定的成片开发并应当符合国务院自然资源主管部门规定的标准。"该规定的初衷是"缩小征地范围"，限制政府滥用征地权。

值得注意的是，成片开发建设必然包含对公共利益的追求，但成片开发建设一定不是纯粹的公共利益，甚至有可能是纯粹的经济利益。成片开发建设中也有可能是其中某个部分涉及商业利益，而非公共利益。[①]"'成片开发'能否列入公共利益的范畴还需要进行实质性判断。"[②]"不应将成片开发建设纳入土地征收范围。"[③]

另外本次修改还规定了土地征收的"公平、合理"的补偿标准，首次明确了土地征收补偿的基本原则是保障被征地农民原有生活水平不降低、长远生计有保障（《土地管理法》第48条第1款），增加了农村村民住宅补偿和社会保障费（《土地管理法》第48条第2款）；删除了按照被征收土地原用途给予补偿的规定，以区片综合地价取代原来的年产值倍数法[④]（《土地管理法》第48条第3款）；还改革了土地征收程序，把原来的批后公告改为了批前公告（《土地管理法》第47条第2款）。

本章思考题

1. 我国《民法典》第229条规定："因人民法院、仲裁机构的法律文书或者人民政府的征收决定等，导致物权设立、变更、转让或者消灭的，自法律文书或者征收决定等生效时发生效力。"

请分析征收决定的生效要件。

2. 评析我国《土地管理法》和《国有土地上房屋征收与补偿条例》所规定的征收补偿制度。

3. 法条分析：

我国《物权法》第42条第2款规定："征收集体所有的土地，应当依法足额支付土地补偿费、安置补助费、地上附着物和青苗的补偿费等费用，安排被征地农民的社会保障费用，保障被征地农民的生活，维护被征地农民的合法权益。"

《民法典》第243条第2款规定："征收集体所有的土地，应当依法及时足额支付土地补偿

① 高飞．新《土地管理法》征收制度改革之成功与不足．西南政法大学中国民法成长论坛论文，2019-12-12.

② 房绍坤．土地征收制度的立法完善——以《土地管理法修正案草案》为分析对象．法学杂志，2019（4）.

③ 朱广新．《土地管理法》修改中的几个重要问题．中国房地产，2019（10）.

④ 对此，有学者认为："该法在土地补偿标准方面改采'区片综合地价'，适当提高了征地补偿标准，但该标准仍然践行的是非市场化的土地补偿观念。"［高飞．土地征收中公共利益条款适用的困境及其对策．学术月刊，2020（4）.］

费、安置补助费以及农村村民住宅、其他地上附着物和青苗等的补偿费用，并安排被征地农民的社会保障费用，保障被征地农民的生活，维护被征地农民的合法权益。”

2019 年修正后的《土地管理法》第 48 条第 2 款规定：“征收土地应当依法及时足额支付土地补偿费、安置补助费以及农村村民住宅、其他地上附着物和青苗等的补偿费用，并安排被征地农民的社会保障费用。”第 49 条第 1 款规定：“被征地的农村集体经济组织应当将征收土地的补偿费用的收支状况向本集体经济组织的成员公布，接受监督。”

《土地管理法实施条例》第 26 条第 1 款规定：“土地补偿费归农村集体经济组织所有；地上附着物及青苗补偿费归地上附着物及青苗的所有者所有。”

结合我国农村集体土地征收补偿制度，对上述法律规定作出评析。

4. 实证调研分析土地房屋征收过程中商业承租人的租赁权保障问题。

5. 2020 年 3 月 30 日《中共中央、国务院关于构建更加完善的要素市场化配置体制机制的意见》要求“推进土地要素市场化配置”，“建立健全城乡统一的建设用地市场。加快修改完善土地管理法实施条例，完善相关配套制度，制定出台农村集体经营性建设用地入市指导意见。全面推开农村土地征收制度改革，扩大国有土地有偿使用范围。建立公平合理的集体经营性建设用地入市增值收益分配制度。建立公共利益征地的相关制度规定”。

试分析农村集体经营性建设用地入市的缘起、演变、具体方式及对土地征收制度和建立健全城乡统一的建设用地市场的影响。

第七章
建设工程合同

第一节　建设工程合同概述

《合同法》第十六章、《民法典》第三编第十八章专章规定“建设工程合同”。《合同法》第269条、《民法典》第788条规定：“建设工程合同是承包人进行工程建设，发包人支付价款的合同。”“建设工程合同包括工程勘察、设计、施工合同。”《合同法》第287条、《民法典》第808条规定：“本章没有规定的，适用承揽合同的有关规定。”可见，建设工程合同和承揽合同在法律性质和法律适用上存在特别与一般的关系。

建设工程合同相关纠纷在法律适用上除适用《合同法》第十六章和第十五章、《民法典》第三编第十八章和第十七章的规定之外，还适用《建筑法》、原《最高人民法院关于审理建设工程施工合同纠纷案件适用法律问题的解释》、原《最高人民法院关于审理建设工程施工合同纠纷案件适用法律问题的解释（二）》、《最高人民法院关于审理建设工程施工合同纠纷案件适用法律问题的解释（一）》等相关规定。司法实践中也有关于装修合同能否适用原《最高人民法院关于审理建设工程施工合同纠纷案件适用法律问题的解释》的探讨：“最高人民法院在2004年专门出台《关于审理建设工程施工合同纠纷案件适用法律问题的解释》，实践中，法院审理装饰装修合同纠纷案件能否适用该司法解释尚未形成统一意见，而当事人也多有以此为理由提出抗辩……建议将装饰装修合同纠纷纳入《关于审理建设工程施工合同纠纷案件适用法律问题的解释》的适用范围中，或者通过另行制定司法解释的方式对装饰装修合同进行专门规定，从而避免法律空白。”①

第二节　建筑施工企业资质与建设工程合同的效力

《建筑法》第13条规定：“从事建筑活动的建筑施工企业、勘察单位、设计单位和工程监理单位，按照其拥有的注册资本、专业技术人员、技术装备和已完成的建筑工程业绩等资质条件，划分为不同的资质等级，经资质审查合格，取得相应等级的资质证书后，方可在其资质等级许可的范围内从事建筑活动。”第26条规定：“承包建筑工程的单位应当持有依法取得的资质证书，并在其资质等级许可的业务范围内承揽工程。”“禁止建筑施工企业超越本企业资质等

① 大宣．大兴法院调研装饰装修合同纠纷案件．北京法院网，2011-08-29.

级许可的业务范围或者以任何形式用其他建筑施工企业的名义承揽工程。禁止建筑施工企业以任何形式允许其他单位或者个人使用本企业的资质证书、营业执照，以本企业的名义承揽工程。”《最高人民法院关于审理建设工程施工合同纠纷案件适用法律问题的解释（一）》[以下简称《建设工程施工合同司法解释（一）》] 第1条第1款规定：“建设工程施工合同具有下列情形之一的，应当根据民法典第一百五十三条第一款的规定，认定无效：（一）承包人未取得建筑业企业资质或者超越资质等级的；（二）没有资质的实际施工人借用有资质的建筑施工企业名义的；（三）建设工程必须进行招标而未招标或者中标无效的。”第4条规定：“承包人超越资质等级许可的业务范围签订建设工程施工合同，在建设工程竣工前取得相应资质等级，当事人请求按照无效合同处理的，人民法院不予支持。”

“违反了一个存在公共利益，甚至巨大公共利益的强制性规范，并不等于这个行为一定要损害公共利益，损不损害仅仅是一种可能性。比如说，关于建筑企业资质的管制，我们一定不能否认建筑企业对当今之我国有重大意义，也涉及对公共利益的高度的关切。但问题是一个没有建筑资质的企业承揽了一个工程，最后真的就会损害公共利益吗？所以，我们最高法院才很实务地区分了两种情形，这没有建筑资质承揽工程最后验收合格，验收合格对公共利益有什么损害呢？所以，公共利益是不是被损害恐怕不能从被违反的强制性规定本身作静态的角度判断，恐怕要从实际运行的动态角度出发。”① 本书作者认为，法律对建筑施工企业的资质等级、建设用地规划许可证、建设工程规划许可证等的规定属于管理性强制性规范，违反此种资质要求并不会当然导致合同无效，而是会导致对违规企业的行政处罚等公法制裁。

第三节 建设工程合同价款优先受偿权

一、建设工程合同价款优先受偿权的法律适用

《合同法》第286条规定：“发包人未按照约定支付价款的，承包人可以催告发包人在合理期限内支付价款。发包人逾期不支付的，除按照建设工程的性质不宜折价、拍卖的以外，承包人可以与发包人协议将该工程折价，也可以申请人民法院将该工程依法拍卖。建设工程的价款就该工程折价或者拍卖的价款优先受偿。”《民法典》第807条总体上坚持该规定。民法理论上关于建设工程合同价款优先受偿权的法律性质存在法定留置权说、法定抵押权说和优先权说等不同学说之间。本书作者认为，该问题属于纯粹民法学问题中的解释选择问题，不同的解释结论并不影响法律规范的设计和适用。

原《最高人民法院关于建设工程价款优先受偿权问题的批复》规定：“一、人民法院在审理房地产纠纷案件和办理执行案件中，应当依照《中华人民共和国合同法》第二百八十六条的规定，认定建筑工程的承包人的优先受偿权优于抵押权和其他债权。二、消费者交付购买商品房的全部或者大部分款项后，承包人就该商品房享有的工程价款优先受偿权不得对抗买受人。三、建筑工程价款包括承包人为建设工程应当支付的工作人员报酬、材料款等实际支出的费用，不包括承包人因发包人违约所造成的损失。四、建设工程承包人行使优先权的期限为六个月，自建设工程竣工之日或者建设工程合同约定的竣工之日起计算。”

---

① 2012年4月21日中南财经政法大学举办的“合同法第52条解释适用”研讨会上孙鹏教授的发言。转引自中国私法网。

可见，建设工程合同价款优先受偿权是法律出于对建设工程企业进行倾斜保护而采取的一项司法政策。司法解释对建设工程合同价款优先受偿权适用的客体范围作了必要的限制，以保护交付全部或者大部分购房款项的买受人。但司法解释并未正面明确排除建设工程合同价款优先受偿权对机关或者事业单位的公益性建筑的适用，构成法律漏洞，应采取目的性限缩的方式排除之。[①] 解释论上可以将机关或者事业单位的公益性建筑认定为“按照建设工程的性质不宜折价、拍卖的”建筑物。

二、建设工程合同价款优先受偿权与承包人拒绝交付工程的关系

有学者认为：发包人支付价款和承包人交付工程都属于建设工程合同中的主给付义务，二者构成合同同时履行抗辩权，立法者意图用《合同法》第286条规定的建设工程合同价款优先受偿权代替承包人拒绝交付工程留置的方式，来避免拒绝交付工程引起的连锁反应。[②] 若在建设工程合同中，发包人和承包人就工程价款给付前承包人有拒绝交付工程的权利有明确约定的，从其约定。此时就存在主给付义务的先后履行顺序，不能适用合同同时履行抗辩权。

不过，也有学者认为：“一般而言，承包人对其所建造的建筑物在交付之前都由其进行占有，这也便利承包人行使优先权。尽管从《合同法》第286条的规定来看，在建设工程合同交付之后，承包人仍然可以享有优先权，但是，在实践中，如果建设工程已经交付给发包人，则承包人再行使优先权将会存在较多障碍。”[③]

可参考《北京市高级人民法院关于审理建设工程施工合同纠纷案件若干疑难问题的解答》第38条的规定：“承包人以发包人拖延结算或欠付工程款为由拒绝交付工程的，如何处理？由此造成的损失如何承担?”“工程竣工验收合格后，承包人以发包人拖延结算或欠付工程款为由拒绝交付工程的，一般不予支持，但施工合同另有明确约定的除外。”“承包人依据合同约定拒绝交付工程，但其拒绝交付工程的价值明显超出发包人欠付的工程款，或者欠付工程款的数额不大，而部分工程不交付会严重影响整个工程使用的，对发包人因此所受的实际损失，应由当事人根据过错程度予以分担。”

第四节　房屋装修合同与建设工程合同的关系

司法实践中存在房屋装修合同能否适用原《最高人民法院关于审理建设工程施工合同纠纷司法适用法律问题的解释》的法律适用难题。有观点主张，立法论上应当将房屋装修合同纠纷纳入原《最高人民法院关于审理建设工程施工合同纠纷案件适用法律问题的解释》的适用范围中，或者通过另行制定司法解释的方式对房屋装修合同进行专门规定，从而避免法律空白。[④] 另外，住宅室内装修相关问题还应该适用《住宅室内装饰装修管理办法》（建设部令［2002］第110号）的规定。

本书作者认为房屋装修合同一般不属于建设工程合同，而是普通的承揽合同。理由在于：

---

① 湖北小学拖欠施工款835名学生寒风中“上课”. 新华网，2012-12-11. 杨理锐. 法院拖欠337万工程款 债主打赢官司遇执行难. 云南网，2009-01-20.

② 陈旻. 建设工程施工合同纠纷案件审理中的若干问题. 2012年11月17日北京市律师协会律师培训讲座内容。

③ 王利明. 合同法研究：第3卷. 2版. 北京：中国人民大学出版社，2012：489.

④ 大宣. 大兴法院调研装饰装修合同纠纷案件. 北京法院网，2011-08-29.

一方面，《合同法》第 269 条、《民法典》第 788 条规定："建设工程合同是承包人进行工程建设，发包人支付价款的合同。""建设工程合同包括工程勘察、设计、施工合同。"该条第 2 款列举规定了建设工程合同的具体类型，通过文义解释方法可知，业主对建筑物的个别室内装修不属于建设工程合同的类型[①]，而建筑施工中的总体室内外装修属于建设工程合同的表现。另一方面，《合同法》第 251 条规定："承揽合同是承揽人按照定作人的要求完成工作，交付工作成果，定作人给付报酬的合同。""承揽包括加工、定作、修理、复制、测试、检验等工作。"该条第 2 款通过例示规定列举了承揽合同的常见类型。这是一种开放式的类型列举，据此，有学者解释认为装修属于承揽合同的具体类型。[②] 本书作者认为，《合同法》第 251 条第 2 款、《民法典》第 770 条第 2 款仅属于例示规定，存在开放解释空间。

在立法机关侵权责任法释义著作中和侵权责任法学者及环境法学者的著作中，大都结合《环境保护法》第 2 条来对"环境"作解释，认为其指天然环境和经过人工改造的自然环境。侵权责任法学者和环境法学者还大多强调，环境污染的损害具有广泛性或公害性的特点。比较法上甚至有立法例直接使用"公害"的概念。还有学者对《侵权责任法》第 65 条所规定的"造成损害"作解释，认为此时指的不仅是"造成他人损害"，还同时包括更为广泛的损害。结合以上解释，本书作者认为，装修公司提供涂料进行的室内装修不宜适用环境污染责任规则[③]，而可以适用《合同法》第 261 条、《民法典》第 780 条的规定："承揽人完成工作的，应当向定作人交付工作成果，并提交必要的技术资料和有关质量证明。定作人应当验收该工作成果。"

第五节　建设工程合同纠纷案件适用法律的重点难点问题

《最高人民法院关于审理建设工程施工合同纠纷案件适用法律问题的解释（二）》自 2019 年 2 月 1 日起施行。该司法解释就建设工程合同的效力、建设工程价款结算、建设工程鉴定[④]、建设工程价款优先受偿权和实际施工人权利保护等问题作了规定。该司法解释重视保护弱者权利与注重各方利益之平衡、统一，加强对农民工等弱势群体的保护，同时坚持对各类民事主体予以平等保护，做好各方当事人之间的利益平衡。保障建设工程质量这一精神贯穿于该部司法解释的始终。根据《最高人民法院关于废止部分司法解释及相关规范性文件的决定》，《最高人

① 相同观点参见陈旻．建设工程施工合同纠纷案件审理中的若干问题．2012 年 11 月 17 日北京市律师协会律师培训讲座内容。

② 崔建远．合同法．北京：北京大学出版社，2012：486.

③ 相反的观点参见张某诉郭某人身损害赔偿案//北京市高级人民法院．损害赔偿新型疑难案例判解．北京：法律出版社，2007。

④ 原《最高人民法院关于审理建设工程施工合同纠纷案件适用法律问题的解释（二）》第 14 条规定："当事人对工程造价、质量、修复费用等专门性问题有争议，人民法院认为需要鉴定的，应当向负有举证责任的当事人释明。当事人经释明未申请鉴定，虽申请鉴定但未支付鉴定费用或者拒不提供相关材料的，应当承担举证不能的法律后果。""一审诉讼中负有举证责任的当事人未申请鉴定，虽申请鉴定但未支付鉴定费用或者拒不提供相关材料，二审诉讼中申请鉴定，人民法院认为确有必要的，应当依照民事诉讼法第一百七十条第一款第三项的规定处理。"《建设工程施工合同司法解释（一）》第 32 条坚持了该规定。建设工程合同案件的事实认定较为复杂，往往需要借助工程鉴定对工程造价、工期、质量、修复费用等予以确定。但要慎重鉴定，防止以鉴代审；严格执行工程造价、工程质量等鉴定程序的启动条件，尽量缩减鉴定的范围和次数。如何利用司法鉴定认定事实，必须由法院行使审判权确定。如果涉及地基基础和主体结构的工程质量，只有在发包人对地基基础和主体结构的安全性提供有重大缺陷的足够证据后，才可以启动鉴定。

民法院关于审理建设工程施工合同纠纷案件适用法律问题的解释》和《最高人民法院关于审理建设工程施工合同司法解释（二）》自2021年1月1日起废止。《建设工程施工合同司法解释（一）》自2021年1月1日起施行。

一、建设工程合同领域几类常见法律问题

近年来，随着建筑业改革不断推进，新型建设工程合同纠纷不断涌现，建设工程合同纠纷案件的审理中遇到许多疑难复杂问题，如建设工程合同案件的管辖、建设工程合同的效力、工程价款结算、建设工程价款优先受偿权、保修责任、民事责任承担、表见代理认定，等等。有法官作了实证研究，发现建设工程合同纠纷中无效合同比重高（违反招投标程序、违反施工资质要求、违反建设工程规划许可证或者建设用地规划许可证的要求、违法转包或者分包），欠付工程款等违约现象频发，工程造价鉴定等工程鉴定乱象频发，实际施工人主张工程款多，违反诚信现象严重。①

建设工程合同领域几类常见的法律问题有：

第一，发包人与承包人在工程款已届清偿期时，可以约定以房屋折抵工程价款。通过以物抵债方式取得建设工程所有权的第三人，不能对抗承包人行使建设工程价款优先受偿权。

第二，开具发票与支付工程款并非对待给付关系。依据双务合同的本质，合同抗辩的范围仅限于对待给付义务。一方不履行对价义务的，相对方才享有抗辩权。支付工程款与开具发票是两种不同性质的义务，前者是合同的主要义务，后者并非合同的主要义务，二者不具有对等关系，除非当事人另有明确约定，否则，一方以另一方未及时开具发票作为拒绝支付工程款的抗辩理由不能成立。

第三，建设工程的项目负责人在无明确授权的情况下，擅自以施工企业名义对外借款，不构成表见代理。施工企业的项目部系内设机构，并无独立法人资格，也不属于民事诉讼法规定的其他组织。施工企业项目部以自己名义对外借款，款项也汇入了施工企业账户的，导致出借人有理由相信项目部有代理权的，应当认定为施工企业的行为，对外由施工企业承担责任。

第四，建设工程合同当事人约定以行政审计、财政评审作为工程款结算依据的，依照其约定。但行政审计、财政评审部门明确表示无法进行审计或者无正当理由长期未出具审计结论，当事人申请进行司法鉴定的，可以准许。2017年7月21日《全国人民代表大会常务委员会法制工作委员会法规备案审查室关于对地方性法规中以审计结果作为政府投资建设项目竣工结算依据有关规定提出的审查建议的复函》（法工备函〔2017〕22号）回复称："地方性法规中直接以审计结果作为竣工结算依据和应当在招标文件中载明或者在合同中约定以审计结果作为竣工结算依据的规定，限制了民事权利，超越了地方立法权限，应当予以纠正。"全国人大的该等复函，明确了工程造价结算时，除非合同明确约定以审计结果作为竣工结算依据，一般不应依据地方性法规确定以审计结果为准。可见，将审计结果作为工程款结算依据，必须以当事人有明确约定为前提。在某建设工程合同中，当事人约定"前期工程款支付条件为政府投资到位"。这不属于对履行条件或者履行时间的约定，不属于履行期限约定不明，而是对发包方款项来源的示明。即便政府拨款不到位，不影响发包人向承包人承担违约责任。

① 潘军锋．建设工程施工合同案件审判疑难问题研究．法律适用，2014（7）．

二、建设工程合同效力的判断规则

建设工程领域关于招标投标等方面的规定较为严格。为了规避这些规定，建筑市场存在围标串标、明招暗定、“黑白合同”等违法违规行为，扰乱了建筑市场秩序，也会影响建设工程质量。[①] 本不属于强制招投标范围的工程自愿招标的，应受“黑白合同”规则的约束。为了维护招投标市场秩序和其他投标人的权益，《建设工程施工合同司法解释（一）》第 23 条规定：“发包人将依法不属于必须招标的建设工程进行招标后，与承包人另行订立的建设工程施工合同背离中标合同的实质性内容，当事人请求以中标合同作为结算建设工程价款依据的，人民法院应予支持，但发包人与承包人因客观情况发生了在招标投标时难以预见的变化而另行订立建设工程施工合同的除外。”可见，即便是非强制招投标的建设工程，经过招投标，当事人在招投标之外另行签订的建设工程合同与中标合同的实质性内容不一致的，仍然要以中标合同作为结算工程价款的依据。当然，发包人与承包人因客观情况发生了在招标投标时难以预见的变化而另行订立的建设工程合同，可以作为结算建设工程价款的依据。此举兼顾了招标投标市场秩序和契约自由原则。《建设工程施工合同司法解释（一）》第 22 条确定了一项基本原则，即只要当事人签订的建设工程合同的实质性内容与招标文件、投标文件、中标通知书的记载不一致，就应当以招标文件、投标文件、中标通知书作为结算建设工程价款的依据，以杜绝“黑白合同”、明招暗定现象。该条规定：“当事人签订的建设工程施工合同与招标文件、投标文件、中标通知书载明的工程范围、建设工期、工程质量、工程价款不一致，一方当事人请求将招标文件、投标文件、中标通知书作为结算工程价款的依据的，人民法院应予支持。”2019 年修订后的《房屋建筑和市政基础设施工程施工招标投标管理办法》规定中标合同无须进行备案，相应地，《建设工程施工合同司法解释（一）》第 2 条规定：“招标人和中标人另行签订的建设工程施工合同约定的工程范围、建设工期、工程质量、工程价款等实质性内容，与中标合同不一致，一方当事人请求按照中标合同确定权利义务的，人民法院应予支持。”“招标人和中标人在中标合同之外就明显高于市场价格购买承建房产、无偿建设住房配套设施、让利、向建设单位捐赠财物等另行签订合同，变相降低工程价款，一方当事人以该合同背离中标合同实质性内容为由请求确认无效的，人民法院应予支持。”

用地许可是规划许可的前置程序，无建设用地规划许可证也不可能取得建设工程规划许可证，故无须对前者作出规定；施工许可属于建设行政主管部门对施工的行政管理范畴，土地使用权证亦可补办，故缺少该“两证”并不影响建设工程合同的效力。《建设工程施工合同司法解释（一）》第 3 条规定：“当事人以发包人未取得建设工程规划许可证等规划审批手续为由，请求确认建设工程合同无效的，人民法院应予支持，但发包人在起诉前取得建设工程规划许可证等规划审批手续的除外。”“发包人能够办理审批手续而未办理，并以未办理审批手续为由请求确认建设工程施工合同无效的，人民法院不予支持。”据此，发包人能办理而不办理建设工程规划许可证等规划审批手续，属于不正当地阻止条件成就，应当视为条件已经成就。

在开发商开发商品住宅并对外出售的房屋买卖合同纠纷案件中，如开发商能够办理预售审批手续而不办理，并据此请求确认房屋买卖合同无效的，不应得到支持。[②] 禁止违反诚信原则

---

① 参见 2019 年 1 月 3 日最高人民法院民一庭负责人就《最高人民法院关于审理建设工程施工合同纠纷案件适用法律问题的解释（二）》答记者问。

② 肖峰，严慧勇，徐宽宝．《关于审理建设工程施工合同纠纷案件适用法律问题的解释（二）》解读与探索．法律适用，2019（7）．

的一方主张无效并不意味着认定有效，如发包人能够办理审批手续而未办理，并以未办理审批手续为由请求确认建设工程合同无效的，人民法院不予支持。又如，因辨识困难，大量管理性强制性规定被错误定性为效力性强制性规定，作为认定合同无效的依据。预售房屋已经验收合格、交付购房者使用，然而开发商并未取得预售许可的，依据《最高人民法院关于审理商品房买卖合同纠纷案件适用法律若干问题的解释》第 2 条的规定，此时预售合同无效。但该条保护购房者利益的规范目的于此种情形显然已无落空之可能。当事人一方主张合同无效的行为严重违反诚信原则构成权利滥用的，不应得到支持。①

三、建设工程合同中实际施工人和建筑工人权益的保护

建设工程合同纠纷的特殊性在于，建设工程的最终所有人或者使用人往往不是发包人、承包人等建设工程合同的当事人，而是购房人或者其他不特定的社会主体。建设工程具有显著的公共性，这使建设工程合同涉及公共利益和第三人利益保护问题。司法对公共利益和第三人利益的保护，主要通过保障建设工程质量安全来实现。保障建设工程质量、保护人民群众人身和财产安全始终位居第一，承包人行使建设工程价款优先受偿权时，以保障建设工程质量为首要价值选择，故《建设工程施工合同司法解释（一）》第 38 条规定承包人行使建设工程价款优先受偿权必须以建设工程质量合格为条件："建设工程质量合格，承包人请求其承建工程的价款就工程折价或者拍卖的价款优先受偿的，人民法院应予支持。"同时，鉴于建设工程领域特有的资质与招标投标管理要求，实践中建设工程合同无效的情况较为常见，故该司法解释并未将建设工程合同有效作为承包人行使建设工程价款优先受偿权的条件，以保护农民工等建筑工人的合法利益。

建筑市场存在较多不规范现象，再加上社会信用机制缺失，导致农民工权益保护问题较为突出。例如，实践中存在转包工程、违法分包工程、借用资质承包工程等违法现象，这导致建设工程合同关系中出现多个施工主体，产生多份施工合同，法律关系复杂。有的情况下，实际干活的人拿不到工程价款，拿到工程价款的人并不实际干活。目前对实际施工人无资质管理要求，实际施工人内部管理不规范，部分建筑工人，尤其是大量农民工，与实际施工人之间没有签订劳动合同，没有固定的劳动关系。农民工辛苦打工却拿不到工钱的问题仍然存在。社会信用机制缺失进一步加剧了这一问题。保护农民工工资权益不仅仅依赖施工人的诚实守信，之前的任何一个环节出现问题，农民工的工资权益都会受到损害。《建设工程施工合同司法解释（一）》在特定情况下突破合同相对性原理，以打通保护农民工等建筑工人的权益的通道，对处于弱势地位的广大农民工的权益提供强有力的司法保护，实现实质意义上的社会公平。关于实际施工人和农民工权益的保护，《建设工程施工合同司法解释（一）》第 40 条规定："承包人建设工程价款优先受偿的范围依照国务院有关行政主管部门关于建设工程价款范围的规定确定。""承包人就逾期支付建设工程价款的利息、违约金、损害赔偿金等主张优先受偿的，人民法院不予支持。"② 第 42 条规定："发包人与承包人约定放弃或者限制建设工程价款优先受偿权，损害建筑工人利益，发包人根据该约定主张承包人不享有建设工程价款优先受偿权的，人民法院

---

① 夏昊晗．诚信原则在"借违法无效之名毁约"案型中的适用．法学，2019（6）.

② 建设工程价款优先受偿的范围是承包人的实际损失，不包括可得利益。

不予支持。”[①] 第43条第2款规定：“实际施工人以发包人为被告主张权利的，人民法院应当追加转包人或者违法分包人为本案第三人，在查明发包人欠付转包人或者违法分包人建设工程价款的数额后，判决发包人在欠付建设工程价款范围内对实际施工人承担责任。”[②] 第44条规定：“实际施工人依据民法典第五百三十五条规定，以转包人或者违法分包人怠于向发包人行使到期债权或者与该债权有关的从权利，影响其到期债权实现，提起代位权诉讼的，人民法院应予支持。”这些条文规定的优先受偿权的范围较原《最高人民法院关于建设工程价款优先受偿权问题的批复》规定的范围要宽，后者限于工作人员报酬、材料款等属于工程建设成本的范畴，为“直接费”；前者则包括施工机具使用费、企业管理费、利润、规费、税金等在内。在利益考量上，前者体现了向承包人倾斜的趋势。两者的共同点在于，均将违约金、损害赔偿金等发包人违约所造成的损失排除在外。利息可被看作发包方占用承包方工程款期间对承包方造成的损失，但上述优先受偿权已经将利润、规费、税金等纳入其中，在利益平衡上对承包人已有考虑和倾斜，故将利息排除在优先受偿权之外亦无不当。[③]

四、建设工程合同中工程款结算的特殊问题

《建设工程施工合同司法解释（一）》第29条规定：“当事人在诉讼前已经对建设工程价款结算达成协议，诉讼中一方当事人申请对工程造价进行鉴定的，人民法院不予准许。”法院应当对鉴定的必要性进行审查，对于当事人已经达成工程价款结算协议的，再申请对工程价款进行鉴定已无必要，自应不予准许。上述解释第30条规定：“当事人在诉讼前共同委托有关机构、人员对建设工程造价出具咨询意见，诉讼中一方当事人不认可该咨询意见申请鉴定的，人民法院应予准许，但双方当事人明确表示受该咨询意见约束的除外。”鉴定的基础材料及鉴定意见均应经过质证程序。

此外，建设工程合同无效时，“逾期默认条款”无效。建设工程未竣工，“逾期默认条款”不得适用。《建设工程施工合同司法解释（一）》第21条规定：“当事人约定，发包人收到竣工结算文件后，在约定期限内不予答复，视为认可竣工结算文件的，按照约定处理。承包人请求按照竣工结算文件结算工程价款的，人民法院应予支持。”只有在案涉工程已竣工的情况下，才能依照该规定适用“逾期默认条款”。逾期不答复即视为认可结算的前提条件均为工程已竣工。鉴于竣工结算处于工程完工重要结点的特殊地位，明显有别于施工期间发包人对施工文件进行的一般过程性审核，上述有关附条件地认可竣工结算文件效力的做法，不宜扩大适用于非竣工结算文件。[④]

---

① 建设工程价款优先受偿权的制度设计旨在保护承包人的利益，最终保障劳动者的生存利益，从而体现了生存利益优先于经营利益的指导思想，体现了维护社会稳定、维护劳动者权益的政策考量。承包人在订立合同时承诺放弃优先受偿权的，不能因此认定其债权优先权因此丧失。

② 对于发包人欠付工程款的数额，一般应当由实际施工人举证证明，但发包人与实际施工人无直接合同关系，故对于发包人欠付总包人、违法分包人、转包人等的工程款数额多少，实际施工人无从知晓，也无法举证。相反，发包人对于向（总）承包人的已付款项是明知的，由其承担欠付款的举证责任符合实际。肖峰，严慧勇，徐宽宝．《关于审理建设工程施工合同纠纷案件适用法律问题的解释（二）》解读与探索．法律适用，2019（7）．

③ 肖峰，严慧勇，徐宽宝．《关于审理建设工程施工合同纠纷案件适用法律问题的解释（二）》解读与探索．法律适用，2019（7）．

④ 丰和营造集团股份有限公司与海南隆德房地产有限公司、庄志宝建设工程施工合同纠纷案，最高人民法院（2017）最高法民终399号民事裁定书．

本章思考题

1. 试论述建设工程合同价款优先受偿权的法律性质。

2.《建设工程施工合同司法解释（一）》如何体现保障建设工程质量安全和保护农民工等建筑工人的合法权益的司法政策？

3.《最高人民法院关于依法妥善审理涉新冠肺炎疫情民事案件若干问题的指导意见（二）》第7条规定："疫情或者疫情防控措施导致承包方未能按照约定的工期完成施工，发包方请求承包方承担违约责任的，人民法院不予支持；承包方请求延长工期的，人民法院应当视疫情或者疫情防控措施对合同履行的影响程度酌情予以支持。""疫情或者疫情防控措施导致人工、建材等成本大幅上涨，或者使承包方遭受人工费、设备租赁费等损失，继续履行合同对承包方明显不公平，承包方请求调整价款的，人民法院应当结合案件的实际情况，根据公平原则进行调整。"

请对该条文的法理基础进行评析。

第四部分

房地产交易法律制度

第八章
商品房买卖合同

第一节　商品房买卖合同概述

一、商品房买卖合同的定义与法律性质

《合同法》第130条、《民法典》第595条规定："买卖合同是出卖人转移标的物的所有权于买受人，买受人支付价款的合同。"《城市房地产管理法》第37条规定："房地产转让，是指房地产权利人通过买卖、赠与或者其他合法方式将其房地产转移给他人的行为。"《最高人民法院关于审理商品房买卖合同纠纷案件适用法律若干问题的解释》第1条规定："本解释所称的商品房买卖合同，是指房地产开发企业（以下统称为出卖人）将尚未建成或者已竣工的房屋向社会销售并转移房屋所有权于买受人，买受人支付价款的合同。"商品房买卖案件中，往往有两份合同、三方当事人，两份合同即"商品房预售合同"（或称"商品房买卖合同"、"住房抵押按揭贷款合同"），三方当事人分别为开发商、购房人、银行。一旦出现"商品房预售合同"/"商品房买卖合同"解除的情况，购房人向银行的贷款该由谁来偿还？在开发商违约导致房屋买卖合同解除，进而导致按揭贷款合同解除时，购房人向银行承担的损失赔偿责任最终应由开发商承担。为了减少不必要的重复、烦琐和徒生的风险，商品房买卖合同纠纷与按揭贷款合同纠纷合并审理时，可由贷款的实际收取方即开发商直接将购房贷款返还银行，并直接向银行承担购房人应当承担的责任。①

商品房买卖合同属于《合同法》《民法典》所规定的买卖合同，可以适用《合同法》第九章、《民法典》第三编第二分编第九章"买卖合同"的相关规定。商品房买卖合同也是房地产转让的一种具体情形，受到《城市房地产管理法》第四章第二节"房地产转让"相关规定的约束。而根据上述司法解释第1条的规定，商品房买卖合同包括期房买卖合同和现房买卖合同。不过，从上述司法解释第1条的规定中也可以看出该司法解释适用范围的局限性：限于房地产开发企业将房屋销售给买受人。这就将商品房买卖合同限于房地产开发企业的期房和现房等新房买卖，与房地产开发经营行为联系在一起。

二、《北京市高级人民法院关于审理房屋买卖合同纠纷案件若干疑难问题的会议纪要》简析

在我国司法实践中，存在最高人民法院的司法解释和地方高级人民法院通过的审判指导意

① 肖树生、陈晓玲与上海银行股份有限公司青浦支行、上海博锦房地产开发中心有限公司商品房预售合同纠纷、按揭贷款合同纠纷上诉案，上海市第一中级人民法院（2013）沪一中民二（民）终字第325号民事判决书。

见或者审判疑难问题纪要，比较法上法律或法理都没有明确它们的性质和效力，但下级人民法院一般会在审判中尊重并执行。对于我国最高人民法院发布的民商事司法解释，乃至《最高人民法院公报》的裁判之法源地位，有力说主张其构成习惯法。①《最高人民法院关于裁判文书引用法律、法规等规范性法律文件的规定》第 4 条明确司法解释为裁判法源，地方高级人民法院的审判指导意见或者审判疑难问题纪要等根据第 6 条规定经审查后可以作为裁判说理依据的其他规范性文件。

近年来，北京市法院受理的房屋买卖合同纠纷案件中出现了一些新问题、新情况。为统一裁判标准和执法尺度，北京市高级人民法院民一庭组织北京市第一、二、三中级人民法院及部分基层人民法院的民庭召开了专题座谈会，充分深入讨论，就该类案件审理中的相关法律适用问题，形成纪要内容。2014 年 12 月 16 日《北京市高级人民法院关于审理房屋买卖合同纠纷案件若干疑难问题的会议纪要》公布。该会议纪要是北京市高级人民法院对房屋买卖合同司法实践中的典型疑难问题裁判经验的总结论证，为以后北京市各级人民法院裁判房屋买卖合同纠纷案件，乃至当事人签订房屋买卖合同和协商解决房屋买卖合同纠纷都有重要的指导意义，有利于“统一裁判标准和执法尺度”。《北京市高级人民法院关于审理房屋买卖合同纠纷案件若干疑难问题的会议纪要》中的“房屋买卖合同”包括商品房买卖和存量房买卖。该纪要系统讨论了如下类型案件的法律适用问题：商品房预售合同的效力、预约合同的效力、阴阳合同的效力、购房指标转让合同的效力、无权处分合同的效力、共同共有房屋的处分、冒名签订房屋买卖合同的效力、连环买卖合同的效力、“借名买房”的认定、房屋买卖合同的继续履行、商品房不符合交付条件的处理、买受人拒绝接收商品房的处理、因“出卖人原因”未办理房屋过户登记的认定、对待给付义务的同时履行、“一房数卖”中买受人的权利顺位、第三人过户登记请求权的行使、出卖人死亡后房屋买卖合同的履行、房屋涨价损失与一倍赔偿的并用、逾期交房和逾期办证违约金、逾期办证违约金过高的判断标准、违约金分别主张与分段主张的调整、违约金诉讼时效的认定、代理售房、以房抵债等。

如该纪要第 4 条就“房屋买卖中阴阳合同的效力”指出：“当事人在房屋买卖合同（包括双方已经签字的网签合同）中为规避国家税收监管故意隐瞒真实的交易价格，该价格条款无效，但该条款无效不影响合同其他部分的效力。当事人以逃避国家税收为由，要求确认买卖合同全部无效的，不予支持。”“当事人对房屋买卖合同（包括双方已经签字的网签合同）的效力及履行存在争议，经审查其名为房屋买卖、实为赠与等其他法律行为的，应根据隐藏法律行为的性质进行处理。”②

第二节　商品房预售许可证与商品房买卖合同的效力

一、商品房买卖合同的生效要件

商品房买卖合同应该满足合同的一般生效要件。《合同法》第 132 条第 1 款规定：“出卖的标的物，应当属于出卖人所有或者出卖人有权处分。”该款是否构成买卖合同的一般生效要件？

① 曹士兵．最高人民法院裁判、司法解释的法律地位．中国法学，2006（3）．Karl Larenz，Manfred Wolf，Allgemeiner Teil des Bürgerlichen Rechts，C. H. Beck，München，2004：S. 54－57. 薛军．中国式的“裁判官法”？——民商事司法解释在法律渊源体系中的定位．中国青年政治学院法学院学术报告内容，2014－05－21。

② 林靖．阴阳合同价格条款无效买方欲哭无泪 买卖双方及中介均有风险．北京晚报，2015－04－13.

对此民法学理论上曾长期存在争议，本书作者持否定说，认为该款仅属于倡导性规范，不会由此影响合同的效力。《民法典》第 597 条第 1 款也进一步明确："因出卖人未取得处分权致使标的物所有权不能转移的，买受人可以解除合同并请求出卖人承担违约责任。"

特别法上是否存在商品房买卖合同的特别生效要件？须认真讨论。《城市房地产管理法》第 38 条规定："下列房地产，不得转让：（一）以出让方式取得土地使用权的，不符合本法第三十九条规定的条件的；（二）司法机关和行政机关依法裁定、决定查封或者以其他形式限制房地产权利的；（三）依法收回土地使用权的；（四）共有房地产，未经其他共有人书面同意的；（五）权属有争议的；（六）未依法登记领取权属证书的；（七）法律、行政法规规定禁止转让的其他情形。"这就需要讨论《城市房地产管理法》第 38 条所规定的情形与《合同法》第 132 条第 2 款、《民法典》第 597 条第 2 款之间的关系。《合同法》第 132 条第 2 款、《民法典》第 597 条第 2 款规定："法律、行政法规禁止或者限制转让的标的物，依照其规定。"本书作者认为：《城市房地产管理法》第 38 条所列举的禁止转让情形并没有直接损害国家利益或者社会公共利益，不构成《合同法》第 132 条第 2 款所规定的情形。《城市房地产管理法》第 38 条的规定与《合同法》第 132 条第 1 款同样属于倡导性规范，针对这些房地产的转让合同仍属于私法自治的范畴，不会因此而无效。

《城市房地产管理法》第 45 条第 1 款规定："商品房预售，应当符合下列条件：（一）已交付全部土地使用权出让金，取得土地使用权证书；（二）持有建设工程规划许可证；（三）按提供预售的商品房计算，投入开发建设的资金达到工程建设总投资的百分之二十五以上，并已经确定施工进度和竣工交付日期；（四）向县级以上人民政府房产管理部门办理预售登记，取得商品房预售许可证明。"商品房预售中所设定的这些法定预售条件，也并不直接关涉国家利益或者社会公共利益的保护，也仅属于管理性强制性规范，违反这些预售条件不当然导致合同无效。不过，《最高人民法院关于审理商品房买卖合同纠纷案件适用法律若干问题的解释》第 2 条规定："出卖人未取得商品房预售许可证明，与买受人订立的商品房预售合同，应当认定无效，但是在起诉前取得商品房预售许可证明的，可以认定有效。"立法论上该条规定的妥当性仍值得讨论。

二、商品房预售许可证与商品房预售合同的效力

如果商品房开发企业没有取得房屋预售许可证就进行商品房预售，预售合同的效力如何？《最高人民法院关于审理商品房买卖合同纠纷案件适用法律若干问题的解释》第 2 条将出卖人取得商品房预售许可证作为预售合同生效的必备条件，因此才确认在一审开庭之前如果取得了预售许可证，则预售合同就有效，否则，合同就无效。

《城市房地产管理法》第 45 条第 1 款规定："商品房预售，应当符合下列条件：……（四）向县级以上人民政府房产管理部门办理预售登记，取得商品房预售许可证明。"没有取得商品房预售许可证就进行商品房预售究竟违反的是不得为一定行为的管理性禁止性规范还是要求当事人必须为一定行为的强行性规范？如果是前者，就会得出结论为不影响合同行为的效力，只发生房产管理部门对违法经营的市场主体进行行政处罚的法律效果。如果是后者，则会导致合同未生效。在这样的语境下来展开对这个问题的讨论，属于民法问题中的价值判断问题。[①] 本书作者认为，法律对预售许可证的规定仅属于管理性禁止性规范，并不决定商品房预售合同的

---

① "合同法第 52 条解释适用"研讨会（2012 年 4 月 21 日中南财经政法大学举办，中国私法网 2012 年 5 月 31 日刊载）上王轶教授发言。另参见王轶．论商品房预售许可证明对合同效力的影响．比较法研究，2018（6）。

生效或无效。

司法实践中存在开发商恶意诉请确认合同无效问题。2016 年 4 月，李女士以内部认购的方式认购了紫杉庄园项目的商品房，并全款支付了 120 万余元的购房款。在西安房价大涨的背景下，2018 年 2 月 12 日，开发商闻天公司以案涉房屋未取得商品房预售许可证为由，将包括李女士在内的 12 名业主分别起诉至多个法院，要求确认内部认购合同无效。2018 年 6 月 8 日，西安市长安区人民法院对李女士与开发商的确认合同无效纠纷案作出一审判决，认定双方签订的内部认购合同无效，认为涉案合同为商品房买卖合同，因原告在本案起诉前仍未取得商品房预售许可证，故原、被告双方签订的该合同为无效合同。① 后李女士提起上诉。2018 年 8 月 14 日，西安市中级人民法院二审开庭审理，并认为：闻天公司在自身合同目的已经实现的情形下，非但不积极履行应尽的合同义务，面对房地产市场出现价格大幅上涨，反而主张合同无效的做法，违背诚实信用原则。闻天公司签约时未取得商品房预售许可证，但并不必然导致其签订的购房合同无效。闻天公司以自身原因造成的违法事实为由提起合同无效之诉，真正目的是获取超出合同预期的更大利益。其行为与社会价值导向和公众认知相悖，人民法院对此种行为不应予以支持。2018 年 12 月 29 日，西安市中级人民法院终审宣判，撤销西安市长安区人民法院的一审判决，驳回开发商的诉讼请求。②

对于开发商恶意诉请确认合同无效纠纷，在法律适用上，是直接援引诚实信用原则肯定合同效力，还是适用《合同法》的具体规定认定合同无效，并依据其第 58 条对无效的法律后果进行处理，是两种不同的司法裁判思路。这实际上更涉及对《民法总则》第 153 条第 1 款、《民法典》第 153 条第 1 款的解释适用问题。有学者指出："认为未取得预售许可的合同一概无效，并未考虑到相对人的利益，从而不利于保护交易安全与交易信赖，也会在一定程度上助长不诚信行为。从这一意义上说，司法解释的规定是不妥当的，应改为或者不影响合同效力，或者由相对人决定是否撤销合同，从而决定合同的效力。"③ 公法特别法中有关行为主体特定资质等交易条件的规定主要是让行政管理机关借此取得相应的行政权力，基于这些行政权力的行使，一方面发挥"防患于未然"的功能，即经由资格的取得程序，使行政管理机关获得行政管理的必要信息；另一方面，发挥"亡羊补牢"的作用，即授权行政管理机关采取吊销营业执照等措施，防止损害公共利益的可能性变为现实。④

第三节　商品房买卖合同中对买房人的倾斜保护

在商品房买卖合同纠纷案件中，民事司法解释中多有对平等原则具体化的操作实践。如原《最高人民法院关于审理商品房买卖合同纠纷案件适用法律若干问题的解释》第 14 条就规定："出卖人交付使用的房屋套内建筑面积或者建筑面积与商品房买卖合同约定面积不符，合同有约定的，按照约定处理；合同没有约定或者约定不明确的，按照以下原则处理：（一）面积误差比绝对值在 3%以内（含 3%），按照合同约定的价格据实结算，买受人请求解除合同的，不予支持；（二）面积误差比绝对值超出 3%，买受人请求解除合同、返还已付购房款及利息的，

① 陕西省西安市长安区人民法院（2018）陕 0116 民初 2519 号民事判决书．

② 陕西省西安市中级人民法院（2018）陕 01 民终 8145 号民事判决书．

③ 刘贵祥．合同效力研究．北京：人民法院出版社，2012：44.

④ 王轶．民法典的规范配置——以对我国《合同法》规范配置的反思为中心//王轶．民法原理与民法学方法．北京：法律出版社，2009：250－251.

应予支持。买受人同意继续履行合同，房屋实际面积大于合同约定面积的，面积误差比在3%以内（含3%）部分的房价款由买受人按照约定的价格补足，面积误差比超出3%部分的房价款由出卖人承担，所有权归买受人；房屋实际面积小于合同约定面积的，面积误差比在3%以内（含3%）部分的房价款及利息由出卖人返还买受人，面积误差比超过3%部分的房价款由出卖人双倍返还买受人。”该条通过任意性规范的配置来解决商品房面积误差情况下对买受人的保护，意图在司法实践中基于弱式意义上的平等对待实现对买受人的倾斜保护。不过，这种任意性规范配置的立法技术会现实地导致其目的不达，出卖人和买受人在房屋买卖合同中往往会作出以房屋实际面积计算价款的约定。

此外，原《最高人民法院关于审理商品房买卖合同纠纷案件适用法律若干问题的司法解释》第8条规定：“具有下列情形之一的，导致商品房买卖合同目的不能实现的，无法取得房屋的买受人可以请求解除合同、返还已付购房款及利息、赔偿损失，并可以请求出卖人承担不超过已付购房款一倍的赔偿责任：（一）商品房买卖合同订立后，出卖人未告知买受人又将该房屋抵押给第三人；（二）商品房买卖合同订立后，出卖人又将该房屋出卖给第三人。”该解释第9条规定：“出卖人订立商品房买卖合同时，具有下列情形之一，导致合同无效或者被撤销、解除的，买受人可以请求返还已付购房款及利息、赔偿损失，并可以请求出卖人承担不超过已付购房款一倍的赔偿责任：（一）故意隐瞒没有取得商品房预售许可证明的事实或者提供虚假商品房预售许可证明；（二）故意隐瞒所售房屋已经抵押的事实；（三）故意隐瞒所售房屋已经出卖给第三人或者为拆迁补偿安置房屋的事实。”① 本书作者认为，此处所规定的出卖人对买受人的惩罚性损害赔偿责任也是对买受人倾斜保护的体现，可将之类推适用于房地产开发企业之外的其他经营者作为出卖人的房屋买卖合同纠纷中。该解释第7条还规定：“买受人以出卖人与第三人恶意串通，另行订立商品房买卖合同并将房屋交付使用，导致其无法取得房屋为由，请求确认出卖人与第三人订立的商品房买卖合同无效的，应予支持。”这就通过授权第三人规范的方式对买受人加强保护。当然，买受人须举证证明出卖人与第三人恶意串通的事实。

在冉某、张某诉重庆某地产有限公司房屋买卖合同纠纷案中，开发商虚报竣工验收备案登记日期，虽然涉案商品房最后通过了竣工验收，房屋质量也是合格的，并且开发商迟延取得竣工验收备案登记证并未实际影响购房人接收商品房后对房屋的占有、使用、收益和处分，即购房人实际上并没有损失。但是，开发商采取欺诈的方式交付房屋，侵犯了购房人的知情选择权。法院依法判决开发商承担逾期交房的违约责任，既可以维护买房人的合法权益，又可以给开发商以警示，有利于促使开发商增强法治意识，遵守市场经济规则，从而在全社会弘扬诚信原则，减少纷争的产生。②

第四节　“借名买房”中的法律问题

差别化信贷政策和住房“限购”政策，也就是常说的“限贷”“限购”。很多购房人为了购买“政策外”的房屋，规避管理手段，采取了使用别人的购房资格或者贷款资格签订购房合同

① 胡某诉临沂沂兴房地产开发有限公司房屋买卖合同纠纷案，最高人民法院2015年12月4日发布的19起合同纠纷典型案例之一。

② 冉某、张某诉重庆某地产有限公司房屋买卖合同纠纷案，最高人民法院2015年12月4日发布的19起合同纠纷典型案例之一。

的方法，但是随着市场的变化或人员关系的变化，原来答应好好的亲属或朋友会翻脸不认账，从而引发房产纠纷。①

由于“限购”政策的实施，如果借用朋友身份买第二套房（在该朋友同意的情况下），可否去公证机构公证房屋所有权、使用权等一切权利归本人所有？该公证的法律效力如何，以及它是否有一定的期限？公证部门是否会受理？按照《公证法》第 11、13、31 条的规定，没有严格排除这种情形，但实务操作中公证机构一般不会受理此类业务。② 如果能办理公证，公证书的效力适用《公证法》第 36、37 条的规定。本书作者认为，实际上，这种情形仍然存在较大的法律风险，存在协议被法院认定无效的情况、存在登记名义人无权处分的情形、存在登记名义人去世后房屋被继承的问题，还可能存在登记名义人对他人的债务不能清偿时被强制执行的风险，等等。

有学者认为：“根据我国房地产登记制度，房产应由房地产管理机关发给‘房地产产权证’，房屋产权登记是谁的就是谁的房产，而个人私下签订的关于房产产权归属的约定协议，不可以对抗登记的房产所有权证书。简单而言，借名买房，不管谁出的钱，如果该房产发生产权归属方面的纠纷，那么以房产证上的名字为准。”③ 本书作者认为此种观点并不妥当，应当区分登记名义人与“借名买房”人之间的内部关系，登记名义人、“借名买房”人与善意第三人之间的外部交易关系，区别对待。对于“借名买房”人和登记名义人之间的确权之诉，乃至登记名义人去世后“借名买房”人的确权请求权与登记名义人之继承人的继承权之间的冲突等，都应该以真实情况为准。④ 对于“借名买房”人、登记名义人和善意第三人之间的外部交易关系，应该适用《物权法》第 106 条、《民法典》第 311 条的规定，判断第三人是否构成善

---

① “借名买房”规避政策 小心赔了房子又丢钱．北青网，2012－11－28．“借名买房”面临多重风险　购房者应谨慎对待．贵阳日报，2011－04－11.

② “借名买房”存在多重风险．海峡都市报，2011－09－30.

③ 黄振琳，孙伟．“张冠李戴”存在多重风险．楚天金报，2011－10－05.

④ “借名买房”人若要推翻房屋登记的推定力，须提供充分证据证明房屋是借登记名义人的名义购买的。刘可，贺宇．朋友反悔不过户 借名买房泡汤．北京日报，2015－12－06.

2017 年 3 月 30 日，中国青年政治学院吴用教授提供一个案例：甲男和乙女系恋人，未办理过结婚登记。甲不具有北京市商品房购房资格，乙具有该资格。双方协议约定：甲借乙的名义购买商品房一处，房屋首付款由甲负担，后续按揭贷款也由甲偿还。协议还约定该商品房的所有权归甲。在实际偿还按揭贷款过程中，乙也实际代为偿还过一部分。后甲、乙分手，甲要求将该商品房过户登记到自己名下，乙拒绝。本书作者认为，在该案例中，当事人约定甲以乙的名义购买房屋，并将房屋登记在乙名下，借名人甲实际享有房屋权益，借名人依据合同约定要求登记人（出名人）乙办理房屋所有权转移登记的，可予支持，但是，该房屋因借名人甲仍不具有购房资格而依法不能办理转移登记的除外。若借名人甲于诉请时符合了购房条件，不存在继续履行合同的障碍，则可支持借名人主张登记权利人协助办理过户登记的请求。此外，该案例中甲更适合诉请乙履行房屋过户登记手续。《北京市高级人民法院关于审理房屋买卖合同纠纷案件若干疑难问题的会议纪要》第 10 条第 1 款指出：“借名人以出名人（登记人）为被告提起诉讼，要求确认房屋归其所有的，法院应当向其释明，告知其可以提起合同之诉，要求出名人为其办理房屋过户登记手续。”而即使甲乙分手时甲仍不具备购房资格，法院无法支持将该商品房过户登记到甲名下，甲也可诉请将该房屋的价值判归自己所有，即乙应该对甲作出价值补偿。至于乙替甲偿还的按揭贷款，除非当事人另有约定，应被视为民间借贷。

另可参考《北京市高级人民法院关于审理房屋买卖合同纠纷案件适用法律若干问题的指导意见（试行）》第 15 条：“当事人约定一方以他人名义购买房屋，并将房屋登记在他人名下，借名人实际享有房屋权益，借名人依据合同约定要求登记人（出名人）办理房屋所有权转移登记的，可予支持。但是，该房屋因登记人的债权人查封或其他原因依法不能办理转移登记，或者涉及善意交易第三人利益的除外。”“当事人一方提供证据证明其对房屋的购买确实存在出资关系，但不足以证明双方之间存在借名登记的约定，其主张确认房屋归其所有或要求登记人办理房屋所有权转移登记的，不予支持；其向登记人另行主张出资债权的，应当根据出资的性质按照相关法律规定处理。”该指导意见第 16 条还指出：“借名人违反相关政策、法规的规定，借名购买经济适用住房等政策性保障住房，并登记在他人名下，借名人主张确认房屋归其所有或者依据双方之间的约定要求登记人办理房屋所有权转移登记的，一般不予支持。”

意取得①，以维护交易安全。

第五节 商品房买卖合同中的如实告知义务

一、商品房销售广告和宣传资料的法律定性

《最高人民法院关于审理商品房买卖合同纠纷案件适用法律若干问题的解释》第3条规定："商品房的销售广告和宣传资料为要约邀请，但是出卖人就商品房开发规划范围内的房屋及相关设施所作的说明和允诺具体确定，并对商品房买卖合同的订立以及房屋价格的确定有重大影响的，构成要约。该说明和允诺即使未载入商品房买卖合同，亦应当为合同内容，当事人违反的，应当承担违约责任。"可见，商品房的销售广告和宣传资料一般属于《合同法》第15条第1款、《民法典》第473条第1款所规定的要约邀请。但在符合《合同法》第14条、《民法典》第472条规定的情形时，商品房的销售广告和宣传资料就被视为要约，成为商品房买卖合同的内容。而买受人须就"出卖人就商品房开发规划范围内的房屋及相关设施所作的说明和允诺具体确定，并对商品房买卖合同的订立以及房屋价格的确定有重大影响"之事实承担举证责任。②

在商品房买卖合同制作阶段，经常出现要约邀请中的特定允诺并未作为合同条款的现象，产生合同文本与磋商结果不一致的问题。如果我们设计的商业广告中要约邀请已经满足要约的条件，但在制作广告时注明仍为要约邀请，是否有效？司法实践中应当如何来认定？《民法典合同编草案》一审稿第281条规定："当事人一方在订立合同前，向对方所做的允诺内容具体、确定，对合同的订立有重大影响，对方有理由相信其为合同内容的，该允诺视为合同条款。"本条来自最高人民法院关于商品房买卖合同司法解释的规定，但是该司法解释的适用仅限于开发商卖房的情况，将该适用范围拓展到所有的合同是过度扩大适用范围。另外，合同订立要以确定性的文本为准。《民法典合同编草案》二审稿，删除了上述"口头承诺"条款。有观点认为，普遍性地确认合同订立前允诺的法律效力有可能损害合同正式文本的严肃性和影响合同的可预期性，因此建议将该条限缩为仅仅适用于涉及消费者的合同领域作为消费者权益保护的一个"特例"处理。其实，普遍性地确认合同订立前允诺的法律效力并不会损害合同正式文本的严肃性或影响合同的可预期性，因为当合同订立前的允诺与合同正式文本出现不一致时，根据合同法理论，合同正式文本的效力肯定是优先的，以此为由将该条规定限缩在涉及消费者的合同领域难以成立。③ 上述司法解释第3条中的"允诺"与承诺是何种关系？不清晰。《民法典合同编草案》一审稿第281条紧接承诺制度，居于承诺制度之后，这是否意味着草案将之作为承诺对待？上述司法解释第3条明显将此种说明和允诺规定为要约，而非承诺。既然是要约，同样需要满足要约的两项构成要件：一是内容具体、确定，二是表明经受要约人承诺，要约人即受该意思表示约束。前述司法解释第3条将要约邀请上升为要约，明确了内容具体确定这个要

① 《北京市高级人民法院关于审理房屋买卖合同纠纷案件适用法律若干问题的指导意见（试行）》第17条指出："登记人将登记在其名下的房屋擅自转让给他人，借名人以其对房屋享有实际权利为由，要求确认买卖合同无效的，不予支持，但借名人能够证明买受人知道或应当知道房屋存在借名登记的除外。买受人、借名人均要求继续履行合同的，可以参照本意见第十三条第一款的规定处理。"

② 张朦，崔道远．"车库"变"自行车库" 房地产公司"耍赖"败诉．北京法院网，2013-03-11.

③ 合同中的售后服务条款经常不在合同文本中，例如商家网站上的售后服务条款属于什么性质？参考《民法典合同编草案》一审稿第281条，就可以得到较好的解释。

件，但没有回应要约的第二个构成要件。即便内容具体确定，但如果销售广告和宣传资料没有“表明经受要约人承诺，要约人即受该意思表示约束”，仍然不应将之作为要约。民法典合同编草案一审稿第281条虽然体系位置上接近承诺制度，但在构成要件上更加回归要约的两项构成要件：“允诺内容具体、确定”，“对方有理由相信其为合同内容的”。第二项构成要件实际上是从对方角度理解何为要约人受法律约束的意思，这就采取了相对人合理信赖的解释方法。《民法典》第473条第2款规定：“商业广告和宣传的内容符合要约条件的，构成要约。”

商品房买卖合同纠纷案件中经常会存在房屋视野是否构成买卖合同中出卖人的义务，乃至所购房屋是否包含绿地或花园等类似纠纷。本书作者认为，眺望等精神上或感情上利益的满足并不属于房屋的必要使用便利，而属于享受性的利益，可以由业主与其他相邻业主通过约定地役权的方式来实现。[①] 但根据前述司法解释第3条的规定，若出卖人在商品房销售过程中就眺望等对房屋价格确定有重大影响的事项作出具体说明或允诺，则应该视为要约，出卖人违反的，应该承担违约责任。例如，芜湖市三山区碧桂园开发商承诺的人工湖变成了污水处理站[②]，开发商可能存在不实陈述或者因违反具体说明、允诺而须承担违约责任。

二、法律解释方法在凶宅买卖案件中的适用

若出卖人就对房屋价格的确定有重大影响的瑕疵事项未作具体说明或作不实说明，则可能构成欺诈，会影响房屋买卖合同的法律效力。[③] 如《合同法》第150条（《民法典》第612条的表述有调整，内容基本上不变）规定了买卖合同中出卖人的权利瑕疵担保义务：“出卖人就交付的标的物，负有保证第三人不得向买受人主张任何权利的义务，但法律另有规定的除外。”第153条（《民法典》第615条）规定了买卖合同中出卖人的物的瑕疵担保义务：“出卖人应当按照约定的质量要求交付标的物。出卖人提供有关标的物质量说明的，交付的标的物应当符合该说明的质量要求。”此外，《合同法》第148条、《民法典》第610条还规定：“因标的物质量不符合质量要求，致使不能实现合同目的的，买受人可以拒绝接受标的物或者解除合同。买受人拒绝接受标的物或者解除合同的，标的物毁损、灭失的风险由出卖人承担。”然而，根据狭义的法律解释方法，出卖人之物的瑕疵担保义务和权利瑕疵担保义务在凶宅（曾发生过人为因素导致人非正常死亡案件的住宅）买卖中较难适用：“我国对于商品有‘默示担保’的规定，要求卖给消费者的产品符合一般的质量标准和用途、权利上也没有瑕疵，这很难用于买卖‘凶宅’上，毕竟没有任何的房屋质量标准包括‘无凶杀案发生’这一条。”[④] 我国台湾地区有学者指出：“凶宅本身并非物之瑕疵，除非出卖人明示或默示承诺就系争房屋为凶宅者负瑕疵担保责任，否则买受人无从依物之瑕疵担保规定主张权利……按缔约协商时，双方当事人均有义务，对他方当事人就与缔约有重要意义之情况为适当之说明；其范围则应依据诚信原则判断，

---

① 王利明．物权法研究：上卷．2版．北京：中国人民大学出版社，2007：659－661．谢在全．民法物权论：中册．修订5版．北京：中国政法大学出版社，2011：503.

② 洪敬谱．人工湖变污水处理站 噪音扰民难入梦．中国消费者报，2019－08－10.

③ 陆倩，杨阳．金牛法院审结备受社会关注的“凶宅”买卖纠纷案．(2008－06－18)［2014－02－24］．中国法院网，http：//cdfy. chinacourt. org/article/detail/2008/06/id/561913. shtml.

④ 女子购买凶宅不知情提出上诉 法院判决退房．沈阳今报，2006－11－09．杭州一女子花780万买“凶宅” 法院认定按民俗不吉利．北京晚报，2012－09－17．洪某诉王某等房屋买卖合同纠纷案，浙江省杭州市中级人民法院（2012）浙杭民终字第360号民事判决书//最高人民法院中国应用法学研究所编．人民法院案例选：2013年第4辑．北京：人民法院出版社，2014．潘秀江、刘慧芳与高小军、姚进等房屋买卖合同纠纷案，浙江省绍兴市中级人民法院（2016）浙06民终3325号民事判决书。

并斟酌阻碍契约生效之特别情况、标的物之特性，以及对相对人作成决定之重要因素。而衡诸台湾地区一般社会大众感情，应认为系争房屋是否为凶宅，系影响买卖契约成立之重要因素，因此出卖人即有义务说明并告知。至于其说明范围，则应视发生凶宅之时间、方式与原因是否影响交易价格而定。”①

本书作者认为，凶宅信息会对房屋价格产生重大影响，若否定出卖人对凶宅这一重大信息的如实告知义务②，根据社会一般观念和风俗习惯，会造成出卖人和买受人之间的利益失衡，结合利益衡量方法和目的解释方法，可以将出卖人对凶宅信息的如实告知义务解释为《民法典》第509条第2款所规定的“当事人应当遵循诚实信用原则，根据合同的性质、目的和交易习惯履行通知……等义务。”若出卖人违反此种告知义务，买受人可以根据《合同法》第54条第2款、《民法典》第148条，以出卖人欺诈致使自己在违背真实意思的情况下订立合同为由，主张变更或者撤销凶宅买卖合同。③《合同法》第60条第2款（《民法典》第509条第2款）第54条第2款（《民法典》第148条）为凶宅买卖纠纷中买受人之请求权的基础规范，《合同法》第55条和第58条、（《民法典》第152条和第157条）为请求权辅助规范。可见，基于违反物的瑕疵担保义务的违约责任无法对凶宅买卖中的买受人提供有效救济，买受人可以出卖人欺诈为由主张撤销买卖合同。当然，若出卖人本身也确不知凶宅信息，其行为未导致买受人违背真实意思，则买受人可以自己构成重大误解为由，根据《合同法》第54条第1款第1项、《民法典》第147条主张撤销合同。原《民法通则意见（试行）》第71条规定：“行为人因对行为的性质、对方当事人、标的物的品种、质量、规格和数量等的错误认识，使行为的后果与自己的意思相悖，并造成较大损失的，可以认定为重大误解。”我国台湾地区有学者对此持相反意见：“至于买受人误以为系争房屋并非凶宅而买受，原属动机错误……所谓物之性质，指足以影响物的使用即价值的事实或法律关系而言，此等事务或关系须以物的本身为基础。至于‘形成价值’的因素虽为物的性质，但物的市场价格则不属之，因其系依市场供需，由当事人自由决定，并非直接存在于其物之上，具主观性，倘容许表意人得为撤销，势将严重影响交易安全。从而买卖标的物之交易价值，虽因发生非自然身故情事而贬损，惟既非因系争房屋本体所致，则此种动机错误即无从……拟制为意思表示内容错误，不得撤销。”④

在居间房屋买卖纠纷中，居间人承担如实报告订立合同事项的义务。《合同法》第425条规定：“居间人应当就有关订立合同的事项向委托人如实报告。”“居间人故意隐瞒与订立合同有关的重要事实或者提供虚假情况，损害委托人利益的，不得要求支付报酬并应当承担损害赔偿责任。”据此，若居间人故意隐瞒相关凶宅信息或者提供虚假情况，损害委托人利益的，应当根据《合同法》第425条、《民法典》第962条承担相关法律责任。

此外，过失造成他人所有的房屋变成凶宅，如跳楼自杀坠落在他人阳台，将影响到房屋交

① 邱琦．凶宅与纯粹经济上损失//裁判时报：第7期．台北：元照出版公司，2011：26-27.

② 类似问题，参见公墓紧邻别墅 房主要求退款．北京晨报，2014-02-17。

③ “出卖人对其明知且实际会对房屋买卖合同产生足以动摇缔约意思或者缔约条件的房屋信息负有披露义务。在订立合同时，单纯沉默不构成欺诈，但若负有信息披露义务，并因沉默获得利益，则构成欺诈。”［魏婷婷．房屋买卖合同中的信息披露义务．人民司法·案例，2016（23）．］本书作者认为，构成欺诈不以出卖人“因沉默获得利益”为必要。当然，买受人不能仅以自己的主观心理感受来认定房屋为“凶宅”，对于“凶宅”可以达到普通民众认知中的出现了“横死”等严重情况的程度来认定。买受人主张房屋发生过装修工人手指受伤的事实，但该种情况远未达到普通民众认知中的出现了“横死”等严重情况的“凶宅”程度的，出卖人不具备欺诈或隐瞒房屋重大瑕疵的情节，买受人仅以自己的主观心理感受认定该房屋为“凶宅”并拒绝履行房屋买卖合同的，属于违约行为。祖荣庆、赵刚与张纪龙房屋买卖合同纠纷案，江苏省徐州市中级人民法院（2015）徐民终字第1627号民事判决书。

④ 邱琦．凶宅与纯粹经济上损失//裁判时报：第7期．台北：元照出版公司，2011：27.

易价格。此时，“房屋内外发生非自然死亡事件者，并未造成房屋本身发生任何物理性变化，亦不影响所有人占有系争房屋或依其目的而使用，亦即所有人就房屋所有权权能之行使并未受到任何限制，因此不能认为房屋所有权受到侵害。故房屋交易价值贬损所产生之财产不利益，即为独立于所有权以外而发生之纯粹经济上损失”①。“房屋所有人虽亦受有纯粹经济上损失，惟因‘民法’第一八四条第一项前段之保护客体以权利为限，故房屋所有人即不得依该项前段规定请求加害人赔偿。”“至于房屋所有人因此遭受精神上痛苦，并非因人格权及身分权受侵害所致，从而依我国‘民法’第一九五条规定，并不得请求赔偿非财产上损害。”对于本段所述情形致房屋所有权人遭受的纯粹经济上损失，存在通过《民法典》第1165条第1款加以保护的可能。

三、学区房买卖中的如实告知义务

在新房买卖和二手房买卖中还经常存在出卖人和买受人之间就“学区房”产生的纠纷。

司法实务中对此一般采取如下做法：“第一，区分购房目的与合同目的。审理中应严格界定买受人的购房目的与合同目的。合同未明确约定，不能将买受人为孩子落户入学目的等同于合同目的，买受人以合同目的不能实现主张解除合同的，不予支持。第二，充分尊重合同双方意思自治。双方合意将孩子落户上学约定为合同目的的，购房目的与合同目的同一，孩子落户上学即成为合同目的。第三，释明法律，依法审理。告知当事人户籍管理不属于法院主管范围，除非合同约定出卖人迁出户籍，否则法院无权作出裁判。”② 当事人之间通谋，以虚假意思表示实施的法律行为属于无效法律行为。基于就近入学政策，司法实践中还出现当事人为子女落户、入学而私相协议为虚假房屋买卖的案件，出卖人事后要求买受人返还房屋并变更登记的，人民法院应予支持。③《民法总则》第146条、《民法典》第146条规定：“行为人与相对人以虚假的意思表示实施的民事法律行为无效。”“以虚假的意思表示隐藏的民事法律行为的效力，依照有关法律规定处理。”当然，主张适用该条第2款关于隐藏行为的法律规定的一方当事人应当对存在隐藏行为以及隐藏行为的性质承担举证责任。

2015年12月24日国家工商行政管理总局令第80号公布，自2016年2月1日起施行的《房地产广告发布规定》第18条规定：“房地产广告中不得含有广告主能够为入住者办理户口、就业、升学等事项的承诺。”第21条规定：“违反本规定发布广告，《广告法》及其他法律法规有规定的，依照有关法律法规规定予以处罚。法律法规没有规定的，对负有责任的广告主、广告经营者、广告发布者，处以违法所得3倍以下但不超过3万元的罚款；没有违法所得的，处以1万元以下的罚款。”

第六节　楼市新政及地震对房屋买卖合同的影响

一、楼市新政与情势变更

所谓情势变更原则，就是指在合同有效成立以后，非因当事人双方的过错而发生重大变

① 邱琦．凶宅与纯粹经济上损失//裁判时报：第7期．台北：元照出版公司，2011：24.

② 代净．东城法院调研“学区房”买卖纠纷案件特点及对策．北京法院网，2010-11-19．毛占宇．首例学区房案业主索赔．法制晚报，2012-10-17.

③ 朱晓喆，杨梅．“虚假的学区房买卖”案例研习报告．http：//www.wtoutiao.com/p/129pb9H.html．睢晓鹏．通谋虚伪意思表示的司法规制．人民司法·案例，2014（10）.

化，致使合同不能履行或如果履行会显失公平，根据诚实信用原则，当事人可以请求变更或解除合同的制度。[①] 在房屋限购限贷政策下，一度出现"退房潮"的现象，就"退房潮"引发的法律纠纷，需要结合情势变更原则作分析。[②]

我国《合同法》并未将情势变更原则法定化，《最高人民法院关于适用〈中华人民人和国合同法〉若干问题的解释（二）》第 26 条弥补了《合同法》的这一法律漏洞，规定了情势变更原则。[③] 基于情势变更原则对合同进行变动，是合同严守之"契约精神"的例外，须满足严格的构成要件方可适用。对情势变更的认定可以采取利益动态衡量的方法进行。

需要指出的是，原《最高人民法院关于审理商品房买卖合同纠纷案件适用法律若干问题的解释》第 23 条（2020 年解释第 19 条）规定："商品房买卖合同约定，买受人以担保贷款方式付款、因当事人一方原因未能订立商品房担保贷款合同并导致商品房买卖合同不能继续履行的，对方当事人可以请求解除合同和赔偿损失。因不可归责于当事人双方的事由未能订立商品房担保贷款合同并导致商品房买卖合同不能继续履行的，当事人可以请求解除合同，出卖人应当将收受的购房款本金及其利息或者定金返还买受人。"该条规定属于情势变更原则在商品房买卖合同领域的具体表现，楼市新政导致买受人无法办理商品房担保贷款的，会导致以担保贷款方式付款的商品房买卖合同因不能继续履行而可被解除。[④]

2011 年 4 月 21 日起执行的《浙江省高级人民法院关于审理受房地产市场调控政策影响的房屋买卖合同纠纷案件的若干意见（试行）》第 2 条指出："纯粹因受限贷、限购、禁购等调控政策的直接影响，合同确实无法继续履行的，不属于'不可抗力'，一般应认定属于《解释》第四条、第二十三条规定的'不可归责于当事人双方的事由'。当事人据此请求解除合同的，可予以支持，但当事人另有约定的除外。"[⑤] 第 6 条指出："调控政策实施前订立的合同确因限购、禁购政策而导致无法继续履行的，当事人均可以请求解除合同，出卖人应当将收受的购房款或者定金返还买受人。出卖人起诉或反诉请求买受人继续履行合同、承担违约责任或适用定金罚则的，不予支持；但出卖人请求买受人承担其为订立合同而实际发生的费用等合理损失的，可酌情予以支持。"[⑥] 第 9 条第 1 款指出："房屋买卖合同因受调控政策影响而解除，房地产经纪机构请求房屋买卖合同当事人支付其已实际支出的必要费用以及合理报酬的，应酌情予以支持；但对未予明码标价、虚假误导、混合标价、捆绑标价、炒卖房号、赚取差价，以及其它违反住房和城乡建设部、国家发展和改革委员会、人力资源和社会保障部发布的《房地产经纪管理办法》等规定的收费，不予支持。"

结合《浙江省高级人民法院关于审理受房地产市场调控政策影响的房屋买卖合同纠纷案件的若干意见（试行）》第 9 条第 1 款，房屋买卖合同因受调控政策影响而解除时会对房屋买卖的居间合同产生影响。一方面，就居间活动中实际支出的必要费用而言，《合同法》第 427 条

---

① 梁慧星．中国民法经济法诸问题．北京：法律出版社，1989：200.

② 陈霄，李羚．审视楼市新政下情事变更"标杆案"．法治周末，2010-08-26. 项连志与北京链家房地产经纪有限公司居间合同纠纷上诉案，北京市第二中级人民法院（2011）二中民终字第 16243 号民事判决书。

③ 成都鹏伟实业有限公司与江西省永修县人民政府、永修县鄱阳湖采砂管理工作领导小组办公室采矿权纠纷案，最高人民法院（2008）民二终字第 91 号民事判决书//最高人民法院公报，2010（4）.

④ 王成．情事变更、商业风险与利益衡量——以张革军诉宋旭红房屋买卖合同纠纷案为背景．政治与法律，2012（1）.

⑤ 本条中的"《解释》"是指原《最高人民法院关于审理商品房买卖合同纠纷案件适用法律若干问题的解释》。

⑥ 原《最高人民法院关于适用〈中华人民共和国担保法〉若干问题的解释》第 120 条第 1 款规定："因当事人一方迟延履行或者其他违约行为，致使合同目的不能实现，可以适用定金罚则。但法律另有规定或者当事人另有约定的除外。"第 122 条第一句规定："因不可抗力、意外事件致使主合同不能履行的，不适用定金罚则。……"

规定："居间人未促成合同成立的，不得要求支付报酬，但可以要求委托人支付从事居间活动支出的必要费用。"根据举轻以明重的民法解释方法，《合同法》第427条规定在居间人未促成合同成立时都可以要求支付实际支出的必要费用，在房屋买卖合同因受调控政策影响而解除时，毕竟房屋买卖合同已经成立事后被解除，居间人更应该取得要求酌情支付实际支出的必要费用的权利。另一方面，就居间报酬而言，《合同法》第426条第1款前段规定："居间人促成合同成立的，委托人应当按照约定支付报酬。"《合同法》第427条规定："居间人未促成合同成立的，不得要求支付报酬，……"在房屋买卖合同因受调控政策影响而解除时，《合同法》第426条第1款前段、《民法典》第963条第1款前段之规定就存在法律漏洞，无法涵盖此种情形。如果此时仍根据严格的文义解释方法，要求委托人按照约定支付报酬，失之过苛，利益衡量显失公平。房屋买卖合同虽然已经成立但毕竟事后被解除，合同双方当事人的预期合同目的均未实现，对居间人的报酬请求权应该酌情支持，而非按约完全支付。可见，应该本着公平原则和利益衡量之论证方法，对《合同法》第426条前段、《民法典》第963条第1款前段规定做目的性限缩解释，将其适用范围限定为居间人促成合同成立，当事人达到订立合同的目的；而不能包括合同事后因不可归责于当事人双方的事由导致合同解除的情形。此外，不能对《合同法》第427条、《民法典》第964条做机械理解，该规定无法有效规制委托人"跳单违约"的现象，构成法律漏洞，应该本着合同诚信原则及《合同法》第45条第2款、《民法典》第159条规定对之作目的性限缩解释。

房产新政属于情势变更，而并不构成不可抗力。不可抗力通常为"不能预见、不能避免并不能克服"的自然灾害或社会异常行为，不可抗力会导致合同无法履行或者不能实现合同目的；情势变更通常不会导致合同履行不能，而是继续履行合同会显失公平。情势变更情形下，一方当事人享有的是形成诉权；而依据不可抗力主张部分或者全部免除责任的一方当事人享有的是形成权。《民法典》第533条不再将不可抗力排除在情势变更之外，更加体系化地处理了不可抗力在合同法上的效果，区分作为情势变更、合同法定解除事由和违约责任减责免责事由的不可抗力。

二、地震对房屋买卖合同、按揭房贷返还的影响

2009年3月23日实施的《最高人民法院关于处理涉及汶川地震相关案件适用法律问题的意见（二）》就地震对房屋买卖合同的影响作了若干规定。该意见第1条规定了地震致房屋给付不能时风险的负担："买受人要求出卖人按照房屋买卖合同的约定继续履行交房义务的，人民法院应予支持，但是因地震不能实际履行或者实际履行费用过高的除外；因地震造成房屋不能交付或者不符合约定的交付条件，买受人要求解除房屋买卖合同的，人民法院应予支持。"第4条规定了迟延给付的处理规则："因地震灾害致使在合理期限内出卖人迟延交付房屋或者买受人迟延支付购房款，当事人一方请求解除合同的，人民法院不予支持，但当事人另有约定的除外。"第5条规定了未能办理担保贷款时的风险负担规则："商品房买卖合同约定买受人以担保贷款方式付款，因地震导致未能订立商品房担保贷款合同并致使商品房买卖合同不能继续履行的，当事人可以请求解除合同，出卖人应当将收受的购房款本金及其利息或者定金返还买受人。"

但前述司法解释就地震对按揭房贷的影响未正面涉及。地震除致人在房毁之外，还可能导致人亡房毁、人亡房在和人房俱在等情形。与地震带来的风险负担相伴随，还可能存在利益归

属的问题，如买卖之房屋因地震灭失时政府补偿金的归属。①

地震导致房屋倒塌时，房屋的所有权人同时作为按揭房贷中的借款人和抵押人是否仍有义务偿还按揭贷款？对此存在两种观点：一种观点认为，根据房屋按揭贷款合同的约定，借款人与贷款银行之间形成债权债务关系，房屋是房屋按揭贷款的抵押物，在借款人未按合同约定偿还贷款本息的情况下，贷款银行可以与借款人协议以抵押房屋折价或者以拍卖、变卖该抵押房屋所得的价款优先受偿，对于仍未清偿部分的贷款，借款人仍有义务偿还，贷款银行仍有权向借款人追偿。房屋作为抵押物倒塌而不存在时，贷款银行是有权利对借款人的债务进行追讨的。② 另一种观点认为：地震构成不可抗力，地震导致房屋倒塌时，就符合《合同法》第 94 条第 1 项关于“因不可抗力致使不能实现合同目的”的规定，房屋抵押人可以据此行使法定解除权，解除按揭贷款合同，不应承担继续偿还银行贷款的责任。另外，根据《合同法》第 117 条和《民法通则》第 107 条的规定，抵押人的违约责任也可被免除。③

本书作者认为，在地震导致按揭房屋倒塌的情形下，房屋作为抵押物毁损、灭失，根据《物权法》第 177 条、《民法典》第 393 条，贷款银行的抵押权并未消灭。根据《物权法》第 174 条、《民法典》第 390 条有关担保物上代位性的规定（“担保期间，担保财产毁损、灭失或者被征收等，担保物权人可以就获得的保险金、赔偿金或者补偿金等优先受偿。被担保债权的履行期未届满的，也可以提存该保险金、赔偿金或者补偿金等”），如果没有相应的担保物上代位物，则抵押权消灭。《担保法》第 58 条规定：“抵押权因抵押物灭失而消灭。因灭失所得的赔偿金，应当作为抵押财产。”如果地震仅导致按揭房屋部分毁损，在抵押人不如期偿还按揭债务的情形下，贷款银行可以就残存的房屋行使抵押权，对于不足以偿还的部分，债务人仍然负担清偿义务。《物权法》第 198 条、《民法典》第 413 条就规定：“抵押财产折价或者拍卖、变卖后，其价款超过债权数额的部分归抵押人所有，不足部分由债务人清偿。”应该本着类推适用的法律漏洞补充方法，对《物权法》第 174 条、《民法典》第 390 条进行漏洞填补：既然《物权法》第 198 条、《民法典》第 413 条规定抵押权实现时抵押财产不足以偿还债权的，对不足部分债务人仍应该清偿，那么在《物权法》第 174 条、《民法典》第 390 条规定的情形之下，抵押物的物上代位金钱不足以偿还债权的，债务人同样应该负担偿还义务。这两种情形下对债权人利益的影响相同，类似情况应该作相同处理。由此可以得出一个一般性的原则：抵押物或者抵押物的物上代位物不足以偿还债权时，债务人对不足部分仍负担清偿义务。

就房屋交付对房屋毁损、灭失风险承担的影响，《最高人民法院关于处理涉及汶川地震相关案件适用法律问题的意见（二）》第 3 条规定：“对房屋的转移占有，视为房屋的交付使用，但当事人另有约定的除外。房屋毁损、灭失的风险，在交付使用前由出卖人承担，交付使用后由买受人承担；买受人接到出卖人的书面交房通知，无正当理由拒绝接收的，房屋毁损、灭失的风险自书面交房通知确定的交付使用之日起由买受人承担，但法律另有规定或者当事人另有约定的除外。”实际上，《合同法》第 142 条也规定：“标的物毁损、灭失的风险，在标的物交

---

① 朱晓喆．买卖之房屋因地震灭失的政府补偿金归属．交大法学，2013（2）．根据该文的观点，可以类推适用《合同法》第 163 条之规定：“标的物在交付之前产生的孳息，归出卖人所有，在交付之后产生的孳息，归买受人所有。”即买卖之房屋因地震灭失的政府补偿金在房屋交付之前归出卖人所有，在交付之后归买受人所有。据此可以得出一个一般性原则：标的物在交付之前产生的孳息等利益，归出卖人所有；在交付之后产生的孳息等利益，归买受人所有，结合《民法典》第 630 条，当事人另有约定的除外。

② 地震房子倒塌是否还要还房贷 律师称月供仍得还．羊城晚报，2013－04－25．张若斌．地震震毁房屋 按揭仍需偿还．证券时报，2008－05－16．

③ 阮子文．因地震倒塌的房子不应再偿还房贷．南方都市报，2013－04－28．

付之前由出卖人承担，交付之后由买受人承担，但法律另有规定或者当事人另有约定的除外。”《最高人民法院关于审理商品房买卖合同纠纷案件适用法律若干问题的解释》第8条规定：“对房屋的转移占有，视为房屋的交付使用，但当事人另有约定的除外。”“房屋毁损、灭失的风险，在交付使用前由出卖人承担，交付使用后由买受人承担；买受人接到出卖人的书面交房通知，无正当理由拒绝接收的，房屋毁损、灭失的风险自书面交房通知确定的交付使用之日起由买受人承担，但法律另有规定或者当事人另有约定的除外。”上述法律和司法解释中的有关“标的物毁损、灭失的风险”当然包括地震导致房屋倒塌后的按揭房贷偿还问题。综上可见，在地震导致房屋倒塌的情形下，若房屋已经转移占有，则相关风险由买受人承担，买受人仍然承担按揭贷款偿还义务。①

三、因灾损毁、倒塌房屋所引发相关房地产法律问题

第一，因水灾损毁、倒塌的房屋要不要还房贷？

在水灾导致按揭房屋毁损、倒塌的情形下，房屋作为抵押物毁损、灭失，但贷款银行的抵押权并不当然消灭。一方面，在水灾仅导致按揭房屋部分毁损，抵押人不如期偿还按揭债务的情形下，贷款银行可以就残存的房屋行使抵押权，抵押人对不足以偿还的部分仍然负担清偿义务。另一方面，如果水灾导致按揭房屋全部毁损，也没有相应的物上代位物，则抵押权因抵押物灭失而消灭。因灭失所得的赔偿金，应当作为抵押财产，债务人对不足以偿还的部分仍然负担清偿义务。可见，抵押物或者抵押物的物上代位物不足以偿还债权时，债务人对不足部分仍负担清偿义务。

第二，商品房在自然灾害中损毁、灭失的责任如何承担？业主共有的公共部位和共用设施的损失如何承担？

首先，已取得房屋产权证的房屋灭失怎么办？房屋因灾受损、倒塌是否有救助？经依法登记的房屋灭失的，房屋所有权消灭，房屋登记簿记载的所有权人应当自事实发生后申请房屋所有权注销登记，房屋登记机构应当实地查看。如果受灾房屋事先投保了相应的商业保险，则房屋因灾受损、倒塌时，房屋所有权人有权获得相应的保险金。特别重大、重大的水涝灾害发生后，国家减灾委办公室等有关部门要根据《国家自然灾害救助应急预案》等的规定组织倒损住房恢复重建资金补助等灾后救助与恢复重建工作。

其次，交易中的房产或在建房产，在灾害中倒塌或成危房的，买卖双方的权利、义务应如何划分？未交付房屋、未过户房屋由谁来承担风险责任？标的物毁损、灭失的风险，在标的物交付之前由出卖人承担，在交付之后由买受人承担，但法律另有规定或者当事人另有约定的除外。水灾导致房屋损毁、灭失的情形下，若房屋已经转移占有，视为房屋的交付使用，则相关风险由买受人承担，买受人仍然承担按揭贷款偿还义务。若房屋的相关毁损、灭失发生在交付使用前，则由出卖人承担风险。

最后，房屋租赁合同尚未到期，房子损毁、倒塌为危房，租赁关系该怎么处理？出租人应当按照约定将租赁物交付承租人，并在租赁期间保持租赁物符合约定的用途。一方面，房屋租赁合同尚未到期，若房子损毁、倒塌为危房，出租人应当履行租赁物的维修义务，但当事人另有约定的除外。承租人在租赁物需要维修时可以要求出租人在合理期限内维修；出租人未履行维修义务的，承租人可以自行维修，维修费用由出租人负担。因维修租赁物影响承租人使用

① 高圣平．地震所引发的按揭房贷问题之研究——法律无法承受之重．社会科学战线，2008（9）．

的，应当相应减少租金或者延长租期。另一方面，房屋租赁合同尚未到期，若房子损毁、倒塌为危房，且已经达到不能通过维修来维持合同约定用途的程度，则此时承租人可以行使法定解除权将租赁合同解除。

业主共有的公共部位和共用设施的损失如何承担？对此需要区分房屋保修期内和保修期外分别处理。一方面，在正常使用条件下，屋面防水工程、有防水要求的卫生间、房间和外墙面的防渗漏，相关建设工程的最低保修期限为5年。建设工程在保修范围和保修期限内发生质量问题的，施工单位应当履行保修义务，并对造成的损失承担赔偿责任。另一方面，住宅专项维修资金是专项用于住宅共用部位、共用设施设备保修期满后的维修和更新、改造的资金。业主共有的公共部位和共用设施因水灾发生损失，如屋面防水损坏造成渗漏，危及房屋使用安全的紧急情况，需要立即对共用部分进行维修、更新、改造的，可按照有关规定使用专项维修资金。

第三，抗洪救灾紧急征调物资有补偿吗？救灾采取强制措施、征用而造成的单位、个人财产损失在灾害中有哪些？如何进行补偿？

因抢险、救灾等紧急需要，依照法律规定的权限和程序可以征用单位、个人的不动产或者动产，比如堵决口要用的卡车。被征用的不动产或者动产使用后，应当返还被征用人。单位、个人的不动产或者动产被征用或者征用后毁损、灭失的，应当给予补偿。

第七节 “以物抵债”法律问题解析：以“以房抵债”为例

一、朱某与山西嘉和泰房地产开发有限公司商品房买卖合同纠纷案的基本事实

2007年1月25日，朱某与山西嘉和泰房地产开发有限公司（以下简称嘉和泰公司）签订14份“商品房买卖合同”，主要约定朱某向嘉和泰公司购买当地百桐园小区十号楼14套商铺等。同日嘉和泰公司将该14份合同办理了销售备案登记手续，并于次日向朱某出具两张总额为10 354 554元的销售不动产发票。2007年1月26日，朱某与嘉和泰公司签订一份“借款协议”，主要约定：嘉和泰公司向朱某借款1 100万元，期限至2007年4月26日；嘉和泰公司自愿将其开发的当地百桐园小区十号楼商铺抵押给朱某，抵押的方式为和朱某签订商品房买卖合同，并办理备案手续，开具发票；如嘉和泰公司偿还借款，朱某将抵押手续（合同、发票、收据）退回，如到期不能偿还，嘉和泰公司将以抵押物抵顶借款，双方互不支付对方任何款项等。该合同签订后，朱某向嘉和泰公司发放了1 100万元借款，嘉和泰公司出具了收据。至2007年4月26日，嘉和泰公司未能偿还该借款。朱某因而请求确认其与嘉和泰公司签订的14份“商品房买卖合同”有效，判令嘉和泰公司履行商品房买卖合同。嘉和泰公司答辩称：其与朱某之间是借贷关系，而非商品房买卖合同关系。“借款协议”明确表明双方是借贷关系，签订14份“商品房买卖合同”的真实意思是为借款提供担保，双方没有买卖商品房的意思表示。“借款协议”中“到期不能还款用抵押物抵顶借款，双方之间互不再支付对方任何款项”的约定违反法律的强制性规定，是无效的。①

① 朱某与山西嘉和泰房地产开发有限公司商品房买卖合同纠纷案，最高人民法院（2011）民提字第344号民事判决书//最高人民法院公报，2014（12）.

二、"以物抵债"协议不适用流押禁止规则

在朱某与山西嘉和泰房地产开发有限公司商品房买卖合同纠纷案中，最高人民法院指出："1、双方当事人基于同一笔款项先后签订'商品房买卖合同'和'借款协议'，并约定如借款到期，偿还借款，'商品房买卖合同'不再履行；若借款到期，不能偿还借款，则履行'商品房买卖合同'。在合同、协议均依法成立并已生效的情况下．应当认定当事人之间同时成立了商品房买卖和民间借贷两个民事法律关系。该行为并不违反法律、行政法规的强制性规定。2、借款到期，借款人不能按期偿还借款。对方当事人要求并通过履行'商品房买卖合同'取得房屋所有权，不违反《担保法》第四十条、《物权法》第一百八十六条有关'禁止流押'的规定。"① 该案当事人所签订的商品房买卖合同构成理论上所说的"以物抵债"协议。所谓"以物抵债"，是指债务人与债权人约定以债务人或经第三人同意的第三人所有的财产折价归债权人所有，用以清偿债务的行为。下文对"以物抵债协议"的分析除非有特殊说明，否则，都以朱某与山西嘉和泰房地产开发有限公司商品房买卖合同纠纷案的案件事实为基础。

我国抵押权设立中存在流押禁止规则，《物权法》第186条规定："抵押权人在债务履行期届满前，不得与抵押人约定债务人不履行到期债务时抵押财产归债权人所有。"这就延续了《担保法》第40条的规定，略有不同的是《物权法》第186条的适用范围要广于《担保法》第40条的：前者将禁止流押合同的时间从"订立抵押合同时"扩展到"债务履行期届满前"。可见，流押合同并非法律认可的附生效条件的买卖合同关系。流押禁止规则的立法目的是：人在举债时常常处于窘迫境地，若承认流押，将给债权人乘机低价"巧取"抵押物的机会。② 流押合同的无效并不导致抵押合同的无效，而只是抵押合同中的流押条款无效，即抵押财产直接归抵押权人的约定无效。实际上，即使为了达到保护弱者、防止利益显失公平的目的，法律也不必采取一概禁止流押的手段，法律完全可以规定流押仅适用于商事交易，而不适用于一般民事活动。③

2014年11月7日至8日，在中国法学会民法学研究会主办的小型系列学术研讨会"合同履行制度的理论与实践学术研讨会"上，与会学者就"以物抵债"问题展开热烈讨论，崔建远教授认为："至于说'以物抵债'是抵押权，人家根本就没有意思表示又没有登记（抵押物是不动产的情况下），怎么能说是抵押权呢，完全不可理解。"④ 本书作者赞同此观点，如此一来，就更谈不上"以物抵债"协议受流押禁止规则限制的问题。《民法典》第401条放松了流押禁止规则，第428条放松了流质禁止规则。

三、对"以物抵债"协议的新解读：附生效条件的买卖合同

2014年12月16日《北京市高级人民法院关于审理房屋买卖合同纠纷案件若干疑难问题的会议纪要》第25条就"民间借贷与以房抵债的处理"问题指出："当事人在民间借贷债务履行期限届满前签订合同约定，借款人逾期不偿还借款即愿意以自己所有（或经第三人同意以第三

---

① 朱某与山西嘉和泰房地产开发有限公司商品房买卖合同纠纷案，最高人民法院（2011）民提字第344号民事判决书//最高人民法院公报，2014（12）．崔建远．以物抵债的理论与实践．河北法学，2012（3）．

② 全国人大法工委民法室编著．中华人民共和国担保法释义．北京：法律出版社，1995：59－60．

③ 许德风．评《物权法草案》第十七章．中外法学，2006（1）．

④ 相同观点，另参见张伟．买卖合同担保民间借贷合同的解释论——以法释［2015］18号第24条为中心．法学评论，2016（2）。

人所有）的房屋抵偿归贷款人所有，该合同实为基础借贷债权的担保，应当根据当事人的真实意思表示认定双方之间系民间借贷法律关系。贷款人可以选择行使以下权利：（1）贷款人依原基础借贷法律关系主张偿还借款的，应予支持；（2）贷款人在履行清算义务的前提下，要求借款人办理房屋过户登记手续的，应予支持。房屋价值超过担保基础借贷债权（贷款本金、合法利息等）的，贷款人应将剩余款项返还给借款人。房屋价值以贷款人要求借款人办理房屋过户登记时予以确定。”“当事人在民间借贷债务履行期限届满后签订合同约定以房抵债，性质上属于债务履行方式的变更，贷款人要求继续履行合同办理房屋过户登记手续的，应予支持。借款人认为抵债价格明显过低，显失公平的，可以参照本纪要第24条第2款规定处理。”本书作者认为，应该区分“以房（物）抵债”协议签订的时间，分别讨论其法律关系的性质和法律关系的内容。

一方面，当事人在民间借贷债务履行期限届满前签订合同，约定借款人逾期不偿还借款即愿意以自己所有（或经第三人同意以第三人所有）的房屋抵偿，归贷款人所有的，该合同实为基础借贷债权的担保，并不能将之径行认定为流押合同或者流质合同①，不能将之界定为让与担保②或者后让与担保③，也不能将之界定为“未来物”抵押合同。④ 本书作者认为，朱某与山西嘉和泰房地产开发有限公司商品房买卖合同纠纷案所涉及的商品房买卖合同虽为“以物抵债”协议，但当事人尚未办理商品房抵押登记等担保物权设立手续，故从解释论上看不宜将之认定为抵押权。从《物权法》对抵押权的现有规定中也不宜得出“未来物抵押”的结论，当事人之间只是在相关“借款协议”中形式上使用了“抵押物”的概念，但并无抵押的实质，更不符合《物权法》第179条、《民法典》第394条所规定的抵押权为优先受偿权这一根本法律特征。实现“抵押”功能的手段不限于抵押权，上述案子所提供的商品房买卖合同和借款合同联立的债权方案也是可选项。此时，附生效条件的商品房买卖合同属于“以物抵债”协议，其与借款合同构成合同联立，且属于具有一定依存关系的紧密结合：商品房买卖合同服务于借款合同债权的实现，商品房买卖合同是手段，借款合同是目的。此种解释策略和后让与担保等解释策略并无价值判断结论上的差异，仅属于解释选择问题。⑤“如无必要，勿增实体”，在现有法律制度和理论概念能够解决和解释“以物抵债”协议的情形下，不宜新创制度或者新增概念。

---

① 刘琨．以物抵债协议不宜认定为流质契约．人民司法·案例，2014（2）．

② “让与担保者系指债务人或第三人为担保债务人之债务，将担保标的物之财产权移转于担保权人，而使担保权人在不超过担保之目的范围内，取得担保标的物之财产权，于债务清偿后，标的物应返还于债务人或第三人，债务不履行时，担保权人得就该标的物受偿之非典型担保。”（谢在全．民法物权论：下册．修订5版．北京：中国政法大学出版社，2011：1 100.）朱某与山西嘉和泰房地产开发有限公司商品房买卖合同纠纷案中，当事人签订“商品房买卖合同”后未将涉案房屋的所有权移转于买房人（所谓“担保权人”），而只是办理了涉案“商品房买卖合同”的销售备案登记手续，并不符合让与担保的特征。

我国司法实务中一般倾向于将设定让与担保的合同转化为借款合同，承认其合同效力，促成当事人之间的交易：理论上则一般依据物权法定原则对让与担保物权的效力予以否定。李某诉惠某等三人民间借贷案，江苏省邳州市人民法院（2009）邳民一初字第1077号民事判决书。另外，2007年12月6日公布的《陕西省高级人民法院民二庭关于审理担保纠纷案件若干法律问题的意见》第21条指出：［非典型担保的效力］当事人约定了让与担保、所有权保留等法定担保物权以外的担保类型的，人民法院不应认定上述担保类型的物权效力，但担保合同的效力不受物权效力认定的影响。

③ 杨立新．后让与担保：一个正在形成的习惯法担保物权．中国法学，2013（3）．

④ 董学立．也论“后让与担保”：与杨立新教授商榷．中国法学，2014（3）．

⑤ 关于民法问题中解释选择问题的讨论方法，参见王轶．民法原理与民法学方法．北京：法律出版社，2009：81－186。关于纯粹民法学问题中解释选择问题的讨论方法，详见王轶．论民事法律事实的类型区分．中国法学，2013（1）。

若将相关“以物抵债”行为界定为无效流押合同，其与有效“以物抵债”协议之间的区别属于民法问题中的价值判断问题。基于鼓励交易和诚信原则，应该认可“以物抵债”协议的法律效力。

需要指出的是，最高人民法院在朱某与山西嘉和泰房地产开发有限公司商品房买卖合同纠纷案中将当事人之间的商品房买卖合同认定为附解除条件的合同：“‘借款协议’为案涉‘商品房买卖合同’的履行附设了解除条件”。本书作者对此并不赞同，理由在于：“商品房买卖合同”的履行不属于民事法律行为，而是事实行为，其不能被附条件。当事人在“借款协议”中约定“如到期不能偿还，嘉和泰公司将以抵押物抵顶借款，双方互不支付对方任何款项等”，这就用在后签订的“借款协议”为在先的“商品房买卖合同”增加了一个生效条件。基于此，涉案“商品房买卖合同”附了生效条件，其生效条件为涉案“借款协议”约定的借款期限届满时借款人不能偿还的消极事实。[①]《最高人民法院关于审理民间借贷案件适用法律若干问题的规定》(2015 年) 第 23 条规定：“当事人以签订买卖合同作为民间借贷合同的担保，借款到期后借款人不能还款，出借人请求履行买卖合同的，人民法院应当按照民间借贷法律关系审理。当事人根据法庭审理情况变更诉讼请求的，人民法院应当准许。”“按照民间借贷法律关系审理作出的判决生效后，借款人不履行生效判决确定的金钱债务，出借人可以申请拍卖买卖合同标的物，以偿还债务。就拍卖所得的价款与应偿还借款本息之间的差额，借款人或者出借人有权主张返还或补偿。”该解释并未如《北京市高级人民法院关于审理房屋买卖合同纠纷案件若干疑难问题的会议纪要》第 25 条那样正面赋予出借人选择权，而是重点规定了当事人约定“以物抵债”但尚未履行完毕而债权人选择诉请履行“以物抵债”协议的问题。

另一方面，当事人在民间借贷债务履行期限届满后签订合同，约定“以房（物）抵债”的，此种协议属于对债务履行方式的变更，构成《合同法》第 77 条、《民法典》第 543 条规定的合同变更；也可以说构成代物清偿，即当事人约定以他种给付代替原定给付，从而使合同法律关系消灭。合同变更说和代物清偿说也属于纯粹民法学问题中的解释选择问题，采前种解释方式更宜找到现行法上的依据，解释成本也更低，结论更为妥当。2014 年《山东省高级人民法院关于房地产纠纷案件民事审判意见》第 11 条就“关于以房抵债合同的效力问题”指出：“在房地产开发或者建设工程施工中，由于无力支付开发费用或者工程价款，开发商以已经建成或者在建的房屋抵偿所欠的债务。以房抵债的协议既是当事人之间履行债务的一种方式，也是双方就如何履行原债务达成的新协议，只要该协议不具有《合同法》第 52 条规定的无效合同的情形，应依法认定有效，双方应诚信履行协议。抵债的房屋是否办理所有权变更手续不影响以房抵债协议的效力。”最高人民法院在此类案件的审判意见中也指出：“先签订借款合同，借款到期后无力还债，双方又签订房屋买卖合同，将前期借款转为购房款的，就不应再定性为借款法律关系。”[②]

---

① 类似地，司法实践中还存在以附生效条件的委托合同来保障借款合同如期偿还的做法。上海市徐汇区公证处孟宇亮提供如下案例：出借人甲与借款人乙签订抵押借款合同，约定甲出借资金 100 万元给乙，乙将其名下的 A 房屋抵押给甲作为担保并办理了抵押登记。甲、乙均为自然人。同时，应甲的要求，乙签署了授权委托书，授权甲于借款期限届满后且债务未清偿时出售 A 屋。就委托书双方办理了公证，甲可全权处分 A 屋。本书作者认为，该授权委托书实际对应附生效条件的委托合同，生效条件为借款期限届满且乙未清偿债务。该委托合同参考《物权法》第 195 条规定的抵押权实现方式作了委托合同的约定，不属于虚伪意思表示，不构成让与担保，也不违反流押禁止规则。

② 程新文．关于当前民事审判工作中的若干具体问题．(2015 - 12 - 24) [2016 - 01 - 01]．http://www.132lawyer.com/a/rdxw/2015/1229/11571.html.

四、"以物抵债"协议属于附生效条件的诺成合同而非实践合同

2014年3月31日《江苏省高级人民法院关于以物抵债若干法律适用问题的审理纪要》指出："以物抵债"是指债务人与债权人约定以债务人或经第三人同意的第三人所有的财产折价归债权人所有，用以清偿债务的行为。人民法院应当根据当事人设定"以物抵债"的不同时间、约定的具体内容、履行的具体情况等情形来判断"以物抵债"不同的法律性质，进而正确认定其效力。对于当事人在债务届清偿期之前达成的"以物抵债"协议，应区分不同情形进行认定与处理：(1) 当事人在债务届清偿期之前达成的"以物抵债"协议，该协议具有担保债权实现的目的，如债权人以债务人违反"以物抵债"的约定而要求继续履行"以物抵债"协议或对所抵之物主张所有权的，人民法院应驳回其诉讼请求。但经人民法院释明，当事人变更诉请，要求继续履行原债权债务合同的，人民法院应当继续审理。(2) 当事人在债务届清偿期之前达成"以物抵债"的协议，同时明确约定在债务清偿期届满时应进行清算的，该"以物抵债"协议在当事人之间具有法律效力，但该约定不具有对抗其他债权人的效力。(3) 当事人在债务届清偿期之前约定以房屋或土地等不动产进行抵债，并明确在债务清偿后可以回赎，债务人或第三人根据约定已办理了物权转移手续的，该行为符合让与担保的特征。因违反物权法定原则，不产生物权转移效力。债权人如根据抵债协议及物权转移凭证要求原物权人迁让的，人民法院应不予支持。据此可见，《江苏省高级人民法院关于以物抵债若干法律适用问题的审理纪要》对"当事人在债务届清偿期之前达成'以物抵债'的协议"的类型化分析更全面：第一种情形的"以物抵债"协议构成流押合同；第二种情形的"以物抵债"协议不具有物权变动的效力，但该纪要未回答对其法律关系的定性，本书作者认为此时亦属于附生效条件的买卖合同；第三种情形的"以物抵债"协议构成让与担保，但因违反物权法定原则，不产生物权变动的效果。

就"当事人在债务履行期限届满之后达成'以物抵债'的协议"的裁判办法，《江苏省高级人民法院关于以物抵债若干法律适用问题的审理纪要》指出，对于当事人在债务清偿期届满后的"以物抵债"协议，应区分两种情况进行认定与处理："(一) 债务清偿期届满后当事人达成以物抵债协议，在尚未办理物权转移手续前，债务人反悔，不履行抵债协议，债权人要求继续履行抵债协议或要求确认所抵之物的所有权归自己的，人民法院应驳回其诉讼请求。但经释明，当事人要求继续履行原债权债务合同的，人民法院应当继续审理。(二) 当事人在债务清偿期届满后达成以物抵债协议并已经办理了物权转移手续后，一方反悔，要求认定以物抵债协议无效的，人民法院不予支持。但如当事人一方认为抵债行为具有《中华人民共和国合同法》第五十四条规定的可变更、可撤销情形的，可以依法请求人民法院或仲裁机构变更或撤销。""债权人在债务清偿期届满后通过以物抵债协议取得了所抵之物的所有权，后要求债务人承担标的物瑕疵担保责任的，人民法院可参照《中华人民共和国合同法》关于买卖合同的相关规定进行处理。"可见，《江苏省高级人民法院关于以物抵债若干法律适用问题的审理纪要》将当事人在债务履行期限届满之后达成的"以物抵债"的协议认定为实践合同。[①] 本书作者认为，该做法并不妥当，应该顺应诺成合同的趋势，将当事人在债务履行期限届满之后达成"以物抵债"的协议认定为合同变更和诺成合同。[②]

---

① 武侯国土局与招商局公司、成都港招公司、海南民丰公司债权人代位权纠纷案，最高人民法院（2011）民提字第210号民事判决书//最高人民法院公报，2012（6）.

② 肖俊．代物清偿中的合意基础与清偿效果研究．中外法学，2015（1）.

五、总结：商品房买卖式担保的法律构造

朱某与山西嘉和泰房地产开发有限公司商品房买卖合同纠纷案中的“商品房买卖合同”属于“以物抵债”协议，其法律性质是附生效条件的买卖合同，且属于诺成合同。该合同的目的是服务于在后成立的“借款协议”债权的实现，是为商品房买卖式担保。该案中的“商品房买卖合同”和“借款协议”构成合同联立，且属于具有一定依存关系的紧密结合。主张该案中的“‘商品房买卖合同’的履行附设了解除条件”的观点并不妥当，本案中的“商品房买卖合同”附生效条件，其生效条件为“借款协议”约定的借款期限届满借款人不能偿还借款的消极事实。

当事人在民间借贷债务履行期限届满前签订合同，约定借款人逾期不偿还借款即愿意以自己所有（或经第三人同意以第三人所有）的房屋抵偿，归贷款人所有的，该合同实为基于借贷债权的担保，但并不能径行将之认定为流押合同，不能将之界定为让与担保、后让与担保或者“未来物”抵押合同。实现“抵押”功能的手段不限于抵押权，朱某与山西嘉和泰房地产开发有限公司商品房买卖合同纠纷案所提供的商品房买卖合同和借款合同联立的债权方案（买卖式担保）也是可选项，之后通过和施行的《最高人民法院关于审理民间借贷案件适用法律若干问题的规定》（2015 年）第 24 条实际上也对此类案件作了“按照民间借贷法律关系审理”的定论。

第八节　执行异议之诉中抵押权和商品房买受人之权益的冲突与协调

《最高人民法院关于人民法院办理执行异议和复议案件若干问题的规定》第 28 条规定：“金钱债权执行中，买受人对登记在被执行人名下的不动产提出异议，符合下列情形且其权利能够排除执行的，人民法院应予支持：（一）在人民法院查封之前已签订合法有效的书面买卖合同；（二）在人民法院查封之前已合法占有该不动产；（三）已支付全部价款，或者已按照合同约定支付部分价款且将剩余价款按照人民法院的要求交付执行；（四）非因买受人自身原因未办理过户登记。”[①] 第 29 条规定：“金钱债权执行中，买受人对登记在被执行的房地产开发企业名下的商品房提出异议，符合下列情形且其权利能够排除执行的，人民法院应予支持：（一）在人民法院查封之前已签订合法有效的书面买卖合同；（二）所购商品房系用于居住且买受人名下无其他用于居住的房屋；（三）已支付的价款超过合同约定总价款的百分之五十。”根据这

---

① 2018 年 11 月 15 日，某律师提供如下商品房买卖合同纠纷案例：购买人在 2014 年通过分期付款的方式向开发商购买了一处商铺，有签订买卖合同，已付清房款。商铺所处位置为一整层，购买人只是买了其中一间。开发商一直以未能办房产证为由没有进行网签，后来更是抵押给了银行。现开发商无法偿还银行贷款，银行还没有启动诉讼程序。商铺已于 2018 年 6 月交付给购买人实际使用（出租）。该商铺在住建局的网上显示不属于预售房，属于现售房，并且已经拆分了每一间商铺，其中购买人那一间显示已抵押。问：（1）购买人起诉开发商，想主张商铺所有权，要求开发商协助过户登记能否获得支持？本书作者认为，对此可以类推适用《最高人民法院关于人民法院办理执行异议和复议案件若干问题的规定》第 28 条。换一种思维，即使购买人不起诉过户，等银行起诉，银行申请拍卖以实现抵押权时，购买人提出执行异议，然后根据上述规定第 28 条，法院不予执行拍卖，也会达到同样的实体效果。（2）购买人主张解除合同、返还购房款、支付违约金，能否获得支持？本书作者认为，能获支持，理由在于：根据原《最高人民法院关于审理商品房买卖合同纠纷案件适用法律若干问题的解释》第 8 条，商品房买卖合同订立后，出卖人未告知买受人又将该房屋抵押给第三人，导致商品房买卖合同目的不能实现的，无法取得房屋的买受人可以请求解除合同、返还已付购房款及利息、赔偿损失，并可以请求出卖人承担不超过已付购房款 1 倍的赔偿责任。

两个条文的规定，基于特定法政策考量，金钱债权强制执行过程中，在符合前述特定条件的情况下，买受人的债权可以排除强制执行，以获得优先实现的地位，成为超级优先权（不仅优先于普通债权，还优先于抵押权所担保的债权），构成对债权平等原理的突破。这两个条文的规范目的是将保护范围限定在不动产的买受人这一特定范围，以保护买房人的生存、居住权益。当然，《最高人民法院关于人民法院办理执行异议和复议案件若干问题的规定》第 28 条和第 29 条将构成要件客观化、动态化：这两个条文均不要求买房人善意，即便买房人知道或者应当知道房地产开发商等出卖人未取得商品房预售许可证，也不宜认定其恶意。仅凭房款收据孤证，不足以证明购房人已支付全款或者 50%的总价款。需要实质审查当事人之间存在真实的不动产买卖合同。《最高人民法院关于人民法院办理执行异议和复议案件若干问题的规定》第 29 条第 3 项对支付价款要件的加强，在一定程度上可以弥补第 2 项要件的欠缺（如所购商品房不是用于居住或者不是唯一住房）。这就是动态系统论思维在发挥作用。案外人以其系商品房购房人提出执行异议时，仅凭被执行人房地产开发企业出具的房款收据，不能证明已付全款。①

2018 年 12 月 25 日北京市法院执行局局长座谈会（第九次会议）纪要——《关于执行查控时财产权属判断规则及案外人异议审查中权利（利益）冲突规则若干问题的意见》第 17 条指出："被执行人将其所有的需要办理过户登记的财产出卖给第三人，但尚未办理产权过户登记手续，人民法院查封、扣押、冻结后，第三人提出排除执行异议，主张其在查封、扣押、冻结前已经实际占有，并已支付全部价款或者已按照合同约定支付部分价款且将剩余价款按照人民法院的要求交付执行，其对未办理过户登记手续没有过错的，人民法院应予支持。""采取登记对抗主义的财产，不适用前款的规定。在不动产登记中，前款中的过户登记是指转移登记。"理论上还存在对离婚房产权属约定与第三方申请强制执行之冲突的讨论。②

预售商品房制度下，如何通过加强预售行政管理、加大不动产抵押登记公示力度、加强资金监管等措施保护预售商品房买受人对包括网签在内的国家预售许可制度产生的信赖利益并降低金融风险？房屋管理部门要求抵押权人向其出具同意销售的函才为房地产开发商颁发预售许可证的情况下，上述同意函是否产生《物权法》第 191 条规定的抵押权人同意及抵押权涤除的法律效果？即便对商品房的抵押权登记在先，买受人买房于后，只要满足《最高人民法院关于人民法院办理执行异议和复议案件若干问题的规定》第 29 条的要件，买受人的过户登记请求权（"物权期待权"）同样可以排除抵押权人的执行申请。《物权法》第 199 条协调的是多个抵押权之间的实现顺位。房屋管理部门要求抵押权人向其出具同意销售的函才为房地产开发商颁发预售许可证的情况下，上述同意函能够产生《物权法》第 191 条规定的抵押权人同意的法律效果，但不产生抵押权涤除的法律效果。应该对抵押权人同意函进行意思表示解释：除非明确表明放弃抵押权，否则只产生同意抵押财产转让的法律后果，不能对抵押权人放弃抵押权的意思表示进行推定或者置入。抵押权人出具同意函后，房地产开发商可以取得预售许可证，抵押权人的抵押权产生物上代位性，可以抵押人将转让抵押财产所得的价款提前清偿债务或者提存，此时方发生抵押权消灭的法律后果。单纯产生物上代位性不等同于抵押权的消灭。如果抵押权未通过清偿、提存消灭，则在抵押财产（商品房）被转让后，抵押权人就会面临其抵押权与买房人的过户登记请求权的冲突与协调，司法政策倾向于保护后者的。《民法典》第 406 条认可抵押权的追及效力，但该追及效力同样不能对抗符合执行异议要件的买受人的过户登记请

① 刘敏，谢勇．执行异议之诉中对购房人支付购房款等事实应从严审查//最高人民法院民一庭．民事审判指导与参考·指导性案例：2018 年第 3 辑．北京：人民法院出版社，2018.

② 叶名怡．离婚房产权属约定对强制执行的排除力．法学，2020（4）．

求权："抵押期间，抵押人可以转让抵押财产。当事人另有约定的，按照其约定。抵押财产转让的，抵押权不受影响。""抵押人转让抵押财产的，应当及时通知抵押权人。抵押权人能够证明抵押财产转让可能损害抵押权的，可以请求抵押人将转让所得的价款向抵押权人提前清偿债务或者提存。转让的价款超过债权数额的部分归抵押人所有，不足部分由债务人清偿。"当然，在《民法典》第406条的背景下，给房地产开发商颁发预售许可证的条件中不宜继续有抵押权人出具同意抵押财产转让的函，否则有违该条第1款的规定。相应地，抵押权人要求提前清偿债务或者提存的构成要件会更严格，难度加大，所以抵押权人最好考虑通过金钱质押方式进一步保护主债权，否则，就抵押财产而言，相比于买房人的过户登记请求权，抵押权的保护顺位劣后。

卖方市场环境下，如何控制开发商的道德风险，降低买房人的消费风险和银行的金融风险？如开发商不按其与银行签订的资金监管协议的约定而私自收取售楼款，商品房买受人因购买抵押权未涤除的房屋难以办理产权证，以及银行的抵押权因不能对抗买房人的居住生存权而难以通过强制执行实现的问题，涉及抵押权与商品房买受人的生存、居住权利的冲突，应该如何协调？抵押人转让抵押财产（如商品房）后，未以转让所得的价款提前清偿或者提存的，抵押权人还可以通过对售楼款开立专门账户，设立金钱质押，以保护抵押权所担保的债权，实现利益平衡。原《最高人民法院关于适用〈中华人民共和国担保法〉若干问题的解释》第85条规定："债务人或者第三人将其金钱以特户、封金、保证金等形式特定化后，移交债权人占有作为债权的担保，债务人不履行债务时，债权人可以以该金钱优先受偿。"① 应当限制单纯以占有改定的方式设立质权，质权人以适当方式控制质押财产的，无碍质权的成立。债权人许可债务人代其占有质押财产的，质权不成立，但质权人以适当方式控制质押财产、表彰质权的除外。如果仅控制车辆的合格证，而没有控制车辆本身，则不成立车辆的质权。动态质押的基本操作模式是将油料、煤炭、木材、钢材等种类物质押给债权人作为担保，通常不移转实际占有，且由银行委托第三方予以监管。这种情况下，应认为无碍质权成立和存续，而且是以原质权成立的时间为准。

与抵押权和商品房买受人之权益冲突与协调相关的其他突出问题还包括以下几个方面的问题。

第一，名为房屋买卖实为"以房抵债"，不能以物权期待权排除强制执行。"以物抵债"中

① 法院在裁判中指出，"当事人依约为出质的金钱开立保证金专门账户，且质权人取得对该专门账户的占有控制权，符合金钱特定化和移交占有的要求，即使该账户内资金余额发生浮动，也不影响该金钱质权的设立"[中国农业发展银行安徽省分行诉张大标、安徽长江融资担保集团有限公司执行异议之诉纠纷案．最高人民法院公报，2015（1）]。

根据原《最高人民法院关于适用〈中华人民共和国担保法〉若干问题的解释》第85条，金钱质押作为特殊的动产质押，不同于不动产抵押和权利质押，应当符合金钱特定化和移交债权人占有两个要件，以使金钱既不与出质人的其他财产相混同，又能独立于质权人的财产。双方当事人已经依约为出质金钱开立了担保保证金专用账户并存入保证金，该账户未作日常结算使用、符合特定化的要求。特定化并不等于固定化，账户因业务开展发生浮动不影响特定化的构成。占有是指对物进行控制和管理的事实状态，银行取得对该账户的控制权，实际控制和管理该账户，即应认定符合出质金钱移交债权人占有的要求。保证金以专门账户形式特定化并不等于固定化。在案涉账户使用过程中，随着担保业务的开展，保证金账户的资金余额是浮动的。担保公司开展新的贷款担保业务时，需要按照约定存入一定比例的保证金，必然导致账户资金的增加；在担保公司担保的贷款到期未获清偿时，扣划保证金账户内的资金，必然导致账户资金的减少。虽然账户内资金根据业务发生情况处于浮动状态，但均与保证金业务相对应：除缴存的保证金外，支出的款项均用于保证金的退还和扣划，未用于非保证金业务的日常结算。上述案例中，中国农业发展银行安徽省分行可以控制该账户，安徽长江融资担保集团有限公司对该账户内的资金使用受到限制，该账户的资金浮动仍符合金钱作为质权的特定化和移交占有的要求，不影响该金钱浮动账户质权的设立。

的债权与基于买卖而产生的物权期待权有基础性的区别。基于“以物抵债”而拟受让不动产，在完成不动产法定登记之前，该“以物抵债”协议并不足以形成优先于一般债权的利益，不能据此产生针对交易不动产的物权期待权。“以房抵债”中房屋买卖合同不能体现双方买卖房屋的真实意思表示，只是债务人履行债务的变通方式（“以房抵债”），不能引起房屋权属的变动，产生的权利仍未超过债权之维度，并无任何物权化之属性。① 当事人之间实际上达成了以消灭金钱债务为目的、以物的交付为实际履行方式的“以物抵债”关系，债权人享有的权利与《最高人民法院关于人民法院民事执行中查封、扣押、冻结财产的规定》第15条和《最高人民法院关于人民法院办理执行异议和复议案件若干问题的规定》第28条规定的基于买卖而产生的物权期待权有基础性的区别。“以房抵债”协议中债权人对所涉房屋未完成权属登记变更手续时，其享有的债权并不优先于申请执行人的债权，基于保护其他债权人平等受偿的合法权益，不能阻却对所涉房屋的强制执行。② 此种否定态度，也适用于买卖式担保案件。③ 这两类案件中均以消灭协议当事人之间存在的金钱债务为目的，双方的真实意思表示并非买卖不动产，不动产的交付仅系金钱债务的履行方式，“买受人”在本质上仅仅是出卖人的普通金钱债权人，不具备突破债权平等原则的足够充分且正当的理由。

第二，已网签备案的房屋买受人能否排除法院的强制执行？商品房交易实践中的网签备案登记能否发生物权变动效力？购房者能否主张已办理网签备案登记而取得房屋所有权，进而在强制执行程序中提出执行异议，以排除对网签备案登记房屋的强制执行？商品房网签登记是政府部门依托其建立的商品房网签备案平台，规范房地产开发企业、房屋中介机构等相关主体进行商品房预售管理的网上备案登记行为。商品房网签登记并不具有物权变动性质，而是行政管理机关对商品房买卖合同进行管理的一项措施。商品房网签登记并不直接产生不动产物权设立或变动的效力。④ 当然，如果网签备案的房屋买卖合同符合《最高人民法院关于人民法院办理执行异议和复议案件若干问题的规定》第28条或者第29条规定的条件，可以基于过户登记请求权排除强制执行申请。注意：不宜对这两个条文中的“书面买卖合同”作僵化理解，“书面买卖合同”只是便于直接证明案涉法律关系的性质为不动产买卖关系。还应该特别注意实质审查，不能简单满足于当事人的自认，防范出卖人和买受人恶意串通，假借订立不动产买卖合同逃避执行。

第三，《最高人民法院关于人民法院办理执行异议和复议案件若干问题的规定》第28条所谓“合法占有”是指买受人基于真实、合法、有效的房屋买卖合同对房屋的占有。在非因买受人的原因出卖人迟迟未办理竣工验收的情况下，买受人根据合同实现对房屋的占有就属于合法

---

① 李鑫、周秀娥诉沈晓勤、庞粉清等案外人执行异议之诉纠纷，浙江省湖州市中级人民法院（2018）浙05民终570号民事判决书.

② 李鑫、周秀娥、庞粉清等案外人执行异议之诉，浙江省湖州市中级人民法院（2018）浙05民终570号民事判决书.

③ 有法官认为：“通过以物抵债或以不动产买卖合同为借贷担保，实际上是为了实现或担保实现‘买受人’的金钱债权，与《执行异议复议规定》第28条的立法目的并不相符，因而不具备参照适用该条规定的前提条件。”（司伟，肖峰．“以房抵债、房屋让与担保”等买房人提起执行异议之诉案件的审理体会：上．“法言峰语”公众号，2019-09-08.）

④ 刘某、邓某与德州天翔置业有限责任公司执行异议再审审查与审判监督案［最高人民法院（2018）最高法民申350号民事判决书］中，法官认为：涉案房产没有登记在刘某、邓某名下，刘某、邓某未占有涉案房产，且该案不存在法律另有规定的情形，因此，刘某、邓某以涉案房产已网签登记在其名下为由提出的其享有涉案房产的所有权的主张不能成立。刘某、邓某对涉案房产只是享有债权请求权，而非物权请求权。刘某、邓某向法院提起执行异议之诉后，并未提供相应的证据证明其享有足以排除强制执行的民事权益，依法应承担举证不能的法律后果。

占有。该条所谓不动产买卖也不包括安置房买卖关系。对于安置房，无论买受人是否实际占有房屋、是否支付房屋面积差价以及对未办理房屋过户是否存在过错，均不影响其享有排除执行的权利。①

第四，《最高人民法院关于人民法院办理执行异议和复议案件若干问题的规定》第28条规定的支付价款要件主要涉及对付款事实的审查。这与民间借贷纠纷案件中对付款事实的审查认定颇为相似，可参照后者的审查规则加以判定。能够归责于买受人的原因可分为三种情形：一是对他人权利的忽略；二是对政策限制的忽略；三是消极不行使登记的权利，即买受人因未尽到合理的审查注意义务而存在过错。②

本章思考题

1. 试论商品房买卖合同中对买受人是否应该予以倾斜保护。

2. "借名买房"可能会遇到哪些法律风险？如何协调登记名义人、交易第三人和"借名买房"人之间的利益冲突？

3. 2013年4月20日，四川省雅安市发生了7.0级地震，这场地震摧毁了不少人的幸福家园。据报道，参与救援的人士称："看到老房子损毁严重，震中区域大概50%房屋倒塌。"不少网友疑惑，如果是按揭贷款买的房子，正在还月供的房子倒塌了或者成了危房，是否还要继续还月供？如果房子在，人没了，谁来继续月供？还有网友指出：按照合同，如果我不继续月供了，银行就有权没收我的房产。好，我现在就不供了，请你没收!③

请结合房地产法学和房地产法律相关知识，对上述报道中网友提出的相关问题和意见作出评析。

4. 在二手房买卖过程中，特别是买方用按揭贷款购房的情况下，交易过程会拉得比较长。在这个过程中，房子很容易因为卖方的债务问题而被查封，一旦被查封，因为房屋还没有过户，买房人会得不到房子，同时还已经付出去一部分购房款。那么，对于买房人来说，有没有什么好的预防方法？

5. C公司在A法院起诉了D。之前D在B法院有个案子，B法院判D胜诉，让另外一个人把某房屋过户给D。D基于种种考虑，实际占有了这个房屋，但迟迟没有申请执行之前的胜诉判决，房屋就还没有登记到D名下。C现在想查封这个房屋，但是房屋不在D名下。

问：C可以如何救济自己的权利？

6. 法院判决将房屋由A过户给B，判决也生效了，但是还没来得及执行，A已经把房屋卖给善意的C，且一切手续都办理完毕，款也给了，也过户了，也住进去了。若B跟A打官司时就申请查封房屋，倒是会避免这个问题，但是保全查封要提供担保，不是所有人都有提供担保的能力的。

问：B是否有其他更好的保护自己权益的方法？

7. A卖房给B，房价为150万元，房子处于出租状态。签订卖房合同后第十天，该房租客跳楼自杀。双方在不知情的情况下过户并缴纳第一笔款项90万元。后来B知道房屋情况，便

① 司伟、肖峰．"以房抵债、房屋让与担保"等买房人提起执行异议之诉案件的审理体会（上）．"法言峰语"公众号，2019-09-08.

② 司伟，肖峰．"以房抵债、房屋让与担保"等买房人提起执行异议之诉案件的审理体会（下）．"法言峰语"公众号，2019-09-16.

③ 地震房子倒塌是否还要还房贷 律师称月供仍得还．羊城晚报，2013-04-25.

拒绝付剩余款项并提出退还房屋或者降价30万元。

问：本案该如何解决？

8. 杭州市拱墅区卖鱼桥小学新生招生实行就近入学和住、户一致优先原则。户籍学龄儿童户口、父母户口、家庭住房（以父母房产证为依据）三者一致，由教育服务区学校优先安排入学。甲于该学区内有一套住宅。甲之弟弟乙，与丙结婚，生育儿子丁。2008年12月，为丁就学事宜，乙、丙与甲约定以500万元价格虚假买卖该套住房，并办理登记过户，登记在乙、丙名下。2010年丁顺利入学。该住房的所有权一直未登记返还给甲，甲一直未主张返还登记，但事实上一直由甲居住。2013年10月，乙、丙离婚，欲分割该房屋财产。甲遂于2013年12月，起诉到法院，要求乙、丙登记返还房屋。乙、丙以甲之请求权罹于诉讼时效为由拒绝返还。

问：甲得依据何种请求权向乙、丙请求返还房屋？

第九章
房屋租赁合同

第一节　房屋租赁合同概述

《城市房地产管理法》第四章规定了“房地产交易”制度，依次规定“一般规定”“房地产转让”“房地产抵押”“房屋租赁”“中介服务机构”。房屋租赁是房地产交易的重要形态。《合同法》第十三章、《民法典》合同编第十四章专章规定了“租赁合同”。《合同法》第 212 条、《民法典》第 703 条规定：“租赁合同是出租人将租赁物交付承租人使用、收益，承租人支付租金的合同。”《城市房地产管理法》第 53 条规定：“房屋租赁，是指房屋所有权人作为出租人将其房屋出租给承租人使用，由承租人向出租人支付租金的行为。”第 54 条规定：“房屋租赁，出租人和承租人应当签订书面租赁合同，约定租赁期限、租赁用途、租赁价格、修缮责任等条款，以及双方的其他权利和义务，并向房产管理部门登记备案。”[①] 交付租赁物供对方使用、收益的一方为出租人，使用他人租赁物并支付租金一方为承租人。2016 年 12 月 17 日，北京市法学会不动产法研究会 2016 年年会暨第二届不动产法论坛召开，尹飞教授在本次论坛上指出，为了维护人民群众的居住权，实现“住有所居”，应当把鼓励租赁作为房屋租赁立法的首要目标。鼓励租赁的核心体现为“居有所安”，这里的“安”有两层含义：一是安定，即通过合理的制度设计，把租赁权建构成一个更加长期、更加稳定的权利。这需要引入无固定期限租赁制度，避免出租人利用其经济上、经验上的优势地位，迫使承租人接受没有期限或者期限过短的租赁合同。此外，还要通过租赁登记来将不动产租赁权公开出来，避免因为“买卖不破租赁”影响不动产交易安全。二是安全。其核心在于规制群租，以保障承租人的生命、财产安全。[②]

当事人在租赁合同中经常会设定“押金条款”，即承租人须向出租人交付押金，如果承租人逾期不支付租金或者有违约行为，则出租人有权没收该押金。如承租人没有违约行为，则合

① 2011 年 2 月 1 日起施行的住房与城乡建设部《商品房屋租赁管理办法》第 7 条规定：“房屋租赁当事人应当依法订立租赁合同。房屋租赁合同的内容由当事人双方约定，一般应当包括以下内容：（一）房屋租赁当事人的姓名（名称）和住所；（二）房屋的坐落、面积、结构、附属设施，家具和家电等室内设施状况；（三）租金和押金数额、支付方式；（四）租赁用途和房屋使用要求；（五）房屋和室内设施的安全性能；（六）租赁期限；（七）房屋维修责任；（八）物业服务、水、电、燃气等相关费用的缴纳；（九）争议解决办法和违约责任；（十）其他约定。”“房屋租赁当事人应当在房屋租赁合同中约定房屋被征收或者拆迁时的处理办法。”“建设（房地产）管理部门可以会同工商行政管理部门制定房屋租赁合同示范文本，供当事人选用。”

② 北京市法学会不动产法研究会 2016 年年会暨第二届不动产法论坛顺利举行．“不动产法研究”公众号，2016-12-21.

同期满后，出租人退还承租人押金。当下房屋租赁多有“交一押三”“三付一押”的习惯，亦即承租人在搬进房屋之前需同时交付押租和租金。[①] 押金不当然等同于定金，原《最高人民法院关于适用〈中华人民共和国担保法〉若干问题的解释》第118条规定：“当事人交付留置金、担保金、保证金、订约金、押金或者订金等，但没有约定定金性质的，当事人主张定金权利的，人民法院不予支持”。押金实际上是承租人履行租赁合同义务的履约保证金，原《最高人民法院关于适用〈中华人民共和国担保法〉若干问题的解释》第85条规定：“债务人或者第三人将其金钱以特户、封金、保证金等形式特定化后，移交债权人占有作为债权的担保，债务人不履行债务时，债权人可以以该金钱优先受偿。”房屋租赁合同中的押金具有金钱质权的性质，当承租人出现违约行为时，出租人有权就该押金优先受偿，但出租人不能没收该押金。《物权法》第211条进一步规定：“质权人在债务履行期届满前，不得与出质人约定债务人不履行到期债务时质押财产归债权人所有。”

《合同法》所规定的租赁合同包括动产租赁合同和不动产租赁合同。不动产租赁合同较之于动产租赁合同具有一定的特殊性，房屋租赁合同中的承租人在特定情形下受到法律的倾斜保护。如根据《合同法》第230条、《民法典》第726条，出租人出卖租赁房屋时房屋承租人同等条件下有优先购买权；根据《合同法》第234条、《民法典》第732条，房屋租赁合同中存在对共同居住人的居住利益保护问题，也存在对共同经营人的保护问题。

城市房屋租赁还存在住宅用房租赁和非住宅用房租赁的区分。《城市房地产管理法》第55条规定：“住宅用房的租赁，应当执行国家和房屋所在城市人民政府规定的租赁政策。租用房屋从事生产、经营活动的，由租赁双方协商议定租金和其他租赁条款。”在商业租赁中，承租人常根据所经营业务的需要对房屋进行装修改造，“所以在租赁期届满之后，就会涉及装修材料的处理，这就构成民法上的添附问题。而非商业租赁的租赁人一般不会从事大规模的装修，所以一般不涉及添附”[②]。另外，在商业租赁合同，“如果出租人提前解除租赁合同，则承租人预期的利润损失就属于可预见的损失，出租人应予以赔偿。而非商业租赁合同中，则不存在承租人预期利润的赔偿问题。”[③] 此外，《城市房地产管理法》第56条还规定：“以营利为目的，房屋所有权人将以划拨方式取得使用权的国有土地上建成的房屋出租的，应当将租金中所含土地收益上缴国家。具体办法由国务院规定。”

第二节 效力性禁止性规范与房屋租赁合同的效力

一、违法建筑租赁合同的效力

《合同法》第214条规定：“租赁期限不得超过二十年。超过二十年的，超过部分无效。”“租赁期间届满，当事人可以续订租赁合同，但约定的租赁期限自续订之日起不得超过二十年。”《民法典》第705条坚持该规定。租赁合同租期超过20年的，超过部分无效，这是法律的明确规定，属于效力性禁止性规定。租赁合同最长期限制度的立法目的有二：一方面，租赁合同期限过长会使出租人的所有权制度被虚化，构成对出租人所有权的不当限制；另一方面，

① 方偲．房客提前解除租房合同，押金该不该退？．合肥日报，2015-10-12.

②③ 王利明．合同法研究：第3卷．北京：中国人民大学出版社，2012：281.

租赁合同期限过长也会使承租人以租赁合同之名行所有权之实①，这违反了物权种类和内容由法律规定的物权法定原则。

2020年修正的《最高人民法院关于审理城镇房屋租赁合同纠纷案件具体应用法律若干问题的解释》列举了租赁合同无效的诸多情形。其第2条规定："出租人就未取得建设工程规划许可证或者未按照建设工程规划许可证的规定建设的房屋，与承租人订立的租赁合同无效。但在一审法庭辩论终结前取得建设工程规划许可证或者经主管部门批准建设的，人民法院应当认定有效。"第3条规定："出租人就未经批准或者未按照批准内容建设的临时建筑，与承租人订立的租赁合同无效。但在一审法庭辩论终结前经主管部门批准建设的，人民法院应当认定有效。""租赁期限超过临时建筑的使用期限，超过部分无效。但在一审法庭辩论终结前经主管部门批准延长使用期限的，人民法院应当认定延长使用期限内的租赁期间有效。"该司法解释就违法建筑租赁合同的效力认定作出的这些规定，也是对《城乡规划法》中相关强行性规范被违反之法律后果的具体化。②《城乡规划法》第64条和第66条等虽然对违法建筑所引发的行政处罚等公法法律后果有明确规定，但对违法建筑交易行为的法律效力缺乏规定。有学者认为："国家对违法建筑持否定性评价，且违法建筑损害了国家利益，规避了国家对规划体系、建筑产品质量、房地产交易市场等系列行为的监管，使违法建筑在现行体制以外生存，直接危及社会的公共安全，直接危及人民群众的生命财产安全。故，违法建筑直接损害国家和社会公共利益，并不是在当事人私权范畴内就能解决的问题，人民法院作为公权力的行使者，应当旗帜鲜明地认定就违法建筑订立的房屋租赁合同无效。"③

值得注意的是，2020年修正的《最高人民法院关于审理城镇房屋租赁合同纠纷案件具体应用法律若干问题的解释》第2条、第3条第1款等均作出了违法建筑租赁合同可由无效转化为有效的规定。最高人民法院有关民事审判工作的诸多司法解释中都有无效合同在一审法庭辩论终结这一最后时点前具备特定条件的情况下转化为有效合同的规定。学理上这也被称为无效合同的补正。对此，有学者在合同法理论上指出："所谓无效合同的补正，是指当事人对无效合同进行修正，消除其无效的原因，或者通过法院依当事人的请求修改合同，从而使合同变为有效合同。无效合同与效力待定、未生效合同等一样，也可以通过补正的方式而使其有效。"④对于违法建筑租赁合同由无效转化为有效的规定，有学者指出："订立合同的目的在于交易，合同违法导致交易不成，应当说，这不是订约当事人订立合同时所追求的预期效果，是国家公权力干预的结果。违法情节消失后，就应当恢复到合同当事人订立合同追求目标的本意上来，有效履行就应当成为必然趋势。创设合同效力转化的理论以及依此理论作出的审判（包括仲裁）实践，就是为了鼓励交易，促成经济活动顺向流转，避免造成逆向流转，形成无效返还的法律后果……本条规定房屋租赁合同标的物违法合同就无效，意味着国家不允许合同当事人履

---

① 冯炜程．山东费县司法局回应百年租房合同：将修改完善合同．http：//www.people.com.cn/h/2011/0721/c25408-1825248727.html．当然，本案更根本的不是租期是否太长的问题，而是根据《物权法》第53条［《民法典》第255条］，判断费县司法局作为机关法人是否有权将办公大楼出租获取收益。

② 《城乡规划法》第40条第1款规定："在城市、镇规划区内进行建筑物、构筑物、道路、管线和其他工程建设的，建设单位或者个人应当向城市、县人民政府城乡规划主管部门或者省、自治区、直辖市人民政府确定的镇人民政府申请办理建设工程规划许可证。"《城乡规划法》第44条第1款规定："在城市、镇规划区内进行临时建设的，应当经城市、县人民政府城乡规划主管部门批准。临时建设影响近期建设规划或者控制性详细规划的实施以及交通、市容、安全等的，不得批准。"

③ 奚晓明．最高人民法院关于审理城镇房屋租赁合同纠纷案件司法解释的理解与适用．北京：人民法院出版社，2009：37.

④ 王利明．合同法研究：第1卷．2版．北京：中国人民大学出版社，2011：633.

行内容违法的合同，否则，就是纵容租赁合同当事人从事违法行为。针对违法标的物，国家干预的方式就是认定合同无效，不准许当事人交易。在违法情节消失后，国家干预的理由消失了。此时，国家再阻止当事人交易就没有依据了。最高人民法院制定本解释时采纳了认定合同转化为有效的观点，鼓励交易的价值判断是其中重要的理由。”①

有学者认为：“违章建筑有程序违建及实质违建两种。程序违建，指该建筑物并非妨碍都市计划，建造者得依一定程序申领建筑执照。实质违建，则指建筑物无从依程序补正，使其变为合法的建筑物。”② 2020年修正的《最高人民法院关于审理城镇房屋租赁合同纠纷案件具体应用法律若干问题的解释》第2条、第3条第1款等均有违法建筑租赁合同由无效转化为有效的规定，其针对的主要是程序违建。不过，从立法论上看，违法建筑租赁合同不宜被认定为无效，也不必在无效认定之后通过无效的转化来予以缓和。理由在于《城乡规划法》第40条第1款和第44条第1款均属于管理性禁止性规范，其均针对建设单位或者个人，而不针对建设工程合同或者随后对违法建筑的买卖合同、租赁合同，等等，违反此类规范并不会当然导致对公共利益的损害，相应地，其法律后果仅应为导致对违法行为主体的行政处罚等公法法律后果，而不能因此影响私法上民事法律行为的效力判断。

另外，《商品房屋租赁管理办法》第6条规定：“有下列情形之一的房屋不得出租：(一) 属于违法建筑的；(二) 不符合安全、防灾等工程建设强制性标准的；(三) 违反规定改变房屋使用性质的；(四) 法律、法规规定禁止出租的其他情形。”较之已经被废止的《城市房屋租赁管理办法》第6条的规定，《商品房屋租赁管理办法》第6条体现了鼓励房屋出租的精神，其将原来规定的九种不得出租情形减少为上述四种情形。根据《民法典》第153条的规定，《商品房屋租赁管理办法》作为部门规章，不能作为确认合同无效的依据，且《商品房屋租赁管理办法》第6条也非效力性规定，可见，不管是从立法层次上看，还是从规范属性上看，《商品房屋租赁管理办法》第6条均不影响对租赁合同的效力判断。《商品房屋租赁管理办法》第6条第1项对应管理性禁止性规范，此种管理性禁止性规范的主要功能是在租赁合同领域实现对违法建筑的行政管制。《商品房屋租赁管理办法》第6条第2、3项对应倡导性规范，此种倡导性规范的主要功能是提醒租赁合同的承租人租赁物存在危险的可能。

二、违法建筑租赁合同无效的具体法律后果

《合同法》第58条规定：“合同无效或者被撤销后，因该合同取得的财产，应当予以返还；不能返还或者没有必要返还的，应当折价补偿。有过错的一方应当赔偿对方因此所受到的损失，双方都有过错的，应当各自承担相应的责任。”对于无效违法建筑租赁合同，也应当遵循《合同法》第58条、《民法典》第157条规定的返还财产和赔偿损失等处理原则。就违法建筑租赁合同无效情形下财产返还的请求权基础，存在所有物返还请求权和不当得利返还请求权的争论。我国民法理论传统上认为：所有物返还请求权和不当得利返还请求权不得并立，在受损人能够基于所有权请求返还其利益时，原则上不成立不当得利。不当得利制度的基本价值在于，不当得利返还请求权构成所有物返还请求权不能的补充救济，不当得利制度居于附属地位。③ 实际上，这两种请求权基础各有利弊，需要配合协调。“在不存在物的交付，而是体现

① 奚晓明．最高人民法院关于审理城镇房屋租赁合同纠纷案件司法解释的理解与适用．北京：人民法院出版社，2009：41-42.

② 王泽鉴．民法物权．北京：北京大学出版社，2009：81-82.

③ 王家福．中国民法学·民法债权．北京：法律出版社，1991：575.

为财产性利益的移转时，所有物返还请求权难以发挥作用。与此相对，不当得利请求权虽不具有物上请求权的优先效力，但其返还财产的范围广于所有物返还请求权，不仅包括原物（财产性利益）和孳息，还及于受益人因原物（或财产性利益）所取得之其他利益。”[①] 违法建筑租赁合同无效后，对于违法建筑返还可以适用所有物返还请求权（返还原物请求权/所有权返还请求权）的规范基础进行解释，而对于财产性的利益，则只能适用不当得利返还请求权予以解释，后者并不能为所有物返还请求权所完全包含。

然而，违法建筑租赁合同无效在具体法律后果上又有特殊性。2020 年修正的《最高人民法院关于审理城镇房屋租赁合同纠纷案件具体应用法律若干问题的解释》第 4 条规定：“房屋租赁合同无效，当事人请求参照合同约定的租金标准支付房屋占有使用费的，人民法院一般应予支持。”“当事人请求赔偿因合同无效受到的损失，人民法院依照民法典第一百五十七条和本解释第七条、第十一条、第十二条的规定处理。”由此，一方面，无效违法建筑租赁合同中的承租人应当支付占有使用违法建筑期间的使用费。上述司法解释采取参照租赁合同的租金标准计算违法建筑占有使用费的做法，主要考虑到以租金作为当事人协商一致的结果，简单明确，一般也与合同订立时的市场行情相符，以此为标准易于为当事人所接受，也可以避免采取折旧费用评估等方式确定违法建筑使用费而增加当事人的诉讼成本和影响法院的审判效率。[②] 另一方面，此外，《合同法》第 58 条所规定的合同被确认无效或者被撤销后的损失赔偿，在法律性质上属于缔约过失损害赔偿责任。[③] 违法建筑租赁合同无效之后的损失赔偿就属于缔约过失损害赔偿责任，而在违法建筑租赁合同无效之损失赔偿方面的特殊之处在于，承租人往往有可能对违法建筑进行必要的装饰装修或者扩建活动，对这些活动中的装饰装修物、扩建造价费用，乃至造成的违法建筑毁损，应该适用《最高人民法院关于审理城镇房屋租赁合同纠纷案件具体应用法律若干问题的解释》第 7 条、第 11 条、第 12 条的规定处理。

第三节　房屋出租人的权利、义务

租赁合同中出租人的给付请求权主要是要求承租人支付租金的权利，出租人的主给付义务是将租赁物交付承租人使用、收益的义务。此外，在租赁合同中，出租人还享有其他一系列的权利并负担相应的义务，主要包括出租人的法定解除权和维修义务。以下结合房屋租赁合同对此作进一步分析。

一、房屋出租人的法定解除权

关于出租人对租赁合同的法定解除权，第一，《民法典》第 711 条规定：“承租人未按照约定的方法或者未根据租赁物的性质使用租赁物，致使租赁物受到损失的，出租人可以解除合同并请求赔偿损失。”2020 年修正的《最高人民法院关于审理城镇房屋租赁合同纠纷案件具体应用法律若干问题的解释》第 6 条对《合同法》第 219 条作了一种具体例示规定：“承租人擅自变动房屋建筑主体和承重结构或者扩建，在出租人要求的合理期限内仍不予恢复原状，出租人

① 奚晓明．最高人民法院关于审理城镇房屋租赁合同纠纷案件司法解释的理解与适用．北京：人民法院出版社，2009：69.

② 同①64－65.

③ 王利明．合同法研究：第 1 卷．2 版．北京：中国人民大学出版社，2011：726－728.

请求解除合同并要求赔偿损失的，人民法院依照民法典第七百一十一条的规定处理。”《合同法》第219条、《民法典》第711条所规定的法定解除权以“租赁物受到损失”为构成要件，以出租人解除合同并“要求赔偿损失”为法律后果。2020年修正的《最高人民法院关于审理城镇房屋租赁合同纠纷案件具体应用法律若干问题的解释》第6条则不以“租赁物受到损失”为必要条件，实际上由“承租人擅自变动房屋建筑主体和承重结构或者扩建”就可以推定出租人的损失。第二，《合同法》第224条第2款、《民法典》第716条第2款规定：“承租人未经出租人同意转租的，出租人可以解除合同。”[①] 第三，《民法典》第722条规定：“承租人无正当理由未支付或者迟延支付租金的，出租人可以请求承租人在合理期限内支付；承租人逾期不支付的，出租人可以解除合同。”需要指出的是，承租人无正当理由未支付租金或者迟延支付租金时，出租人可以要求承租人在合理期限内支付。此处所规定的“合理期限”实际上是给承租人支付租金的宽限期，逾此宽限期承租人仍不支付时，出租人方取得对租赁合同的法定解除权。法律作此种规定主要是出于维护租赁关系稳定性的考虑。第四，《合同法》第232条规定：“当事人对租赁期限没有约定或者约定不明确，依照本法第六十一条的规定仍不能确定的，视为不定期租赁。当事人可以随时解除合同，但出租人解除合同应当在合理期限之前通知承租人。”《民法典》第730条总体上坚持该规定。

出租人法定解除权是出租人单方、法定、或然性的解除权，其主要目的是辅助出租人给付请求权的实现。出租人所享有的租赁合同法定解除权的行使方式包括直接通知承租人解除合同和向法院提起诉讼，请求解除与承租人之间的租赁合同两种方式。第一种方式下，解除权为形成权，解除通知到达承租人时即产生合同解除的法律效果。承租人如果有异议，可以向法院提起诉讼，请求确认合同解除无效。该诉讼在性质上属于确认之诉。第二种方式之下，解除权也为形成权，只是通过诉讼的方式具体行使。法院判决合同解除与法院判决确认合同解除的法理基础不同：于前者由法院直接解除有效的租赁合同，于后者法院对出租人已经解除的合同作解除权是否合法的确认。法院判决解除租赁合同的前提是当事人提起变更之诉（即解除租赁合同之诉）而非确认之诉。[②]

二、房屋出租人的维修义务

房屋出租人对房屋承担维修义务。《民法典》第708条规定：“出租人应当按照约定将租赁物交付承租人，并在租赁期限内保持租赁物符合约定的用途。”[③]《民法典》第712条规定：“出租人应当履行租赁物的维修义务，但是当事人另有约定的除外。”《合同法》第221条规定：“承租人在租赁物需要维修时可以要求出租人在合理期限内维修。出租人未履行维修义务的，承租人可以自行维修，维修费用由出租人负担。因维修租赁物影响承租人使用的，应当相应减少租金或者延长租期。”《民法典》第713条规定：“承租人在租赁物需要维修时可以请求出租人在合理期限内维修。出租人未履行维修义务的，承租人可以自行维修，维修费用由出租人负担。因维修租赁物影响承租人使用的，应当相应减少租金或者延长租期。”“因承租人的过错致使租赁物需要维修的，出租人不承担前款规定的责任。”《民法典》第712条所规定的出租人的

---

① 有法院在实证调研报告中指出，无权转租和超期转租的合同有效的立法模式在理论上及实践中更具有合理性。上海市闵行区人民法院课题组．城镇房屋租赁纠纷利益冲突化解机制研究．法律适用，2015（9）．

② 奚晓明．最高人民法院关于审理城镇房屋租赁合同纠纷案件司法解释的理解与适用．北京：人民法院出版社，2009：102.

③ “在商铺租赁纠纷中，承租人租赁房屋的唯一目的在于从事商业活动，此租赁目的实为租赁双方缔约时理应明知的最基本事项，如出租方提供的房屋客观上无法满足其商业用途之签约初衷，将造成合同目的无法实现。”［上海市闵行区人民法院课题组．城镇房屋租赁纠纷利益冲突化解机制研究．法律适用，2015（9）．］

维修义务是《民法典》第708条出租人主给付义务中派生的义务。

就《合同法》第221条第二句、《民法典》第713条第1款第二句的规定——“出租人未履行维修义务的，承租人可以自行维修，维修费用由出租人负担”，需要具体分析承租人自行维修情形下，其向出租人主张维修费用负担的请求权基础。此时不构成不当得利返还请求权，理由在于出租人因为没有支出维修费用所取得的消极财产利益不属于“没有法律根据”。承租人自行维修情形下，其向出租人主张维修费用负担的请求权基础在于无因管理中必要费用的返还请求权：承租人没有法定或者约定的维修义务而实施了维修行为，避免了出租人维修费用的支付，承租人也就有权要求出租人作为受益人偿付由此而支付的必要费用。

若在租赁物使用过程中发生致第三人损害的事件，则存在出租人和承租人对第三人损害赔偿责任的承担问题，须考察出租人是否根据《合同法》第216条在租赁期间保持租赁物符合约定的用途、是否根据第220条履行租赁物的维修义务，考察承租人是否根据第219条按照约定的用法或者租赁物的性质使用租赁物、根据第222条尽到妥善保管租赁物的义务，等等①，考察出租人和承租人对致害事件的过错大小与原因力比例以确定其责任的分担。②

第四节　房屋承租人的权利、义务

一、房屋承租人的权利、义务概述

租赁合同中，承租人的给付请求权主要是指要求出租人将租赁物交付给自己使用、收益的权利，承租人的主给付义务是支付租金的义务。“在房屋租赁合同中，当代合同法越来越多地体现了人文关怀。”③ 其具体表现如下。

第一，《合同法》第234条就房屋租赁合同中对共同居住人的居住利益保护作了规定：“承租人在房屋租赁期间死亡的，与其生前共同居住的人可以按照原租赁合同租赁该房屋。”《民法典》第732条规定：“承租人在房屋租赁期限内死亡的，与其生前共同居住的人或者共同经营人可以按照原租赁合同租赁该房屋。”原《民法通则意见（试行）》第119条第1款也规定：“承租户以一人名义承租私有房屋，在租赁期内，承租人死亡，该户共同居住人要求按原租约履行的，应当准许。”这就突破了合同相对性原则，使出租人对与承租人有特殊关系之第三人也负担照顾、保护等义务。在德国民法学理论上，也存在基于诚信原则通过“附保护第三人作用之契约”来加强保护与债权人具有特殊密切关系之第三人的利益的讨论，使买卖合同、运输合同、租赁合同等合同类型中债权人基于亲属、雇佣、租赁等法律关系对其福祸需要特别照顾之人也受合同保护，也能主张合同上的权利；而且第三人的范围亦属特定，并得为债务人所预见。④《合同法》第234条、《民法典》第732条的规定使原租赁合同扩

① 司法实践中，当房屋内的租赁物实际发生破损时，是出租人违反维修义务还是承租人违反善管义务通常并不明确，明确责任方的难度较大。此时须权衡双方利益作出判断。上海市闵行区人民法院课题组．城镇房屋租赁纠纷利益冲突化解机制研究．法律适用，2015（9）．

② 出租房发生火灾烧毁他人财物 房客和房东被判共同担责赔偿．人民法院报，2008-11-06．李芹，范静，崔维．北京群租第一案 被淹业主获赔5万：三居隔成十二间楼上排水楼下淹．人民法院报，2011-06-08．陈保发，赵华，张沁雪．出租房漏水淹楼下 租赁户房东被判赔．重庆商报，2012-06-05．

③ 王利明．合同法研究：第3卷．2版．北京：中国人民大学出版社，2012：282．

④ 王泽鉴．契约关系对第三人之保护效力//王泽鉴．民法学说与判例研究：第2册．北京：北京大学出版社，2009：23-40．

及与承租人共同居住、共同经营之人，值得肯定。当然，若无《合同法》第234条、《民法典》第732条的规定，承租人的继承人也可以根据《继承法》的相关规定继承承租人基于租赁合同所享有的租赁权，但承租人的继承人和与承租人生前共同居住之人的范围并不当然完全一致，立法者更倾向于保护后者的居住利益，使非属于继承人的共同居住人对出租人房屋的居住利益这一本属于"法外空间"的纯粹生活事实被上升为法律所确认和保护的合法利益并予以债权化(租赁权化)。

第二，《合同法》第233条、《民法典》第731条规定："租赁物危及承租人的安全或者健康的，即使承租人订立合同时明知该租赁物质量不合格，承租人仍然可以随时解除合同。"我国台湾地区"民法"第424条有类似规定："租赁物为房屋或其他供居住之处所者，如有瑕疵，危及承租人或其同居人之安全或健康时，承租人虽于订约时已知其瑕疵，或已抛弃其终止契约之权利，仍得终止契约。"承租人在租赁物存在危及人身安全或者健康之事由时得无条件地取得随时解除租赁合同的权利，否则，不仅会危及生命、健康，也悖于公序良俗，损害了与基本法律价值相联系的私人利益这一社会公共利益的具体类型。为保护承租人之利益及其所代表的社会公共利益，法律特规定此种随时解除权。《商品房屋租赁管理办法》第6条规定："有下列情形之一的房屋不得出租：……（二）不符合安全、防灾等工程建设强制性标准的……"该条第2项规定属于倡导性规范，而《合同法》第233条、《民法典》第731条规定的情形下存在出于对社会公共利益的维护而进行的国家公权力的强制介入，原因在于前者并不必然导致对承租人安全或者健康的危及，违反"工程建设强制性标准"与"危及承租人的安全或者健康"之间是一般与特别的关系。

第三，为更充分保障承租人住有所居、住有所安，《民法典》第734条第2款新增房屋承租人的优先承租权："租赁期限届满，房屋承租人享有以同等条件优先承租的权利。"该规定能否类推适用到《民法典》第275条第1款规定的车位、车库的承租人，值得思考。此外，2020年修正的《最高人民法院关于审理城镇房屋租赁合同纠纷案件具体应用法律若干问题的解释》第5条第1款规定了"一房数租"的处理规则："出租人就同一房屋订立数份租赁合同，在合同均有效的情况下，承租人均主张履行合同的，人民法院按照下列顺序确定履行合同的承租人：（一）已经合法占有租赁房屋的；（二）已经办理登记备案手续的；（三）合同成立在先的。"这就规定了在"一房数租"情形下承租人主张履行合同的优先顺位，属于对承租人合同履行请求权的规定。也有法院基于对租赁合同案件的实证分析和对占有状态的法律保护指出，"在'一房多租'的情况下，应当仅以'实际占用租赁房屋'作为认定租赁合同优先性的标准……既符合法理又能够切实降低裁判风险、提升审判效能，可操作性较强"①。

二、所有权变动不破租赁制度

《合同法》第229条规定："租赁物在租赁期间发生所有权变动的，不影响租赁合同的效力。"该条规定的就是"所有权变动不破租赁"的法律制度，习惯上也常常被称为"买卖不破租赁"制度。实际上，前者在概念表述上更为准确。"所有权变动不破租赁"制度是债权物权化的典型表现。该制度起源于《德国民法典》第566条的规定，绝大多数国家将该制度的适用范围限于不动产租赁。"一般来讲，在不动产租赁中，无论租赁是为了居住还是为了经营，因承租方本身不享有相应的不动产，相对于出租方而言，其在经济上往往处于劣势地位，衡量两

① 上海市闵行区人民法院课题组．城镇房屋租赁纠纷利益冲突化解机制研究．法律适用，2015（9）．

者的利益，法律倾向于保护承租人的生存权。”[①] “惟租赁契约与买卖契约（或其他债权契约）究有不同。居住为人生之基本需要，屋价高昂，购买不易，承租人多属经济上弱者，实有特别保护之比要。”[②] 可见，“所有权变动不破租赁”制度源于对承租人弱势群体地位的判断，使租赁权在租赁期间所有权变动的特定情形下取得对抗第三人的法律效力。“为保护交易的安全，平衡保护承租人与受让人的利益，绝大多数国家或地区立法在规定买卖不破租赁原则时，同时搭配一定租赁权公示性措施，即只有采取了法定公示性措施才能适用此原则。我国《合同法》不仅规定此原则既适用于不动产租赁也适用于动产租赁，而且对租赁权的公示性亦无要求。显然我国立法偏重对承租人利益的保护，在一定程度上会造成租赁关系的标的物在交易上的不确定性。”[③]《民法典》第 725 条规定：“租赁物在承租人按照租赁合同占有期限内发生所有权变动的，不影响租赁合同的效力。”

对“所有权变动不破租赁”制度，民法学理论上还存在多种效力解读。有学者认为此属于法定的债的移转：“买卖不破租赁原则适用的效力主要体现在：就受让人和承租人之间的关系而言，租赁合同对受让人继续存在，即受让人取代了原出租人，而与原承租人继续发生租赁关系，租赁合同转而存在于受让人和承租人之间。此为一种法定的债的移转。”[④] 也有的学者认为应当按照“租赁合同不受影响——维持承租人对租赁物的有权占有——对抗第三人（租赁物新的权利人）请求返还原物”规则来实现“买卖不破租赁”[⑤]。不同的解释方法仅属于纯粹民法学问题中的解释选择问题，不影响承租人在租赁期间继续占有、承租系争房屋的效力。

2020 年修正的《最高人民法院关于审理城镇房屋租赁合同纠纷案件具体应用法律若干问题的解释》第 14 条规定：“租赁房屋在租赁期间发生所有权变动，承租人请求房屋受让人继续履行原租赁合同的，人民法院应予支持。但租赁房屋具有下列情形或者当事人另有约定的除外：（一）房屋在出租前已设立抵押权，因抵押权人实现抵押权发生所有权变动的；（二）房屋在出租前已被人民法院依法查封的。”根据该司法解释该条规定，“所有权变动不破租赁”制度可以被出租人和承租人在租赁合同中约定排除。可见，《合同法》第 229 条、《民法典》第 725 条规定的“所有权变动不破租赁”制度仅属于补充性任意性规范。

2020 年修正的《最高人民法院关于审理城镇房屋租赁合同纠纷案件具体应用法律若干问题的解释》第 14 条第 1 项旨在协调租赁房屋上抵押权人和承租人之间的利益关系。《物权法》第 190 条对此规定：“订立抵押合同前抵押财产已出租的，原租赁关系不受该抵押权的影响。抵押权设立后抵押财产出租的，该租赁关系不得对抗已登记的抵押权。”《担保法》第 48 条规定：“抵押人将已出租的财产抵押的，应当书面告知承租人，原租赁合同继续有效。”原《最高人民法院关于适用〈中华人民共和国担保法〉若干问题的解释》第 65 条规定：“抵押人将已出租的财产抵押的，抵押权实现后，租赁合同在有效期内对抵押物的受让人继续有效。”第 66 条规定：“抵押人将已抵押的财产出租的，抵押权实现后，租赁合同对受让人不具有约束力。”

---

① 奚晓明．最高人民法院关于审理城镇房屋租赁合同纠纷案件司法解释的理解与适用．北京：人民法院出版社，2009：262.

② 王泽鉴．买卖不破租赁：第 425 条规定之适用、准用及类推适用//王泽鉴．民法学说与判例研究：第 6 册．北京：北京大学出版社，2009：146.

③ 马俊驹，余延满．民法原论．4 版．北京：法律出版社，2010：680. 无法入住的婚房．http：//news.cntv.cn/2013/04/01/VIDE1364793601606874.shtml.

④ 马俊驹，余延满．民法原论．4 版．北京：法律出版社，2010：680. 原《民法通则意见（试行）》第 119 条第 2 款也规定：“私有房屋在租赁期内，因买卖、赠与或者继承发生房屋产权转移的，原租赁合同对承租人和新房主继续有效。”

⑤ 同①263－265.

“抵押人将已抵押的财产出租时，如果抵押人未书面告知承租人该财产已抵押的，抵押人对出租抵押物造成承租人的损失承担赔偿责任；如果抵押人已书面告知承租人该财产已抵押的，抵押权实现造成承租人的损失，由承租人自己承担。”① 2020 年修正的《最高人民法院关于审理城镇房屋租赁合同纠纷案件具体应用法律若干问题的解释》第 14 条第 1 项按照既有法律规定的原意，规定“先抵押后出租”为“所有权变动不破租赁”制度适用的例外情形。为了进一步增强“先租后押”规则的可操作性，防止虚假租赁，《民法典》第 405 条严格了“先租后押”情形下租赁关系优先受保护的构成要件：“抵押权设立前，抵押财产已经出租并转移占有的，原租赁关系不受该抵押权的影响。”

三、房屋承租人的优先购买权

《合同法》第 230 条规定：“出租人出卖租赁房屋的，应当在出卖之前的合理期限内通知承租人，承租人享有以同等条件优先购买的权利。”据此，房屋承租人优先购买权是指出租人出卖租赁房屋时，承租人在同等条件下享有优先于第三人购买租赁房屋的权利。民法理论上关于房屋承租人优先购买权的法律性质有物权说、强制缔约请求权说和形成权说等观点。在现行立法和司法解释之规定的基础上，此种争论也仅属于纯粹民法学问题中的解释选择问题，与民法规则的设计或适用不直接相关，而仅关系到房屋承租人优先购买权与既有的民事权利理论类型的体系协调，更重要的是对房屋承租人优先购买权的法律构造问题的讨论。

而《合同法》第 230 条规定的房屋承租人优先购买权制度属于不完全法条，因其没有规定房屋承租人优先购买权的法律性质、法律效力、行使条件、实现程序和救济方法等问题。承租人优先购买权现实需求的旺盛和优先购买权法律制度的不完善导致优先购买权法律纠纷日益增多。在“二手房”买卖合同法律纠纷中，除买卖双方的基础诉讼外，存在多种利益主体连环诉讼的情形，如“承租人起诉买卖双方侵害其优先购买权，请求确认买卖合同无效的情形”②。

“经营用房租赁在房屋租赁中所占的比例快速攀升。在租赁房屋用于居住的场合，承租人由于在经济上的弱势地位，更多关注对房屋居住的延续，而不是对房屋所有权的取得。而在租赁房屋用于经营的场合，取得房屋的所有权也时常会成为承租人关注的焦点。唯现代经营理念多考虑经营的诚信和品牌的建立，追求持续长远经营和良好效益的获取。承租人基于多年经营努力，已经在固定区域形成自己的经营品牌，房屋作为承租人的经营场所为广大客户所周知，形成了‘隐性’广告，成为其经营中的重要考虑因素，并成为其获取经营利润的重要因素。此时，承租人关注于房屋所有权的取得已无法避免。”③ 为了妥当落实优先保护房屋承租人的立法政策，对房屋承租人优先购买权的法律构造应该着重从两个方面展开：一是房屋承租人优先购买权法律规范的构成要件。对此，应该侧重对《合同法》第 230 条所规定的“出租人出卖租赁房屋”和“同等条件”的解释完善。二是房屋承租人优先购买权法律规范的法律后果。对此，应该侧重对出租人与买受人之间房屋买卖合同的法律效力、租赁房屋物权变动及房屋承租人优先购买权受侵害时法律救济的解释完善。

---

① 与《最高人民法院关于适用〈中华人民共和国担保法〉若干问题的解释》第 66 条第 2 款的规定类似，《合同法》第 228 条规定：“因第三人主张权利，致使承租人不能对租赁物使用、收益的，承租人可以要求减少租金或者不支付租金。”“第三人主张权利的，承租人应当及时通知出租人。”

② 杨小花．石景山法院调研发现涉二手房交易的连环诉讼增多．北京法院网，2011－01－07．

③ 奚晓明．最高人民法院关于审理城镇房屋租赁合同纠纷案件司法解释的理解与适用．北京：人民法院出版社，2009：277．

第一，对《合同法》第230条所规定的“出租人出卖租赁房屋”的解释完善。2020年修正的《最高人民法院关于审理城镇房屋租赁合同纠纷案件具体应用法律若干问题的解释》第15条规定：“出租人与抵押权人协议折价、变卖租赁房屋偿还债务，应当在合理期限内通知承租人。承租人请求以同等条件优先购买房屋的，人民法院应予支持。”原《最高人民法院关于审理城镇房屋租赁合同纠纷案件具体应用法律若干问题的解释》第23条规定：“出租人委托拍卖人拍卖租赁房屋，应当在拍卖5日前通知承租人。承租人未参加拍卖的，人民法院应当认定承租人放弃优先购买权。”① 原《最高人民法院关于审理城镇房屋租赁合同纠纷案件具体应用法律若干问题的解释》第24条规定：“具有下列情形之一，承租人主张优先购买房屋的，人民法院不予支持：（一）房屋共有人行使优先购买权的；（二）出租人将房屋出卖给近亲属，包括配偶、父母、子女、兄弟姐妹、祖父母、外祖父母、孙子女、外孙子女的；（三）出租人履行通知义务后，承租人在十五日内未明确表示购买的；（四）第三人善意购买租赁房屋并已经办理登记手续的。”该司法解释该规定出于维护共有关系的稳定性、保护善意第三人等目的排除房屋承租人优先购买权的行使，但出租人仍应该基于其侵权行为对承租人优先购买权受侵害承担损害赔偿责任。不过，原《最高人民法院关于审理城镇房屋租赁合同纠纷案件具体应用法律若干问题的解释》第24条第1项所规定的“房屋共有人行使优先购买权”并非对“出租人出卖租赁房屋”的妥当解释，因为根据《物权法》第101条，“房屋共有人行使优先购买权”发生在按份共有房屋的共有人要求将自己的份额分出或者转让时，而这并不等同于“出租人出卖租赁房屋”，且司法解释也不适宜创设共有房屋出卖时共有人的优先购买权制度。《民法典》第726条第1款后段对承租人优先购买权设置了但书条款：“但是，房屋按份共有人行使优先购买权或者出租人将房屋出卖给近亲属的除外。”

第二，对《合同法》第230条所规定的“同等条件”的解释完善。《北京市高级人民法院关于审理房屋租赁合同纠纷案件若干疑难问题的解答》第六部分专门解答了承租人优先购买权问题。其第28条指出：《合同法》第230条规定优先购买权行使的“同等条件”和出租人“通知”义务如何理解？“同等条件主要是指房屋转让的价格、价款支付方式等。”“出租人通知承租人时，应当告知租赁房屋转让的事实、时间及具体出卖条件。出租人虽然通知承租人出卖租赁房屋的事实，但未告知具体出卖条件或告知内容不真实、不全面，或者在出卖条件发生变化后未及时告知承租人的，应当认定其未履行通知义务。”第29条指出：承租部分房屋的承租人在出租人整体转让房屋时是否享有优先购买权？“出租人整体转让房屋，该房屋为不可分割或分割明显降低其整体价值，而承租人仅要求对其承租的部分房屋行使优先购买权的；或者承租人虽主张优先购买整体房屋，但其承租面积未达到整体房屋面积50%以上的，对承租人主张行使优先购买权的诉讼请求，不予支持。”第30条指出：转租房屋的优先购买权行使主体如何确定？“承租人经出租人同意转租租赁房屋的，承租人不再享有优先购买权，次承租人要求行使优先购买权的，应予支持；未经出租人同意转租租赁房屋，承租人或者次承租人要求行使优先购买权的，均不予支持。”第31条指出：拖欠租金的承租人是否享有优先购买权？“承租人对租赁房屋享有优先购买权，并不以其依据租赁合同约定支付租金为前提。但承租人欠付租金已构成法定解除或约定解除租赁合同的条件，且出租人主张解除租赁合同的，承租人不再享有优先购买权。”第32条指出：承租人依据租赁合同约定主张优先承租权的，如何处理？“优先承租权并非法定权利，而是基于租赁合同的约定产生，仅在合同当事人之间发生效力，不能对

① 原《最高人民法院关于审理城镇房屋租赁合同纠纷案件具体应用法律若干问题的解释》第23条为《民法典》第727条所吸纳。

抗已经实际承租的善意第三人。出租人未在合同约定期限或合理期限内通知原承租人续租就将房屋另行出租给他人，承租人要求确认出租人与第三人签订的房屋租赁合同无效，或者要求直接适用出租人与第三人签订的租赁合同的，不予支持。但承租人要求出租人承担赔偿损失等相应违约责任的，应予支持。”2020年修正的《最高人民法院关于审理城镇房屋租赁合同纠纷案件具体应用法律若干问题的解释》及《民法典》均未对房屋承租人优先购买权得以行使的“同等条件”作细化规定。对此，可以类推适用《最高人民法院关于适用〈中华人民共和国民法典〉物权编的解释》第10条规定的按份共有人优先购买权“同等条件”规则。

第三，对出租人与买受人之间房屋买卖合同的法律效力及房屋承租人优先购买权受侵害时法律救济的解释完善。原《最高人民法院关于审理城镇房屋租赁合同纠纷案件具体应用法律若干问题的解释》第21条规定：“出租人出卖租赁房屋未在合理期限内通知承租人或者存在其他侵害承租人优先购买权情形，承租人请求出租人承担赔偿责任的，人民法院应予支持。但请求确认出租人与第三人签订的房屋买卖合同无效的，人民法院不予支持。”据此，就出租人和买受人订立的房屋买卖合同而言，只要双方意思表示真实、合法，且无虚高定价以排除承租人优先购买权行使的恶意，就应被认定为有效。《民法典》第728条规定：“出租人未通知承租人或者有其他妨害承租人行使优先购买权情形的，承租人可以请求出租人承担赔偿责任。但是，出租人与第三人订立的房屋买卖合同的效力不受影响。”《最高人民法院关于适用〈中华人民共和国民法典〉物权编的解释》第12条规定：“按份共有人向共有人之外的人转让其份额，其他按份共有人根据法律、司法解释规定，请求按照同等条件购买该共有份额的，应予支持。其他按份共有人的请求具有下列情形之一的，不予支持：（一）未在本解释第十一条规定的期间内主张优先购买，或者虽主张优先购买，但提出减少转让价款、增加转让人负担等实质性变更要求；（二）以其优先购买权受到侵害为由，仅请求撤销共有份额转让合同或者认定该合同无效。”通过对这些条文作体系解释可以发现，立法和司法解释对房屋承租人优先购买权、按份共有人优先购买权的保护力度并不一致。按份共有人向共有人之外的人转让其份额时，其他按份共有人以其优先购买权受到侵害为由，仅请求撤销共有份额转让合同或者认定该合同无效的，人民法院不予支持。在承租人优先购买权受侵害的情形下，本书作者认为，可以类推适用《最高人民法院关于适用〈中华人民共和国民法典〉物权编的解释》第12条之规定：若承租人仅请求撤销共有份额转让合同或者认定该合同无效的，人民法院不予支持。毕竟，如上所述，单纯的撤销之诉或者无效确认之诉不利于明确房屋所有权的归属和促进房屋所有权的流转。

第四，对出租人出卖租赁房屋时的物权变动，不宜允许出租人任意选择其与受让人之间房屋买卖合同或者其与承租人之间基于优先购买权而形成的房屋买卖合同的履行，应该赋予承租人要求出租人移转房屋所有权的优先地位，以妥当落实承租人优先购买权的法律价值判断结论。当然，受让人符合原《最高人民法院关于审理城镇房屋租赁合同纠纷案件具体应用法律若干问题的解释》第24条第4项的规定——“第三人善意购买租赁房屋并已经办理登记手续的”的除外。对此，又需要结合《最高人民法院关于适用〈中华人民共和国民法典〉物权编的解释》第15条和第16条来判断第三人是否构成“善意”。

第五节　房屋租赁合同装饰装修问题的处理

承租人擅自装饰装修或者扩建，构成对出租人房屋所有权的侵害的，应当承担恢复原状或者赔偿损失等侵权责任。对此，《合同法》第223条第2款规定：“承租人未经出租人同意，对租赁物进行改善或者增设他物的，出租人可以要求承租人恢复原状或者赔偿损失。”《民法典》第715条第2款坚持此规定。2020年修正的《最高人民法院关于审理城镇房屋租赁合同纠纷案件具体应用法律若干问题的解释》第11条规定：“承租人未经出租人同意装饰装修或者扩建发生的费用，由承租人负担。出租人请求承租人恢复原状或者赔偿损失的，人民法院应予支持。”

承租人经出租人同意装饰装修的，《合同法》第223条第1款、《民法典》第715条第1款仅配置了不完全法条，其未明确合同终止后装饰装修物的处理规则。对此须区分情况适用不同的处理规则。

第一，对附合的和未形成附合的装饰装修物分别适用不同的处理规则。对于未形成附合的装饰装修物，承租人作为所有权人有权处分；对于已经形成附合的装饰装修物，区分合同无效、合同解除、租赁期届满等情形，适用不同规则。2020年修正的《最高人民法院关于审理城镇房屋租赁合同纠纷案件具体应用法律若干问题的解释》第7条规定：“承租人经出租人同意装饰装修，租赁合同无效时，未形成附合的装饰装修物，出租人同意利用的，可折价归出租人所有；不同意利用的，可由承租人拆除。因拆除造成房屋毁损的，承租人应当恢复原状。”“已形成附合的装饰装修物，出租人同意利用的，可折价归出租人所有；不同意利用的，由双方各自按照导致合同无效的过错分担现值损失。”第8条规定：“承租人经出租人同意装饰装修，租赁期间届满或者合同解除时，除当事人另有约定外，未形成附合的装饰装修物，可由承租人拆除。因拆除造成房屋毁损的，承租人应当恢复原状。”

第二，出租人是否就已附合的装饰装修物对承租人进行补偿、如何补偿，要区分不同情况。2020年修正的《最高人民法院关于审理城镇房屋租赁合同纠纷案件具体应用法律若干问题的解释》第9条规定：“承租人经出租人同意装饰装修，合同解除时，双方对已形成附合的装饰装修物的处理没有约定的，人民法院按照下列情形分别处理：（一）因出租人违约导致合同解除，承租人请求出租人赔偿剩余租赁期内装饰装修残值损失的，应予支持；（二）因承租人违约导致合同解除，承租人请求出租人赔偿剩余租赁期内装饰装修残值损失的，不予支持。但出租人同意利用的，应在利用价值范围内予以适当补偿；（三）因双方违约导致合同解除，剩余租赁期内的装饰装修残值损失，由双方根据各自的过错承担相应的责任；（四）因不可归责于双方的事由导致合同解除的，剩余租赁期内的装饰装修残值损失，由双方按照公平原则分担。法律另有规定的，适用其规定。”第10条规定：“承租人经出租人同意装饰装修，租赁期间届满时，承租人请求出租人补偿附合装饰装修费用的，不予支持。但当事人另有约定的除外。”第11条规定：“承租人未经出租人同意装饰装修或者扩建发生的费用，由承租人负担。出租人请求承租人恢复原状或者赔偿损失的，人民法院应予支持。”第12条规定：“承租人经出租人同意扩建，但双方对扩建费用的处理没有约定的，人民法院按照下列情形分别处理：（一）办理合法建设手续的，扩建造价费用由出租人负担；（二）未办理合法建设手续的，扩建造价费用由双方按照过错分担。”

第三，对于装饰装修等原因附合而产生的物的归属，《民法典》第322条规定：“因加工、附合、混合而产生的物的归属，有约定的，按照约定；没有约定或者约定不明确的，依照法律规定；法律没有规定的，按照充分发挥物的效用以及保护无过错当事人的原则确定。因一方当事人的过错或者确定物的归属造成另一方当事人损害的，应当给予赔偿或者补偿。”

第六节　对房屋租赁合同的行政管制

一、房屋租赁登记备案制度

《城市房地产管理法》第 54 条规定：“房屋租赁，出租人和承租人应当签订书面租赁合同，约定租赁期限、租赁用途、租赁价格、修缮责任等条款，以及双方的其他权利和义务，并向房产管理部门登记备案。”《商品房屋租赁管理办法》第 14 条规定：“房屋租赁合同订立后三十日内，房屋租赁当事人应当到租赁房屋所在地直辖市、市、县人民政府建设（房地产）主管部门办理房屋租赁登记备案。”“房屋租赁当事人可以书面委托他人办理租赁登记备案。”第 19 条规定：“房屋租赁登记备案内容发生变化、续租或者租赁终止的，当事人应当在三十日内，到原租赁登记备案的部门办理房屋租赁登记备案的变更、延续或者注销手续。”第 23 条规定：“违反本办法第十四条第一款、第十九条规定的，由直辖市、市、县人民政府建设（房地产）主管部门责令限期改正；个人逾期不改正的，处以一千元以下罚款；单位逾期不改正的，处以一千元以上一万元以下罚款。”房屋租赁登记备案制度服务于房产管理部门等对行业管理、社会治安综合治理等行政管理需要，属于管理性禁止性规范。

原《最高人民法院关于审理城镇房屋租赁合同纠纷案件具体应用法律若干问题的解释》第 4 条规定：“当事人以房屋租赁合同未按照法律、行政法规规定办理登记备案手续为由，请求确认合同无效的，人民法院不予支持。”“当事人约定以办理登记备案手续为房屋租赁合同生效条件的，从其约定。但当事人一方已经履行主要义务，对方接受的除外。”可见，未办理房屋租赁登记备案不影响租赁合同的效力，但当事人可以基于合同自由原则将房屋租赁登记备案约定为租赁合同的生效条件。“房屋租赁合同的当事人虽然没有办理作为合同约定的生效条件的登记备案手续，但只要当事人一方已经履行了如支付租金或者将房屋转移占有等主要合同义务，对方予以接受的，即应当视为当事人之间以行为变更了合同约定的生效条件。在这种情况下，房屋租赁合同发生法律效力。”①

二、对群租的法律规制

实践中，出租人将房屋分割出租的情况比较突出。为解决群租带来的安全和扰民等问题，部门规章层面也对群租这一市场行为进行规制，群租成为租赁限制条款。2011 年 2 月 1 日起施行的住房和城乡建设部《商品房屋租赁管理办法》第 8 条规定：“出租住房的，应当以原设计的房间为最小出租单位，人均租住建筑面积不得低于当地人民政府规定的最低标准。”“厨房、卫生间、阳台和地下储藏室不得出租供人员居住。”第 22 条规定：“违反本办法第八条规定的，由直辖市、市、县人民政府建设（房地产）主管部门责令限期改正，逾期不改正的，可处以五千元以上三万元以下罚款。”北京市人民政府《北京市房屋租赁管理若干规定》第 20 条规定：“出租房屋人均居住面积不得低于本市规定的标准。具体标准由市建设（房屋）行政部门会同市公安、市规划、市卫生等有关行政部门制定。”“不得将厨房、卫生间、阳台、地下储藏室等

---

① 奚晓明．最高人民法院关于审理城镇房屋租赁合同纠纷案件司法解释的理解与适用．北京：人民法院出版社，2009：62－63.

作为卧室出租供人员居住。”[1] 第36条规定：“对违反本规定的下列行为，由建设（房屋）行政部门按照下列规定处罚：……（二）违反本规定第二十条规定，出租人违反出租房屋限制条件的，责令改正，情节严重的，可处5 000元以上3万元以下罚款；房地产经纪机构及其经纪人员从事房屋租赁经纪业务违反出租房屋限制条件的，责令改正，处3万元以上10万元以下罚款……”2013年7月北京市住建委、市公安局、市规划委会同市卫生局等部门联合印发《关于公布我市出租房屋人均居住面积标准等有关问题的通知》，其中规定：“本市住房出租应当符合建筑、消防、治安、卫生等方面的安全条件，应当以原规划设计为居住空间的房间为最小出租单位，不得改变房屋内部结构分割出租，不得按床位等方式变相分割出租。厨房、卫生间、阳台和地下储藏室等不得出租供人员居住。”“出租房屋人均居住面积不得低于5平方米，每个房间居住的人数不得超过2人（有法定赡养、抚养、扶养义务关系的除外）。”

不过，在实践中，群租禁令的执行难度较大，在很多地方成为空文。[2] “群租现象的出现主要是源自社会需求，而只有在分割房屋、违章搭建危及公共安全时，政府才有权力和义务进行管理；在居住用房分割、变相从事旅馆经营时，政府可以要求业主符合旅馆业从业条件，服从国家对该行业的特殊管理。同时，治理群租根本上还要依赖住宅物业小区业主的自治管理，通过修订《业主公约》，规范租赁行为。”[3]

出租、承租群租房属于违法行为，租房过程中，因属于违法群租房，遭遇公安等部门责令腾退。此种租赁终止，不是租户或是房东单方面的违约，也不完全归于外界原因，而是构成租赁合同双方违约，房东应该退还剩余的房租，租户应当整理还原房屋的原始状态。至于当事人由此遭受的可得利益损失，根据各自的过错来分担。如果房东又以损坏家电等房屋设施与卫生差为由，不予退还剩余房租，则要看房屋租赁合同相关条款，特别是有关押金的约定，适用押金约款解决。如果没有押金，退还租户的剩余房租和房东对家电等房屋设施的损害赔偿请求权，可以构成同时履行抗辩。当然，租户是否需要对家电等房屋设施损坏承担赔偿责任，要根据《合同法》第218条处理：“承租人按照约定的方法或者租赁物的性质使用租赁物，致使租赁物受到损耗的，不承担损害赔偿责任。”《民法典》第710条总体上坚持此规定。如果房东为此擅自装修房屋，要求将装修费用、误工费用由租户承担，则无法获得法律支持。如果房东装修针对的是打隔断等群租行为，而此种打隔断又是应租户要求所为，则租户应当为此承担与自己的过错相应的责任。

第七节　《北京市高级人民法院关于审理房屋租赁合同纠纷案件若干疑难问题的解答》的理论与实务问题分析

可以结合原《最高人民法院关于审理城镇房屋租赁合同纠纷案件具体应用法律若干问题的解释》对《北京市高级人民法院关于审理房屋租赁合同纠纷案件若干疑难问题的解答》作对比

① 《上海市居住房屋租赁管理办法》第9条规定：“出租居住房屋，应当以一间原始设计为居住空间的房间为最小出租单位，不得分隔搭建后出租，不得按照床位出租。”“原始设计为厨房、卫生间、阳台和地下储藏室等其他空间的，不得出租供人员居住。”第10条规定：“出租居住房屋……居住使用人的人均居住面积不得低于5平方米。”“前款所称居住面积，是指原始设计为居住空间的房间的使用面积。”

② 高伟．北京违规群租90平米隔成八个屋 禁令已成空文．经济参考报，2012－05－29.

③ 高富平，黄武双．房地产法学．3版．北京：高等教育出版社，2010：270.

分析，择其要者例示如下。

第一，《北京市高级人民法院关于审理房屋租赁合同纠纷案件若干疑难问题的解答》第1条指出：当事人就未取得所有权的房屋订立租赁合同的效力如何认定？“当事人一方以出租人在订立租赁合同时对租赁房屋没有所有权为由，要求确认房屋租赁合同无效的，不予支持。”该解答坚持对合同效力和合同履行进行区分，租赁合同能否履行不影响租赁合同的效力。这也是对原《最高人民法院关于审理买卖合同纠纷案件适用法律问题的解释》第3条第1款同类做法的扩展推广。根据《合同法》第224条的规定，承租人转租租赁物时，转租合同也不因承租人不具有租赁物的所有权而当然无效。原《最高人民法院关于审理城镇房屋租赁合同纠纷案件具体应用法律若干问题的解释》第16条第1款规定：“出租人知道或者应当知道承租人转租，但在六个月内未提出异议，其以承租人未经同意为由请求解除合同或者认定租赁合同无效的，人民法院不予支持。”该规定与《北京市高级人民法院关于审理房屋租赁合同纠纷案件若干疑难问题的解答》第1条并不矛盾。原《最高人民法院关于审理城镇房屋租赁合同纠纷案件具体应用法律若干问题的解释》第16条第1款是对《合同法》第224条规定的具体化，出租人以承租人未经同意为由请求认定租赁合同无效的，该无效属于相对于特定人无效，而非承租人和次承租人之间的转租合同本身无效。2015年4月20日公布的《中华人民共和国民法典·民法总则专家建议稿（征求意见稿）》第138条也规定：“双方法律行为、共同行为、决议行为损害特定第三人利益的，该特定第三人有权请求人民法院或者仲裁机构确认该行为相对其无效。”此外，2020年修正的《最高人民法院关于审理城镇房屋租赁合同纠纷案件具体应用法律若干问题的解释》第16条第1款规定的“六个月内未提出异议”是对出租人合同解除权除斥期间的规定，也是对出租人请求确认合同无效的权利的失权期间之规定。2015年4月20日公布的《中华人民共和国民法典·民法总则专家建议稿（征求意见稿）》第206条对失权期间专门作出规定：“在依照诚实信用原则确定的合理期限内，权利人不行使权利，让义务人信赖其不会再行使的，该权利消灭。”

第二，就租赁物装饰装修残值的归属、补偿及相应诉讼程序，现行民事立法、司法解释和法院相关指导意见层层细化。原《民法通则意见（试行）》第86条主要规定了增添附属物的物权归属问题，2020年修正的《最高人民法院关于审理城镇房屋租赁合同纠纷案件具体应用法律若干问题的解释》第7～11条则根据出租人和承租人的可归责性具体规定了租赁房屋装饰装修所带来的损害赔偿和残值补偿等问题，而《北京市高级人民法院关于审理房屋租赁合同纠纷案件若干疑难问题的解答》第14～16条着重解答房屋装饰装修相关纠纷的诉讼标的确定等相关程序法问题。

第三，房屋租赁合同履行过程中，承租人单方退租，出租人坚持继续履行，如何解决合同僵局及责任承担？《合同法》及《民法典》均无明确规定。《北京市高级人民法院关于审理房屋租赁合同纠纷案件若干疑难问题的解答》第24条指出：承租人在合同租赁期限内单方搬离租赁房屋，并主张解除合同，而出租人坚持要求继续履行合同的，如何处理？“承租人在租赁合同履行期限内拒绝接收房屋，或者单方搬离租赁房屋并通知出租人收回房屋的行为，属于以自己的行为表明其不再履行租赁合同，其拒绝接收或搬离房屋的行为不符合合同法规定的解除条件，不具有单方解除合同的效力，出租人有权据此解除合同，但合同另有约定的除外。经法院释明出租人坚持不解除的，考虑到承租人不愿继续履行租赁合同，该义务依性质又不宜强制履行，租赁合同目的已无法实现，法院可以直接判决解除租赁合同，并根据案件具体情况以出租人收回房屋、当事人起诉或判决生效之日等时间合理确定合同解除的具体时间。承租人拒绝履行租赁合同给出租人造成损失的，应当承担赔偿损失的违约责任，出租人作为守约方也负有减少损失扩大的义务，具体损失数额由法院根据合同的剩余租期、租赁房屋是否易于再行租赁、出租人另行出租的差价，承租人的过错程度等因素予以酌定，一般以合同约定的三至六个月的租金为宜。”“出租人因自身事由主张解除租赁合同收回房屋的，不符合合同法规定的法定解除条件，承租人要求继续履行合同的，应予支持，但合同另有约定的除外。”2019 年 1 月 4 日《民法典合同编（草案二次审议稿）》第 353 条第 3 款规定：“合同不能履行致使不能实现合同目的，有解除权的当事人不行使解除权，构成滥用权利对对方显失公平的，人民法院或者仲裁机构可以根据对方的请求解除合同，但是不影响违约责任的承担。”该款并非赋予违约方以直接解除合同的权利，而是为了打破合同僵局，确立了违约方申请解除合同权，即由法院经过综合判断后决定违约方是否可以解除合同，该规定争议较大、未被保留在《民法典（草案）》中。通过明确违约方申请解除合同权的严格要件，可以避免道德风险和投机主义行为，从而控制社会成本，减少无意义的资源浪费。在我国，违约方申请解除合同权制度“旨在打破现行《合同法》第 110 条存在的立法漏洞容易产生的‘合同僵局’，即在违约的债务人不能履行合同的情况下，债务人虽然可以援引该条来对抗债权人的实际履行主张，但合同关系并不因此消灭，债务在合同预定的期限内始终存在。”[①] 2019 年 11 月 14 日《全国法院民商事审判工作会议纪要》第 48 条［违约方起诉解除］指出：“违约方不享有单方解除合同的权利。但是，在一些长期性合同如房屋租赁合同履行过程中，双方形成合同僵局，一概不允许违约方通过起诉的方式解除合同，有时对双方都不利。在此前提下，符合下列条件，违约方起诉请求解除合同的，人民法院依法予以支持：（1）违约方不存在恶意违约的情形；（2）违约方继续履行合同，对其显失公平；（3）守约方拒绝解除合同，违反诚实信用原则。”“人民法院判决解除合同的，违约方本应当承担的违约责任不能因解除合同而减少或者免除。”

《民法典》第 580 条第 2 款规定：“有前款规定的除外情形之一，致使不能实现合同目的的，人民法院或者仲裁机构可以根据当事人的请求终止合同权利义务关系，但是不影响违约责任的承担。”

第八节　租房实践中其他常见的房地产法问题

作为房屋租赁交易的参与者，租赁双方都应严守诚实信用原则：诚信签约，诚信履约，依法积极理性维权，勿“任性”违约，共同促进房地产租赁市场的健康和谐发展。在租赁合同签订过程中，注意“租赁合同的内容包括租赁物的名称、数量、用途、租赁期限、租金及其支付期限和方式、租赁物维修等条款”，妥当设定双方各自的权利、义务、责任，有效防范、化解可能的租赁风险。

租房过程中，因属于违法群租房，遭遇公安部门责令腾退，租赁合同终止，会存在剩余房租退还等后续问题。

租房人在网上中介平台看到物美价廉的房源，在实际联系中介的时候，往往会得到“此屋已租、另有好房”的答复。房产中介发布虚假房源的现象普遍，这些虚假房源往往具有“高性价比”，被中介明目张胆地挂在房产信息发布平台上。本书作者认为，若房屋中介平台发布虚假房源信息，租客可以根据《消费者权益保护法》第 55 条第 1 款要求中介承担惩罚性赔偿责任。当然，租户在租房过程中，也应该尽到必要的注意义务，要委托正规房屋中介，注意识别

① 石佳友，高郦梅．违约方申请解除合同权：争议与回应．比较法研究，2019：(6).

“黑中介”“假房东”，注意审查房东是否有权将相关房屋出租。

承租人应当将租赁房屋用于合法用途，出租人对此也负有必要的注意义务。出租人明知承租人在出租屋内从事卖淫活动而放任不管，将对承租人的犯罪活动起到帮助作用。我国《刑法》第359条规定了容留卖淫罪：容留他人卖淫的，处5年以下有期徒刑、拘役或者管制，并处罚金；情节严重的，处5年以上有期徒刑，并处罚金。此外，如果租户将房子用作走私罪等其他违法犯罪窝点，房东同样受牵连，有可能构成《刑法》第310条第1款规定的窝藏罪、包庇罪或者第349条第3款规定的走私、贩卖、运输、制造毒品罪的共犯等。

蛋壳公寓租房事件是互联网＋租赁领域的新型现象，其中的法律问题值得关注。蛋壳公寓成立于2015年，是提供租住生活的资产管理和居住服务平台。蛋壳公寓也属于长租公寓，其向房东租房，然后进行统一的装修以及后期的运营，之后再租给租客。2020年11月，蛋壳公寓接连传出租客被断水断电、拖欠供应商账款和房东租金的消息。蛋壳公寓等长租公寓大量使用微众银行的“租金贷”金融产品。在“租金贷”模式下，租客与蛋壳公寓等长租公寓签订房屋租赁合同，一次性预付一年等期限的房租及押金，蛋壳公寓等长租公寓再向房东月付租金。但是，蛋壳公寓等长租公寓在深陷流动性危机后，无法向房东交付租金，房东即要求租客搬离。微众银行将租房客的贷款给了蛋壳公寓，蛋壳公寓没有把贷款支付给房东。

对蛋壳公寓事件中的法律问题，分析如下：

第一，作为次承租人的租户可以通过向出租人（房东）支付承租人（蛋壳公寓）欠付的租金和违约金来对抗出租人（房东）的合同解除权，并就该支付的费用向承租人追偿或折抵未支付的租金。《民法典》第719条规定：“承租人拖欠租金的，次承租人可以代承租人支付其欠付的租金和违约金，但是转租合同对出租人不具有法律约束力的除外。”“次承租人代为支付的租金和违约金，可以充抵次承租人应当向承租人支付的租金；超出其应付的租金数额的，可以向承租人追偿。”

第二，在经出租人同意后的承租人转租关系中，出租人（房东）不能因为承租人（蛋壳公寓）的违约而当然要求解除转租合同或者要求租客退房。《民法典》第716条规定：“承租人经出租人同意，可以将租赁物转租给第三人。承租人转租的，承租人与出租人之间的租赁合同继续有效；第三人造成租赁物损失的，承租人应当赔偿损失。”“承租人未经出租人同意转租的，出租人可以解除合同。”

第三，蛋壳公寓互联网＋租赁的经营模式背后，隐藏着脱离监管的“资金池”，是顶着“共享经济”旗号的互联网金融。“租金贷”模式是使用贷款支付房租，蛋壳的合作金融机构是微众银行，租客办理贷款一次性预付一年房租及押金，这笔一年的房租由微众银行支付给蛋壳（蛋壳可以利用这笔资金扩大规模），然后租户再每月偿还微众银行的贷款，而蛋壳公寓向房东月（季）付租金。一来一回之下，一个无形的资金池就形成了。这个未经严格监管的资金池既成了长租公寓未来大规模扩张的资本，也带来严重的金融风险。这种模式主要是为了解决租客无法一次性缴纳一大笔租金的难题。“租金贷”的风险在于长租公寓对贷款资金的占用，即租客年付、房东季收，剩余的预付租金款被长租公寓占用，从而使长租公寓的经营风险可以传导给租客和房东，一旦租客与房东产生纠纷，租客对“租金贷”产品的还款意愿会受到影响，从而把放贷金融机构也卷入其中。要解决这个问题，必须严禁长租公寓将租金款挪作他用。[①] 本书作者认为，金融本质上是资金中介，长租公寓作为中介方，承担信用中介的金融活动，游离于常规金融体系以外，扮演了影子银行的角色。影子银行是指常规银行体系以外的各种金融中介业务，通常以非银行金融机构为载体，对金融资产的信用、流动性和期限等风险因素进行转换，扮演着“类银行”的角色。影子银行游离于监管之外，

---

① 蛋壳公寓爆雷　租金贷市场走向何方？. 经济观察报，2020-11-22.

风险隐蔽，交叉传染。由于缺乏必要的监管，影子银行很容易成为系统性风险的重大隐患。互联网金融平台本应只承担信息中介和支付中介功能，但事实上从事贷款等资金信用活动，并长期处于监管真空地带，形成了“全民办金融”的小环境。① 2021 年 2 月 2 日，北京市住建委等部门联合印发《关于规范本市住房租赁企业经营活动的通知》，首次明确禁止“长收短付”，严控“租金贷”拨付对象，承租人申请的“租金贷”资金不得拨付给住房租赁企业，只能拨付给个人。

第四，租客可以通过债权转让的方式将自己对长租公寓所享有的债权转让给金融机构，以实现抵偿结算。2020 年 12 月 4 日下午，微众银行再次针对蛋壳公寓的“租金贷”客户发布公告，称已经研究制订出合法合规的方案，可以实现即使蛋壳的“租金贷”客户不继续还贷，仍能结清贷款。蛋壳公寓的“租金贷”客户在退租后，与微众银行签署协议，将退租后蛋壳公寓所欠租客的预付租金，用于抵偿租客在微众银行的贷款，此后，银行结清该笔贷款。微众银行称：上述方案落地之前，将执行不催收、不扣款、不计息、不影响信用记录的措施。微众银行公告将给予蛋壳公寓租客的剩余贷款本金免息延期至 2023 年 12 月 31 日。

本章思考题

1. 案例分析题：

“近日，禹城市民吕先生回家时，发现墙壁、沙发、书籍、木质地板等物件都在水里泡着，原来是楼上暖气管道漏水，因家中无人，物品泡了一天，损失在 2 万元左右。吕先生找到楼上的租户小于索赔。小于称，发现暖气管道漏水后，已找来工人抢修。面对吕先生的索赔，小于联系了房东李某，李某称在房子租期内出现的问题，理应由小于负责。小于则认为管道漏水并非人为原因，事发后自己也及时处理了，不该由自己赔偿。三方陷入僵持。”②

试分析本案中当事人之间的权利义务关系和对吕先生损失的赔偿责任承担。

2. 对比分析 2020 年修正的《最高人民法院关于审理城镇房屋租赁合同纠纷案件具体应用法律若干问题的解释》、《最高人民法院关于适用〈中华人民共和国民法典〉物权编的解释（一）》和《民法典》在保护房屋承租人优先购买权和按份共有人优先购买权的共性与差异。

3. 试运用民法添附等理论分析房屋租赁合同履行中装饰装修所引发的物的归属和补偿、赔偿问题。

4. 在一些长期性合同如房屋租赁合同履行过程中，承租人单方退租，出租人坚持继续履行，双方形成合同僵局，如何解决此种合同僵局及责任承担？请结合法院裁判作类案实证分析。

5. 2017 年 10 月，党的十九大报告就“加强社会保障体系建设”要求“坚持房子是用来住的、不是用来炒的定位，加快建立多主体供给、多渠道保障、租购并举的住房制度，让全体人民住有所居。”中共中央、国务院 2020 年 5 月 11 日《关于新时代加快完善社会主义市场经济体制的意见》要求“加快建立多主体供给、多渠道保障、租购并举的住房制度，改革住房公积金制度。”2017 年 6 月 30 日发布实施的《广州市加快发展住房租赁市场工作方案》（穗府办〔2017〕29 号）指出：“积极支持租赁住房方式，加快构建租购并举的住房体系”，“赋予符合条件的承租人子女享有就近入学等公共服务权益，保障租购同权”。

请从房地产法角度分析“租购并举”“租购同权”的法律构造。

6. 2020 年新冠肺炎疫情暴发、肆虐、蔓延，疫情或者疫情防控措施对房屋租赁合同履行带来哪些可能的障碍？从房地产法角度，有何具体解决之道？

---

① 中国银保监会政策研究局、统计信息与风险监测部课题组．中国影子银行报告．金融监管研究，2020 (11).

② 刘振，贾迎迎．出租房漏水 楼下邻居遭殃．齐鲁晚报，2013 - 01 - 05.

第十章
房屋居间合同与房地产中介服务法律制度

第一节　房屋居间合同概述

一、居间合同的概念、类型和法律特征

在市场交易过程中，交易双方往往缺乏必要的交易信息，从而无法直接接触、磋商。借助中介的作用，其可以知悉彼此的缔约愿望，从而促成合同的订立。基于市场交易信息不对称现象的普遍性，居间在实践中的运用十分广泛。“近年来，随着我国房屋买卖和租赁市场的发展，房屋中介迅速发展，而中介所从事的活动，主要是一种居间活动。”[①] 司法实践中，“买卖合同常与居间合同相重叠，中介机构作为第二被告一起被诉的情况较多。由于买卖双方多是通过中介机构认识，并签订买卖合同，并由中介机构负责办理相关手续，因此往往导致相关中介机构被卷入大量二手房买卖纠纷案件中，法律关系更为复杂”[②]。

《城市房地产管理法》第四章“房地产交易”专设第五节“中介服务机构”。《城市房地产管理法》第 57 条规定：“房地产中介服务机构包括房地产咨询机构、房地产价格评估机构、房地产经纪机构等。”第 58 条规定：“房地产中介服务机构应当具备下列条件：（一）有自己的名称和组织机构；（二）有固定的服务场所；（三）有必要的财产和经费；（四）有足够数量的专业人员；（五）法律、行政法规规定的其他条件。”“设立房地产中介服务机构，应当向工商行政管理部门申请设立登记，领取营业执照后，方可开业。”第 59 条规定：“国家实行房地产价格评估人员资格认证制度。”当然，房地产中介服务并不等同于房地产居间，房地产居间（经纪）仅属于房地产中介服务的一种具体类型，房地产咨询和房地产价格评估都仅属于服务合同而非居间合同。《最高人民法院民事案件案由规定》第 137 条也将“房地产咨询合同纠纷”和“房地产价格评估合同纠纷”确定为“服务合同纠纷”案由。

《合同法》第 424 条规定：“居间合同是居间人向委托人报告订立合同的机会或者提供订立合同的媒介服务，委托人支付报酬的合同。”据此，根据居间人所受委托的内容（所提供服务的类型）的不同，可以将居间合同分为报告居间和媒介居间两种类型。报告居间中的居间人仅为委托人报告订约机会，媒介居间中的居间人为委托人提供订约媒介服务。“无论何种居间，居间人都只是居于交易双方当事人之间起介绍、协助作用的中间人”[③]。

---

① 王利明．合同法研究：第 3 卷．2 版．北京：中国人民大学出版社，2012：766．

② 冯淼．房山法院窦店法庭调研二手房买卖合同纠纷案件特点．北京法院网，2010－04－20．

③ 崔建远．合同法．北京：北京大学出版社，2012：619．

居间合同具有以下特征：(1) 居间合同为独立有名合同。(2) 居间合同是一方当事人为他方报告订约机会或为订约媒介的合同。(3) 居间合同为有偿合同。(4) 居间合同为诺成合同和不要式合同。(5) 居间合同的委托人一方的给付义务的履行有不确定性。(6) 居间合同的主体具有特殊性。[①] 在居间合同中，委托人没有义务接受居间人提供的订约机会，合同能否实际订立，也取决于对方当事人等诸多因素。在交易不成功时，委托人按照《合同法》第427条的规定及居间合同的约定不负有支付居间报酬的义务，仅支付居间人从事居间活动支出的必要费用。《民法典》第964条后段则将委托人在此种情形下是否需要支付从事中介活动支出的必要费用交由当事人约定。

二、《民法典》将居间合同改为中介合同

《民法典》合同编第二十六章将“居间合同”改为“中介合同”，将“居间人”改为“中介人”，将“居间活动”改为“中介活动”。居间与中介的立法用语变化是民法学问题中的解释选择问题。由此，中介这个概念与《合同法》中的居间等同，中介不再是广义概念，而变成狭义概念，相应地，房地产中介服务不再是房地产咨询、房地产价格评估、房地产经纪等活动的总称，而仅仅指房地产经纪服务。当然，中介服务不限于房地产中介服务，还可以包括婚介服务等。

对居间合同，《合同法》未设置类似于其第423条、《民法典》第960条那样的参照适用法条，但基于居间合同也属于当事人以特定的社会技能提供服务的合同，可以将其归类为委托合同，故在居间合同法律纠纷中法院可以类推适用委托合同的相关法律规定。《民法典》第966条明确中介合同可以参照适用委托合同的有关规定：“本章没有规定的，参照适用委托合同的有关规定。”

第二节　房屋委托人的权利、义务

一、委托人支付约定报酬义务和支付必要费用义务

一方面，委托人在居间人促成合同成立后负担支付约定报酬的义务。《合同法》第426条规定：“居间人促成合同成立的，委托人应当按照约定支付报酬。对居间人的报酬没有约定或者约定不明确，依照本法第六十一条的规定仍不能确定的，根据居间人的劳务合理确定。因居间人提供订立合同的媒介服务而促成合同成立的，由该合同的当事人平均负担居间人的报酬。”“居间人促成合同成立的，居间活动的费用，由居间人负担。”《合同法》第426条第2款规定居间合同成立的，居间活动的费用由居间人负担，原因在于在一般情形下，居间人支出的居间活动的费用都已经计算在居间报酬之中。[②] 根据《合同法》第426条第1款的规定，在报告居间中，居间报酬由委托人支付；在媒介居间中，居间报酬由订立合同的当事人平均负担。不过，该款也仅属于补充性任意性规定，居间合同当事人另有约定或者另有交易习惯的除外。

---

① 张广兰诉淮北市烈山区新蔡镇土型村村民委员会居间合同案，安徽省高级人民法院（2005）皖民二终字第0184号民事判决书//最高人民法院中国应用法学研究所编．人民法院案例选：2006年第4辑．北京：人民法院出版社，2007：234-240.

② 崔建远．合同法．5版．北京：法律出版社，2010：527.

《民法典》第 963 条总体上坚持了该规定。

另一方面，委托人在居间人未促成合同成立的情况下，按照约定负担支付居间活动支出的必要费用的义务。《合同法》第 427 条规定："居间人未促成合同成立的，不得要求支付报酬，但可以要求委托人支付从事居间活动支出的必要费用。"① 《民法典》第 964 条后段则将中介人未促成合同成立时委托人是否需要支付从事中介活动支出的必要费用交由当事人约定："中介人未促成合同成立的，不得请求支付报酬；但是，可以按照约定请求委托人支付从事中介活动支出的必要费用。"

二、委托人"跳单违约"与合同诚信原则

房地产法律实践中，经常会出现委托人"跳单违约"的现象。所谓"跳单"，"其通常含义是指委托人与居间人订立居间合同后，就居间人报告的标的物，绕开居间人，而径直与交易对方达成买卖合同，或另行委托他人提供居间服务的行为"②。例如，委托人"通过经纪公司获取涉诉房屋的房源信息，实地察看了涉诉房屋后，并委托经纪公司与房主商谈价格后，又通过其他经纪公司成交涉诉房屋的行为构成违约，应承担相应的违约责任"③。中介服务机构也常通过"买卖看房确认书"或"看房委托协议书"等合同中的禁止"跳单"之特别约定来限制委托人"跳单违约"的行为。"房屋买卖居间合同中关于禁止买方利用中介公司提供的房源信息却绕开该中介公司与卖方签订房屋买卖合同的约定，虽属于格式条款，但不存在免除一方责任、加重对方责任、排除对方主要权利的情形，不违反《合同法》第 40 条的规定，该约定有效。"④ 当然，若委托人并没有利用中介公司提供的信息、机会，而是通过不同的中介公司了解到同一房源信息，并通过其他中介公司促成了房屋买卖合同成立，则不构成违约。⑤

如果委托人和居间人在居间合同中未对委托人的"跳单违约"行为约定违约责任，也没有通过"买卖看房确认书"等合同形式作出约定，其仍然可能违背合同诚信原则构成"跳单违约"责任。最高人民法院指导案例 1 号中确认："房屋买卖居间合同中关于禁止买方利用中介公司提供的房源信息却绕开该中介公司与卖方签订房屋买卖合同的约定合法有效。但是，当卖方将同一房屋通过多个中介公司挂牌出售时，买方通过其他公众可以获知的正当途径获得相同房源信息的，买方有权选择报价低、服务好的中介公司促成房屋买卖合同成立，其行为并没有利用先前与之签约中介公司的房源信息，故不构成违约。"⑥

《合同法》第 427 条规定："居间人未促成合同成立的，不得要求支付报酬，但可以要求委托人支付从事居间活动支出的必要费用。"不能对该条文作机械理解。该规定无法有效规制委托人"跳单违约"的现象，构成法律漏洞，应该本着合同诚信原则并结合《合同法》第 45 条第 2 款、《民法典》第 159 条规定对之作目的性限缩解释。《民法典》第 964 条规定："中介人

---

① 北京链家房地产经纪有限公司与贺琼玉居间合同纠纷上诉案，北京市第二中级人民法院（2011）二中民终字第 14265 号民事判决书．

② 崔建远．合同法．北京：北京大学出版社，2012：623.

③ 80 后看房后"跳单"判赔千元违约金认罚．［2013－04－17］．http://www.ce.cn/cysc/fdc/fc/201302/18/t20130218_21425730.shtml.

④ 无锡恒茂时代不动产经纪有限公司诉张民欣、顾正荣居间合同纠纷案，江苏省无锡市南长区人民法院（2011）南民初字第 11 号民事判决书//最高人民法院中国应用法学研究所编．人民法院案例选：2012 年第 1 辑．北京：人民法院出版社，2012.

⑤ 陈莹，于劲松，朱尉贤．怀疑客户"跳单"，中介索要违约金．现代快报，2013－02－20.

⑥ 上海中原物业顾问有限公司诉陶德华居间合同纠纷案．人民法院报，2011－12－21.

未促成合同成立的，不得请求支付报酬；但是，可以按照约定请求委托人支付从事中介活动支出的必要费用。”第965条将司法实践中基于诚信原则发展出的“跳单”规制规则法律化：“委托人在接受中介人的服务后，利用中介人提供的交易机会或者媒介服务，绕开中介人直接订立合同的，应当向中介人支付报酬。”

第三节　房屋居间人的权利、义务

一、居间人的主要权利、义务

居间合同中居间人的义务主要包括：第一，根据《合同法》第424条的规定，居间人承担报告订立合同的机会或者提供订立合同的媒介服务的义务。第二，居间人承担如实报告订立合同事项的义务。《合同法》第425条规定：“居间人应当就有关订立合同的事项向委托人如实报告。”“居间人故意隐瞒与订立合同有关的重要事实或者提供虚假情况，损害委托人利益的，不得要求支付报酬并应当承担损害赔偿责任。”第三，居间人在促成合同订立时，自行承担居间活动费用的义务。《合同法》第426条第2款规定：“居间人促成合同成立的，居间活动的费用，由居间人负担。”《合同法》第427条规定：“居间人未促成合同成立的，不得要求支付报酬，但可以要求委托人支付从事居间活动支出的必要费用。”《民法典》第964条规定：“中介人未促成合同成立的，不得请求支付报酬；但是，可以按照约定请求委托人支付从事中介活动支出的必要费用。”

居间人的权利主要包括在促成合同成立情况下的报酬请求权和在未促成合同成立时的必要费用支付请求权。不过，居间人的必要费用支付请求权不同于无因管理制度中管理人的必要费用返还请求权，因为此时居间人并非“没有法定的或者约定的义务”而从事居间服务。根据《关于房地产中介服务收费的通知》，住宅买卖经纪服务实行分档差额累进收费标准，“收费标准可以下浮，少数特别复杂的住宅买卖经纪服务，经交易各方协商同意，可在规定的收费标准基础上适当上浮，上浮幅度最高不得超过10%”。2014年版的北京市房地产中介服务收费标准仍坚持此种浮动收费标准。国家发展和改革委员会、住房和城乡建设部《关于放开房地产咨询收费和下放房地产经纪收费管理的通知》决定自2014年7月1日起放开目前实行政府指导价管理的房地产咨询服务收费标准，下放房地产经纪服务收费定价权限，由省级人民政府价格、住房城乡建设行政主管部门管理，各地可根据当地市场发育实际情况，决定实行政府指导价管理或市场调节价。实行政府指导价管理的，要制定合理的收费标准并明确收费所对应的服务内容等；实行市场调节价的，房地产经纪服务收费标准由委托和受托双方，依据服务内容、服务成本、服务质量和市场供求状况协商确定。

二、居间人“吃差价”与合同诚信原则

房地产法律实践中，还常出现房屋中介服务机构利用其专业和信息上的优势进行“吃差价”的现象。通常有两种表现：一是中介机构以自己或者其某一工作人员的名义低价买入出卖人委托交易的房屋，再高价以自己代理的形式卖出给委托买受人。[①] 此种自己代理的法律效力取决于委托买受人是否予以追认，在委托买受人事先未予许可、事后未作追认的情况下，自己

---

① 高富平，黄武双．房地产法学．3版．北京：高等教育出版社，2010：303-304.

代理行为无效。二是中介机构与出卖人恶意串通，虚报高价成交，以使中介机构在获得法定标准报酬之外的非法收入。此时买受人也可以诉请法院撤销自己与出卖人订立的买卖合同。《合同法》第425条第2款也规定："居间人故意隐瞒与订立合同有关的重要事实或者提供虚假情况，损害委托人利益的，不得要求支付报酬并应当承担损害赔偿责任。"

总体上，居间人"吃差价"的行为违反了《合同法》第425条、《民法典》第962条规定的如实报告义务，也是违背合同诚信原则的表现，居间人应当承担相应的不利后果。

本章思考题

1. 试论对"跳单违约"现象课加违约责任的法理基础。
2. 如何规制居间人"吃差价"的行为？
3. 从法律发展的角度分析《民法典》第965条"跳单违约"规则的入法过程。

第五部分

房地产使用法律制度

第十一章 物业服务合同与物业管理法律制度

第一节　物业管理法律模式概述

一、我国物业管理的二元法律模式：委托管理与自行管理

业主行使建筑物区分所有权过程中除了涉及业主和开发商之间的法律关系、业主和业主之间的法律关系，还会涉及业主和物业服务企业之间的法律关系。对物业服务方面的法律关系，《物权法》第81条和第82条作了概括规定，《物业管理条例》[1] 和《最高人民法院关于审理物业服务纠纷案件适用法律若干问题的解释》(2020年修正）也作了详细规定。《民法典》第284条、第285条总体上延续了《物权法》第81条和第82条的内容，《民法典》合同编第二十四章将“物业服务合同”作为新增的典型合同加以规定。[2] 物业管理（real estate management）以服务于业主对其所有的区分建筑物物尽其用为目的，物业管理制度应该以业主的建筑物区分所有权为基础和前提条件去构建。[3] 根据房地产的用途、性质，物业可以分为住宅物业、工商业物业和特种用途物业。司法实践中，物业管理纠纷多发生于住宅物业领域。现代商品住宅的正常使用、维修、养护和管理离不开物业服务企业“社会化、专业化、技术化”的物业管理[4]，物业管理和服务水平直接关系到小区业主的生活质量，物业管理法律制度属于房地产使用法律制度的重要内容。“现代意义上的物业管理，是近二十年来经由香港传入内地的。”[5]

《物权法》第81条规定：“业主可以自行管理建筑物及其附属设施，也可以委托物业服务企业或者其他管理人管理。”“对建设单位聘请的物业服务企业或者其他管理人，业主有权依法更换。”第82条规定：“物业服务企业或者其他管理人根据业主的委托管理建筑区划内的建筑物及其附属设施，并接受业主的监督。”据此，《物权法》拓宽了物业管理的主体范围：对于建

---

① 2003年6月8日依国务院令第379号公布的《物业管理条例》自2003年9月1日起施行。根据2007年8月26日《国务院关于修改〈物业管理条例〉的决定》第一次修订，根据2016年2月6日《国务院关于修改部分行政法规的决定》第二次修订，根据2018年3月19日《国务院关于修改和废止部分行政法规的决定》第三次修订。

② 全国人民代表大会宪法和法律委员会围绕2018年9月5日民法典各分编（草案）做修改情况汇报，并形成2019年1月4日《民法典合同编（草案）》(二次审议稿）时提道：“关于物业服务合同。各方面普遍认为，物业服务合同是现实生活中普遍存在的一类合同，明确规定这类合同很有必要，建议针对物业服务合同领域存在的突出问题，对草案的规定作进一步完善。”

③ 王利明．论业主的建筑物区分所有权的概念．当代法学，2006（5）．

④ 奚晓明．最高人民法院建筑物区分所有权、物业服务司法解释理解与适用．北京：人民法院出版社，2009：251.

⑤ 关淑芳．物业管理合同的性质及其法律适用．当代法学，2007（4）．

筑区划内的建筑物及其附属设施，业主可以自行管理[①]，也可以委托管理。在我国业主的建筑物区分所有权法律实践中，业主委托管理和业主自行管理有机结合、互相配合。业主委托管理主要通过物业服务合同委托物业服务企业进行物业管理，业主自行管理主要通过业主管理规约、业主大会或者业主委员会的决议行为进行物业管理。“业主基于建筑物区分所有权中的成员权而享有了物业管理权，该权利分为对物管理和对人管理两部分……业主得向物业服务企业进行委托，使物业服务企业取得一定管理权限……物业服务企业在业主委托授权的前提下，具有了一定管理权限，具有了在特定情况下的‘管理者’身份；但物业服务企业的‘服务’本质，并未因此而改变。”[②] 不过，总体上，业主经由决议行为的自行管理相对薄弱，法律实践层面需要进一步增强其实效。

《物业管理条例》第 2 条规定：“本条例所称物业管理，是指业主通过选聘物业服务企业，由业主和物业服务企业按照物业服务合同约定，对房屋及配套的设施设备和相关场地进行维修、养护、管理，维护物业管理区域内的环境卫生和相关秩序的活动。”《物业管理条例》主要调整业主委托物业服务企业进行物业管理的相关法律问题，这也是我国当前物业管理的主导模式。

二、我国当前物业管理法律模式中的突出问题

业主委托管理为主导的物业管理法律模式在现实生活中也产生了很多问题，突出表现在当物业服务企业不履行提供相应物业管理服务的义务时，业主通过成立业主大会和业主委员会以自行管理的模式薄弱，分散的业主无法真正有组织地对抗势力相对强大的物业服务企业。实践中，业主对物业服务企业普遍存在较多不满，物业服务企业更多地由商品住房的建设单位（开发商）选定，其更多代表建设单位（开发商）的利益，出现“仆人赶走主人”、受托人道德风险、物业管理功能异化的现象[③]，物业服务企业经常凌驾于业主之上，业主和物业服务企业之间关系紧张，亟须理顺。需要探讨有效的法律规制方法，以实现“物业管理（服务）为业主”的制度本意。

本书作者认为，造成上述现象的根本原因在于物业服务企业大多并非基于业主的自主选择。物业服务合同法律纠纷普遍存在的原因有二：一是大多数住宅小区的物业服务企业多由建设单位选定，无法真正有效体现业主的利益。[④] 二是大多数住宅小区的业主大会和业主委员会付之阙如，无法有效通过业主自治来约束物业服务企业。具体阐述如下：

一方面，在城市商品住宅小区，通常由建设单位选聘物业服务企业，建设单位依法与物业服务企业签订的前期物业服务合同对业主具有法律约束力。建设单位和业主的利益存在分化，建设单位选聘的物业服务企业带来“建管不分”的问题，物业服务企业往往无法有效服务于业主的合法权益，存在很高的受托人道德风险。《物业管理条例》第 21 条规定：“在业主、业主大会选聘物业服务企业之前，建设单位选聘物业服务企业的，应当签订书面的前期物业服务合

① 例如，北京出现“职业经理人”物管模式，破解老旧小区管理难题。在这种模式中，社区以居民议事制度为前提，在社区居民中选举出社区居民议事会，然后以社区居民议事会为主体，聘请职业经理人作为小区物业管家，组建服务团队，进行社区物业管理。由街道负责考核监督职业经理人的履职情况，督促其提高服务质量。

② 于飞．物业管理与物业服务的区分与交叉——兼论我国物业立法概念运用之准确化．浙江社会科学，2012（6）．

③ 法规不明致物业为开发商服务 业主被逼武力维权．（2014－10－09）[2014－11－18]．http：//v. qq. com/cover/2/2umv1f8bksl0502. html？ vid＝y00154qr103．燕郊东方御景业主建“武功队”维权．新京报，2014－10－08．

④ 2020 年全国“两会”前夕，人民网“领导留言板”梳理企业、群众的期盼和建言。有网友向住房和城乡建设部部长提问：“开发商绑定物业，我们想换物业公司‘比登天还难’。政策该如何调整？”（换物业比“登天还难”？网友：盼政策调整落实．（2020－05－21）．http：//leaders. people. com. cn/n1/2020/0521/c178291-31717457. html.）

同。”原《最高人民法院关于审理物业服务纠纷案件具体应用法律若干问题的解释》第1条规定：“建设单位依法与物业服务企业签订的前期物业服务合同，以及业主委员会与业主大会依法选聘的物业服务企业签订的物业服务合同，对业主具有约束力。业主以其并非合同当事人为由提出抗辩的，人民法院不予支持。”很多物业管理纠纷也源于建设单位与前期物业服务企业之间的“建管不分”问题，“目前，相当数量的物业管理纠纷源于开发商的遗留问题。业主入住后，饱受各种问题困扰，只能与开发商选定的前期物业管理公司交涉，因问题得不到解决，发生物业纠纷……开发商的遗留问题已成为物业管理服务与收费产生矛盾的主要因素。”①

另一方面，在现代城市商品住宅小区，陌生的邻里关系使业主彼此之间形成一个陌生人社会，组织程度低，无法通过业主大会和业主委员会的方式行使选任、解聘物业服务企业的权利，这就使建设单位选聘的物业服务企业得以延续且得不到有效约束。相对于物业服务企业而言，分散的业主个体属于弱势群体，业主只有组织起来，才能提高其与物业服务企业的谈判能力并对物业服务企业进行有效的监督约束。《民法典》第278条规定：“下列事项由业主共同决定……（四）选聘和解聘物业服务企业或者其他管理人……”“业主共同决定事项，应当由专有部分面积占比三分之二以上的业主且人数占比三分之二以上的业主参与表决。决定前款第六项至第八项规定的事项，应当经参与表决专有部分面积四分之三以上的业主且参与表决人数四分之三以上的业主同意。决定前款其他事项，应当经参与表决专有部分面积过半数的业主且参与表决人数过半数的业主同意。”《物业管理条例》第11条规定：“下列事项由业主共同决定：……（四）选聘和解聘物业服务企业……”第12条第3款规定：“业主大会决定……决定本条例第十一条规定的其他事项，应当经专有部分占建筑物总面积过半数的业主且占总人数过半数的业主同意。”第10条规定：“同一个物业管理区域内的业主，应当在物业所在地的区、县人民政府房地产行政主管部门或者街道办事处、乡镇人民政府的指导下成立业主大会，并选举产生业主委员会。但是，只有一个业主的，或者业主人数较少且经全体业主一致同意，决定不成立业主大会的，由业主共同履行业主大会、业主委员会职责。”但实践中，业主大会和业主委员会的成立比例不高②，无法有效实际行使选聘和解聘物业服务企业的权利。

第二节　业主委托管理与物业服务合同法律关系

一、物业服务合同的定义与法律特征

《物业管理条例》第21条规定：“在业主、业主大会选聘物业服务企业之前，建设单位选

---

① 莫万友．中山市物业管理纠纷的现状及成因．中国统计，2011（6）．

② “全国目前的业主大会成立的比例，据城乡建设部统计，差不多30%，”广州市国土房管局执法监察支队支队长谢坚回应：“现在业主大会成立比例最高的是上海，达到80%。但是全国也只有上海比例这么高。包括北京、广州、深圳、杭州这些城市，都是在10%到30%之间。广州市是25%，严格地讲这个比例是不高的，但是在全国来讲，还不算很低。”据介绍，上海成立业委会比例之所以高，是因为上海的房管局在从房管站改制的时候，就成立了一些专业公司。“比方说，国有专业的绿化公司、清洁公司，还有电梯维修的一些专业公司。一个楼盘一旦成立以后，它就不谈什么物业公司了，它就直接过去承包。从房管局，到街道，都非常支持你成立（业主委员会）。”这种方式跳过了物管公司这一环，从保安、清洁、电梯维护，全部由业委会直接雇用，但业委会成员是有工资的。（孙莹，谭琦．广州小区成立业委会比例低于全国水平：仅25%小区有业委会，上海该比例为80%．南方都市报，2013-11-05.）“很多城市小区成立业委会的比例很小，以北京为例，现有的10 213个住宅小区仅有1 216个小区成立业委会，比例仅为12%。”“打破小区自治难瓶颈，首先必须解决好自治主体缺位的关键问题。小区业委会成立难，原因是多方面的，也表明单纯自发的民主自治很难自我胜任。”（木须虫．修订物管条例需瞄准“自治难”的靶子．法制日报，2020-05-06.）

聘物业服务企业的，应当签订书面的前期物业服务合同。”第 34 条规定：“业主委员会应当与业主大会选聘的物业服务企业订立书面的物业服务合同。”“物业服务合同应当对物业管理事项、服务质量、服务费用、双方的权利义务、专项维修资金的管理与使用、物业管理用房、合同期限、违约责任等内容进行约定。”第 2 条规定：“本条例所称物业管理，是指业主通过选聘物业服务企业，由业主和物业服务企业按照物业服务合同约定，对房屋及配套的设施设备和相关场地进行维修、养护、管理，维护物业管理区域内的环境卫生和相关秩序的活动。”据此，“广义的物业服务合同包括前期由建设单位与物业服务企业订立的前期物业服务合同，以及后期业主通过业主委员会或业主大会与物业服务企业订立的合同……狭义的物业服务合同，是指在业主与物业服务企业之间签订的物业服务合同”①。本书作者认为，所谓物业服务合同是指建设单位或者业主委员会与物业服务企业所订立的，由物业服务企业提供物业管理服务、业主支付物业服务费用的合同。《民法典》第 937 条规定：“物业服务合同是物业服务人在物业服务区域内，为业主提供建筑物及其附属设施的维修养护、环境卫生和相关秩序的管理维护等物业服务，业主支付物业费的合同。”“物业服务人包括物业服务企业和其他管理人。”

物业服务合同主要具有如下法律特征。

第一，物业服务合同属于有名合同、典型合同。《合同法》没有规定物业服务合同，但《物业管理条例》规定了物业服务合同的相关法律规则。“物业服务合同不属于混合合同，而是一种特别法所规定的有名合同。”② 有学者认为：“可以说合同法的历史就是一个无名合同不断转变为有名合同的历史，也是一个合同法的一般规则不断包容新类型的无名合同的历史。在《物业管理条例》颁行之前，物业管理合同当属于无名合同，对于其法律适用，应遵循无名合同法律适用的一般原则。但在 2003 年 9 月 1 日起施行的《物业管理条例》中对物业服务合同作出了规定……虽是寥寥数语，但最少就该类合同在法律法规中有了明确条文，因此物业管理合同是我国现行法中规定的一类有名合同。”③ 确如此论，《民法典》将物业服务合同进一步上升为民事基本法上的典型合同。

第二，物业服务合同属于双务合同、有偿合同。物业服务企业有义务提供相应的物业管理服务，业主有义务缴纳物业服务费用。《物业管理条例》第 35 条规定：“物业服务企业应当按照物业服务合同的约定，提供相应的服务。”“物业服务企业未能履行物业服务合同的约定，导致业主人身、财产安全受到损害的，应当依法承担相应的法律责任。”根据《物业管理条例》第 7 条第 5 项的规定，业主在物业管理活动中，履行“按时交纳物业服务费用”的义务。

第三，物业服务合同通常属于集体合同和格式合同。从《物业管理条例》的上述规定来看，业主委员会代表业主与业主大会选聘的物业服务企业签订物业服务合同，物业服务合同通常是由物业服务企业提供的格式文本，物业服务合同通常属于集体合同和格式合同。

第四，物业服务合同具有鲜明的团体性特点。从理论上看，“由于全体业主人数众多，难以由全体业主直接参与订约过程，因而通常由业主委员会与物业服务企业订立物业服务合同”④。原《最高人民法院关于审理物业服务纠纷案件具体应用法律若干问题的解释》第 1 条规定，建设单位或者业主委员会与物业服务企业签订的前期物业服务合同或者物业服务合同对全体业主具有法律约束力。这展现了此类合同的团体性，超越了狭义的合同相对性原则，也有助于

① 王利明．合同法分则研究：下卷．北京：中国人民大学出版社，2013：158.

② 同①162.

③ 关淑芳．物业管理合同的性质及其法律适用．当代法学，2007（4）.

④ 同①159.

防止出现业主“搭便车”的行为。《物业管理条例》第 15 条规定：“业主委员会执行业主大会的决定事项，履行下列职责：……（二）代表业主与业主大会选聘的物业服务企业签订物业服务合同……”第 34 条第 1 款规定：“业主委员会应当与业主大会选聘的物业服务企业订立书面的物业服务合同。”根据《民法典》第 278 条，选聘和解聘物业服务企业或者其他管理人属于业主共同决定事项，应当由专有部分面积占比 2/3 以上的业主且人数占比 2/3 以上的业主参与表决；经参与表决专有部分面积过半数的业主且参与表决人数过半数的业主同意。而不再是《物权法》第 76 条，《物业管理条例》第 11 条、第 12 条规定的“双过半”表决比例要求。实践中，当竞聘物业管理人均无法达到法定表决规则要求时。业主委员会根据业主大会所形成的选聘方案决定，既符合民主集中制的基本原则，也符合《民法典》规定的民主议决程序。该选聘方案所确定的在竞聘企业都没有达到法定表决标准的情况下选聘得票数最高的过渡物业服务企业的办法也是符合立法本意的。业主委员会据此与得票最多的竞聘物业管理人签订的临时物业管理协议应当为有效协议。① 从民法理论和民事立法的层面看，物业服务合同具有鲜明的团体性特点。“从物业服务合同的订立来看，通常由业主委员会与物业服务企业订立合同，但业主委员会本身并不是合同当事人，而只是以受托人的身份，代表全体业主订立物业服务合同。”② 现实生活中，物业服务合同大多由业主和物业服务企业使用格式文本逐一单独订立。

第五，物业服务合同属于特殊的服务合同。根据 2011 年 2 月 18 日《最高人民法院关于修改〈民事案件案由规定〉的决定》，《民事案件案由规定》中专门列举了物业服务合同纠纷案由：“十、合同纠纷：120、服务合同纠纷：（15）物业服务合同纠纷。”可见，物业服务合同属于服务合同的具体类型。从《物业管理条例》第 2 条也可以看出物业服务合同的内容具有综合性和全面性特点。《民法典》将物业服务合同增加为典型合同的新类型后，应该将“物业服务合同纠纷”从“服务合同纠纷”案由下独立出来。根据《最高人民法院关于修改〈民事案件案由规定〉的决定》第 52 条，在第三级案由“120. 服务合同纠纷”项下，变更“（15）物业服务合同纠纷”为第三级案由“121. 物业服务合同纠纷”。根据最高人民法院上述决定，修改后的《民事案件案由规定》已经将“121. 物业服务合同纠纷”和“137. 服务合同纠纷”作为并列的案由加以规定。

二、物业服务合同具有团体性的本质特点

物业服务合同在内容、效力等方面具有很强的特殊性，无法完全直接适用委托合同的规则，故而有必要将其规定为独立的有名合同。③ 物业服务合同兼具行为之债和结果之债的本质，对前者可以参照适用委托合同的一般规定，对后者可以参照适用承揽合同的一般规定。不能一概说物业服务合同具有委托合同的本质。

从物业服务合同的主体来看，物业服务合同具有鲜明的团体性特点，是全体业主为共同利益组织团体生活秩序的工具。物业服务包括公共设施、环境、卫生和秩序的管理等内容，这些内容涉及全体业主的共同利益：物业服务合同的一方当事人为物业服务企业，另一方当事人实质上是全体业主而非业主委员会。单个业主无论是否参与物业服务合同的订立，都应受合同的

---

① 成都永诚物业有限责任公司诉江华社区业主委员会、第三人成都龙泉江华物业有限责任公司物业服务合同纠纷案//最高人民法院中国应用法学研究所编．人民法院案例选：2011 年第 1 辑．北京：人民法院出版社，2011：182-188.

② 王利明．合同法分则研究：下卷．北京：中国人民大学出版社，2013：170.

③ 王利明．物业服务合同立法若干问题的探讨．财经法学，2018（3）.

拘束。《民法典》第939条规定："建设单位依法与物业服务人订立的前期物业服务合同，以及业主委员会与业主大会依法选聘的物业服务人订立的物业服务合同，对业主具有法律约束力。"业主委员会在未经业主大会讨论同意的情况下，自行决定合同期满后不续约并通知旧物业管理人的，违反了法律法规规定的民主议定程序。单个业主不得单方面变更或者解除合同，只能由业主大会作出相应的变更、解除合同的决定。业主更换物业服务企业，应当通过依法召开业主大会、依据法定程序表决通过。普通物业服务合同是全体业主根据自己的意愿而签订的，业主一方无任意解除合同的权利。对物业服务合同不能完全适用委托合同中关于任意解除权的规定。在业主违约的情形下，违约责任由业主承担而不是由业主大会或者业主委员会承担。若物业服务企业违约，业主只能以业主大会的名义向其主张权利。[①]

业主以物业服务存在质量问题为由不缴纳物业费，理据不足，被判支付欠费。若有证据证明物业服务企业已经提供物业服务，仅仅是某些环节、个别区域做得不够好，存在一般瑕疵，那么不构成根本违约，不能成为业主拒交物业服务费的合法理由。如果出现物业服务企业不履行公共设施的维修、养护义务等构成根本违约的情况，则业主通过行使法定解除权解除物业服务合同已经足以保护其正当权益，不必再另行赋予其任意解除权。《民法典》第944条第1款规定："业主应当按照约定向物业服务人支付物业费。物业服务人已经按照约定和有关规定提供服务的，业主不得以未接受或者无需接受相关物业服务为由拒绝支付物业费。"原《最高人民法院关于审理物业服务纠纷具体应用法律若干问题的解释》第6条第二句规定："物业服务企业已经按照合同约定以及相关规定提供服务，业主仅以未享受或者无需接受相关物业服务为抗辩理由的，人民法院不予支持。"基于物业服务合同主体的团体性和物业服务合同所服务业主利益的共同性、团体性特点，不能脱离全体业主及其共同利益来孤立看待个体业主的私人利益。

三、物业服务合同与其他提供服务类合同的关联

单纯讨论我国实定法规定的物业服务合同的法律性质，属于纯粹民法学问题中的解释选择问题，不同讨论结论不影响法律规则的设计和适用。但若致力于为物业服务合同寻找最相类似的其他有名合同类型，以便于法律规则的寻找和补充适用，则属于民法问题中的价值判断问题。

物业服务合同和委托合同、行纪合同、中介合同等一并属于以特定社会技能提供服务的合同。物业服务企业提供物业服务，这既包括行为义务（如安全保障义务），也包括结果义务（如对房屋及配套的设施设备和相关场地的维修、养护等义务），故物业服务合同不简单等同于承揽合同。[②] 物业服务企业也并非保管作为业主的建筑物区分所有权客体的房屋或者房屋内财产，故物业服务合同不同于保管合同。

委托合同属于提供服务类合同的一般类型，而物业服务合同基于业主委托产生，故物业服务合同类似于委托合同。"通说主张应当借鉴委托合同的制度机理处理物业服务合同相关争议。"[③] 对此，有学者妥当地指出："适用法律时，《物业管理条例》没有规定的，适用合同法

① 王利明．物业服务合同立法若干问题的探讨．财经法学，2018（3）．

② 有学者认为，对委托合同的补充适用应该以承揽合同仍无据可循为前提，因为相较于委托合同而言，在事务的处理上，有关承揽合同的规定更具体、更有可操作性。关淑芳．物业管理合同的性质及其法律适用．当代法学，2007（4）．

③ 姚辉，段睿．物业服务合同履行的相关法律问题研究．法律适用，2010（1）．

分则中‘委托合同’一章的规定……依合同法第四百零六条第一款前段：‘有偿的委托合同，因受托人的过错给委托人造成损失的，委托人可以要求赔偿损失。’因而，物业公司承担的是过错赔偿责任，不是无过错责任，也不是仅对重大过失和故意负责。车辆在小区内被盗或者被毁损，物业公司是否承担赔偿责任，关键要看物业公司是否有过错，其判断的标准是受托人应尽的善良管理人的注意。尽此义务即无赔偿责任，否则，则负完全赔偿责任。”① “自《物业管理条例》颁行后，物业管理合同成为一类有名合同，但它与其他较具典型化的有名合同如买卖合同、租赁合同等相比，法律条文几无，法律适用规则不清晰、不成熟。……在提供服务的合同中，委托合同被认为是具有相同功能的合同类型，其确认了这类合同法律适用的一般规则。即对所有提供服务为内容的合同，当其相应的有名合同中对其没有规定时，委托合同的相关规定就有了补充适用的功能。……在委托合同中仍无关于物业管理合同相关问题的补充性规定的，适用合同法总则部分的补充性规定。”②

当然，“物业服务合同作为一种独立的合同类型，并不完全等同于有偿委托合同，一般的委托合同往往是处理具体的一项或者几项事务，而物业服务合同委托的是综合性的事项，其涉及的内容非常宽泛，既包括对物的管理，也包括对人的管理，还包括对小区安全秩序的维护等，这是一般的委托合同所不具备的”③。业主也不能根据《合同法》第410条（《民法典》第933条——引者注）行使委托人随时解除委托合同的权利，而应该根据正当程序原则，采取多数决机制作出解聘的决议。④

四、物业服务合同对其他典型合同的参照适用、类推适用

即便《民法典》将物业服务合同作为典型合同的新类型加以规定，在《民法典》中物业服务合同这一章没有规定的情况下，仍需要讨论与之最相类似的典型合同为何，以便类推适用。本书作者主张依据物业服务合同中物业服务企业主给付义务的不同类型（结果义务/行为义务），分别界定与其最相类似的究竟为承揽合同还是委托合同。

2018年9月5日《民法典合同编（草案）》第734条规定：“本章没有规定的，参照适用委托合同的有关规定。”2019年1月4日《民法典合同编（草案）》（二次审议稿）未保留物业服务合同对委托合同法律规则“参照适用”的规定。全国人民代表大会宪法和法律委员会围绕2018年9月5日《民法典各分编（草案）》作修改情况汇报，并形成2019年1月4日《民法典合同编（草案）》（二次审议稿）时提道：“考虑到物业服务合同属于混合性合同，既具有委托合同的特性，也具有承揽合同的特性，不宜笼统规定物业服务合同参照适用委托合同，建议删去草案第七百三十四条的规定。”

对2018年9月5日《民法典合同编（草案）》第734条应该作类型化分析，物业服务合同中的主给付义务具有综合性特点，有些主给付义务属于结果义务，有些属于行为义务，对前者可以参照适用承揽合同的有关规定，对后者可以参照适用委托合同的有关规定。在《民法典》设有规定物业服务合同参照适用条款的情况下，鉴于物业服务合同中主给付义务的综合性特点，当《民法典》中物业服务合同一章没有规定时，对物业服务合同中的结果义务可以类推适用承揽合同的有关规定，对物业服务合同中的行为义务可以类推适用委托合同的有关规定。对物业服务合同得否参照适用/类推适用委托合同中的任意解除权规则？应将物业服务合同的约

① 韩世远．物业服务合同与小区车辆安全．人民法院报，2007-06-14（05）．

② 关淑芳．物业管理合同的性质及其法律适用．当代法学，2007（4）．

③ 王利明．合同法分则研究：下卷．北京：中国人民大学出版社，2013：162．

④ 同③195-196．

定解除权和法定解除权限制在合理的范围内，平衡并处理好业主与物业服务企业的利益关系。将业主可以解除物业服务合同的条件限定为在物业服务合同期限内业主或者物业服务企业依照《民法典》第562条和第563条的规定行使合同的解除权。鉴于物业服务合同的团体性特点，个体业主如果享有单方面任意解除物业服务合同的权利，不利于物业服务的稳定。解除物业服务合同与否，从业主角度看，应该是业主大会多数决事项。

第三节　物业服务合同法律纠纷的类型化

物业服务合同纠纷案件中最为核心的是物业服务合同的履行以及与之密切相关的问题。[①] 物业服务合同法律纠纷涉及物业服务企业、个体业主、全体业主之间的利益衡量，应该对三方利益进行动态衡量，以实现合作共赢、利益共存，而非“全有全无式”的利益取舍。一方面，对于业主缴纳物业服务费用的义务，业主不得动辄以物业服务质量差、不满物业服务为由拒交物业费。另一方面，对物业服务企业的安全保障义务也不能绝对化，应以过错为判断标准。

一、物业服务企业的法律地位概述

《物业管理条例》第33条规定：“一个物业管理区域由一个物业服务企业实施物业管理。”物业服务合同期限届满，物业服务企业就应该撤出物业管理区域。[②] 小区物业服务企业具有自然垄断地位[③]，物业服务企业所提供的物业服务事关小区全体业主的共同利益，应该加强对物业服务企业的信用监管而非资质管理。《物业管理条例》第32条规定：“从事物业管理活动的企业应当具有独立的法人资格。”“国务院建设行政主管部门应当会同有关部门建立守信联合激励和失信联合惩戒机制，加强行业诚信管理。”物业服务企业有义务提供相应的物业管理服务，如《物业管理条例》第35条规定：“物业服务企业应当按照物业服务合同的约定，提供相应的服务。”“物业服务企业未能履行物业服务合同的约定，导致业主人身、财产安全受到损害的，应当依法承担相应的法律责任。”据学者介绍，“1981年3月10日，中国第一家物业服务企业——深圳物业管理公司成立，香港式的物业管理开始引入内地。此后，人们习惯于把物业服务企业提供的对不动产的专业管理称之为‘物业管理’”[④]。“物业管理公司乱收费、小区安全保卫问题和房屋及设备维修问题是导致当前物业管理纠纷的三个最主要的因素。”[⑤]

业主在物业管理活动中，履行“按时交纳物业服务费用”的义务。这是业主在物业服务合同中的主给付义务。除此之外，业主还应该对物业服务企业履行必要的协作义务，“业主与所在小区的物业管理公司签订物业管理服务协议后，即与物业管理公司之间建立了物业管理服务合同关系。物业管理公司作为提供物业管理服务的合同一方当事人，有义务依约进行物业管理，要求业主遵守业主公约及小区物业管理规定，有权对于违反业主公约及物业管理规定的行

---

① 姚辉，段睿．物业服务合同履行的相关法律问题研究．法律适用，2010（1）．

② 香江花园业主委员会诉绿色馨家园物业公司在物业管理委托合同期满时拒不撤出侵权案//最高人民法院中国应用法学研究所编．人民法院案例选：2003年第2辑．北京：人民法院出版社，2004：103－111．在该案中，物业服务合同已到期而自然终止，物业管理公司应将物业管理权移交。物业管理公司无任何理由可以抗辩业主委员会要求其撤出的主张。其到期拒不撤出，即为侵权，也妨碍了物业管理区域的正常管理秩序。

③ 肖江平．物业服务市场的自然垄断及其规制思路．法商研究，2006（2）．

④ 颜雪明．从实务角度看物业服务司法解释的亮点与不足．法律适用，2009（7）．

⑤ 漆国生．社区物业管理纠纷化解机制研究——以纠纷化解的选择性和有效性为视角．广东社会科学，2010（4）．

为加以纠正，以维护小区正常的物业管理秩序，维护小区全体业主的共同利益。当业主不按照整改要求纠正违反业主公约和物业管理规定的行为时，物业管理公司作为合同一方当事人，有权依法提起诉讼”[①]。在物业管理法律实践中，经常存在个别业主损害全体业主共同利益的行为，如原《最高人民法院关于审理建筑物区分所有权纠纷案件具体应用法律若干问题的解释》第 14、15 条所规定的擅自利用共有部分进行经营性活动、违章搭建行为等等。《最高人民法院关于审理物业服务纠纷案件适用法律若干问题的解释》第 1 条规定：“业主违反物业服务合同或者法律、法规、管理规约，实施妨碍物业服务与管理的行为，物业服务人请求业主承担停止侵害、排除妨碍、恢复原状等相应民事责任的，人民法院应予支持。”该规定实质上使物业服务企业有权对业主这些违法行为提起代位诉讼，该制度的理论和现实基础在于：“物业服务企业与业主之间的委托关系具有一定的特殊性，其中很重要的一个方面就是全体业主将维护物业服务区域秩序的管理权交给物业服务企业……在实践中，其他业主往往都是要求物业服务企业去制止妨害、侵害行为，而不愿亲力亲为。”[②]

二、物业服务费用法律纠纷

所谓物业服务费用，“是指物业管理企业按照物业服务合同的约定，对房屋及配套的设施设备和相关场地进行维修、养护、管理，维护相关区域内的环境卫生和秩序，向业主所收取的费用”[③]。根据《物业管理条例》第 7 条第 5 项的规定，业主在物业管理活动中，履行“按时交纳物业服务费用”的义务。该条例第 41 条规定：“业主应当根据物业服务合同的约定交纳物业服务费用。业主与物业使用人约定由物业使用人交纳物业服务费用的，从其约定，业主负连带交纳责任。”“已竣工但尚未出售或者尚未交给物业买受人的物业，物业服务费用由建设单位交纳。”该条例第 43 条规定：“物业服务企业可以根据业主的委托提供物业服务合同约定以外的服务项目，服务报酬由双方约定。”[④]

小区物业服务实质上属于小区业主的“公共物品”，不可或缺。业主无正当理由不缴纳物业服务费用会侵害其他按时交费业主的合法权益，所以，《物业管理条例》第 64 条规定：“违反物业服务合同约定，业主逾期不交纳物业服务费用的，业主委员会应当督促其限期交纳；逾期仍不交纳的，物业服务企业可以向人民法院起诉。”业主委员会督促缴费，体现了业主自我

---

① 青岛中南物业管理有限公司南京分公司诉徐某、陆某物业管理合同纠纷案．最高人民法院公报，2007（9）．在该案中，业主对其所购小区一楼房屋南阳台外的庭院绿地擅自改建破坏，以实现其独占使用的目的，法院认为：物业管理公司有权要求业主遵守业主公约及小区物业管理规定，有权对于违反业主公约及物业管理规定的行为加以纠正，以维护小区正常的物业管理秩序，维护小区全体业主的共同利益。当业主不按照整改要求纠正违反业主公约和物业管理规定的行为时，物业管理公司作为合同一方当事人，有权依法提起诉讼。

顾然地诉巨星物业排除妨碍、赔偿损失纠纷案．最高人民法院公报，2003（6）．在该案中，业主欲在自己室内安装巨型浴缸，物业公司有权对业主吊装浴缸的行为加以制止，因为该浴缸超出了楼板设计的最大承重量。物业管理企业指导和监督装修、使用住宅的活动，发现不当行为应劝阻制止并督促改正，对于拒不改正的，应当及时告知业主委员会并报有关行政管理部门依法处理。

② 最高人民法院民一庭负责人就建筑物区分所有权、物业服务司法解释答记者问．人民法院报，2009-05-25（4）．

③ 2004 年 1 月 1 日起执行的《物业服务收费管理办法》第 2 条。

④ 厦门水务集团有限公司诉厦门市文图花园业主委员会等承担交纳整个物业小区所有业主的用水费及滞纳金案//最高人民法院中国应用法学研究所编．人民法院案例选：2005 年第 3 辑．北京：人民法院出版社，2006：232-235．在该案中，水费的交纳义务人为最终用户（业主），不是业主委员会，也不是物业管理公司。业主委员会、物业管理公司在履行水费代收代交义务过程中与供水部门、用户分别形成了委托关系。如果用户拒绝交纳水费或者未交纳水费，业主委员会或物业管理公司作为受托人没有代交的义务。

管理、自我监督，但不应该把“业主委员会督促限期缴纳，逾期仍不交纳”作为物业服务企业向人民法院起诉的前置程序。原《最高人民法院关于审理物业服务纠纷案件具体应用法律若干问题的解释》第6条规定：“经书面催交，业主无正当理由拒绝交纳或者在催告的合理期限内仍未交纳物业费，物业服务企业请求业主支付物业费的，人民法院应予支持。物业服务企业已经按照合同约定以及相关规定提供服务，业主仅以未享受或者无需接受相关物业服务为抗辩理由的，人民法院不予支持。”此处所规定的“书面催交”不仅限于业主委员会的催交，物业服务企业也可以“书面催交”。这就纠正了对《物业管理条例》第64条的可能误读（即将“业主委员会应当督促其限期交纳，逾期仍不交纳”作为物业服务企业提起物业费用给付之诉的前置程序）。《民法典》第944条第2款规定：“业主违反约定逾期不支付物业费的，物业服务人可以催告其在合理期限内支付；合理期限届满仍不支付的，物业服务人可以提起诉讼或者申请仲裁。”

对于简单的物业服务费用无故拖欠纠纷，可以适用督促程序（单纯欠费、没有其他争议的纠纷）或者小额诉讼简易程序（事实清楚、权利义务关系明确、争议不大的欠费纠纷）。如物业服务企业可以根据《民事诉讼法》第十七章通过督促程序向法院申请“支付令”。《民事诉讼法》第214条第1款规定：“债权人请求债务人给付金钱、有价证券，符合下列条件的，可以向有管辖权的基层人民法院申请支付令：（一）债权人与债务人没有其他债务纠纷的；（二）支付令能够送达债务人的。”第157条规定：“基层人民法院和它派出的法庭审理事实清楚、权利义务关系明确、争议不大的简单的民事案件，适用本章规定。”“基层人民法院和它派出的法庭审理前款规定以外的民事案件，当事人双方也可以约定适用简易程序。”第162条规定：“基层人民法院和它派出的法庭审理符合本法第一百五十七条第一款规定的简单的民事案件，标的额为各省、自治区、直辖市上年度就业人员年平均工资百分之三十以下的，实行一审终审。”

业主拖欠物业服务费用，是物业管理服务中的最大难题。物业服务费用收交过程中，常见的业主抗辩事由主要有以下两类。

第一，物业服务企业没有提供物业服务、提供的物业服务项目少或者服务质量不合标准。“对物业公司的服务不满而要求减免物业费，这是造成纠纷的主要原因。”[①]《物业管理条例》第35条规定：“物业服务企业应当按照物业服务合同的约定，提供相应的服务。”“物业服务企业未能履行物业服务合同的约定，导致业主人身、财产安全受到损害的，应当依法承担相应的法律责任。”原《最高人民法院关于审理物业服务纠纷案件具体应用法律若干问题的解释》第3条规定：“物业服务企业不履行或者不完全履行物业服务合同约定的或者法律、法规规定以及相关行业规范确定的维修、养护、管理和维护义务，业主请求物业服务企业承担继续履行、采取补救措施或者赔偿损失等违约责任的，人民法院应予支持。”“物业服务企业公开作出的服务承诺及制定的服务细则，应当认定为物业服务合同的组成部分。”[②]对此，一方面，对于业主拒绝交纳物业费的“正当理由”应该本着诚信原则予以严格解释。原《最高人民法院关于审理物业服务纠纷案件具体应用法律若干问题的解释》第6条规定：“经书面催交，业主无正当理由拒绝交纳或者在催告的合理期限内仍未交纳物业费，物业服务企业请求业主支付物业费的，人民法院应予支持。物业服务企业已经按照合同约定以及相关规定提供服务，业主仅以未享受或者无需接受相关物业服务为抗辩理由的，人民法院不予支持。”

---

① 莫万友．中山市物业管理纠纷的现状及成因．中国统计，2011（6）．

② 该条实际上也借鉴了合同默示条款理论，合理扩充了物业服务企业应承担的物业服务义务的来源。

业主不能把物业服务企业的一般违约行为作为拒绝交纳物业费的“正当理由”①，业主抗辩权所赖以产生的法律基础是诚信原则。“从本质上讲，物业费也是全体业主享受物业服务的物质基础，如果允许业主动辄启动抗辩权，其后果将使物业服务企业难以及时有效地为全体业主提供物业服务……本条规定的‘正当理由’，应当限定在物业服务企业不履行物业服务合同，或者履行合同有重大瑕疵……司法实践中要对‘正当理由’认真审查，从严掌握，防止业主滥用‘正当理由’损害物业服务企业合法权益。”② 另一方面，对于业主拒绝交纳物业费的“正当理由”应该妥当进行举证责任的分配。有学者根据《最高人民法院关于民事诉讼证据的若干规定》(2001 年) 第 5 条③，颇为妥当地指出：“物业管理企业起诉业主追索物业服务费，而业主以物业管理企业未履行或未完全履行服务义务进行抗辩时，物业管理企业应当承担其依据物业服务合同履行了服务义务的举证责任……如果业主承认物业管理企业履行了服务义务但提出物业管理企业在履行服务义务时存在瑕疵，在这种情况下，可考虑由业主承担履行义务存在瑕疵的举证责任。当然，法院在审理此类案件时应综合个案具体情况依法确定举证责任的分配，以平等保护双方当事人的合法权益。”④ 此外，业主不如期交纳物业服务费用的，物业服务企业不宜直接根据《合同法》第 67 条、《民法典》第 526 条行使先履行抗辩权，不能对不缴费的业主停止提供公共物业服务以免有害于其他业主的合法权益，只能对不缴费业主暂停专属服务。⑤

第二，物业服务企业乱收费，有的小区只见物业服务企业收垃圾，几乎没有提供其他相关服务。⑥ 鉴于业主相对于物业服务企业的弱势地位，应该加强对物业服务收费的监督。《物业管理条例》第 42 条规定：“县级以上人民政府价格主管部门会同同级房地产行政主管部门，应当加强对物业服务收费的监督。”原《最高人民法院关于审理物业服务纠纷案件具体应用法律若干问题的解释》第 5 条规定：“物业服务企业违反物业服务合同约定或者法律、法规、部门规章规定，擅自扩大收费范围、提高收费标准或者重复收费，业主以违规收费为由提出抗辩的，人民法院应予支持。”“业主请求物业服务企业退还其已收取的违规费用的，人民法院应予

---

① 本书作者主张，类推适用《合同法》第 94 条、《民法典》第 563 条对根本违约情形下对非违约方提供救济的规范目的，原《最高人民法院关于审理物业服务纠纷案件具体应用法律若干问题的解释》第 3 条所规定的“物业服务企业不履行或者不完全履行物业服务合同约定的或者法律、法规规定以及相关行业规范确定的维修、养护、管理和维护义务”达到根本违约的程度时，业主即可以此为抗辩理由拒绝交纳物业服务费用。

② 杜万华，辛正郁，杨永清．最高人民法院《关于审理建筑物区分所有权纠纷案件具体应用法律若干问题的解释》、《关于审理物业服务纠纷案件具体应用法律若干问题的解释》的理解与适用．法律适用，2009 (7)．

③ 《最高人民法院关于民事诉讼证据的若干规定》第 5 条第 2 款规定：“对合同是否履行发生争议的，由负有履行义务的当事人承担举证责任。”

④ 张柳青，张朝阳．物业管理纠纷审理中的若干法律问题．法律适用，2006 (11)．

⑤ 《广东省高级人民法院关于审理住宅物业服务纠纷案件若干问题的指导意见》第 8 条指出：“业主拖欠物业费，物业服务企业可请求业主按照合同约定支付滞纳金。”“当事人约定的滞纳金数额超过迟延支付物业费造成损失的百分之三十的，业主可依照《合同法》第一百一十四条第二款的规定请求适当减少。迟延支付物业费造成的损失可推定为以拖欠的物业费总额为基数，参照中国人民银行规定的金融机构同期同类贷款利率计算的利息。”第 21 条指出：“业主拖欠物业费，物业服务企业擅自采取停水、电、气等措施，造成业主损害，业主请求物业服务企业停止侵害、赔偿损失的，应予支持。”“业主拖欠水、电、气等费用，物业服务企业受水、电、气供应企业的委托，停止对业主供应水、电、气等，业主请求物业服务企业承担赔偿责任的，不予支持。”

熊进光．物业服务合同抗辩权的行使与限制．兼评《审理物业服务纠纷案件的解释》第 5、6 条．现代法学，2010 (3)．

⑥ 物业收费仅收垃圾 业主谈判被殴打住院．(2014－10－09) [2014－11－18]．http：//v. qq. com/cover/2/2umv1f8bksl0502. html? vid=q0015k0qbo9.

支持。”[①] 第 8 条规定：“业主大会按照物权法第七十六条规定的程序作出解聘物业服务企业的决定后，业主委员会请求解除物业服务合同的，人民法院应予支持。”“物业服务企业向业主委员会提出物业费主张的，人民法院应当告知其向拖欠物业费的业主另行主张权利。”

三、物业服务企业安全保障义务法律纠纷

“物业服务企业对业主的财产及人身是否应承担安全保障义务？如需承担，其限度范围应当如何认定？这也是司法实践中较为常见且理论上存在争议的问题。”[②] 物业服务企业安全保障义务来源于当事人的约定和法律的规定。物业服务合同通常会将法律规定的安全保障义务具体化。

若物业服务企业在物业服务过程中存在违反安全保障义务的情形，则其不得单纯主张如下抗辩免责：“物业服务范围主要是环境卫生与公物、秩序的维护，不包括治安和打击犯罪的职能。因房屋属于私人空间，在无特别约定的情况下，物业公司没有义务保护住户屋内的财物安全。”若“物业服务公司虽有安排安保人员进行巡逻，但在明知小区围墙有缺口的情况下，没有及时填补或协调相关建设单位将缺口填补，导致小区存在一定安全隐患，已构成违约”[③]。《物业管理条例》第 35 条规定：“物业服务企业应当按照物业服务合同的约定，提供相应的服务。”“物业服务企业未能履行物业服务合同的约定，导致业主人身、财产安全受到损害的，应当依法承担相应的法律责任。”第 46 条规定：“物业服务企业应当协助做好物业管理区域内的安全防范工作。发生安全事故时，物业服务企业在采取应急措施的同时，应当及时向有关行政管理部门报告，协助做好救助工作。”“物业服务企业雇请保安人员的，应当遵守国家有关规定。保安人员在维护物业管理区域内的公共秩序时，应当履行职责，不得侵害公民的合法权益。”[④]《民法典》第 1198 条规定：“宾馆、商场、银行、车站、机场、体育场馆、娱乐场所等经营场所、公共场所的经营者、管理者或者群众性活动的组织者，未尽到安全保障义务，造成他人损害的，应当承担侵权责任。”“因第三人的行为造成他人损害的，由第三人承担侵权责任；经营者、管理者或者组织者未尽到安全保障义务的，承担相应的补充责任……”第 509 条第 2 款规定：“当事人应当遵循诚信原则，根据合同的性质、目的和交易习惯履行通知、协助、保密等义务。”物业服务企业作为小区公共设施的管理者，对相应设施负有维修保养义务，若相关设施存在一定的安全隐患，物业服务企业又未设置警示标志、未采取安全措施，则其属于未尽相应的安全保障义务。[⑤]“物业服务企业对小区共有部分负有保养、维护义务，对于可能对业主财产造成损害的小区共用部分的安全隐患，应当及时消除，否则致业主财产损害后，物业服务企业应承担违约责任，对业主的损失进行赔偿。即便该安全隐患是第三人造成，也不能免除物业服务企业的违约责任，因第三人侵权致小区共用部分对业主财产造成损害的，物业服

---

① 《广东省高级人民法院关于审理住宅物业服务纠纷案件若干问题的指导意见》第 10 条规定：“2009 年 10 月 1 日以后，物业服务企业收取的物业费超出当地政府部门制定的指导价的，业主以物业服务企业违规收费为由提出抗辩或者请求退还超出部分的物业费的，应予支持。但物业服务企业的收费标准已经当地价格行政主管部门核定的除外。”“物业服务收费根据有关规定实行市场调节价的，不适用前款规定。”

② 姚辉，段睿．物业服务合同履行的相关法律问题研究．法律适用，2010（1）．

③ 黄彩华．别墅被盗小区存在安全隐患 物业公司担责三成．（2014－02－21）[2014－04－16]．中国法院网，http：//www.chinacourt.org/article/detail/2014/02/id/1217788.shtml.

④ 肖泉军．业主家中被盗起诉物业赔损失 法院判决不支持．（2014－02－19）[2014－04－16]．中国法院网，http：//www.chinacourt.org/article/detail/2014/02/id/1216373.shtml.

⑤ 李琨，孔飞．儿童被砸伤起诉物业 法院判物业承担次责．（2014－04－04）[2014－04－16]．中国法院网，http：//www.chinacourt.org/article/detail/2014/04/id/1270743.shtml.

务企业可以免责的情形是物业服务企业已履行了保养维护义务，而第三人侵权是不可预见、不可避免的。”①

在第三人侵害业主的人身权益或者财产权益②的治安犯罪案件中，物业服务企业也应该尽到相应的安全保障义务，不能单纯以第三人的侵权行为作为自己免责的抗辩事由。③ 如2001年深圳市罗湖区人民法院判决的一起相关案件中，物业服务企业的工作人员发现犯罪嫌疑人潜伏于空置住房内多日并多次出入，而未及时采取开门检查、询问可疑人员等相应的安全保障措施，从而使犯罪嫌疑人杀害业主的行为最终得逞。法院认为，该案中物业服务企业违反《合同法》所规定的附随义务，构成违约责任。有学者认为：“这个判决确实是将《合同法》规则引入物业管理领域的国内第一案例。”④“近年来，不少物业小区出现了一些因第三人的侵权甚至犯罪行为引发的物业管理纠纷，小区业主往往要求物业管理企业赔偿其财物被盗以及人身受到伤害的损失……由于物业管理企业收取的物业服务费中包含有保安费的项目，因而其负有保证小区安全的义务。在业主人身或财产遭受第三人侵害的情况下，物业管理企业依据合同承担责任。此种责任系行为责任，而非结果责任。也就是说，如果物业管理企业完全履行了保安职责，即使有业主损害发生，也无须承担责任；物业管理企业只有在疏于履行保安职责或履行保安职责存在过错，且该违约行为与损害后果之间具有因果关系的情况下，才承担赔偿责任。物业管理企业承担赔偿责任的大小应当根据过错程度确定。”⑤ 可见，“物业公司对业主的人身财

---

① 陈书豪与南京武宁房地产开发有限公司、南京青和物业管理有限公司财产损害赔偿纠纷案．最高人民法院公报，2013（5）．在该案中，物业管理公司对小区围墙等共用部分负有保养维护的义务，小区围墙之外他人土地上堆放的土堆因遭遇大暴雨倒塌而冲毁围墙，围墙倒塌后压坏原告的汽车，法院认为，物业管理公司对围墙可预知或可控制的安全隐患没有及时消除，存在管理不善，应当承担违约损害赔偿责任。

刘洋．论物业服务企业的给付义务及其与第三人侵权之关系——陈书豪与南京武宁房地产开发有限公司、南京青和物业管理有限公司财产损害赔偿纠纷案评释．苏州大学学报（法学版），2015（4）．

② 《广东省高级人民法院关于审理住宅物业服务纠纷案件若干问题的指导意见》第18条指出：“物业服务企业对业主或物业使用人的专用停车位或者停放在住宅小区的其他车辆收取物业费或者保管费，如发生车辆毁损、丢失的，按照《中华人民共和国合同法》第三百七十四条关于有偿保管合同的规定处理。”“物业服务企业对停放在住宅小区内的车辆没有收取费用，但采取发卡、登记等管理措施的，应当认定形成无偿保管合同关系，如发生车辆毁损、丢失的，按照《中华人民共和国合同法》第三百七十四条关于无偿保管合同的规定处理。”“物业服务企业对停放在住宅小区内的车辆没有收取费用，也没有采取发卡、登记等管理措施，如果发生车辆毁损、丢失的，应根据物业服务企业是否尽到安全保障义务及其过错程度确定其应否承担赔偿责任及责任的大小。”“车辆所有人或使用人对车辆毁损、丢失也存在过错的，可减轻或免除物业服务企业的赔偿责任。”

孟进诉南京市建宇物业公司物业管理纠纷案//最高人民法院中国应用法学研究所编．人民法院案例选：2007年第1辑．北京：人民法院出版社，2007：247-253. 在该案中，业主与物业管理企业关于“车辆被盗是否发生在物业管理范围的居民区内”的事实发生争议时，对小区车辆进出负有管理义务但却未采取管理措施（小区监控录像设备故障多时）的物业管理企业应承担举证责任；物业管理企业在履行物业管理义务时有瑕疵、存在疏漏，造成业主财产损失的，应依法承担相应的赔偿责任。

③ 刁义丽诉泉州市华洲物业管理有限公司未尽人身安全保护义务案//最高人民法院中国应用法学研究所编．人民法院案例选：2007年第1辑．北京：人民法院出版社，2007：195-206. 在该案中，负责小区安全保障的物业管理公司未尽到合理的安全保障义务，导致物业使用人遭受侵害，即使刑事案件没有侦破，物业管理公司也应当承担相应的违约民事赔偿责任，当然，于此不宜判处违约精神损害赔偿。

④ 刘俊海．物业管理公司该不该赔偿．光明日报，2001-06-19（C02）．

⑤ 张柳青，张朝阳．物业管理纠纷审理中的若干法律问题．法律适用，2006（11）．

《广东省高级人民法院关于审理住宅物业服务纠纷案件若干问题的指导意见》第19条指出：“因共用部位、共用设施设备存在不安全因素导致业主、物业使用人或第三人受到人身、财产损害，物业服务企业不能证明自己没有过错的，应当承担相应的民事责任。”第20条指出：“业主、物业使用人或其他合法进入住宅小区者在物业服务区域内因第三人的行为遭受人身、财产损害，有证据证明物业服务企业未尽到安全保障义务，受害人请求物业服务企业赔偿损失的，可根据物业服务企业的过错大小、收费标准等因素，合理确定物业服务企业的赔偿责任。”

产安全不负有绝对的安全保障义务，这一义务重在履行过程，只要谨慎、善良地履行了法定和约定之义务，即使不能阻止损害结果的发生，物业管理公司也不应承担民事赔偿责任”①。毕竟，社会治安管理属于国家法定机关的法定职责，不应该把国家法定机关的法定职责全部强加给物业服务企业，无限扩大物业服务企业的管理服务职责，不能要求物业服务企业代行国家法定机关的职能，否则将不利于物业管理行业的健康发展。

四、住宅专项维修资金的管理与使用

根据自2008年2月1日起实施的《住宅专项维修资金管理办法》第2条第2款的规定，住宅专项维修资金，是指专项用于住宅共用部位、共用设施设备保修期满后的维修和更新、改造的资金。《物业管理条例》第53条规定：“住宅物业、住宅小区内的非住宅物业或者与单幢住宅楼结构相连的非住宅物业的业主，应当按照国家有关规定交纳专项维修资金。”“专项维修资金属于业主所有，专项用于物业保修期满后物业共用部位、共用设施设备的维修和更新、改造，不得挪作他用。”“专项维修资金收取、使用、管理的办法由国务院建设行政主管部门会同国务院财政部门制定。”有法院认为，“根据《中华人民共和国物权法》第七十二条的规定，业主对建筑物专有部分以外的共有部分，享有权利，承担义务。共有部分在物业服务企业物业管理（包括前期物业管理）期间所产生的收益，在没有特别约定的情况下，应属全体业主所有，并主要用于补充小区的专项维修资金。物业服务企业对共有部分进行经营管理的，可以享有一定比例的收益”②。

住宅专项维修资金是建筑物的“养老金”，当前物业管理法律实践中，专项维修资金启用困难，大量资金长期“沉睡”在银行账户中。鉴于我国当前住宅小区业主大会和业主委员会成立比例低，启用专项维修资金大多只能依据《住宅专项维修资金管理办法》第22条规定的复杂程序进行：“住宅专项维修资金划转业主大会管理前，需要使用住宅专项维修资金的，按照以下程序办理：（一）物业服务企业根据维修和更新、改造项目提出使用建议；没有物业服务企业的，由相关业主提出使用建议；（二）住宅专项维修资金列支范围内专有部分占建筑物总面积三分之二以上的业主且占总人数三分之二以上的业主讨论通过使用建议；（三）物业服务企业或者相关业主组织实施使用方案；（四）物业服务企业或者相关业主持有关材料，向所在地直辖市、市、县人民政府建设（房地产）主管部门申请列支；其中，动用公有住房住宅专项维修资金的，向负责管理公有住房住宅专项维修资金的部门申请列支；（五）直辖市、市、县人民政府建设（房地产）主管部门或者负责管理公有住房住宅专项维修资金的部门审核同意后，向专户管理银行发出划转住宅专项维修资金的通知；（六）专户管理银行将所需住宅专项维修资金划转至维修单位。”

《民法典》第278条区分建筑物及其附属设施的维修资金的使用与筹集，进一步降低使用维修资金的业主大会表决比例要求；第281条第2款进一步规定：“紧急情况下需要维修建筑物及其附属设施的，业主大会或者业主委员会可以依法申请使用建筑物及其附属设施的维修

① 李超，刘彤．物业公司对业主的人身财产安全不负有绝对保障义务．人民司法·案例，2010（6）．姚辉，段睿．物业服务合同履行的相关法律问题研究．法律适用，2010（1）．

② 无锡市春江花园业主委员会诉上海陆家嘴物业管理有限公司等物业管理纠纷案．最高人民法院公报，2010（5）．在该案中，业主委员会根据业主大会作出的决议，终止与物业管理公司的前期物业服务合同，同时要求物业管理公司移交小区共有部分管理收益（场地租赁费、停车管理费、会所收入），法院认定该收益应主要归全体业主享有，同时物业管理公司付出了管理成本，也应享有合理的回报。

资金。”

五、物业服务合同终止后物业服务企业的后合同义务

原《最高人民法院关于审理物业服务纠纷案件具体应用法律若干问题的解释》第10条规定：“物业服务合同的权利义务终止后，业主委员会请求物业服务企业退出物业服务区域、移交物业服务用房和相关设施，以及物业服务所必需的相关资料和由其代管的专项维修资金的，人民法院应予支持。”“物业服务企业拒绝退出、移交，并以存在事实上的物业服务关系为由，请求业主支付物业服务合同权利义务终止后的物业费的，人民法院不予支持。”据此，物业服务合同终止后，物业服务企业负担退出、移交等后合同义务。

《民法典》第949条进一步细化规定了物业服务人的退出义务、交还义务、交接义务、告知义务等后合同义务：“物业服务合同终止的，原物业服务人应当在约定期限或者合理期限内退出物业服务区域，将物业服务用房、相关设施、物业服务所必需的相关资料等交还给业主委员会、决定自行管理的业主或者其指定的人，配合新物业服务人做好交接工作，并如实告知物业的使用和管理状况。”“原物业服务人违反前款规定的，不得请求业主支付物业服务合同终止后的物业费；造成业主损失的，应当赔偿损失。”

案例：2003年“时代庄园”小区的开发商选聘了金世恒业物业公司，后来业主发现这个小区收取的物业费偏高，找物业公司协商又没有结果，而且物业公司提供的服务在业主看来问题百出。2006年，在与金世恒业物业公司的物业服务合同到期之时，业主委员会开始公开竞标选聘新物业服务企业。2007年业主委员会与中标的新物业服务企业签订了物业合同，但是由于原来的金世恒业物业公司不肯撤场，新物业服务企业进不来。在2007—2010年期间，金世恒业物业公司继续为时代庄园小区提供物业服务，但是相应的物业费没有收取上来。2010年在法院的协调下，金世恒业物业公司同意撤场，但是该物业公司委托律师对小区里拖欠物业费的业主提起诉讼。2018年3月左右，北京市朝阳区人民法院酒仙桥法庭开始处理此次纠纷，案由是“北京金世恒业物业管理有限责任公司李某等（200余位业主）物业服务合同纠纷案”①。考虑到本次纠纷涉及的业主人数众多，酒仙桥法庭的法官采用了集中调解的方式。此次纠纷中，金世恒业物业公司的最大诉求就是尽快收回欠款，业主的最大诉求是不全额交纳物业费。经过一年多的努力，最终金世恒业物业公司同意以7.5折的标准收取物业费，作为此项物业费纠纷的收尾工作。法官与业主和金世恒业物业公司签订了调解协议。最终203户业主在调解协议上签了字。对于其他欠费业主，因为有房产权变更、出国留学、户主死亡等因素，物业公司便不再追要物业费。

评析：这是一个典型的物业公司拒绝撤场案件。在2007—2010年期间，金世恒业物业公司继续为时代庄园小区提供物业服务，并以存在事实上的物业服务关系为由，请求业主支付物业服务合同终止后的物业费，人民法院不予支持。在本案中，时代庄园小区业主委员会、金世恒业物业公司及新物业服务企业三方签订了变更交接协议和补充协议，约定金世恒业物业公司终止提供物业服务，并对欠费业主追索欠费的收费标准。实际上，该小区业主委员会无权代表业主签订此协议。如果事后多数业主予以追认，则是通过多数业主与金世恒业物业公司之间的合同行为代行了业主大会决议的功能。

① 北京市朝阳区人民法院（2019）京0105民初71997号民事调解书.

第四节　业主自行管理：业主管理规约与业主大会的决议行为

决议行为是业主自行管理的主要法律技术手段。《物权法》第75条、第76条、第78条和第83条还对区分所有权中的成员权作了规定，业主可以设立业主大会这一意思决定机构、选举业主委员会这一事务执行机构①，业主大会或业主委员会的决定对业主具有约束力。决议行为也是落实业主自治、保障业主成员权的技术手段，而业主自治是私法自治原则在建筑物区分所有权中的具体体现。业主大会和业主委员会是否具有民事诉讼主体资格和民事主体资格，这也是理论上颇多讨论的问题：一方面，从解释论上看，《物权法》第78条第2款和第83条第2款设置的法律规范实际上已经赋予业主大会和业主委员会民事诉讼主体资格和民事主体资格。② 另一方面，从立法论上看，业主大会和业主委员会能否独立承担财产责任不能成为判断其民事诉讼主体资格和民事主体资格的前提条件。业主大会和业主委员会是业主的自治组织，其对外行为的法律后果理应由全体业主来承担。当然，如果业主大会或者业主委员会的行为违反了法定职责或者业主授权范围而造成侵权，则其行为的后果不宜由全体业主承担，而应由有过错的业主或者业主委员会委员来承担。③

根据《物权法》第76、78条和第83条第1款的规定，在业主的建筑物区分所有权制度背景下，业主大会决定、业主委员会决定等都属于业主决议行为的表现形态，业主管理规约属于业主大会共同决定事项之一。业主可以制定管理规约（Convention）这种自治规则以规范区分所有建筑物的管理、使用乃至所有关系。④ 业主管理规约和业主大会的决议行为属于业主自行管理小区物业的主要法律技术手段。

经由业主大会表决通过的业主管理规约与业主大会决议行为的区分是一个疑难问题。⑤ 业主大会决定和业主管理规约形异实同，二者在适用范围和表决规则等形式问题上有所不同，而在法律性质上则有实质的相同。具体阐述如下：

首先，业主大会决定和业主管理规约的适用范围（决定事项）不同。根据《物权法》第76条第1款、《民法典》第278条第1款，业主大会决议事项为“有关共有和共同管理权利”的重大事项。业主通过共同决定制定管理规约就“建筑物及其附属设施”作出协调安排，实现业主自治。根据《物权法》第80条、《民法典》第283条，业主管理规约可以对建筑物及其附属设施费用分摊和收益分配等事项进行约定。据此，有学者总结，管理规约通常包括两个部分的事项：一方面，针对物的共同管理，特别是对建筑物及其附属设施的使用和维护等问题，如全体业主可以在管理规约中约定一楼的业主可以不承担电梯、楼梯的日常维护费用。⑥ 另一方面，针对业主行为作出规范，例如根据《物权法》第83条、《民法典》第286条管理规约对饲

① 北京天鹅湾小区业委会“难产”当地居委会成“罪魁祸首”．央广网，2016-04-18.

② 我国法院裁判实践也对此予以认可，认为业主委员会属于“其他组织”。徐州西苑艺君花园（一期）业主委员会诉徐州中川房地产开发有限公司物业管理用房所有权确认纠纷案．最高人民法院公报，2014（6）．在该案中，房地产开发企业将物业管理用房出租给他人经营，业主委员会就物业管理用房的所有权归属提起确认之诉。

③ 陈枫．在现实与文本之间的慎重选择——从实务角度看建筑物区分所有权司法解释．法律适用，2009（7）．

④ 陈华彬．论区分所有建筑物的管理规约．现代法学，2011（4）．

⑤ 《德国住宅所有权法》将对住宅所有权的“规范使用”作为划分标准：凡可划入“规范使用”的，可以通过决议决定；凡超出的，必须经过约定（管理规约）。陈冲．德国住宅所有权法和住宅所有权简介．（2006-10-09）[2014-08-15]．中国民商法律网，http：//www.civillaw.com.cn/article/default.asp?id=34301.

⑥ 王轶．物权法的任意性规范及其适用．法律适用，2007（5）.

养动物、违章搭建、侵占通道、拒付物业服务费等问题的约定。[①]

业主还可能通过管理规约对专有权的行使作出限制，以避免业主行使专有权产生负外部性。如管理规约中禁止封闭阳台的条款；管理规约中对业主就其专有部分进行租赁的必要控制；管理规约对经营性用房统一经营方式的约款；根据《物权法》第 77 条、《民法典》第 279 条管理规约对“住改商”的约款。

其次，业主大会的决定和业主管理规约的表决规则不同。管理规约“应当经专有部分占建筑物总面积过半数的业主且占总人数过半数的业主同意”。业主大会的决议行为则须区分决议事项分别适用《物权法》第 76 条第 2 款所规定的多数决规则：“决定前款第五项和第六项规定的事项，应当经专有部分占建筑物总面积三分之二以上的业主且占总人数三分之二以上的业主同意。决定前款其他事项，应当经专有部分占建筑物总面积过半数的业主且占总人数过半数的业主同意。”《民法典》第 278 条虽然降低了表决比例要求，但仍坚持对业主管理规约等业主大会不同决议事项的表决规则区分。

最后，更重要的是，业主大会决定和业主管理规约的法律性质均属于决议行为。有学者认为业主大会决定和业主管理规约的法律性质不同，主张业主管理规约属于民事法律行为中的共同行为。[②] 实际上，我国台湾地区学者将管理规约归属于共同行为的核心原因是我国台湾地区民法学界通说采取了广义的共同行为之概念，未将决议行为从共同行为中分离出来，我国大陆民法学界对此不宜趋同。业主大会通过多数决达成的决定和通过的管理规约对全体业主都具有法律约束力，其与农民集体决议及公司决议类似，皆属于多方民事法律行为中的决议行为。[③] 多数决规则有利于保障多数业主意思表示的顺利作出、提高决议效率、避免久议不决。管理规约的制定和共同决定的作出都是业主成员权的具体实现，业主通过共同决定、共同管理也就践行了业主自治。

业主依照法律规定和业主大会议事规则共同决定重大事项的过程也是一个典型的民主决策过程。建筑物区分所有权背景下业主大会决议行为对传统民法中的诸多基本概念提供了发展契机，如团体法效率视角与区分所有权制度、业主大会和业主委员会与民事主体制度及诉讼主体制度、决议行为与民事法律行为的类型区分、决议行为的成立与效力判断、业主管理规约与其他类似决议行为之间法律规则的类推适用（如公司决议、农民集体成员决议）。作为决议行为的具体形态，业主大会决定及业主管理规约的主要法律特点包括：第一，业主大会决定及管理规约具有超越业主个体意思的团体意思特点，业主大会决定及管理规约中业主的意思表示并不要求像共同行为那样具有方向上的高度一致性。第二，业主大会决定及管理规约的效力取决于其决策过程是否依法采取多数决规则，在业主大会决定及管理规约作出过程中单个业主具体意思表示的瑕疵原则上不影响业主大会决定及管理规约的法律效力，除非其达到影响多数决的程度。第三，业主大会决定及管理规约对现有全体业主和未参与决策的后加入业主都具有法律约束力。第四，司法对管理规约等决议行为的效力审查具有法定有限性，只要作为决议行为自治机制的召集程序、表决方式和决议内容合法，此决议行为就不进入司法审查的范围，以确保依法自治和健康发展的有机结合，避免司法过度介入业主自治。

综上，业主大会决定和业主管理规约均属于决议行为，是业主自治的法律工具，二者在适

---

① 王利明．物权法研究：上卷．2 版．北京：中国人民大学出版社，2007：630 - 631．

② 王泽鉴．民法物权．北京：北京大学出版社，2009：181．谢在全．民法物权论：上册．修订 5 版．北京：中国政法大学出版社，2011：256 - 259．王利明．物权法研究：上卷．2 版．北京：中国人民大学出版社，2007：630．陈华彬．业主的建筑物区分所有权——评《物权法草案》第六章．中外法学，2006（1）．

③ 王雷．论民法中的决议行为——从农民集体决议、业主管理规约到公司决议．中外法学，2015（1）．

用范围和表决规则等形式问题上有所不同，实际上决议行为的不同类型在这两方面均有所差异；但业主大会通过多数决达成的决定和通过的管理规约对全体业主都具有法律约束力，这符合决议行为的根本特征，使其在法律性质上实归同一类。业主大会或者业主委员会作出的决定或者通过的管理规约侵害业主合法权益的，受侵害的业主享有撤销诉权。这与农民集体决议行为情况类似，属于决议行为问题上的共通经验。当然，鉴于业主大会和业主委员会在民事责任的承担上不具有独立性，相关决议直接侵害业主大会或者业主委员会合法权益时，最终后果仍须由业主来承担，所以此时不必再设业主的派生诉讼，业主可以直接行使撤销诉权。当前，我国商品住宅小区业主自治程度低，物业服务法律纠纷频发，未来需要完善法律制度激励和约束措施，激发业主自治的活力以更好地促进业主自我管理和业主委托管理的有序开展，真正实现业主自治基础上的多方共治。

第五节 《物权法》与《民法典》物权编中的物业管理要点

物业管理的规范化和现代化是加快推进市域社会治理现代化的热点和重点问题。

根据统计数据，截至 2017 年年底，北京全市有物业服务项目 7 000 个，其中，住宅类项目、商住类项目共计 4 099 个，占总物业服务项目的 59%；而已成立的业主委员会共计 1 198 个，业主委员会成立数量占住宅类项目的 29%，占全市物业服务项目的 17%，业主委员会成立难等问题短期内难以解决。从已成立业主委员会的运行效果来看，各区县规范运作的业主委员会所占比例不高，业主委员会成立后不规范运作成为一些矛盾纠纷的根源，相当比例的社区冲突事件直接或间接与业主委员会相关，成为行业发展面临的难题之一。据统计数据，北京市法院 2012—2017 年受理的涉业主、业主委员会基于建筑物区分所有权、业主撤销权、知情权等纠纷案件（不含物业服务合同类案件）中，建筑物区分所有权（业主共有权、车库、车位）纠纷案件 865 件，占 54.9%；业主撤销权纠纷案件 499 件，占 32%；业主知情权纠纷案件 163 件，占 10%；业主就建筑物专有部分的权利归属、使用、收益、处分等业主专有权纠纷案件 46 件，占 3%。与此相对应，案件处理整体呈调解率、服判息诉率低，上诉率、申请再审率高即“两低两高”趋势。[①]《北京市老旧小区综合整治工作方案（2018—2020 年）》提出，老旧小区综合整治主要实施“六治七补三规范”，即：治危房、治违法建设、治开墙打洞、治群租、治地下空间违规使用、治乱搭架空线，补抗震节能、补市政基础设施、补居民上下楼设施、补停车设施、补社区综合服务设施、补小区治理体系、补小区信息化应用能力，规范小区自治管理、规范物业管理、规范地下空间利用；还要通过业主认可的方式成立业主委员会、小区议事协调委员会等组织，确定综合整治菜单、小区管理模式、物业服务企业、物业服务标准和物业服务费用。《北京市人民政府关于组织开展“疏解整治促提升”专项行动（2017—2020 年）的实施意见》中确定的重点任务包括：拆除违法建设，整治占道经营、无证无照经营和“开墙打洞”，中心城区老旧小区综合整治，地下空间和群租房整治，棚户区改造、直管公房及“商改住”清理整治。

不管是业主自行居住使用还是授权他人居住使用，都应该对建筑物采取合法合理的使用方法。要妥当平衡业主自治与多方共治，妥当处理好业主自治与地方人民政府有关部门、居民委

① 石景山法院课题组．关于业主委员会社区治理纠纷案件法律适用问题与对策的调研报告．“北京审判”公众号，2018－11－12.

员会对设立业主大会和选举业主委员会进行指导、协助之间的关系。

案例： 小区住房被租作化妆品仓库，存在安全隐患，消防大队责令整改。

2019 年 7 月 8 日，郑州市某小区一租户家的一名 13 岁男孩从 16 层住宅内抛下两个灭火器引发众怒，全楼居民要求其一家搬离小区。7 月 10 日晚，在该楼单元门口，贴上了男孩写下的保证书和家长写下的道歉信。有少部分业主表示可以给他们一次机会，但多数业主依然坚持希望让他们搬走。7 月 11 日，该小区物业的一名工作人员告诉记者，经过这两天的交涉协调，涉事租户的房东告知物业，该租户已经同意搬离小区。物业工作人员称，小区正在逐步加装防止高空抛物摄像头。

2019 年 7 月 15 日，天津泰达园住宅小区业主大会表决票设计的投票内容是选聘某物业公司，表决方式是书面表决，设计选票并组织选举的盖章单位是"天津市河西区泰达园业主大会"，表决规则是要求业主 2019 年 7 月 22 日上午 11 点 30 分之前提交表决票到投票箱，"逾期视为同意大多数表决意见；同时，您的意见必须明确表示'同意'或者'不同意'，如果'弃权'视为同意大多数表决意见"。

资料：

2019 年 7 月 19 日，本书作者应邀审读天津市人民政府办公厅 2008 年 12 月 10 日发布的《天津市业主大会和业主委员会活动规则》，并提出如下意见：(1) 第一条，本规则的制定依据中缺了《物权法》。(2) 第三条规定，市物业管理行政主管部门和区、县人民政府等各级政府部门对业主大会和业主委员会活动进行指导、监督和管理。此处体现出公权力对小区业主自治介入过多，不太符合《物权法》第 75 条第 2 款对地方政府有关部门"指导和协助"的法定职责要求。第四条、第五条、第三十条、第三十二条、第三十三条、第三十五条、第四十二条、第四十四条、第四十九条等存在类似问题。此外，街道办事处、乡镇人民政府和区、县物业管理行政主管部门存在对物业管理"多头监管"的问题。(3) 第二十五条规定，"业主大会作出的决定，应当在物业管理区域内公告，对全体业主具有约束力。"对业主大会决定的公告方式规定过窄，不利于业主知悉，不应当限于"物业管理区域内公告"，而应该以业主知悉为目的。第二十九条、第三十七条、第三十八条、第四十五条、第四十七条、第五十二条等存在类似问题。第二十五条第二款规定"业主大会依法签订的物业服务合同，由全体业主共同承担民事责任"。这不符合实际情况，应该是业主大会选聘物业服务企业后，由业主委员会与被选聘的物业服务企业签订物业服务合同。(4) 第二十八条规定业主委员会成员应当符合条件之三"遵守业主大会议事规则和管理规约，按时交纳物业管理服务费"，不合理。该项后段应该修改为"不无辜拖欠物业管理服务费"。(5) 第四十七条第三款"业主弃权的，视为同意"违反了《民法总则》第 140 条规定。(6) 第六章刻制业主大会印章的做法不必要，更具有实践意义和可操作性的是刻制业主委员会印章。业主大会的意思表示由行使表决权的业主通过投票或者签字的方式展现。

为了加强对业主维权的保障，有效推进多方共治，《民法典》第 286 条增加第 3 款："业主或者其他行为人拒不履行相关义务的，有关当事人可以向有关行政主管部门报告或者投诉，有关行政主管部门应当依法处理。"例如，对于业主擅自凿拆楼板违法安装电梯和楼梯的行为，其他业主有权向城市管理行政执法局投诉，相关部门应当依法处理。[①]

---

① 一错再错行政执法"任性"到何时．法制日报（社区版），2019－08－11（1）．韩宇．法学教授举报邻居违法装修的一波三折．法制日报（社区版），2018－12－16.

中国共产党十九大报告指出："打造共建共治共享的社会治理格局。加强社会治理制度建设，完善党委领导、政府负责、社会协同、公众参与、法治保障的社会治理体制，提高社会治理社会化、法治化、智能化、专业化水平。"小区善治与乡村治理，是基层治理的重要表现，都以民主价值观为基本遵循。业主自治是小区善治的基础和前提，小区善治也离不开多方共治。应该在业主之间塑造团结民主的良好氛围。公权力介入小区治理，应该遵循"法无授权不可为，法定职责必须为"的法治思维。

第六节　城市社会治理现代化与物业管理规范化

一、城市社会治理的完善与物业管理地方性法规的推进

中共中央、国务院2017年6月12日发布《关于加强和完善城乡社区治理的意见》，该意见指出：城乡社区是社会治理的基本单元。坚持依靠居民、依法有序组织居民群众参与社区治理，实现人人参与、人人尽力、人人共享。推动形成既有民主又有集中、既尊重多数人意愿又保护少数人合法权益的城乡社区协商机制。完善利益表达机制，引导群众理性合法表达利益诉求。改进社区物业服务管理。加强社区党组织、社区居民委员会对业主委员会和物业服务企业的指导和监督，建立健全社区党组织、社区居民委员会、业主委员会和物业服务企业议事协调机制。探索在社区居民委员会下设环境和物业管理委员会，督促业主委员会和物业服务企业履行职责。探索完善业主委员会的职能，依法保护业主的合法权益。探索符合条件的社区居民委员会成员通过法定程序兼任业主委员会成员。探索在无物业管理的老旧小区依托社区居民委员会实行自治管理。

根据北京市人民政府2019年立法工作安排，市住建委起草了《北京市物业管理条例（草案）》及说明，2019年10月22日至11月21日向社会公开征求意见。"关于《北京市物业管理条例（草案）》的说明"指出条例草案主要内容包括以下七个方面：（一）建立党建引领下的社区治理架构。条例草案明确，本市物业管理坚持党的领导、政府主导、居民自治、多方参与、专业化管理的工作格局。建立健全社区党建引领，居（村）民委员会、业主委员会或者物业管理委员会、物业管理人、业主等共同参与的治理架构。推动在物业服务企业、业主委员会或者物业管理委员会中建立党组织，发挥党的基础组织作用。（二）实现管理重心下沉，全面赋权街道、乡镇管理权。条例草案规定，街道办事处、乡镇人民政府具体履行指导和监督业主大会、业主委员会、物业管理委员会的组建和运行，参加物业服务承接查验，办理相关备案，对物业管理区域内的物业服务实施日常监督检查，建立物业管理纠纷协调机制和物业服务应急保障机制等职责。（三）明确前期物业的管理责任及合同履行，促进前期物业的规范运行。条例草案规定，建设单位承担前期物业服务责任。前期物业服务合同生效之日至出售房屋交付之日的当月发生的物业服务费用，由建设单位承担。出售房屋交付之日的次月至前期物业服务合同终止之日的当月发生的物业服务费用，由业主按照房屋销售合同的约定承担；房屋销售合同未约定的，由建设单位承担。（四）关于业主大会、业主委员会的设立、选举和日常运行的保障，规范程序，增加可操作性。条例草案明确了申请成立业主大会的条件、业主委员会的选举程序、筹备组的组建及工作内容、首次业主大会的议定事项、业主大会和业主委员会的职责、业主大会依照规定召开的组织监督。（五）关于物业管理委员会。条例草案建立了物业管理委员会制度，规定其履行组织业主共同决定物业管理事项的职能，设定了物业管理委员会的构成及

运行程序，明确了关于业主对物业管理委员会确定的事项产生异议后的处理程序，充分保障业主权益。（六）建立物业服务收费动态调整机制。条例草案根据住宅小区不同类型对物业服务收费的动态调整进行了分类处理：商品房小区物业服务收费实行市场调节价，由业主和物业服务企业遵循合理、公开、质价相符的原则进行协商。物业服务费纳入政府定价目录的，规定由市发展改革会同市住房和城乡建设行政主管部门根据实际情况予以调整。（七）完善专项维修资金补足和续筹，明确专项维修资金的监督管理。条例草案明确了专项维修资金的续筹标准，专项维修资金余额不足 30%时，应当按照届时适用的标准补足专项维修资金；规范了专项维修资金的使用，要求设立银行专用账户管理。

二、《北京市物业管理条例》将物业管理纳入社区治理体系

当前城市商品住宅小区治理在一定程度上表现出“十难”现象：业主大会成立难、业主委员会发挥作用难、业主大会作出决议难、物业服务保质提质难、物业服务费用收缴难、公共维修资金使用难、业主知情权实现难、老旧小区治理难、老物业退出难、业主维权难。这些难题从不同侧面在不同程度上妨碍了业主建筑物区分所有权的效用发挥。

2019 年 11 月 25 日，《北京市物业管理条例（草案）》提请北京市第十五届人大常委会第十六次会议审议。《北京市物业管理条例》于 2020 年 3 月 27 日经北京市第十五届人大常委会第二十次会议表决通过，于 2020 年 5 月 1 日施行。

《北京市物业管理条例》将物业管理纳入社区治理体系，坚持党委领导、政府主导、居民自治、多方参与、协商共建、科技支撑的工作格局。建立健全社区党组织领导下居民委员会、村民委员会、业主委员会或者物业管理委员会、业主、物业服务人等共同参与的治理架构。构建党建引领社区治理框架下的物业管理体系。《北京市物业管理条例》的制度亮点如下：第一，坚持问题导向，有效平衡社区治理中业主、物业服务企业、社区党组织、基层政府（具体又细分为市住房和城乡建设行政主管部门、区人民政府、区人民政府住房和城乡建设行政主管部门、区人民政府其他相关行政主管部门、街道办事处、乡镇人民政府）、居（村）民委员会、行业自律组织、第三方专业服务机构等的治理角色功能划分，充分回应小区善治过程中业主日益增长的民主等方面的需求，坚持以人民为中心的发展思想，将物业管理的制度化、规范化放到完善社区治理体系和治理能力现代化的格局中。第二，在小区善治法律应对方案上，该条例中总体体现出业主自治基础上的多方共治。业主自治基础上多方共治的物业管理体系是小区治理的方向，也是打造共建、共治、共享的物业管理体系的应有之义。在多方共治的物业管理体系下，业主、业主大会、业主委员会和物业服务企业既是治理的主力，又是公权力指导、监督的对象。第三，该条例在一定程度上兼顾了与民法典物权编的衔接，并体现出立法的可操作性和一定的前瞻性。该条例最重要的上位法来源是《民法典》第 277 条第 1 款后段新增的规定：“业主大会、业主委员会成立的具体条件和程序，依照法律、法规的规定。”第四，该条例第四章第三节规定了物业管理委员会在社区治理中的角色功能。2017 年 6 月 12 日《中共中央、国务院关于加强和完善城乡社区治理的意见》指出：“探索在社区居民委员会下设环境和物业管理委员会，督促业主委员会和物业服务企业履行职责……探索在无物业管理的老旧小区依托社区居民委员会实行自治管理。”可见，物业管理委员会并不是对业主大会或者业主委员会的有条件替代，而是督促、推动业主委员会和物业服务企业履行职责。该条例规定物业管理委员会作为临时机构，负责组织业主共同决定物业管理事项，并推动符合条件的物业管理区域成立业主大会、选举产生业主委员会。

《北京市物业管理条例》规定的业主大会筹备组制度、首次业主大会制度都迈出了可操作

性的成立业主大会的第一步，有助于化解业主大会“成立难”的现状。该条例规定的业主大会会议可以通过住建部门的电子投票系统投票表决，有助于化解业主大会决议“效率低”的难题，体现了网络科技对业主自治的技术支撑，也充分体现了中国共产党十九届四中全会决定提出的加强和创新社会治理、完善科技支撑的社会治理体系。该条例规定，社区党组织引导和支持业主中的党员积极参选业主委员会委员，通过法定程序担任业主委员会委员。这有助于加强社区党组织对业主委员会的指导和监督，体现了中国共产党十九届四中全会决定提出的健全党组织领导的自治、法治、德治相结合的城乡基层治理体系。该条例规定的业主委员会候补委员制度有助于避免业主委员会僵局，可在一定程度上缓解业主委员会“发挥作用难”的现象。该条例规定的有关部门出具业主大会、业主委员会备案证明和印章刻制证明，便于业主大会和业主委员会申请刻制印章，有助于业主大会和业主委员会实际发挥作用。该条例规定业主委员会不得擅自决定业主大会决议事项，业主大会不得将自己决议的事项授权业主委员会决定。这深具前瞻性，是对业主大会和业主委员会职权的恰当划分，有效将代议制民主理论在小区善治中进行转化应用。此外，该条例规定的生活垃圾分类制度、物业管理公共信用信息平台制度都具有鲜明的时代性和前瞻性。

当然，《北京市物业管理条例》在实现多方民事主体更妥当的利益平衡和多方治理主体更妥当的角色功能划分等价值判断问题上，还有值得进一步解释澄清之处，以进一步贯彻科学立法的要求，提高条例的科学性。举例说明如下：第一，根据该条例第 34 条第 1 款第 3 项，“确定或者调整物业服务方式、服务内容、服务标准和服务价格”属于关涉小区全体业主共同利益的事项，应当通过业主大会决议在业主内部凝聚共识。业主集体决议的物业服务价格，如果物业服务企业不接受，则属于物业服务合同内容磋商缔结的问题，应该尊重合同双方的意思自治。第二，根据该条例第 37 条，业主大会决议原则上只具有内部约束力，决议约束全体业主，业主不能将大于自己所享有的权利通过合同等方式授予他人行使，由此业主大会决议不是直接约束其他物业使用人，而是通过限制业主的权利来间接约束其他物业使用人。第三，2017 年 6 月 12 日《中共中央、国务院关于加强和完善城乡社区治理的意见》指出：“探索符合条件的社区居民委员会成员通过法定程序兼任业主委员会成员。”《北京市物业管理条例》对此尚无配套落地规定，建议未来条例修订时可以增加规定：“社区居（村）民委员会引导和支持业主中的社区居（村）民委员会成员积极参选业主委员会委员，通过法定程序担任业主委员会委员。”第四，该条例对于利用建筑物共用部分取得的公共收益的用途管制，存在违反《民法典》第 282 条之嫌。该条例第 74 条规定：“物业服务人利用共用部分从事经营活动的，应当将公共收益单独列账。”“公共收益归全体业主所有。专项维修资金余额不足首期应筹集金额百分之三十的，百分之五十以上的公共收益金额应当优先用于补充专项维修资金，剩余部分的使用由业主共同决定。”该条第 2 款规定特定情形下公共收益金额“应当优先用于补充专项维修资金”，这与《民法典》第 282 条不一致，后者规定，公共收益在扣除合理成本之后属于业主共有。

本章思考题

1. 论述物业服务合同的团体性品格。

2. 如何打造共建、共治、共享的物业管理体系，实现业主自治基础上的多方共治？

3. 论述民主价值观在小区善治中的具体体现。

4. 选取一个城市商品住宅小区为实证样本，调研分析业主、开发商、物业公司之间的互动关系。

第十二章 建筑物损害责任

第一节 建筑物损害责任概述

古老的物之损害赔偿责任是指动物致人损害的责任和物件致人损害的责任，物之责任的现代化表现在产品责任和机动车交通事故责任，“后二者乃现代的物之责任，为当前主要危险来源，攸关个人安全及社会生活甚巨……谁应就因物致他人权益受侵害负赔偿责任？……立法设计上所考虑的是，谁最能控制危险，分散损害，及因物而受有利益，此亦为解释上所应斟酌的因素……民法就因物致他人受损害，所以设特别侵权行为，主要在于调整其归责原则，严格其责任。”①

相比饲养动物致人损害的严格责任原则，《侵权责任法》第十一章对“物件损害责任”的归责原则主要采取了过错推定原则。具体而言，《侵权责任法》第 85 条规定了建筑物等脱落、坠落致害责任，第 88 条规定了堆放物倒塌致害责任，第 90 条规定了林木折断损害责任，第 91 条第 1 款规定了公共场所、道路上施工致害责任②，第 91 条第 2 款规定了地下设施致害责任。③ 这些类型的工作物致害责任均采取过错推定原则。另外，《侵权责任法》第 86 条还规定了建筑物等设施倒塌致害的严格责任原则，第 89 条规定了妨碍通行物致害的严格责任原则。当然，特殊情形下，动物损害责任和《侵权责任法》第 85 条、第 87 条等所规定的物件损害责任之间可能存在一定的转化关系。④

《民法典》侵权责任编第十章的章名由“物件损害责任”改为“建筑物和物件损害责任”，使章名更周延，也凸显了建筑物损害责任的重要性。

第二节 建筑物管理瑕疵损害责任与建筑物缺陷损害责任

《民法通则》第 126 条规定：“建筑物或者其他设施以及建筑物上的搁置物、悬挂物发生倒塌、脱落、坠落造成他人损害的，它的所有人或者管理人应当承担民事责任，但能够证明自己

---

① 王泽鉴．侵权行为．北京：北京大学出版社，2009：465.

② 张建松等诉董群英带其子去邻居家串门时其子在玩耍中跌入邻居在自家院落内新开挖的水井中死亡赔偿案//最高人民法院中国应用法学研究所编．人民法院案例选：2002 年第 3 辑．北京：人民法院出版社，2003.

③ 李丽，苏希杰，杜小娟．城市“地陷”频发致人死伤 法律专家教你如何索赔．中国青年报，2012－08－21.

④ 朱晓强．乌龟从高空坠落将女孩砸失忆．重庆时报，2009－07－21.

没有过错的除外。”《侵权责任法》第十一章将《民法通则》第126条所确立的传统的“建筑物损害责任”区分为其第85条所规定的“建筑物管理瑕疵损害责任”和第86条所规定的“建筑物缺陷损害责任”。《民法典》调整了这两类责任的顺序，先于第1252条规定“建筑物缺陷损害责任”，再于第1253条规定“建筑物管理瑕疵损害责任”。

《侵权责任法》第85条和《民法典》第1253条规定的“建筑物管理瑕疵损害责任”适用过错推定原则：凡是“建筑物、构筑物或者其他设施及其搁置物、悬挂物发生脱落、坠落造成他人损害”，即依法推定其所有人、管理人或者使用人具有管理瑕疵之过错，除非其能证明自己没有过错。《最高人民法院关于处理涉及汶川地震相关案件适用法律问题的意见（二）》第8条规定：“因地震灾害引起房屋垮塌、建筑物或者其他设施以及建筑物上的搁置物、悬挂物发生倒塌、脱落、坠落造成他人损害的，所有人或者管理人不承担民事责任。”

《侵权责任法》第86条规定的“建筑物缺陷损害责任”适用严格责任原则，所规定的“造成他人损害”与第85条规定的“造成他人损害”并不相同，前者的范围更广，包括建筑物所有人、管理人、使用人在内，而后者则不包括。另外，《侵权责任法》第86条所规定的“建筑物缺陷损害责任”有助于从法律上尽量减少“豆腐渣工程”，至于该条第2款所规定的“其他责任人”和该条第1款所规定的“其他责任人”，也不相同，后者主要指设计人、监理人、不合格建筑材料的生产者或者销售者等，前者对应的原因是建筑物缺陷之外的原因，相应的“其他责任人”是指拆除承重墙的建筑物所有人或者使用人，或者是指挖坑施工和地铁施工的相邻地使用人，或者是指设施爆破的犯罪分子等。[①] 此外，《最高人民法院关于处理涉及汶川地震相关案件适用法律问题的意见（二）》第8条规定：“因地震灾害引起房屋垮塌、建筑物或者其他设施以及建筑物上的搁置物、悬挂物发生倒塌……造成他人损害的，所有人或者管理人不承担民事责任。”《民法典》第1252条将“建筑物缺陷损害责任”的归责原则改为过错推定原则。

第三节　建筑物中抛掷物或者坠落物损害责任

一、建筑物中抛掷物或者坠落物损害的补偿责任

出于对被侵权人损害填补的考虑，《侵权责任法》第87条规定：“从建筑物中抛掷物品或者从建筑物上坠落的物品造成他人损害，难以确定具体侵权人的，除能够证明自己不是侵权人的外，由可能加害的建筑物使用人给予补偿。”

有学者认为，《侵权责任法》第87条所规定的“由可能加害的建筑物使用人给予补偿”属于有关法定补偿义务的规定，构成我国民法中独立类型之债。[②] 本书作者认为，对《侵权责任法》第87条中的诸多概念须进一步明确其含义：第一，该条所谓“建筑物”是现代“区分所有式建筑物”，其区分所有人人数众多，这就与罗马法上的作为准私犯之一种的“落下物或投掷物致害之诉”（actio de effuses et deiectis）不同。第二，要求全体建筑物使用人承担赔偿责任，也不尽合理，“可能加害的建筑物使用人”就是指抛掷物品或者坠落物品所在的“那个单元二层以上的建筑物使用人（或者所有人），而不包括别的单元的建筑物使用人”[③]。在高空抛

① 梁慧星．中国民事立法评说．北京：法律出版社，2010：375－378.

② 王轶．作为债之独立类型的法定补偿义务．法学研究，2014（2）.

③ 梁慧星．中国民事立法评说．北京：法律出版社，2010：379.

物致害案件中，在难以确定具体加害人的情况下，与判决分担损害的真正加害人以外的建筑物使用人相比较，被侵权人更加无辜。要求每一个人为自己外出可能遭受的高空抛物损害投保意外伤害险，不现实，也不合理。以具体加害人不明为由，驳回被侵权人的起诉，使无辜受害人得不到救济，不符合经济分析理论和危险控制理论。第三，所谓“给予补偿”，应当是基于公平原则的“平均分担”而不是“连带责任”，自不待言。①

司法实践中，在高空不明抛掷物致人损害案件（以下简称“高空抛物”案）中，有法院以物业公司未尽安全保障义务为由令其承担一定的责任，这就扩张了安全保障义务的边界。② 与之对比，在“高空坠物”案中，物业公司未尽到相应的安全保障义务和管理职责，未及时处理楼顶的废弃搁置物，造成其坠落致人损害的，物业公司应承担赔偿责任。③

对“高空抛物”现象需要多法系统、综合治理。2019 年 7 月 11 日，有人在济南某小区楼上扔下一把菜刀、两把尖刀。2019 年 7 月 17 日，民警对嫌疑人葛某依法传唤。经初步调查，嫌疑人葛某对于其向楼下投掷刀具的犯罪事实供认不讳。事情真相竟是葛某因情感纠纷将刀扔出。葛某的行为已严重危及他人人身安全，涉嫌以危险方法危害公共安全罪。后葛某被依法刑事拘留。对此类高空抛物危害公共安全的行为，公安机关将依法严厉打击。

二、《民法典》对禁止高空抛物规则的发展、完善

2019 年 1 月 4 日《民法典侵权责任编（草案二次审议稿）》第 1030 条对《侵权责任》第 87 条的内容予以沿袭。为加大力度治理高空抛物坠物陋习，保护公众“头顶上的安全”，2019 年 8 月 28 日《民法典侵权责任编（草案三次审议稿）》第 1030 条对高空抛物规则做如下修改：一是增加规定，禁止从建筑物中抛掷物品。二是增加规定，从建筑物中抛掷物品或者从建筑物上坠落的物品造成他人损害的，由侵权人依法承担侵权责任。三是增加规定，发生此类情形的，“有关机关应当依法及时调查，查清责任人”，并明确“经调查难以确定具体侵权人”的，才适用由可能加害的建筑物使用人给予补偿的规定。四是增加规定，可能加害的建筑物使用人补偿后发现侵权人的，有权向侵权人追偿。五是增加规定，物业服务企业等建筑物管理人应当采取必要的安全保障措施防止此类情形的发生；未采取必要的安全保障措施的，应当依法承担未履行安全保障义务的侵权责任。《民法典》第 1254 条延续了《民法典侵权责任编（草案三次审议稿）》第 1030 条的修正内容。全国人民代表大会宪法和法律委员会的权威解释进一步指出此种修改的立法背景：近一段时间以来，“高空抛物坠物”造成他人损害的事件频发，“头顶上的安全”引发社会关注。有的常委委员、地方、部门、专家学者和社会公众提出，为保护公众安全，建议进一步明确各方责任。宪法和法律委员会经研究认为，要从根本上解决这一问题，需要综合施策。对于造成损害后果的，公安机关应当依法立案调查，对责任人依法给予治安管理处罚；构成犯罪的，应当依法追究刑事责任。同时，还需要明确建筑物管理人、施工者、作业者的责任，做到多管齐下，共同发力。从民法典编纂来看，关于民事、行政和刑事三种法律责任的关系，《民法总则》在第 187 条中已经作了规定：民事主体因同一行为应当承担民事责任、行政责任和刑事责任的，承担行政责任或者刑事责任不影响承担民事责任。这一规定已编入民法典总则编中。因此，关于“高空抛物坠物”行为应当被追究行政责任和刑事责任问题，在侵

① 梁慧星．中国民事立法评说．北京：法律出版社，2010：379.
② 谢罗群．深圳“高空抛物案”一审判决引发物业管理行业关注．中国物业管理，2008（3）.
③ 周桂芳，轩毅．楼顶废弃物砸伤人 物业公司被判赔．人民法院报，2008－08－25（3）.

权责任编中可不必再作规定。[①]

《民法典》第1254条明确禁止高空抛物，增加了无过错责任人承担赔偿义务后可以向侵权人追偿的条款、增加了建筑物管理人的安全保障责任，增加了有关机关的调查义务。该条顺应实际，突出综合治理，在高空抛物入刑的同时加重了侵权责任，本着问题导向和公私法协作强化公权力机关的公法义务。有学者认为《民法典（草案）》第1254条第3款的“有关机关”就是指公安机关。[②]

高空抛物侵权行为法律规制的最大难点在于不能确定具体的侵权人。《民法典》第1254条对侵权行为人的推定属于可推翻的推定，第1254条规定的“除能够证明自己不是侵权人的外”的举证责任对于没有实施这一侵权行为的人是很难实现的，也违背了消极事实的举证责任配置理论（“主张者承担证明，否定者不承担证明”；“事物的性质上不要求否定者承担证明”；“主张消极事实的当事人不需要对该消极事实的不存在承担举证责任”）。作为可反驳推翻的民事法律事实推定规范，被侵权人对基础事实——“可能加害的建筑物使用人”范围进行举证，被推定之人可以举证证明自己不是“可能加害的建筑物使用人”，如被推定之人举证证明自己是一楼住户或地下一楼住户、损害发生时家中无人、自己房间窗户朝向与损害发生地点相反，等等。[③] 解释论上适宜对本条中“除能够证明自己不是侵权人的外”从举证责任角度作如下解读：“被侵权人对可能加害的建筑物使用人范围承担举证责任，对方有相反证据证明自己不属于可能加害的建筑物使用人的不承担责任。”[④]

本章思考题

1. 对《侵权责任法》第87条、《民法典》第1254条的禁止高空抛物规则作类案实证分析。
2. 结合禁止建筑物抛掷物品规则的立法演变分析其中的法律发展问题。

---

① 参见全国人民代表大会宪法和法律委员会2019年8月关于《民法典侵权责任编（草案）》修改情况的汇报。

② 张新宝．侵权责任编立法的若干问题．“法学大家公益系列”讲座实录稿，2020-03-24.

③ 2019年8月23日，中国法学会组织召开高空抛物坠物法治工作座谈会。张新宝教授建议，被侵权人对“可能加害”负有举证责任。建议将“可能加害”的举证责任分配给被侵权人一方，使这一补偿具有正义性。

④ 2019年8月28日至9月26日，全国人大常委会法制工作委员会将《民法典侵权责任编（草案三次审议稿）》在中国人大网公布，并向社会公众征求意见。2019年8月29日，本书作者提交此条修改建议。

第六部分

农村房地产法律制度

第十三章 土地承包经营权制度

第一节　农村土地权利制度改革研究

一、清末变法修律到新中国成立前我国农村土地法律制度变迁

中国古代社会土地制度变迁赓续，历朝历代对土地制度均极为重视。中国历朝法典中经常会存在调整有关户婚、田宅、钱债等民事关系的法律规范。西周时分封诸侯，施行井田制，“普天之下，莫非王土；率土之滨，莫非王臣”。瞿同祖先生甚至曾结合西周土地制度得出结论：“封建社会只是以土地组织为中心而确定权利义务关系的阶级社会而已。”① 战国中后期，分封制走向瓦解，“废井田、开阡陌”的名田制逐渐开始施行。中国古代历朝晚期土地兼并经常愈演愈烈，并常常引发农民战争，“耕者有其田”始终是中国古代农业社会绝大多数农民的理想追求。秦代以来的土地法律制度延续更替，清末永佃制盛行。②《大清民律草案》和《中华民国民法》相继确立永佃权。永佃制本来是指在他人土地所有权（田底权）之上另设田面权，出现“一地二主”的现象，《中华民国民法》结合一物一权原则对永佃权进行适当改造，将其定性为用益物权。

农村房地产除农村耕地外，还存在家族共有的祀产、祭田、坟山、坟地等财产形态。祀产专为祭祀祖先而设，本属于禁止流通物，而民国初期大理院在审理相关案件时，为促进经济流转，因应宗族观念趋于淡薄之现实，以共有人共同决定处分为要，放开祀产的流通。祭田既可以祭祀先人，又可以用于供养后人。祭田作为共有财产，属于全体一致决定方可处分的限制流通物，民国初年大理院认可民事习惯中由各房房长集议，取决多数之议决而为处分的做法，为祭田流转提供便捷方式。③ 新中国成立前后，我国还长期存在典权制度。

二、新中国成立以来我国农村土地法律制度变迁

新中国成立以来，我国农业经营体制经历了几次变迁。故对新中国农村土地和农业经营体

---

① 瞿同祖．中国封建社会．上海：上海世纪出版集团，上海人民出版社，2005：8.

② 有学者认为我国明清民间地权秩序以“业”为核心概念，分化为永佃、“一田二主”、典制等多样态的管业层级。汪洋．明清时期地权秩序的构造及其启示．法学研究，2017（5）.

③ 张生．民国初期民法的近代化——以固有法与继受法的整合为中心．北京：中国政法大学出版社，2002：133－134.

制问题的解释有必要从历史分析的角度去展开，正所谓“一页历史就抵得上一卷逻辑”①。中国共产党在农村土地制度改革的过程中发挥了重要的领导、支持和引导作用。中国共产党的领导是中国特色社会主义最本质的特征，是社会主义法治最根本的保证。要善于使中国共产党对农村土地改革的主张通过法定程序成为国家意志，确保“重大改革于法有据”。

（一）农村土地承包经营制度从无到有

新中国成立前后的土地改革为革命的胜利奠定了人心基础。当时，农民占全国总人口的九成以上，广大农民的梦想是耕者有其田。1947 年 10 月 10 日，中共中央正式公布《中国土地法大纲》，规定：“废除封建性及半封建性剥削的土地制度，实行耕者有其田的土地制度”“……乡村中一切地主的土地及公地，由乡村农会接收，连同乡村中其他一切土地，按乡村全部人口，不分男女老幼，统一平均分配”“乡村农会接收地主的牲畜、农具、房屋、粮食及其他财产，并征收富农的上述财产的多余部分，分给缺乏这些财产的农民及其他贫民，并分给地主同样的一份。”中国共产党提出的打土豪、分田地的“农民所有、农民利用”的土地改革策略赢得了农民的支持。“可以毫不夸张地说，解放战争的胜利在很大程度上就是中国共产党的土地改革政策的胜利。”②

20 世纪 50 年代中后期，我国农村又先后经历了初级农业生产合作社、高级农业生产合作社和人民公社的“组织化”发展阶段，以致形成“集体所有、集体利用”的土地制度。1961 年 6 月，中共中央出台了《农村人民公社工作条例（修正草案）》，明确了农村实行“三级所有、队为基础”的体制，明确土地归生产队所有，在生产队范围内实行统一经营、核算和分配。尽管相对比于人民公社，生产队所有的模式下核算单位缩小，但还是难以充分调动全体农民的生产积极性。“集体土地所有制不是通过土地的交易产生的，而是通过社会的政治活动，通过土地改革和对土地的社会主义改造活动产生的。土地改革是民主革命任务的完成，而对土地私有制的社会主义改造是社会主义革命任务的完成。”③

我国的经济体制改革是从农村推行土地承包经营制开始的。改革开放以来，农村实行以家庭承包经营为基础、统分结合的双层经营体制。④“土地资源的稀缺性客观上便造成了土地所有权和利用权‘两权分离’的可能。新中国成立以来最重大的土地制度改革就是在这一‘两权分离’的基础上展开的。”⑤土地承包经营权主要是在集体土地所有权之上设定，形成“集体所有、农民利用”的农村土地两权分离局面。两权分离之后若干年间，我国农村土地法律制度的重点是通过物权化改造来稳定土地承包经营权。1998 年中国共产党十五届三中全会就提出了稳定土地承包经营权的要求：“……抓紧制定确保农村土地承包关系长期稳定的法律法规，赋予农民长期而有保障的土地使用权。”2002 年 8 月 29 日第九届全国人民代表大会常务委员会第二十九次会议通过《中华人民共和国农村土地承包法》，该法第 1 条对其立法目的作了如下规定：“为稳定和完善以家庭承包经营为基础、统分结合的双层经营体制，赋予农民长期而有保障的土地使用权，维护农村土地承包当事人的合法权益，促进农业、农村经济发展和农村社

① Oliver Wendell Holmes，Jr.：N.Y. Trust Co. v. Eisner，256 U.S. 345，349//本杰明·卡多佐．司法过程的性质．苏力，译．北京：商务印书馆，1998：32.

② 董志凯．党的无产阶级政策和农民的平均主义要求——对我国解放战争后期土地改革政策的初步分析．中国社会科学，1982（5）.

③ 韩松．农民集体土地所有权的权能．法学研究，2014（6）.

④ 陈锡文．关于解决“三农”问题的几点考虑——学习《中共中央关于全面深化改革若干重大问题的决定》．中共党史研究，2014（1）.

⑤ 高圣平．新型农业经营体系下农地产权结构的法律逻辑．法学研究，2014（4）.

会稳定，根据宪法，制定本法。”

土地是农业最基本的生产资料，珍惜和合理利用土地，土地才可以永续利用。家庭经营有助于保障农民享有充分的经营自主决策权。家庭承包经营还有助于解放和适当转移农业剩余劳动力，进行家庭内部合理分工，拓宽农民增收致富的途径。我国农业生产经营仍存在规模小、效率低的问题，这就需要创新农业生产经营体制。在提高农业效率和兼顾资源公平分配与农民充分就业之间，深化农村土地制度改革，把握好土地的适度规模化经营。①

（二）中国共产党十八大以来全面深化改革农村土地法律制度

2012 年 11 月 8 日中国共产党第十八次全国代表大会报告中指出："坚持和完善农村基本经营制度，依法维护农民土地承包经营权、宅基地使用权、集体收益分配权，壮大集体经济实力，发展农民专业合作和股份合作，培育新型经营主体，发展多种形式规模经营，构建集约化、专业化、组织化、社会化相结合的新型农业经营体系。改革征地制度，提高农民在土地增值收益中的分配比例。”自此我国农村土地改革的重心是构建“新型农业经营体系”。

2013 年 11 月 12 日中国共产党第十八届中央委员会第三次全体会议通过的《中共中央关于全面深化改革若干重大问题的决定》对农村土地全面深化改革指明了方向：(1)“建立城乡统一的建设用地市场。在符合规划和用途管制前提下，允许农村集体经营性建设用地出让、租赁、入股，实行与国有土地同等入市、同权同价。缩小征地范围，规范征地程序，完善对被征地农民合理、规范、多元保障机制。扩大国有土地有偿使用范围，减少非公益性用地划拨。建立兼顾国家、集体、个人的土地增值收益分配机制，合理提高个人收益。完善土地租赁、转让、抵押二级市场。”② (2)“城乡二元结构是制约城乡发展一体化的主要障碍。必须健全体制机制，形成以工促农、以城带乡、工农互惠、城乡一体的新型工农城乡关系，让广大农民平等参与现代化进程、共同分享现代化成果。”(3)“加快构建新型农业经营体系。坚持家庭经营在农业中的基础性地位，推进家庭经营、集体经营、合作经营、企业经营等共同发展的农业经营方式创新。坚持农村土地集体所有权，依法维护农民土地承包经营权，发展壮大集体经济。稳定农村土地承包关系并保持长久不变，在坚持和完善最严格的耕地保护制度前提下，赋予农民对承包地占有、使用、收益、流转及承包经营权抵押、担保权能，允许农民以承包经营权入股发展农业产业化经营。鼓励承包经营权在公开市场上向专业大户、家庭农场、农民合作社、农业企业流转，发展多种形式规模经营。”(4)“赋予农民更多财产权利。保障农民集体经济组织成员权利，积极发展农民股份合作，赋予农民对集体资产股份占有、收益、有偿退出及抵押、担保、继承权。保障农户宅基地用益物权，改革完善农村宅基地制度，选择若干试点，慎重稳妥推进农民住房财产权抵押、担保、转让，探索农民增加财产性收入渠道。建立农村产权流转交易市场，推动农村产权流转交易公开、公正、规范运行。”2008 年中国共产党十七届三中全会《关于推进农村改革发展若干重大问题的决定》中曾经指出“现有土地承包关系要保持稳定并长久不变”，2013 年中国共产党十八届三中全会决定中指出“稳定农村土地承包关系并保持长久不变”，这就不同于之前 1998 年中国共产党十五届三中全会提出的“确保农村土地承包关系长期稳定”的表述，有学者认为：“将‘长期’改为‘长久’，一字之差，意义深远。两者的

① 陈锡文．关于解决“三农”问题的几点考虑——学习《中共中央关于全面深化改革若干重大问题的决定》．中共党史研究，2014 (1)．

② 农村集体建设用地包括三类：农民宅基地、乡村公共设施和公益性用地、乡镇企业用地。前两类属于“自有自用”性质，乡镇企业用地属于农村集体经营性建设用地。在符合规划和用途管制的前提下，允许乡镇企业用地出让、租赁、入股，实行与国有土地同等入市、同权同价。陈锡文．关于解决“三农”问题的几点考虑——学习《中共中央关于全面深化改革若干重大问题的决定》．中共党史研究，2014 (1)．

根本区别在于，前者是有期限的，承包期再长也是有年限的，后者是无期限的，意味着我们的政策以后就不要再琢磨延长多少年合适了，农民也不用担心承包期到期的问题了。这是革命性的一步，更有利于稳定农民对土地的预期。”①

2017年中国共产党十九大报告指出：保持土地承包关系稳定并长久不变，第二轮土地承包到期后再延长三十年。这一部署了却了对承包期限的纷争，也解决了对“长久不变”之内涵理解的争议：“保持土地承包关系稳定并长久不变”是指“承包制度长久不变”，指“农民集体和农民成员之间整体的承包关系长久不变”。这是一种抽象的政治关系和经济关系，而非针对具体的单个承包法律关系。换言之，“长久不变”的是整体承包关系，而非单个具体的承包法律关系，更不是指向承包期。“土地承包到期后再延长三十年”意味着坚持家庭承包责任制度不动摇，意味着新的承包期继续定为三十年。解决了第三轮承包的期限问题，并未对到期后是否调整后重新发包作出部署，不意味着原人原地延包三十年，不意味着原有流转关系延长三十年。对于到期后是否调整这一问题应当充分尊重农民集体的自主决策权，允许各农民集体根据实际情况民主决策到期后是“调还是不调”“大调还是小调”。在第二轮承包到期时一方面应当允许农民集体自主决定是否调整承包地，不作统一硬性要求；另一方面可以鼓励农村集体经济组织在第二轮承包到期时不调整承包地，但采用“动账不动地”方式平衡好农户间的利益。原有流转关系是否延长，既要取决于新的发包关系中人地关系是否调整，又要取决于新的土地承包经营权人和土地经营者的流转意愿，应当由土地经营者与新的土地承包经营权人平等自愿协商确定，实则是达成新的流转法律关系。②

2014年1月19日，中共中央、国务院印发了2014年“中央一号文件”——《关于全面深化农村改革加快推进农业现代化的若干意见》。该意见第17条指出：“完善农村土地承包政策。稳定农村土地承包关系并保持长久不变，在坚持和完善最严格的耕地保护制度前提下，赋予农民对承包地占有、使用、收益、流转及承包经营权抵押、担保权能。在落实农村土地集体所有权的基础上，稳定农户承包权、放活土地经营权，允许承包土地的经营权向金融机构抵押融资。”③

2014年11月20日，中共中央办公厅、国务院办公厅印发了《关于引导农村土地经营权有序流转发展农业适度规模经营的意见》。该意见指出：“……发展适度规模经营已成为必然趋势。实践证明，土地流转和适度规模经营是发展现代农业的必由之路……坚持农村土地集体所有，实现所有权、承包权、经营权三权分置，引导土地经营权有序流转，坚持家庭经营的基础性地位，积极培育新型经营主体，发展多种形式的适度规模经营，巩固和完善农村基本经营制度……坚持农村土地集体所有权，稳定农户承包权，放活土地经营权，以家庭承包经营为基础，推进家庭经营、集体经营、合作经营、企业经营等多种经营方式共同发展……鼓励创新土地流转形式。鼓励承包农户依法采取转包、出租、互换、转让及入股等方式流转承包地……在

---

① 刘守英．十七届三中全会完善了土地承包流转市场的形成机制．21世纪经济报道，2008-10-22.

② 宋志红．“土地承包到期后再延长三十年”意味着什么不意味什么．法制日报，2018-02-02.

③ 农村农业用地出现了所有权、承包权和经营权“三权分置”的现象。当前，在工业化、城镇化快速发展背景下，大量人口和劳动力离开农村，原来家家户户都种地的农民出现了分化，承包农户不经营自己承包地的情况越来越多，在大多数地区，承包权与经营权分置的条件已经基本成熟。实现土地集体所有权、承包权、经营权三权分置，这是引导土地有序流转的重要基础。农村土地承包方只能是本集体的农户。农户对本集体土地的承包权是其享有的集体成员权的体现。农户对土地的承包权不能用于抵押、担保或者入股，土地经营权可以用于抵押、担保、入股。陈锡文．关于解决“三农”问题的几点考虑——学习《中共中央关于全面深化改革若干重大问题的决定》．中共党史研究，2014（1）．

同等条件下，本集体经济组织成员享有土地流转优先权……没有农户的书面委托，农村基层组织无权以任何方式决定流转农户的承包地，更不能以少数服从多数的名义，将整村整组农户承包地集中对外招商经营……加强土地流转用途管制。坚持最严格的耕地保护制度，切实保护基本农田。严禁借土地流转之名违规搞非农建设……土地问题涉及亿万农民切身利益，事关全局。各级党委和政府要充分认识引导农村土地经营权有序流转、发展农业适度规模经营的重要性、复杂性和长期性，切实加强组织领导，严格按照中央政策和国家法律法规办事，及时查处违纪违法行为……”

2016 年 12 月 31 日中共中央、国务院发布《关于深入推进农业供给侧结构性改革 加快培育农业农村发展新动能的若干意见》，指出要“积极发展适度规模经营”，“大力培育新型农业经营主体和服务主体，通过经营权流转、股份合作、代耕代种、土地托管等多种方式，加快发展土地流转型、服务带动型等多种形式规模经营。积极引导农民在自愿基础上，通过村组内互换并地等方式，实现按户连片耕种”。“落实农村土地集体所有权、农户承包权、土地经营权‘三权分置’办法。”“探索农村集体组织以出租、合作等方式盘活利用空闲农房及宅基地，增加农民财产性收入。”“抓紧研究制定农村集体经济组织相关法律，赋予农村集体经济组织法人资格。”2016 年 12 月 26 日中共中央、国务院发布《关于稳步推进农村集体产权制度改革的意见》，指出“确认农村集体经济组织成员身份。依据有关法律法规，按照尊重历史、兼顾现实、程序规范、群众认可的原则，统筹考虑户籍关系、农村土地承包关系、对集体积累的贡献等因素，协调平衡各方利益，做好农村集体经济组织成员身份确认工作，解决成员边界不清的问题。改革试点中，要探索在群众民主协商基础上确认农村集体经济组织成员的具体程序、标准和管理办法，建立健全农村集体经济组织成员登记备案机制”。“抓紧研究制定农村集体经济组织方面的法律，赋予农村集体经济组织法人资格，明确权利义务关系，依法维护农村集体经济组织及其成员的权益……”①

2020 年 5 月 11 日《中共中央、国务院关于新时代加快完善社会主义市场经济体制的意见》要求：“落实农村第二轮土地承包到期后再延长 30 年政策，完善农村承包地‘三权分置’制度。深化农村集体产权制度改革，完善产权权能，将经营性资产折股量化到集体经济组织成员，创新农村集体经济有效组织形式和运行机制，完善农村基本经营制度。”“加快建设城乡统一的建设用地市场，建立同权同价、流转顺畅、收益共享的农村集体经营性建设用地入市制度。探索农村宅基地所有权、资格权、使用权‘三权分置’，深化农村宅基地改革试点。”“完善城镇建设用地价格形成机制和存量土地盘活利用政策，推动实施城镇低效用地再开发，在符合国土空间规划前提下，推动土地复合开发利用、用途合理转换。”“缩小土地征收范围，严格界定公共利益用地范围，建立土地征收目录和公共利益用地认定机制。推进国有企事业单位改革改制土地资产处置，促进存量划拨土地盘活利用。健全工业用地多主体多方式供地制度，在符合国土空间规划前提下，探索增加混合产业用地供给。”

2020 年 12 月 28 日至 29 日中央农村工作会议在北京举行。习近平总书记出席会议并发表重要讲话强调，中国共产党十八大以来，党中央坚持把解决好“三农”问题作为全党工作的重中之重。习近平指出，我们要坚持用大历史观来看待农业、农村、农民问题，只有深刻理解了“三农”问题，才能更好理解我们这个党、这个国家、这个民族。脱贫攻坚取得胜利后，要全

① 2020 年 4 月 26 日农业农村部部长韩长赋在第十三届全国人民代表大会常务委员会第十七次会议上作《国务院关于农村集体产权制度改革情况的报告》。中国人大网，http://www.npc.gov.cn/npc/c30834/202005/434c7d313d4a47a1b3e9edfbacc8dc45.shtml.

面推进乡村振兴，这是“三农”工作重心的历史性转移。要牢牢把住粮食安全主动权，粮食生产年年要抓紧。要严防死守18亿亩耕地红线，采取长牙齿的硬措施，落实最严格的耕地保护制度。

第二节 农村土地“三权分置”、农地流转与农业经营体制创新

人类历史上第一次重大的科技革命源于农业。有了农业，才能创造足够的能量，养活更多的人，特别是那些不从事食物生产的人。农业是早期人类发展的必经阶段。定居是开启文明的基础，农耕和定居密切相关。① “农村土地制度是中国农村最为基础的制度安排。”② 改革开放以来，我国农村实行家庭承包经营为基础、统分结合的双层经营体制，这是在农民创造的“包产到户、包干到户”的基础上形成的。当前，我国农村土地家庭承包经营的缺陷是规模小、组织化程度低，农村土地的适度规模化经营成为新型农业经营体系改革的重要方向。此外，“农地的社会保障功能是我国现行法限制农地金融化的逻辑起点和主要理由”③。如何适度放开农地金融，给农民更多的融资渠道，也成为改革的重点。

“农业规模化经营和农业产业化过程中的资金需求是农村金融无法回避的问题，而农地金融化至少是其中可供选择的路径之一……赋予农民充分而有保障的土地承包经营权，强化农地的生产要素功能和财产属性，实现农地金融化，无疑是最优的路径选择……农地流转制度改革是农地金融制度改革的前提。”④ 实际上，农业规模化经营和农地金融都仅属于新一轮农村土地制度改革中的一环，农地流转是农业规模化经营和农地金融的共同前提⑤，农地确权是农地流转的前提，农地确权登记制度的建成是农地流转和农地金融化须具备的完善的金融基础和前提。⑥ 周其仁教授也指出：“确权＋流转是配置农村资源的基石。”⑦

2013年11月12日中国共产党第十八届中央委员会第三次全体会议通过的《中共中央关于全面深化改革若干重大问题的决定》第20条指出：“加快构建新型农业经营体系。坚持家庭经营在农业中的基础性地位，推进家庭经营、集体经营、合作经营、企业经营等共同发展的农业经营方式创新。坚持农村土地集体所有权，依法维护农民土地承包经营权，发展壮大集体经

① 吴军．全球科技通史．北京：中信出版集团，2019：23.

② 贺雪峰．地权的逻辑：中国农村土地制度向何处去．北京：中国政法大学出版社，2010：350.

③④ 高圣平．农地金融化的法律困境及出路．中国社会科学，2014（8）．

⑤ 有学者指出：“如果说中国的问题是农民问题，那么农民的问题是土地问题。土地问题的核心，是农村土地流转。”凌斌．土地流转的中国模式：组织基础与运行机制．法学研究，2014（6）．

⑥ 有学者认为，我国《物权法》第127条对土地承包经营权的设立采取债权意思主义，第129条对土地承包经营权的流转采取登记对抗主义，这不利于及时将土地承包经营权的真实权属状况公示出来为第三人所知，在一定程度上阻碍了土地承包经营权的流转。高圣平．农地金融化的法律困境及出路．中国社会科学，2014（8）．

2013年1月31日发布的“中央一号文件”指出：全面开展农村土地确权登记颁证工作。健全农村土地承包经营权登记制度，强化对农村耕地、林地等各类土地承包经营权的物权保护。用5年时间基本完成农村土地承包经营权确权登记颁证工作，妥善解决农户承包地块面积不准、四至不清等问题。加快包括农村宅基地在内的农村集体土地所有权和建设用地使用权地籍调查，尽快完成确权登记颁证工作。

也有学者认为，承包地确权颁证的主要目的不应该是土地流转和规模化经营，当前农村土地工作的重心应该从确权转向回应农户承包地连片经营的需求上来，重点做好换地并块的工作。贺雪峰．农地承包经营权确权的由来、逻辑与出路．思想战线，2015（5）．

⑦ 周其仁．确权＋流转是配置农村资源的基石．http：//people.chinareform.org.cn/Z/zhouqiren/Article/201512/t20151208_239921.htm.

济。稳定农村土地承包关系并保持长久不变，在坚持和完善最严格的耕地保护制度前提下，赋予农民对承包地占有、使用、收益、流转及承包经营权抵押、担保权能，允许农民以承包经营权入股发展农业产业化经营。鼓励承包经营权在公开市场上向专业大户、家庭农场、农民合作社、农业企业流转，发展多种形式规模经营。”“鼓励农村发展合作经济，扶持发展规模化、专业化、现代化经营，允许财政项目资金直接投向符合条件的合作社，允许财政补助形成的资产转交合作社持有和管护，允许合作社开展信用合作。鼓励和引导工商资本到农村发展适合企业化经营的现代种养业，向农业输入现代生产要素和经营模式。”这就对中国共产党十八大报告中指出的构建“新型农业经营体系”的目标任务作了进一步细化。也有学者称此为中共中央对我国土地制度的赋权式改革。①

2014 年 1 月 19 日，中共中央、国务院印发了 2014 年“中央一号文件”——《关于全面深化农村改革加快推进农业现代化的若干意见》。该意见第 17 条指出：“完善农村土地承包政策。稳定农村土地承包关系并保持长久不变，在坚持和完善最严格的耕地保护制度前提下，赋予农民对承包地占有、使用、收益、流转及承包经营权抵押、担保权能。在落实农村土地集体所有权的基础上，稳定农户承包权、放活土地经营权，允许承包土地的经营权向金融机构抵押融资……”这就结合农村经济社会发展，提出了农村土地所有权、承包权与经营权“三权分置”的政策思路。随后，2014 年 11 月 20 日，中共中央办公厅、国务院办公厅印发了《关于引导农村土地经营权有序流转发展农业适度规模经营的意见》。该意见进一步将“三权分置”作为土地承包经营权的改革方向予以确定：“坚持农村土地集体所有，实现所有权、承包权、经营权三权分置……坚持农村土地集体所有权，稳定农户承包权，放活土地经营权，以家庭承包经营为基础，推进家庭经营、集体经营、合作经营、企业经营等多种经营方式共同发展。”中国共产党十九大报告进一步提出“深化农村土地制度改革，完善承包地‘三权’分置制度”。农地“三权分置”改革的根本目的是促进农村土地经营权有序流转，发展农业适度规模经营。

有学者主张，农村土地所有权、承包权与经营权“三权分置”的学说有违法律逻辑：“从立法史上看，承包和经营均属于土地承包经营权的当然内容。实际上，就承包权和经营权分离所要传达的本意而言，这两者即使在所有权与使用权分离的‘两权分离论’之下，也是分离的……与其引入新的‘所有权、承包权、经营权’三权分离理论来重构土地承包经营权的权利结构，不如在既有理论之上丰富土地承包经营权的内容或权能。”② 有学者赞成农村土地“三权分置”，认为土地承包权具有明显的成员权属性，土地承包权应该和土地承包经营权分离，土地承包经营权去“身份性”后就可以避免土地承包经营权功能超载，使土地承包经营权回归真正的用益物权，其制度设计应能充分体现“物尽其用”③。也有学者认为，农地“三权分置”后农地的社会保障功能和财产功能也相对分置，承包权承载着“平均地权”的功能，也可以革除对经营权流转的制度束缚，经营权是纯粹的财产权利，经营权的制度功能在于“破解农地流

① 吴毅，陈颀．农地制度变革的路径、空间与界限——“赋权-限权”下行动互构的视角．社会学研究，2015（5）．

② 高圣平．农地金融化的法律困境及出路．中国社会科学，2014（8）．高圣平．新型农业经营体系下农地产权结构的法律逻辑．法学研究，2014（4）．高飞．土地承包经营权流转的困境与对策探析．烟台大学学报（哲学社会科学版）．2015（4）．

有学者认为：将土地承包经营权中的承包权能和经营权能分离为承包权和经营权，不符合基本法理。承包权和经营权不是法律术语，农地三权分离存在明显的逻辑悖论。农地三权分离的实质是土地承包经营权通过转让、转包、出租、代耕、反租倒包、联营、抵押、入股、股份合作和信托等多种方式实现流转。申惠文．农地三权分离改革的法学反思与批判．河北法学，2015（4）．

③ 丁文．论土地承包权与土地承包经营权的分离．中国法学，2015（3）．

转的障碍，实现农地规模经营，发掘农地的融资能力”，使市场在经营权流转中更好地发挥作用，经营权是以土地承包经营权为客体的用益物权。[①] 还有学者认为，土地经营权是一种具有抵押功能的用益物权，属于次级土地承包经营权，从法律概念表述上看不必增加经营权这一农业经济学的概念，仍沿用土地承包经营权即可。[②]

“三权分置”背景下，2018年12月29日《全国人民代表大会常务委员会关于修改〈中华人民共和国农村土地承包法〉的决定》由第十三届全国人民代表大会常务委员会第七次会议通过，自2019年1月1日起施行。修改后的《农村土地承包法》将承包地“三权分置”法律化，如其第9条规定：“承包方承包土地后，享有土地承包经营权，可以自己经营，也可以保留土地承包权，流转其承包地的土地经营权，由他人经营。”第10条规定：“国家保护承包方依法、自愿、有偿流转土地经营权，保护土地经营权人的合法权益，任何组织和个人不得侵犯。”第36条规定：“承包方可以自主决定依法采取出租（转包）、入股或者其他方式向他人流转土地经营权，并向发包方备案。”第37条规定：“土地经营权人有权在合同约定的期限内占有农村土地，自主开展农业生产经营并取得收益。”第41条规定：“土地经营权流转期限为五年以上的，当事人可以向登记机构申请土地经营权登记。未经登记，不得对抗善意第三人。”第47条第1款规定：“承包方可以用承包地的土地经营权向金融机构融资担保，并向发包方备案。受让方通过流转取得的土地经营权，经承包方书面同意并向发包方备案，可以向金融机构融资担保。”《民法典》第339条、第340条和第341条也对土地经营权的设立、权能和公示方法作了规定。2020年8月24日，习近平总书记在经济社会领域专家座谈会上讲话指出，关于农民承包的土地具有所有权、承包权、经营权属性的理论，不仅有力指导了我国经济发展实践，而且开拓了马克思主义政治经济学新境界。

第三节　农民集体所有权、农民集体成员权与农民集体决议

一、农民集体所有权及其行使

集体所有权一直被指责主体模糊、抽象或者虚化。《物权法》第58条规定：“集体所有的不动产和动产包括：（一）法律规定属于集体所有的土地和森林、山岭、草原、荒地、滩涂；（二）集体所有的建筑物、生产设施、农田水利设施；（三）集体所有的教育、科学、文化、卫生、体育等设施；（四）集体所有的其他不动产和动产。”第59条第1款规定：“农民集体所有的不动产和动产，属于本集体成员集体所有。”[③]《民法典》第260条、第261条第1款坚持了《物权法》第58条、第59条第1款的内容。

有学者通过实证调研发现这种“集体”已经不存在了，替代它的，有些是政治组织体，有

---

① 蔡立东，姜楠．承包权与经营权分置的法构造．法学研究，2015（3）．李国强．论农地流转中“三权分置”的法律关系．法律科学，2015（6）．

② 朱广新．土地承包权与经营权分离的政策意蕴与法制完善．法学，2015（11）．

③ 本书作者曾对比分析《物权法》第45条第1款和第58条第1项，认为其“法律规定属于……”的表述在立法技术上存在体系矛盾。王雷．生命伦理学理念在我国民法典中的体现——以环境权为视角．法学评论，2016（2）．现在看来，将《物权法》第58条第1项解释为立法权源规范、否定其法政策开放性的根本原因在于，对该项和《物权法》第48条作体系解释，立法者在自然资源国家所有权的客体范围上采取开放性的立场，在自然资源集体所有权的客体范围上采取严格法定性立场。不宜将《物权法》第58条第1项和第45条第1款作对比体系解释，与《物权法》第45条第1款处于同一规范层次的是该法第59条第1款，二者分别对应国家所有权和集体所有权的规范目的。

些是依据股份制原则组织起来的法人。在经济欠发达地区，它被农村的村民自治组织即村民委员会取代了。在东部经济发达地区，“集体”也不存在了，它们被新兴发展的农业公司、乡镇合作社、乡镇联社等股份制的“集体”取代了。农民在股份制“集体”中的身份取决于他的财产权利份额，而财产权利份额都是确定的，即使这些农民远离农村去城市经商务工，他们在农村集体中的财产权利份额也不会改变。立法论上应该对这些“集体”的替代机制进行法人制改造。与集体所有权相对应，集体成员权如何实现也非常重要。应当以农民个人的成员权作为解决农民土地权利和其他权利的基本出发点。实行成员权有助于改变家庭承包责任制使土地被分成小块、没有生产效益的局面，可以把地合并起来进行规模化统一经营。①

也有学者质疑农村土地所有权主体归属问题的讨论意义，认为土地承包经营权为用益物权，在承包期届满之后，根据《物权法》第126条，由土地承包经营权人按照国家有关规定继续承包，“继续承包，也就是自动延长的意思”。这就使土地承包经营权和土地所有权的差别不大。“将农户对所承包土地的权利规定为用益物权，加上期满自动续期这样的机制，农民对土地的这种权利，可以对抗土地的所有权人。实际是将农村土地的所有权人架空了、虚化了。谁是土地的所有权主体已经不重要了。”②

农民集体所有权的规范目的是实现农民集体成员权，经由民主决策程序实现村民自治。农民集体成员权是农民对集体所享有权利的总称，其行使的重要价值目标之一是实现对集体财产的分配正义。农民集体决议行为是农民集体成员权的主要行使方式和村民自治的民法体现，其法理基础在于根据程序正义的要求基于民主多数决的意思表示形成机制实现农民集体的公共选择。

在侵害农民集体所有权致使农民集体成员权间接受损害的情况下，应当赋予农民相应的救济措施，以防止出现“公地悲剧”的现象。农民集体所有权类似于总有制度。③《物权法》第63条第1款规定：“集体所有的财产受法律保护，禁止任何单位和个人侵占、哄抢、私分、破坏。”《民法典》第265条第1款规定：“集体所有的财产受法律保护，禁止任何组织或者个人侵占、哄抢、私分、破坏。”该款属于不完全法条，没有涉及集体所有权受侵害情形下的具体诉讼救济机制。在农民集体所有权受到本集体某成员侵害或者受到他人侵害时，由本集体代表行使侵权请求权；本集体代表怠于行使时，本集体其他成员为了维护农民集体所有权，可以作为诉讼担当人代位行使农民集体的侵权请求权并提起诉讼，经代位诉讼主张的权益归本集体所有。④这也是对《公司法》第151条所规定的股东派生诉讼制度的类推借鉴。⑤王利明教授主编的《中国民法典学者建议稿及立法理由》（物权编）也曾专门设计条文规定农民集体成员派生诉讼制度，该建议稿第766条规定：“集体组织的负责人非法侵害集体财产或容忍他人侵害集体财产，集体组织过半数的成员有权以集体的名义在法院起诉，要求对集体财产停止侵害、返还原物、赔偿损失。”⑥立法论上适宜对建议稿该条文作立法借鉴，以有助于对代表农民集体行使所有权之人不忠实或者不勤勉的侵权行为予以救济。

---

① 孙宪忠．中国农村土地制度的发展与改革．中南财经政法大学中国民商法高峰论坛第十七讲．[2014-01-05] http://private11.bjsx23.host.35.com/Web_P/N_Show/?PID=9274.

② 梁慧星．民事立法、理论、实务若干问题．(2014-03-19) [2014-05-03]．中国法学网，http://www.iolaw.org.cn/showArticle.aspx?id=3999.

③ 王利明，周友军．论我国农村土地权利制度的完善．中国法学，2012（1）.

④ 韩松．农民集体所有权和集体成员权益的侵权责任法适用．国家检察官学院学报，2011（2）.

⑤ 郭洁．城中村改造中农民集体财产权救济主体制度的完善．法学，2013（10）．管洪彦．农民集体成员派生诉讼的合理性与制度建构．法律科学，2013（4）.

⑥ 王利明．中国民法典学者建议稿及立法理由．物权编．北京：法律出版社，2005：163.

此外，在农民集体行使所有权作出决议行为的过程中，若该决议行为侵害了集体成员合法权益的，受侵害的成员可以请求人民法院予以撤销。这是对农民集体决定的事后规范。《民法典》第265条第2款规定："农村集体经济组织、村民委员会或者其负责人作出的决定侵害集体成员合法权益的，受侵害的集体成员可以请求人民法院予以撤销。"如何使《民法典》第265条第2款所规定的农民集体成员撤销诉权从纸面上的权利变为现实中的权利，应是理论研究和实务关注的重点。

二、农民集体成员权及其行使

农民集体所有权和农民集体成员权是理解农民用益物权等财产权制度的前提，农民用益物权也是行使农民集体成员权的产物，农民集体成员权就是农民对集体所享有的社员权，农民集体成员权的主要行使方式就是决议行为。

农民集体成员权的取得和消灭以是否具有农民集体成员资格为标准，不得随意转让，农民集体成员不得将自己的参与管理权让与他人行使。农民集体成员权的行使须受团体决策的制约。目前农民集体成员资格的认定，一般以依法取得农村集体所在地户籍为基本标准，但在某些特殊人群的身份认定上存在较大差异，如外嫁女、上门婿、超生子女、服刑人员以及取得非农业户口并被纳入城镇社会保障体系的原成员等，由此引发的矛盾较为突出，不利于确权登记工作的顺利推进。①《村民委员会组织法》修改过程中应该明确集体成员资格认定标准。修改后的《农村土地承包法》第69条规定："确认农村集体经济组织成员身份的原则、程序等，由法律、法规规定。"农民集体成员的身份界定也是农村集体产权制度改革的关键环节。鉴于农民集体成员权的复合性特点以及其派生于农民集体所有权的特点，从民事基本制度层面看，适宜在《村民委员会组织法》中规定确认农民集体成员身份的实体规则和程序规则。立法应该例示农民集体成员身份认定的实体考量因素，如户籍、是否存在土地承包关系、对集体资产积累的贡献等，并授权农民集体因地制宜地通过民主决议作出决定。

就农民集体成员权的决议事项，《民法典》第261条规定："农民集体所有的不动产和动产，属于本集体成员集体所有。""下列事项应当依照法定程序经本集体成员决定：（一）土地承包方案以及将土地发包给本集体以外的组织或者个人承包；（二）个别土地承包经营权人之间承包地的调整；（三）土地补偿费等费用的使用、分配办法；（四）集体出资的企业的所有权变动等事项；（五）法律规定的其他事项。"就农民集体所有权的代表行使主体，《物权法》第60条、《民法典》第262条规定："对于集体所有的土地和森林、山岭、草原、荒地、滩涂等，依照下列规定行使所有权：（一）属于村农民集体所有的，由村集体经济组织或者村民委员会代表集体行使所有权；（二）分别属于村内两个以上农民集体所有的，由村内各该集体经济组织或者村民小组代表集体行使所有权；（三）属于乡镇农民集体所有的，由乡镇集体经济组织代表集体行使所有权。"2013年11月12日中国共产党第十八届中央委员会第三次全体会议通过的《中共中央关于全面深化改革若干重大问题的决定》第21条规定："赋予农民更多财产权利。保障农民集体经济组织成员权利，积极发展农民股份合作，赋予农民对集体资产股份占有、收益、有偿退出及抵押、担保、继承权……"

---

① 李昌禹．土地确权要"确"到农民心坎上．人民日报，2015-07-22. 有法官曾指出：现行法律中没有关于农村集体成员资格的明确规定，该问题涉及广大农民的基本民事权利，是立法权问题，希望能推动农村集体成员资格放在正在起草的民法典总则中予以解决。王春霞，罗书臻．家事审判改革为相关立法提供实践依据——专访最高人民法院审判委员会专职委员杜万华．人民法院报，2016-03-03 (1)．

农民集体所有的不动产和动产并非由独立于集体成员的具有抽象人格的法人所有，而是由本集体成员集体所有。集体所有权的目的是实现集体成员的利益，农民集体经济组织成员权利属于包含多种权能的复合性权利，其核心是作为集体成员的农民对集体所有权的受益权。农民集体成员通过民主参与集体所有权的行使来实现其受益权，民主管理权能是保障受益权能实现的重要手段。农民集体成员依法取得土地承包经营权、宅基地使用权、集体土地补偿费的分配、对农民集体所提供的公共物品的受益、集体收益分配权等等都是农民对集体所有权的受益权能之体现。农民集体成员权包括两项内容："一是直接的物权，即对集体所有的动产和不动产的占有、使用、收益的权利；二是物权派生的管理权利，即对集体财产进行管理决策的权利。"[①] 农民集体成员对集体所有权的受益权属于资格性权利，以具有集体成员身份为前提，因此，集体成员资格的确定又成为保障农民集体成员受益权能的前提。[②] 司法实践中还存在很多利用村规民约限制集体成员资格的情形，形成了"多数人暴政"（tyranny of the majority）的现象。[③]《村民委员会组织法》第 27 条第 2 款规定："村民自治章程、村规民约以及村民会议或者村民代表会议的决定不得与宪法、法律、法规和国家的政策相抵触，不得有侵犯村民的人身权利、民主权利和合法财产权利的内容。"[④]

"保障农民集体经济组织成员权利"就要赋予农民在集体决议行为直接侵害成员合法权益时的救济措施。《物权法》第 63 条第 2 款规定："集体经济组织、村民委员会或者其负责人作出的决定侵害集体成员合法权益的，受侵害的集体成员可以请求人民法院予以撤销。"《民法典》第 265 条第 2 款总体上坚持该规定。《最高人民法院民事案件案由规定》在"所有权纠纷"中将"侵害集体经济组织成员权益纠纷"作为独立案由加以规定，此种直接诉讼的案由主要针对农民集体成员权直接受侵害的案件，而非侵害农民集体所有权致使农民间接受损害的案件。此举撤销之诉的判决具有局限性，其只能撤销"集体经济组织、村民委员会或者其负责人作出的决定"，不能代替"集体经济组织、村民委员会或者其负责人"径行另作决定或者直接作出判定农民集体向集体成员为某种给付的给付判决，以防止过度介入村民自治。根据《最高人民法院关于审理涉及农村土地承包纠纷案件适用法律问题的解释》第 1 条的规定，对承包地征收补偿费用分配纠纷，人民法院应当依法予以受理，集体经济组织成员就用于分配的土地补偿费数额提起民事诉讼的，人民法院不予受理。

综上，"保障农民集体经济组织成员权利"要着力做到如下两点：一方面，农民集体决议行为直接侵害成员的合法权益时，该农民集体成员享有撤销诉权。这有助于纠正农民集体经济组织决议行为可能出现的"多数人暴政"，避免少数派在集体决议行为中"全输"。另一方面，在侵害农民集体所有权致使农民集体成员权间接受损害的情况下，也应当赋予农民集体成员派生诉讼诉权。这有助于矫正代表农民集体行使所有权之人不忠实或者不勤勉的侵权行为，此种侵权行为不属于《物权法》第 59 条第 2 款、《民法典》第 261 条第 2 款所规定的"应当依照法定程序经本集体成员决定"的事项。

三、农民集体决议

2018 年 1 月 2 日中共中央、国务院发布《关于实施乡村振兴战略的意见》，指出："依托村

---

① 最高人民法院民事案件案由规定课题小组．最高人民法院民事案件案由规定理解与适用．北京：人民法院出版社，2008：60.

② 韩松．论农民集体土地所有权的集体成员受益权能．当代法学，2014（1）.

③ 管洪彦．村规民约与农民集体成员资格认定//陈小君主编．私法研究：第 12 卷．北京：法律出版社，2012.

④ 孙雪梅，郑磊．上访村民被责令限期迁走户口．京华时报，2010 - 11 - 01.

民会议、村民代表会议、村民议事会、村民理事会、村民监事会等，形成民事民议、民事民办、民事民管的多层次基层协商格局。”

农民集体决议行为是农民集体成员权行使的重要方式。农民集体成员权行使的法理基础在于根据程序正义的要求基于民主多数决的意思表示形成机制实现农民集体的公共选择。农民集体决议行为的法律规范配置应该采取《民法典》之总则编和物权编相结合、《民法典》和民法特别法相结合的立法技术，以更好地推进农村基层社会治理的法治化和“健全自治、法治、德治相结合的乡村治理体系”。

农民集体决议行为是指农民集体成员按照法律规定的民主议定程序组成议事主体，召开村民会议或者村民代表会议，就涉及村集体经济组织财产和成员权益的事项进行讨论、作出决定的民事法律行为。农民集体决议行为的法教义学体系包括农民集体决议行为的成立和效力等，应该本着程序正义的理念，妥当界定农民集体决议行为的成立和效力。基于农民集体决议行为的团体性和程序性特点，农民集体决议行为的成立要件包括决议主体、决议程序、决议事项等，欠缺任何一个要件，都会导致农民集体决议行为的不成立。基于农民集体决议行为的法律效力原则上的内部指向性特点，应该区分农民集体决议行为的不成立与农民集体对外合同行为的法律效力；特定情形下，农民集体决议行为也可能对农民集体和第三人之间的法律关系产生影响。农民集体决议行为还有可能侵害农民集体成员权乃至农民集体所有权，“保障农民集体经济组织成员权利”就要赋予农民对农民集体决议行为直接或者间接侵害成员合法权益时的救济措施。法律对农民集体成员合法权益，应该区分受益权（自益权）和参与管理权（共益权），分别配置不同的保障措施。①

四、“一体两翼”的乡村治理体系

农民集体成员权是农民对集体所享有权利的总称，包括实体性的受益权能和程序性的管理权能。农民集体决议行为是农民集体成员权的主要行使方式和村民自治的民法体现。中国共产党十九大报告提出“健全自治、法治、德治相结合的乡村治理体系”；《中共中央、国务院关于实施乡村振兴战略的意见》指出：“乡村振兴，治理有效是基础”。对此，本书作者提出乡村治理体系“一体两翼”的理论：以乡村治理体系为“一体”，以农民集体成员权和农民集体决议行为为“两翼”，以完善农民集体决议行为法律制度为具体法律手段和着力点，实现保障农民集体成员权这一微观法律目标和健全乡村治理体系这一宏观政策目标。健全乡村治理体系和完善农民集体决议行为规则的根本目的是保障农民集体成员权的实现。作为“一体”的乡村治理体系本身并不是目的，而是作为上位抽象概念和宏观政策目标来回答乡村发展的方向——经由治理有效，达致乡村振兴。农民集体决议作为“两翼”中的“一翼”，回答的是“谁来治理”和“如何治理”的问题。作为民主的实现形式，农民集体决议本身只是治理手段，而非治理目的。农民集体成员权作为“两翼”中的另“一翼”，回答的是“为谁治理”的问题。一切发展和治理都要以人为本，都要服从和服务于人的自由与幸福。将保障农民集体成员权的实现作为健全乡村治理体系和完善农民集体决议行为规则的根本目的，是中国农业、农村、农民发展问题的理论逻辑、历史逻辑和实践逻辑的有机统一与必然要求。

---

① 本书作者建议，在民法典物权编立法中，将《物权法》第 63 条第 2 款修改为：“农村集体经济组织、村民委员会或者其负责人作出的决定侵害集体成员土地承包经营权、宅基地使用权、集体土地补偿费分配权或者集体收益分配权等受益权利的，受侵害的集体成员可以请求人民法院予以变更或者撤销。”王雷．农民集体成员权、农民集体决议与乡村治理体系的健全．中国法学，2019（2）．

对“一体两翼”中的乡村治理体系可以从多角度、全方位观察和研究，涉及党规与国法、法治与德治、公法与私法。在坚持集体所有权的背景下，以《民法典》《村民委员会组织法》为规范中心，从村民自治、民主决议的民法视角对基层治理自治化、法治化进行探索，深化对农民集体成员权和农民集体决议行为的认识。一方面，“赋予农民更多财产权利”“深化农村集体产权制度改革，保障农民财产权益”都离不开对农民集体成员权及其实现机制的深入研究，相关探讨有助于实现农民集体财产的分配正义，并通过明确农村产权和农民集体成员权权属实现定分止争，保障和树立农民恒产恒心，激发农业农村发展活力。另一方面，农民集体决议行为是决议行为的重要类型，对农民集体决议行为法教义学体系的研究有助于推进农村基层社会治理的法治化。农民集体决议行为是民主这一社会主义核心价值观在农村治理过程中的具体体现。在农村社会治理过程中，总结村民自治实践经验，完善《村民委员会组织法》《民法典》，以及探索未来“农村集体经济组织法”中有关农民集体决议行为的相关法律规则，有利于“健全自治、法治、德治相结合的乡村治理体系”①。

第四节　农村土地承包经营权的概念、法律性质与流转

一、土地承包经营权的概念与法律特征

根据《物权法》第124条、《民法典》第330条的规定，我国农村集体实行家庭承包经营为基础、统分结合的双层经营体制。农民集体所有和国家所有由农民集体使用的耕地、林地、草地，以及其他用于农业的土地，依法实行土地承包经营制度。解决中国农村问题的根本是解决农村土地问题，而解决农民土地问题的根本又是充分尊重农民的自主权。农村家庭承包经营是在我国农村经济体制改革的大背景下由农民自发创生的，家庭承包经营的主要形式是取得并行使土地承包经营权。这是为我国农村改革实践所证明的能够调动农民的生产积极性、解放和发展生产力、实现农业发展和农村繁荣的制度。从物权法的角度看，以家庭为单位的土地承包经营权制度有利于承包地的物尽其用。当前，农村土地承包地的狭窄和分散，在一定程度上影响了大规模生产的开展。费孝通先生在20世纪30年代就曾指出：“狭窄的地带和分散的地块妨碍了畜力的使用，也妨碍了采用其他集体耕作方式。这是中国农业技术落后的首要原因。”②“中国农民承包的土地，不仅规模小，而且十分细碎。”③“面对农民的土地权益屡屡受损的现实，一类学者认为需要赋予农民更大更稳定的土地承包权，另一类学者认为需要强化农村集体的实质权利。两类学者的出发点都是更好地保护农民权益，前一类学者的经验基础可能是‘农民权利受到村干部的侵犯’，后一类学者的经验基础可能是‘过强的土地承包经营权已经造成了反公地悲剧’。”④

根据《物权法》第124条第2款和第125条、《民法典》第330条第2款和第331条的规定，土地承包经营权是指权利人以从事种植业、林业、畜牧业等农业生产为目的，依法对其承包经营的农民集体所有或者国家所有由农民集体使用的耕地、林地、草地等享有占有、使用和

① 关于“一体两翼”乡村治理体系理论的更多内容，参见王雷．农民集体成员权、农民集体决议与乡村治理体系的健全．中国法学，2019（2）。

② 费孝通．江村经济．戴可景，译．北京：北京大学出版社，2012：173.

③ 贺雪峰．地权的逻辑：中国农村土地制度向何处去．北京：中国政法大学出版社，2010：自序：4.

④ 陈柏峰．法律实证研究中的“经验”．法学，2013（4）.

收益的权利。中国共产党十九大报告指出：保持土地承包关系稳定并长久不变，第二轮土地承包到期后再延长三十年。

土地承包经营权有以下法律特征。

第一，土地承包经营权的主体为土地承包经营权人。根据《农村土地承包法》第 16 条的规定，家庭承包的承包方是本集体经济组织的农户，具有一定的成员身份性。根据《农村土地承包法》第三章的规定，荒山、荒沟、荒丘、荒滩等农村土地可以由本集体经济组织成员承包，也可以由本集体经济组织以外的单位或个人承包。《农村土地承包法》第 27 条规定："承包期内，发包方不得收回承包地。""国家保护进城农户的土地承包经营权。不得以退出土地承包经营权作为农户进城落户的条件。""承包期内，承包农户进城落户的，引导支持其按照自愿有偿原则依法在本集体经济组织内转让土地承包经营权或者将承包地交回发包方，也可以鼓励其流转土地经营权。""承包期内，承包方交回承包地或者发包方依法收回承包地时，承包方对其在承包地上投入而提高土地生产能力的，有权获得相应的补偿。"①

第二，土地承包经营权的客体是《物权法》第 124 条第 2 款、《民法典》第 330 条第 2 款所规定的农民集体所有或者国家所有由农民集体使用的耕地、林地、草地以及其他用于农业的用地②，并由后者所派生。所谓"其他用于农业的用地"，实际上是指《农村土地承包法》第三章规定的农村土地中的"四荒"土地。

第三，土地承包经营权的设立目的是从事《物权法》第 125 条、《民法典》第 331 条规定的种植业、林业、畜牧业等农业生产。土地承包经营权人并得依照《农村土地承包法》第 18 条的规定，维持土地的农业用途，未经依法批准不得用于非农建设。③ 不过，我国现行法并未就土地承包经营权人对不同农业用途承包地的互相转变作出详细的禁止性规定，比如将林地改为耕地或草地等。《土地管理法》第 30 条第 1 款仅规定"国家保护耕地，严格控制耕地转为非耕地"。第 37 条第 3 款规定："禁止占用永久基本农田发展林果业和挖塘养鱼。"根据《物权法》第 126 条、《民法典》第 332 条的规定，不同农业用途的承包地存在承包期的不同。

第四，土地承包经营权自土地承包经营合同生效时设立，不必采取公示方法。即使发包人未将承包地实际交付承包人也不影响土地承包经营权的设立，因《物权法》第 127 条第 1 款、《民法典》第 333 条第 1 款对土地承包经营权的设立采取了债权意思主义的物权变动模式。④《物权法》第 127 条第 2 款、《民法典》第 333 条第 2 款规定的土地承包经营权证等权属证书仅属于确权证书，而非设权证书。

---

① 有判决指出，"只有在承包方全家迁入设区的市并转为非农户的情况下，发包方才能收回承包地；相反，承包人如果仅是迁入城镇或者仅是将户口转为非农户，承包地则不能被收回"。陈清棕诉亭洋村一组、亭洋村村委会征地补偿款分配纠纷案．最高人民法院公报，2005（10）．

② 有学者对草地承包经营权是否符合游牧习惯、是否会导致过度放牧等问题提出质疑。梁慧星．解放思想，深入探索，实地调查．法学研究，2013（4）．

③ 如《土地管理法》第 37 条第 2 款规定："禁止占用耕地建窑、建坟或者擅自在耕地上建房、挖砂、采石、采矿、取土等。"第 75 条规定："违反本法规定，占用耕地建窑、建坟或者擅自在耕地上建房、挖砂、采石、采矿、取土等，破坏种植条件的，或者因开发土地造成土地荒漠化、盐渍化的，由县级以上人民政府自然资源主管部门、农业农村主管部门等按照职责责令限期改正或者治理，可以并处罚款；构成犯罪的，依法追究刑事责任。"《殡葬管理条例》第 10 条规定：禁止在耕地建造坟墓。

我国很多地方都存在在农村农田里建坟埋葬逝者的现象，由此引发的最著名的公共事件无疑是河南周口 2012 年 3 月开始的"平坟运动""平坟复耕运动"。

④ 《物权法》第 129 条、《民法典》第 335 条在债权意思主义物权变动模式之下对土地承包经营权互换、转让的登记效力采取登记对抗主义的立法态度。

二、土地承包经营权的法律性质

《物权法》施行之前，在解释论和立法论上有关土地承包经营权的一个重要争论点是该权利的法律性质，有劳动关系说、债权说、物权说等不同的观点。[①]《物权法》第一次明确将土地承包经营权规定为物权，并作为用益物权的一种具体类型。对土地承包经营权进行物权化改造主要体现在强化土地承包经营权的支配权性质：首先，《物权法》第128条确认了《农村土地承包法》在土地承包经营权处分上的积极态度。《农村土地承包法》第34条规定："经发包方同意，承包方可以将全部或者部分的土地承包经营权转让给本集体经济组织的其他农户，由该农户同发包方确立新的承包关系，原承包方与发包方在该土地上的承包关系即行终止。"[②]其次，承包期内发包人不得调整承包地，不得收回承包地。《物权法》第130条第1款和第131条的这些规定有利于稳定土地承包经营权。最后，承包地被征收的，土地承包经营权人有权依照《物权法》第42条第2款的规定获得相应补偿。《物权法》第132条使农村土地承包经营权人也成为征地补偿的主体，土地补偿费既包括对集体土地的补偿，也包括对被征收的土地承包经营权的补偿，因而承包人的物权保护更加充分。[③] 土地承包经营权的这些物权化措施能够稳定承包关系，赋予土地承包经营权物权的保护方法，推动土地承包经营权流转，优化土地资源配置，促进物尽其用。

当前，土地承包经营权既具有物权性，还具有社会保障性，因此，农村土地承包经营权的流转还受到一定的限制。一方面，土地承包经营权的流转方式受到一定的限制。根据《民法典》第335条、第339条、第342条，土地承包经营权可以互换、转让，土地经营权可以出租、入股、抵押或者其他方式流转。原《最高人民法院关于审理涉及农村土地承包纠纷案件适用法律问题的解释》第15条规定："承包方以其土地承包经营权进行抵押或者抵偿债务的，应当认定无效。对因此造成的损失，当事人有过错的，应当承担相应的民事责任。"另一方面，立法对土地承包经营权受让方的主体资格仍有一定程度的限制。《农村土地承包法》第51条规定："以其他方式承包农村土地，在同等条件下，本集体经济组织成员有权优先承包。"第52条规定："发包方将农村土地发包给本集体经济组织以外的单位或者个人承包，应当事先经本集体经济组织成员的村民会议三分之二以上成员或者三分之二以上村民代表的同意，并报乡（镇）人民政府批准。""由本集体经济组织以外的单位或者个人承包的，应当对承包方的资信情况和经营能力进行审查后，再签订承包合同。"《农村土地承包经营权流转管理办法》第9条规定："农村土地承包经营权流转的受让方可以是承包农户，也可以是其他按有关法律及有关规定允许从事农业生产经营的组织和个人。在同等条件下，本集体经济组织成员享有优先权。""受让方应当具有农业经营能力。"

从土地承包经营权的现实运行情况来看，法律关于土地承包经营权承包期限的规定体现了"增人不增地，减人不减地"的政策精神。该做法虽然主要有利于稳定承包关系，充分发挥承

① 马俊驹，余延满．民法原论．北京：法律出版社，2010：382-383.

② 原《最高人民法院关于审理涉及农村土地承包纠纷案件适用法律问题的解释》第13条规定："承包方未经发包方同意，采取转让方式流转其土地承包经营权的，转让合同无效。但发包方无法定理由不同意或者拖延表态的除外。"第14条规定："承包方依法采取转包、出租、互换或者其他方式流转土地承包经营权，发包方仅以该土地承包经营权流转合同未报其备案为由，请求确认合同无效的，不予支持。"

③ 王利明．《物权法》颁布后土地承包经营权征收中的若干法律问题．法学．2009（5）．根据《物权法》第59条第2款第3项、原《最高人民法院关于审理涉及农村土地承包纠纷案件适用法律问题的解释》的规定，土地补偿费由本集体成员依照法定决定程序在本集体经济组织内部分配。

包地的效用，但也在一定程度上引发了承包地占有的不均衡问题，需要作相应调整。承包人还普遍存在促使流转方式多样化的期望。另外，《农村土地承包法》第 31 条虽注意到对娶进的媳妇、出嫁的妇女、离婚的妇女等群体的土地承包权益保护（“承包期内，妇女结婚，在新居住地未取得承包地的，发包方不得收回其原承包地；妇女离婚或者丧偶，仍在原居住地生活或者不在原居住地生活但在新居住地未取得承包地的，发包方不得收回其原承包地。”），但相关规定与农村社会实际有所脱节，制度的现实运行情况并不理想。[①] 有法院认为农村集体经济组织成员资格不因离婚而丧失：“离婚并非农村集体经济组织成员资格丧失的法定条件，离婚后户口未迁出，仍然在夫家所在地的，并不丧失所在村村集体组织成员的资格，只要继续尽村民的义务，就应当享有与该村村民同等的权利。村民集体经济组织制定的村规民约、规章制度、财产分配方案等，不得违反法律、法规以及有效规章和行政规范性文件规定的男女平等、村民平权等基本原则。”[②]

三、土地承包经营权的流转

2018 年修正前的《农村土地承包法》第 37 条第 1 款规定：“土地承包经营权采取转包、出租、互换、转让或者其他方式流转，当事人双方应当签订书面合同。采取转让方式流转的，应当经发包方同意；采取转包、出租、互换或者其他方式流转的，应当报发包方备案。”第 41 条规定：“承包方有稳定的非农职业或者有稳定的收入来源的，经发包方同意，可以将全部或者部分土地承包经营权转让给其他从事农业生产经营的农户，由该农户同发包方确立新的承包关系，原承包方与发包方在该土地上的承包关系即行终止。”据此，农村土地承包经营权的转让须经发包方同意。[③] 这就实际上限制了土地承包经营权的流转。明显采取《合同法》第 224 条关于转租的债法规则来设置土地承包经营权流转的条件。“既然法律将土地承包经营权作为一种物权（财产权）加以定性和确认，权利人处分其土地承包经营权即应是题中之义，农地的流转也就成为当然之理。现行法上对农地流转的限制并没有足够充分且正当的理由，应予修正。”《最高人民法院关于审理涉及农村土地承包纠纷案件适用法律问题的解释》（2020 年修正）第 13 条规定：“承包方未经发包方同意，采取转让方式流转其土地承包经营权的，转让合同无效。但发包方无法定理由不同意或者拖延表态的除外。”第 14 条规定：“承包方依法采取出租、入股或者其他方式流转土地承包经营权，发包方仅以该土地承包经营权流转合同未报其备案为由，请求确认合同无效的，不予支持。”有学者指出：“就农地流转而言，如果仅仅产生债法上的效果，则方式自由；如果产生移转物权的效果，权利人亦可自由处分，但应受物权变动的公示要求的约束；如果产生创设物权的效果，则应受物权法定主义的约束，方式强制。”[④]

土地承包经营权是农村土地制度最基础的制度安排。土地承包经营权流转取决于对土地承

---

① 陈小君，等．农村土地法律制度的现实考察与研究：中国十省调研报告书．北京：法律出版社，2010：3-27.

② 张溪经联社、第八经济社诉中山市政府驳回行政复议申请案，最高人民法院（2017）最高法行申 5157 号行政裁定书。

③ 《农村土地承包经营权流转管理办法》第 35 条第 1 款规定：“本办法所称转让是指承包方有稳定的非农职业或者有稳定的收入来源，经承包方申请和发包方同意，将部分或全部土地承包经营权让渡给其他从事农业生产经营的农户，由其履行相应土地承包合同的权利和义务。转让后原土地承包关系自行终止，原承包方承包期内的土地承包经营权部分或全部灭失。”第 2 款规定：“转包是指承包方将部分或全部土地承包经营权以一定期限转给同一集体经济组织的其他农户从事农业生产经营。转包后原土地承包关系不变，原承包方继续履行原土地承包合同规定的权利和义务。接包方按转包时约定的条件对转包方负责。承包方将土地交他人代耕不足一年的除外。”

④ 高圣平．新型农业经营体系下农地产权结构的法律逻辑．法学研究，2014（4）．

包经营权法律定性和边界界定的准确与清晰。“社会信任意味着相对稳定、明晰的产权获得法律的保障。如果一个社会产权不牢靠，权利边界不稳定，甚至会使诈骗也变得合理。就以农村土地流转为例，有的农户土地撂荒而难以流转到需要土地的人手里，原因之一是现行土地制度存在产权不清的弊端。土地承包权在现实中往往不稳定，接受流转者怎么肯给土地投入？类似的情形还有很多。”①

当农户是自耕农时，农村土地承包经营权的经营者也就是承包权的拥有者，承包权和经营权合一，细碎化的农村土地承包经营权划分有利于分配正义的实现。但随着大批农村劳动力离农化趋势加大（人地分离），农村社会环境和社会结构快速变化，承包权与经营权也发生事实上的分离。对这两束权利合一设置的制度安排就暴露出明显的缺陷，细碎化的农村土地承包经营权迫切需要村社集体力量统筹整合，以实现规模化经营、提高生产效率，实务中甚至出现了土地承包经营权信托。② 2013 年 11 月 12 日中国共产党第十八届中央委员会第三次全体会议通过的《中共中央关于全面深化改革若干重大问题的决定》指出：“稳定农村土地承包关系并保持长久不变，在坚持和完善最严格的耕地保护制度前提下，赋予农民对承包地占有、使用、收益、流转及承包经营权抵押、担保权能，允许农民以承包经营权入股发展农业产业化经营。”

2014 年 1 月 19 日，中共中央、国务院印发了《关于全面深化农村改革加快推进农业现代化的若干意见》。该意见第 17 条要求“在落实农村土地集体所有权的基础上，稳定农户承包权、放活土地经营权，允许承包土地的经营权向金融机构抵押融资”。

2014 年 9 月 29 日，中央全面深化改革领导小组第五次会议审议了《关于引导农村土地承包经营权有序流转发展农业适度规模经营的意见》《积极发展农民股份合作赋予集体资产股份权能改革试点方案》等。习近平总书记在讲话中指出：现阶段深化农村土地制度改革，要更多考虑推进中国农业现代化问题，既要解决好农业问题，也要解决好农民问题，走出一条中国特色农业现代化道路。我们要在坚持农村土地集体所有的前提下，促使承包权和经营权分离，形成所有权、承包权、经营权三权分置、经营权流转的格局。发展农业规模经营要与城镇化进程和农村劳动力转移规模相适应，与农业科技进步和生产手段改进程度相适应，与农业社会化服务水平提高相适应。要加强引导，不损害农民权益，不改变土地用途，不破坏农业综合生产能力。要尊重农民意愿，坚持依法自愿有偿流转土地经营权，不能搞强迫命令，不能搞行政瞎指挥。要坚持规模适度，重点支持发展粮食规模化生产。要让农民成为土地适度规模经营的积极参与者和真正受益者。要根据各地基础和条件发展，确定合理的耕地经营规模加以引导，不能片面追求快和大，更不能忽视了经营自家承包耕地的普通农户仍占大多数的基本农情。对工商企业租赁农户承包地，要有严格的门槛，建立资格审查、项目审核、风险保障金制度，对准入和监管制度作出明确规定。积极发展农民股份合作、赋予集体资产股份权能改革试点的目标方向，是要探索赋予农民更多财产权利，明晰产权归属，完善各项权能，激活农村各类生产要素潜能，建立符合市场经济要求的农村集体经济运营新机制。搞好这项改革，一项重要基础工作是保障农民集体经济组织成员权利。要探索集体所有制有效实现形式，发展壮大集体经济。试点过程中，要防止侵吞农民利益，试点各项工作应严格限制在集体经济组织内部。我国农村情况千差万别，集体经济发展很不平衡，要搞好制度设计，有针对性地布局试点。③

农村土地“三权分置”的农业经营体系创新政策背景下，《农村土地承包法》的修改就成

① 党国英．政府公信是社会信任的支柱．瞭望·中国，2012（190）．

② 高圣平．农地信托流转的法律构造．法商研究，2014（2）．

③ 习近平．严把改革方案质量关督察关—确保改革改有所进改有所成．新华网，2014-09-29．

为重要立法任务。修改《农村土地承包法》就是按照中央提出的关于完善农村土地承包制度的决策，把这些决策转化为法律规范，使农村土地承包制度与农业生产经营方式相适应。《农村土地承包法》修改过程中着重界定农村土地集体所有权、农户承包权以及土地经营权之间的权利关系，农民可以以土地承包经营权入股合作社，也可以发展农业产业化经营，土地经营权可以抵押融资。①

2018年修正后的《农村土地承包法》第33条规定："承包方之间为方便耕种或者各自需要，可以对属于同一集体经济组织的土地的土地承包经营权进行互换，并向发包方备案。"第34条规定："经发包方同意，承包方可以将全部或者部分的土地承包经营权转让给本集体经济组织的其他农户，由该农户同发包方确立新的承包关系，原承包方与发包方在该土地上的承包关系即行终止。"

四、承包地流转的新样态——土地经营权及其再流转

2016年10月30日，中共中央办公厅、国务院办公厅印发《关于完善农村土地所有权承包权经营权分置办法的意见》。该意见指出：农村承包地"三权分置"是继家庭联产承包责任制后农村改革又一重大制度创新。赋予经营主体更有保障的土地经营权，是完善农村基本经营制度的关键。农村土地集体所有权是土地承包权的前提，农户享有承包经营权是集体所有的具体实现形式，在土地流转中，农户承包经营权派生出土地经营权。支持在实践中积极探索农民集体依法依规行使集体所有权、监督承包农户和经营主体规范利用土地等的具体方式。鼓励在理论上深入研究农民集体和承包农户在承包土地上、承包农户和经营主体在土地流转中的权利边界及相互权利关系等问题。通过实践探索和理论创新，逐步完善"三权"关系，为实施"三权分置"提供有力支撑。农业农村部《农村土地经营权流转管理办法》自2021年3月1日起施行。

土地集体所有权与承包经营权是承包地处于未流转状态的一组权利，是"两权分离"。土地集体所有权与土地承包经营权、土地经营权是承包地处于流转状态的一组权利，是"三权分置"。有学者认为："要实现'三权分置'改革的目的，必须明确土地经营权的物权地位，并在此基础上赋予土地经营权人转让、抵押等权能。"②《民法典》物权编第十一章"土地承包经营权"依农地"三权分置"的模式设计，允许派生出的土地经营权自由流转，受让人不限于集体成员。《农村土地承包法》第9条规定："承包方承包土地后，享有土地承包经营权，可以自己经营，也可以保留土地承包权，流转其承包地的土地经营权，由他人经营。"如何定位该条中的"土地承包权"，值得思考。这也是该法中唯一一次出现"土地承包权"这个概念。有学者认为，依体系解释，宜将《农村土地承包法》第9条中的"土地承包权"解释为流转了土地经营权之后的农村土地承包经营权的简称。③另有学者认为，《农村土地承包法》第9条中的"土地承包权"应被界定为纯剩余财产权，即基于家庭承包而享有土地承包经营权的农户，在流转土地经营权之后对承包地享有的剩余财产权能的总和。④

农村集体土地所有权是土地承包经营权的母权利，农村土地承包经营权又是土地经营权的

---

① 陈丽平．农村土地承包法修改工作已启动．法制日报，2015-03-11.

② 宋志红．三权分置关键是土地经营权定性．中国经济时报，2016-07-14. 宋志红．三权分置下农地流转权利体系重构研究．中国法学，2018 (4).

③ 高圣平．农村土地承包法修改后的承包地法权配置——农村土地承包法修正述评．法学研究，2019 (5).

④ 宋志红．论《农村土地承包法》中的土地承包权．吉林大学社会科学学报，2020 (1).

母权利。农村土地承包经营权以农户家庭享有承包权即承包资格为前提，但土地经营权突破了这一身份的限制，任何人均可以依法取得。承包权是农户取得农村土地承包经营权这一物权的资格，体现的是成员权。而农村土地承包经营权人将经营权分离给第三人之后的剩余权，依然是物权，将其命名承包权，造成了物权和成员权的混淆。农户在将土地经营权分离出去即为他人设定土地经营权之后，仍然是农村土地承包经营权人，其所拥有的还是承包经营权，而非承包权。[①] 故"'土地承包经营权'的概念应当保留。"[②]

农村承包地"三权分置"之后，允许抵押、担保的是农村土地经营权，而不是农村土地承包权。农村土地家庭承包的承包方是本集体农户。农户对本集体经济组织土地的承包权，是他作为本集体成员权益的体现，是不能被任何其他主体取代的。农民将承包土地的经营权抵押给金融机构或其他债权人，不影响农民和其集体的承发包关系。农民到期不能偿还抵押、担保债务的，债权人并不能取代承包方成为集体新成员，农户也不会失去农村土地承包权，更不会影响农村土地的集体所有制。实际上，以承包土地的经营权向金融机构抵押融资，所抵押的只是土地的预期经营收入，是现金流而非不动产，因此，它不可能使农户失去对集体土地的承包权，但却可以在一定程度上缓解农民的融资难问题。赋予土地经营权抵押、担保权能，有助于实现农村土地从资源到资产的转变，实现农地资源优化配置。

2018 年修正后的《农村土地承包法》第二章"家庭承包"第五节专节规定了"土地经营权"。《农村土地承包法》第 49 条还将以"招标、拍卖……公开协商等方式承包"荒山、荒沟、荒丘、荒滩等农村土地的权利重构为土地经营权。[③] 有学者主张区分为设定于农村土地承包经营权之上的土地经营权和设定于集体土地所有权之上的土地经营权，而每一类型的土地经营权又均应被解释为包含物权性土地经营权和债权性土地经营权两种权利类型；设定于农村土地承包经营权之上的土地经营权以 5 年期限为物、债划界标准，设定于农村土地集体所有权之上的土地经营权以权利设定方式和实际权能安排为划界标准。出租属于债权性土地经营权的设立方式。[④] 承包方从自己的农村土地承包经营权中流转出土地经营权，这是第一次流转。《农村土地承包法》第 36 条规定："承包方可以自主决定依法采取出租（转包）、入股或者其他方式向他人流转土地经营权，并向发包方备案。"第 47 条第 1 款前段规定："承包方可以用承包地的土地经营权向金融机构融资担保，并向发包方备案。"据此，受让方可以再流转土地经营权，这是第二次流转。《农村土地承包法》第 46 条规定："经承包方书面同意，并向本集体经济组织备案，受让方可以再流转土地经营权。"第 47 条第 1 款第二句规定："受让方通过流转取得的土地经营权，经承包方书面同意并向发包方备案，可以向金融机构融资担保。"有学者认为：承包农户用以担保融资的标的物仍然是农村土地承包经营权，而非土地经营权。农村土地承包经营权抵押权的实现不得导致承包方失去农村土地承包经营权这一基本保障。在农村土地承包经营权抵押权实现之时，抵押权人是在农村土地承包经营权之上为他人流转土地经营权，并以流转价款优先受偿。这属于强制执行法上的强制管理或收益执行的执行措施，而此时农村土地承包经营权仍属于抵押人。[⑤] 有学者认为：若土地经营权经登记为物权，并在此基础上设立不动产抵押，会产

---

① 李凤章，吴强林．对农村土地承包法修正的三点意见．(2018－01－04)．澎湃新闻，https://www.thepaper.cn/newsDetail_forward_1927463.

② 房绍坤．民法典物权编用益物权的立法建议．清华法学，2018（2）．

③ 高圣平．农村土地承包法修改后的承包地法权配置——农村土地承包法修正述评．法学研究，2019（5）．

④ 宋志红．再论土地经营权的性质——基于对《农村土地承包法》的目的解释．东方法学，2020（2）．

⑤ 高圣平．土地承包经营权制度与民法典物权编编纂——评《民法典物权编（草案二次审议稿）》．法商研究，2019（6）．

生较强的融资能力。相反，若土地经营权是不经登记的租赁债权，在理论上其可设立权利质押，但其融资能力远逊于不动产抵押的。应坚持土地经营权的物权属性，并在其上建立不动产抵押制度。①

第五节 农村土地承包经营权和农民住房财产权抵押法律制度："两权"抵押贷款

农业规模化经营和农地金融是当前我国农村土地承包经营权改革的热点难点问题和发展方向，前者主要表现为农地"三权分置"的改革探索，后者主要体现为农地抵押。

2015年8月24日国务院发布《关于开展农村承包土地的经营权和农民住房财产权抵押贷款试点的指导意见》，该意见指出："按照所有权、承包权、经营权三权分置和经营权流转有关要求，以落实农村土地的用益物权、赋予农民更多财产权利为出发点，深化农村金融改革创新，稳妥有序开展'两权'抵押贷款业务……"2014年8月20日，《中国农业银行农村土地承包经营权抵押贷款管理办法（试行）》印发试行。2015年12月27日第十二届全国人民代表大会常务委员会第十八次会议通过《关于授权国务院在北京市大兴区等232个试点县（市、区）、天津市蓟县等59个试点县（市、区）行政区域分别暂时调整实施有关法律规定的决定》，该决定指出："为了落实农村土地的用益物权，赋予农民更多财产权利，深化农村金融改革创新，有效盘活农村资源、资金、资产，为稳步推进农村土地制度改革提供经验和模式，第十二届全国人民代表大会常务委员会第十八次会议决定：授权国务院在北京市大兴区等232个试点县（市、区）行政区域，暂时调整实施《中华人民共和国物权法》、《中华人民共和国担保法》关于集体所有的耕地使用权不得抵押的规定；在天津市蓟县等59个试点县（市、区）行政区域暂时调整实施《中华人民共和国物权法》、《中华人民共和国担保法》关于集体所有的宅基地使用权不得抵押的规定。上述调整在2017年12月31日前试行。暂时调整实施有关法律规定，必须坚守土地公有制性质不改变、耕地红线不突破、农民利益不受损的底线，坚持从实际出发，因地制宜。"2017年12月27日该决定延长授权至2018年12月31日。②

一、土地承包经营权抵押制度

《物权法》第184条原则上禁止农村土地承包经营权抵押。原《最高人民法院农村土地承包纠纷案件适用法律问题的解释》第15条规定："承包方以其土地承包经营权进行抵押或者抵偿债务的，应当认定无效。对因此造成的损失，当事人有过错的，应当承担相应的民事责任。"

《农村土地承包法》第53条规定："通过招标、拍卖、公开协商等方式承包农村土地，经依法登记取得权属证书的，可以依法采取出租、入股、抵押或者其他方式流转土地经营权。"国务院发布的《关于金融服务"三农"发展的若干意见》（国办发［2014］17号）规定："创新农村抵（质）押担保方式。制定农村土地承包经营权抵押贷款试点管理办法，在经批准的地区开展试点。慎重稳妥地开展农民住房财产权抵押试点。健全完善林权抵押登记系统，扩大林

① 于飞．从农村土地承包法到民法典物权编："三权分置"法律表达的完善．法学杂志，2020（2）．

② 国务院关于全国农村承包土地的经营权和农民住房财产权抵押贷款试点情况的总结报告——2018年12月23日在第十三届全国人民代表大会常务委员会第七次会议上．（2018－12－23）．中国人大网，http：//www.npc.gov.cn/npc/c12435/201812/2067ecc784a8437cbe8780a32bcf48ac.shtml.

权抵押贷款规模。推广以农业机械设备、运输工具、水域滩涂养殖权、承包土地收益权等为标的的新型抵押担保方式。加强涉农信贷与涉农保险合作，将涉农保险投保情况作为授信要素，探索拓宽涉农保险保单质押范围。”有学者指出，土地承包经营收益作为农业经营主体行使土地承包经营权所可得的未来收益，可以归入“应收账款”，因应收账款包含不动产收益，由此，土地承包经营收益权担保可以被定性为应收账款质权，从而发挥农地的金融价值。各地开展的土地收益保证贷款试点大多以土地承包经营收益权作为反担保财产（让与担保或质押），存在一定的法律风险，应依应收账款质权的基本法理予以重构。即使在目前推行“承包土地的经营权抵押”的政策之下，土地承包收益权担保在非试点地区仍具价值。①

根据全国人民代表大会常务委员会《关于授权国务院在北京市大兴区等 232 个试点县（市、区）、天津市蓟县等 59 个试点县（市、区）行政区域分别暂时调整实施有关法律规定的决定》，在试点市县，《物权法》第 184 条第 2 项暂时停止实施，该项规定：下列财产不得抵押，“耕地、宅基地、自留地、自留山等集体所有的土地使用权，但法律规定可以抵押的除外”。同样，《担保法》第 37 条第 2 项在试点市县也相应暂时停止实施。由此，农村承包地的经营权就被部分试点允许抵押。立法对农村土地承包经营权抵押在设立环节试点放开，但在相关土地承包经营权抵押权实现环节仍需进一步探讨相关配套措施，因土地承包经营权被拍卖以实现抵押权时，竞拍人仍不能突破本集体经济组织农户的身份限制，竞拍人对所竞拍到土地承包经营权的使用也不能突破《土地管理法》所规定的土地用途管制原则。有学者指出：“农户以其土地承包经营权设定抵押时，抵押权的实现可以采取强制管理的方式，不宜采用强制拍卖和强制变卖的方式。”②

《民法典》第 399 条不再将耕地的土地使用权列为不得抵押的财产。相应地，土地承包经营权人和土地经营权人均可作为担保人，土地经营权存在不同的融资担保方式。具体分析如下：

第一，土地承包经营权人可以作为担保人和金融机构签订融资担保合同，合同生效时产生土地经营权，该土地经营权成为担保物权的客体。《民法典》第 339 条规定：“土地承包经营权人可以自主决定依法采取出租、入股或者其他方式向他人流转土地经营权。”该条中的“其他方式”包括土地经营权融资担保。《农村土地承包法》第 47 条第 1 款规定：“承包方可以用承包地的土地经营权向金融机构融资担保，并向发包方备案。……”

第二，结合承包地“三权分置”改革，根据土地经营权流转的法律规定，以家庭承包取得的土地承包经营权不直接抵押，土地承包经营权人可以抵押具有物权性质的土地经营权以实现农地融资。《农村土地承包法》第二章“家庭承包”第 17 条规定“依法流转土地经营权”作为承包方享有的权利之一。

第三，土地经营权人可以直接作为担保人，以已经存在的土地经营权设立担保。《农村土地承包法》第 47 条第 1 款规定：“……受让方通过流转取得的土地经营权，经承包方书面同意并向发包方备案，可以向金融机构融资担保。”物权性质的土地经营权对应抵押这种融资担保方式，债权性质的土地经营权对应权利质权这种融资担保方式。

第四，以其他方式承包取得的具有物权性质的土地经营权可以作为抵押权的客体。《农村土地承包法》第 49 条第一句规定：“以其他方式承包农村土地的，应当签订承包合同，承包方

① 高圣平．论土地承包收益权担保的法律构造——兼评吉林省农地金融化的地方实践．法律科学，2015（6）．

② 高圣平．承包土地的经营权抵押规则之构建——兼评重庆城乡统筹综合配套改革试点模式．法商研究，2016（1）．

取得土地经营权。”该条规定的土地经营权可能是物权性质的，也可能是债权性质的。对以其他方式承包取得的具有物权性质的土地经营权，《民法典》第342条进一步规定：“通过招标、拍卖、公开协商等方式承包农村土地，经依法登记取得权属证书的，可以依法采取出租、入股、抵押或者其他方式流转土地经营权。”该条不再像《物权法》第133条那样规定以其他方式承包的土地承包经营权可以抵押。《农村土地承包法》第三章“其他方式的承包”第53条也规定：“通过招标、拍卖、公开协商等方式承包农村土地，经依法登记取得权属证书的，可以依法采取出租、入股、抵押或者其他方式流转土地经营权。”

二、农民住房财产权抵押制度

《物权法》第184条第2项、《民法典》第399条第2项规定，宅基地使用权不得抵押。如果单将农村居民在建房屋或者现有房屋来抵押，又会遇到以建筑物抵押时，该建筑物占用范围内的建设用地使用权一并抵押的问题，因此，单独抵押房屋也不现实。实际上，禁止宅基地使用权抵押与禁止宅基地使用权流转的理由一致，仍是宅基地使用权带有社会保障的性质，一旦农民失去住房及宅基地使用权，将会丧失基本的生存条件，影响社会稳定。①

针对农民住房财产权抵押制度，有学者以“房地分离”原则为出发点，从解释论角度指出：宅基地的福利性并不能抹杀宅基地使用权本身的财产属性，农民无偿地创设取得宅基地使用权之后，即享有这种被《物权法》确认为用益物权的财产，宅基地使用权的流转或处分是宅基地财产属性的题中之义，无论是否承认宅基地的保障功能，都不影响宅基地使用权的流转。在目前社会发展现状下，宅基地使用权流转主要体现在：慎重、稳妥推进农户住房财产权抵押、转让，探索农民增加财产性收入渠道；受让人在取得住房所有权的同时取得宅基地使用权的法定租赁权。② 2015年8月10日，国务院发布的《关于开展农村承包土地的经营权和农民住房财产权抵押贷款试点的指导意见》指出：“农民住房财产权设立抵押的，需将宅基地使用权与住房所有权一并抵押。”有学者主要从“房地一致”原则出发，对农民住房财产权抵押制度作如下解释论的构建：农民住房抵押的标的物为农民住房，住房所有权和宅基地使用权一并抵押。所有权人可以用自己的住房为本人或他人的债务设定农民住房抵押，不受其他条件限制，但抵押权人应限于金融机构，以防止出现城镇居民通过抵押方式变相购买农民住房。农民住房抵押权的设立无须经本集体经济组织同意，抵押贷款用途亦不受其限，既可用于生产经营，又可用于生活经营，这些不同用途都有利于增加农民的财产性收入。农民住房抵押权的实现方式除折价、拍卖、变卖外，还有强制管理，由管理人用该住房所得收益清偿债权，也可以是抵押权人自己利用。农民住房作为抵押物处置时的受让人不限于本集体经济组织成员，但本集体经济组织成员在同等条件下享有优先购买权；非本集体经济组织成员在受让农民住房时，推定其对集体土地享有租赁权，推定租赁的期限最长为20年，期满后当事人可以续期。③ 立法对农民住房财产权抵押在设立环节曾试点放开，但在相关抵押权实现环节仍需进一步探讨相关配套措施，因鉴于“房地一致”原则，农民住房财产权被拍卖以实现抵押权时，竞拍人仍不能突破本集体经济组织农户的身份限制，竞拍人对所竞拍到农民住房财产权和宅基地使用权的使用也不能突破《土地管理法》所规定的土地用途管制原则。当然，从解释论上看，在农民住房

① 全国人大常委会法制工作委员会民法室．中华人民共和国物权法条文说明、立法理由及相关规定．北京：北京大学出版社，2007：333-334．

② 高圣平．宅基地制度改革试点的法律逻辑．烟台大学学报（哲学社会科学版），2015（3）．

③ 房绍坤．农民住房抵押之制度设计．法学家，2015（6）．

财产权抵押实现过程中，如果竞拍人取得对相应宅基地使用权的法定租赁权，而非相应宅基地使用权本身，则竞拍人可以不限于本集体经济组织的农户。如此也可以增强农民住房财产权在法律上的流通性。

有学者担心在农地“三权分置”的背景下，允许农村土地经营权抵押担保，实际上可能导致土地权属关系错综复杂，有可能影响土地经营权抵押和担保的实现；允许农民住房抵押担保的同时又禁止农村宅基地使用权抵押担保和禁止向非本集体经济组织成员转让，也可能让住房抵押担保的实现受到不利影响。①

本章思考题

1. 论述农村土地“三权分置”的农业经营体系创新与我国《农村土地承包法》的修改。
2. 论述土地经营权的性质。
3. 在稳步推进农村集体产权制度改革过程中如何赋予农民更多财产权利？
4. 思考农村土地改革中政策与法律的互动关系。
5. 在农村土地改革中如何保障粮食安全？
6. 2016年10月30日，中共中央办公厅、国务院办公厅印发《关于完善农村土地所有权承包权经营权分置办法的意见》，该意见指出，“始终坚持农村土地集体所有权的根本地位”。请从房地产法角度谈谈为什么要“始终坚持农村土地集体所有权的根本地位”以及如何“始终坚持农村土地集体所有权的根本地位”。
7. 在我国现行法下，农户可以用哪些房地产权益向金融机构融资担保？请分析用这些房地产权益融资担保时的具体法律构造。
8. 有学者认为，纵览农业农村改革四十年的历程，有两条经验最为关键，即赋权和市场化。② 请结合农村承包地改革，谈谈对这一观点的认识。

① 吴毅，陈颀．农地制度变革的路径、空间与界限——“赋权—限权”下行动互构的视角．社会学研究，2015（5）．

② 张云华．农业农村改革40年主要经验及其对乡村振兴的启示．改革，2018（12）．

第十四章 宅基地使用权制度

第一节 集体建设用地与集体经营性建设用地使用权

一、集体建设用地的类型

《土地管理法》第59条规定："乡镇企业、乡（镇）村公共设施、公益事业、农村村民住宅等乡（镇）村建设，应当按照村庄和集镇规划，合理布局，综合开发，配套建设；建设用地，应当符合乡（镇）土地利用总体规划和土地利用年度计划，并依照本法第四十四条、第六十条、第六十一条、第六十二条的规定办理审批手续。"第64条规定："集体建设用地的使用者应当严格按照土地利用总体规划、城乡规划确定的用途使用土地。"据此，集体建设用地是指符合土地利用总体规划、城乡规划的乡镇企业、乡（镇）村公共设施、公益事业、农村村民住宅等乡（镇）村建设用地。集体建设用地包括集体经营性建设用地和集体非经营性建设用地。

《土地管理法》第63条第3款规定了集体经营性建设用地使用权，第63条第4款规定了集体建设用地使用权。集体经营性建设用地可以出租或者出让，集体经营性建设用地使用权通过出让等方式取得。集体经营性建设用地使用权原则上可以转让、互换、出资、赠与或者抵押。因此，集体建设用地上可以产生集体建设用地使用权、集体经营性建设用地使用权和宅基地使用权等用益物权。

二、集体经营性建设用地入市历程

2013年11月12日中国共产党第十八届中央委员会第三次全体会议通过的《中共中央关于全面深化改革若干重大问题的决定》指出："建立城乡统一的建设用地市场。在符合规划和用途管制前提下，允许农村集体经营性建设用地出让、租赁、入股，实行与国有土地同等入市、同权同价。""赋予农民更多财产权利。保障农民集体经济组织成员权利，积极发展农民股份合作，赋予农民对集体资产股份占有、收益、有偿退出及抵押、担保、继承权。保障农户宅基地用益物权，改革完善农村宅基地制度，选择若干试点，慎重稳妥推进农民住房财产权抵押、担保、转让，探索农民增加财产性收入渠道。建立农村产权流转交易市场，推动农村产权流转交易公开、公正、规范运行。"

2014年1月19日中共中央、国务院印发了《关于全面深化农村改革加快推进农业现代化的若干意见》。该意见指出："引导和规范农村集体经营性建设用地入市。在符合规划和用途管制的前提下，允许农村集体经营性建设用地出让、租赁、入股，实行与国有土地同等入市、同权同价，加快建立农村集体经营性建设用地产权流转和增值收益分配制度。”“完善农村宅基地管理制度。改革农村宅基地制度，完善农村宅基地分配政策，在保障农户宅基地用益物权前提下，选择若干试点，慎重稳妥推进农民住房财产权抵押、担保、转让……完善城乡建设用地增减挂钩试点工作，切实保证耕地数量不减少、质量有提高。加快包括农村宅基地在内的农村地籍调查和农村集体建设用地使用权确权登记颁证工作。”

2020 年 5 月 14 日自然资源部发布《关于加快宅基地和集体建设用地使用权确权登记工作的通知》。

在中国共产党十八届三中全会召开之前，集体经营性建设用地主要通过出租的方式入市。而建立城乡统一的建设用地市场，允许农村集体经营性建设用地通过出让等多种方式入市，将推动土地供求格局的变化，有利于提高集体用地的经济效益；盘活和利用集体经营性建设用地，也有利于在国有土地资源紧缺的背景下缓解城市化发展带来的土地供需矛盾，满足多层次的用地需求。2016 年 2 月，广州市首宗农村集体建设用地使用权入市在白云区集体资产交易中心落槌。① 不过，根据《村民委员会组织法》第 24 条第 1 款第 8 项的规定，农村集体经营性建设用地使用权出让属于“以借贷、租赁或者其他方式处分村集体财产”，应该“经村民会议讨论决定方可办理”。而对相关出让收益的使用，属于“从村集体经济所得收益的使用”，同样须“经村民会议讨论决定方可办理”。可见，农村集体经营性建设用地使用权入市离不开涉及村民利益事项的集体决策，特别是增值收益分配机制等村民自治制度的完善；保障农民集体经济组织成员权利是赋予农民更多财产权利的根本之道，而农民集体经济组织成员权利的实现离不开经由村民民主表决形成的农民集体决议行为。当然，农村集体经营性建设用地使用权以出让的方式入市还带来了更多的问题，如土地确权后能否分割出让、受让方能否再分割转让、出让期限届满后如何续期或者收回，等等。② 2019 年修正后的《土地管理法》第 63 条对集体经营性建设用地入市作了基本规定：“土地利用总体规划、城乡规划确定为工业、商业等经营性用途，并经依法登记的集体经营性建设用地，土地所有权人可以通过出让、出租等方式交由单位或者个人使用，并应当签订书面合同，载明土地界址、面积、动工期限、使用期限、土地用途、规划条件和双方其他权利义务。”“前款规定的集体经营性建设用地出让、出租等，应当经本集体经济组织成员的村民会议三分之二以上成员或者三分之二以上村民代表的同意。”“通过出让等方式取得的集体经营性建设用地使用权可以转让、互换、出资、赠与或者抵押，但法律、行政法规另有规定或者土地所有权人、土地使用权人签订的书面合同另有约定的除外。”“集体经营性建设用地的出租，集体建设用地使用权的出让及其最高年限、转让、互换、出资、赠与、抵押等，参照同类用途的国有建设用地执行。具体办法由国务院制定。”2020 年 10 月 29 日中国共产党第十九届中央委员会第五次全体会议通过的《中共中央关于制定国民经济和社会发展第十四个五年规划和二〇三五年远景目标的建议》要求“健全城乡统一的建设用地市场，积极探索实施农村集体经营性建设用地入市制度”。

第二节　宅基地使用权

一、宅基地使用权制度及宅基地“三权分置”改革

根据《物权法》第 152 条、《民法典》第 362 条，宅基地使用权是指权利人依法占有、使

①② 郜小平．农村集体建设用地使用权入市除了村民“心病”．南方日报，2016 - 04 - 11.

用集体所有的土地，并有权利用该土地建造住宅及其附属设施的用益物权。宅基地是农民集体非经营性建设用地的重要表现形式。

宅基地使用权的法律特征有：第一，权利主体身份的特殊性。宅基地使用权人只能是农村集体经济组织的成员。“宅基地使用权与特定的身份关系相联系，不允许违法转让”[①]。根据《土地管理法》第62条，农村村民以户为单位申请宅基地，并且一户只能申请一处宅基地。可见，宅基地使用权具有一定的社会福利性质。当然，此处所谓的“一户一宅”是指村民在出售自己宅基地上的房屋后无权再次申请宅基地使用权，并非村民不得买卖本集体经济组织成员的私有房屋。[②] 第二，权利客体的特殊性。宅基地使用权的客体为集体所有的土地，且不得为农村集体所有土地中的耕地、乡镇企业建设用地或者乡（镇）村公共设施及公益事业用地。第三，设立目的的特殊性。宅基地使用权的设立目的限于供权利人在宅基地上建造住宅及其附属设施，这就与《物权法》第135条、第137条关于建设用地使用权的设立目的多样性的规定不同。另外，《物权法》第152条、《民法典》第362条也没有规定权利人对宅基地使用权的收益权能。[③] 第四，取得和使用的无偿性。宅基地使用权是农村村民基于集体经济组织成员身份而申请并无偿取得的，是对农民最基本的居住保障。

当前社会实践中，土地承包经营权、建设用地使用权和宅基地使用权诸领域改革探索活跃，其中一个很重要的政策背景就是《土地管理法》第30条所规定的耕地占补平衡制度，即“国家保护耕地，严格控制耕地转为非耕地”；“国家实行占用耕地补偿制度。非农业建设经批准占用耕地的，按照‘占多少，垦多少’的原则，由占用耕地的单位负责开垦与所占用耕地的数量和质量相当的耕地；没有条件开垦或者开垦的耕地不符合要求的，应当按照省、自治区、直辖市的规定缴纳耕地开垦费，专款用于开垦新的耕地。”与此相应，城乡建设用地增减挂钩[④]、合村并居、地票交易、农村土地复垦等土地领域的实践探索颇多，值得关注。2015年9月16日农业部发布《关于积极开发农业多种功能 大力促进休闲农业发展的通知》，该通知指出：“……不能以办农家乐名义乱占农地搞高档度假村。”“支持社会资本积极参与休闲农业发展，引导建立农民参与和利益共享机制，鼓励农民以承包土地入股等形式与企业进行合作，不断提高农民的资产性收益。”“明确用地政策。在实行最严格的耕地保护制度的前提下，对农民就业增收带动作用大、发展前景好的休闲农业项目用地，各地要将其列入土地利用总体规划和年度计划优先安排。支持农民发展农家乐，闲置宅基地整理结余的建设用地可用于休闲农业。鼓励利用村内的集体建设用地发展休闲农业，支持有条件的农村开展城乡建设用地增减挂钩试点，发展休闲农业。鼓励利用‘四荒地’（荒山、荒沟、荒丘、荒滩）发展休闲农业，对中西部少数民族地区和集中连片特困地区利用‘四荒地’发展休闲农业，其建设用地指标给予倾斜。加快制定乡村居民利用自有住宅或者其他条件依法从事旅游经营的管理办法。”

实践中，出现了比较多的“一户多宅”、面积超标、宅基地闲置、农房闲置、“空心村”、农房功能复合性等现象。[⑤] 2018年1月2日中共中央、国务院发布的《关于实施乡村振兴战略的意见》指出：“完善农民闲置宅基地和闲置农房政策，探索宅基地所有权、资格权、使用权

---

① 张媛．农民卖房十年后毁约获支持．新京报，2012-01-02．本书作者认为，在当前城乡基层普法实践中，宅基地使用权的特定身份关联性（身份属性）、诉讼时效制度等都应当成为重点。

② 刘淑兰诉翟克常等农村房屋买卖案，北京市第一中级人民法院（2006）一中民终字第1329号民事判决书。

③ 朱岩．“宅基地使用权”评释——评《物权法草案》第十三章．中外法学，2006（1）．

④ 茅于轼，赵继成．“增减挂钩”政策错了吗？．新京报，2010-11-13．

⑤ “近年来，农村宅基地和农房闲置问题日益突出，据统计，目前全国农村约有7 000万套闲置农房，一些地区农房空置率甚至已超过35%。”（九三学社中央．关于进一步盘活农村闲置住房资源的提案．2020-05-11．）

‘三权分置’，落实宅基地集体所有权，保障宅基地农户资格权和农民房屋财产权，适度放活宅基地和农民房屋使用权，不得违规违法买卖宅基地，严格实行土地用途管制，严格禁止下乡利用农村宅基地建设别墅大院和私人会馆。”2020 年 5 月 11 日《中共中央、国务院关于新时代加快完善社会主义市场经济体制的意见》要求“探索农村宅基地所有权、资格权、使用权‘三权分置’，深化农村宅基地改革试点”。2020 年 10 月 29 日中国共产党第十九届中央委员会第五次全体会议通过的《中共中央关于制定国民经济和社会发展第十四个五年规划和二〇三五年远景目标的建议》要求“探索宅基地所有权、资格权、使用权分置实现形式”。有学者结合我国财产法物债二分的基本逻辑，建议将宅基地“三权分置”下的“第三权”构建为“以租赁方式设定的宅基地租赁权”和“以分置方式设定的宅基地经营权”两种类型的权利。[①]

二、宅基地使用权的可继承性

《继承法》第 3 条并未明确规定宅基地使用权可以作为遗产，存在列举不周，也导致了理论上和实践中的争论。

一方面，有学者认为建有房屋的宅基地使用权可以作为遗产继承。单纯的宅基地使用权带有集体经济组织成员福利分配的色彩，具有较强的人身属性和社会保障功能，不宜作为财产继承。建有房屋的宅基地使用权能否作为遗产继承，就须另作讨论，毕竟宅基地上的房屋属于遗产的范围。根据“地随房走”的规则，宅基地使用权当然随同其上的房屋而成为遗产的范围。《土地管理法》第 62 条所规定的“一户一宅”规则也仅适用于“一户只能申请一处宅基地”。因此，“无论继承人户口是否迁出、是否仍为农村居民、是否已经拥有宅基地，当房屋作为遗产被继承时，其项下的宅基地使用权也应当被一体继承，这既符合法律规定又有利于保护农民的私有财产权，更能够长远保护农民的合法权益。”[②] 不具有本集体成员身份之继承人继承宅基地使用权乃至土地承包经营权之后只能将之流转给本集体经济组织的其他成员。[③] 本书作者认为此种观点较好兼顾了宅基地使用权的财产权属性和身份福利属性，基于财产权属性，宅基地使用权能够为继承人所继承；基于身份福利（保障）属性，继承人继承宅基地使用权后只能将之流转给本集体经济组织的其他成员。

另一方面，有学者认为：“宅基地使用权……是一项不适于继承的‘特殊财产’：其人身依附性决定了它必须因具有集体经济组织成员资格而取得、因集体经济组织成员资格的消灭而消灭，不产生继承问题；基于取得上的无偿性，如允许其继承，将使继承人无端受益，有违公平理念；而福利性质决定了如果允许继承，将导致宅基地无限扩大。因此，宅基地使用权不能通过继承而取得。在‘地随房走’的场合，继承人仅是因继承房屋而得以继续使用所继承房屋占用范围内的宅基地，其并不享有宅基地使用权。至于因房屋可以继承而宅基地使用权不可以继承而产生的矛盾，可以通过其他方式来解决。”[④]

还应该注意，农村承包经营户的土地承包经营权和宅基地使用权人的宅基地使用权都具有相对独立性。如在李某祥诉李某梅继承权纠纷案中，法院指出：农村土地家庭承包的，承包方

---

① 宋志红．乡村振兴背景下的宅基地权利制度重构．法学研究，2019（3）．宋志红．宅基地“三权分置”的法律内涵和制度设计．法学评论，2018（4）．

② 陈律，吴孙友．宅基地使用权继承问题研究．人民司法，2012（19）．

③ 梁慧星．民事立法、理论、实务若干问题．（2014－03－19）［2014－05－03］．中国法学网，http：//www.iolaw.org.cn/showArticle.aspx？id=3999.

④ 陈志坤．宅基地使用权能否继承．江苏法制报，2011－09－01.

是本集体经济组织的农户，其本质特征是以本集体经济组织内部的农户家庭为单位实行农村土地承包经营。家庭承包方式的农村土地承包经营权属于农户家庭，而不属于某一个家庭成员。农村土地承包经营权不属于个人财产，故不发生继承问题。除林地外的家庭承包，当承包农地的农户家庭中的一人或几人死亡时，承包经营仍然是以户为单位，承包地仍由该农户的其他家庭成员继续承包经营；当承包经营农户家庭的成员全部死亡时，由于承包经营权的取得是以集体成员权为基础，故该土地承包经营权归于消灭，不能由该农户家庭成员的继承人继续承包经营，更不能作为该农户家庭成员的遗产处理。① 对宅基地使用权的团体性也宜作此理解：宅基地归集体所有，由村民按户申请使用。宅基地使用权具有集体福利和社会保障的功能，以集体成员权为取得基础。宅基地使用权属于村民户内家庭成员共同共有，户内某个家庭成员死亡，并不必然导致户的消灭，宅基地使用权仍然是家庭共有财产而非被继承人的个人财产。②

第三节　农村房屋买卖合同的法律效力——以“小产权房”买卖为中心

一、农村房屋买卖合同概述

农村房屋买卖合同纠纷多发生在农民和城镇居民之间，集体经济组织成员之间或不同集体经济组织之间的房屋买卖合同纠纷相对少见。本书所讨论的农村房屋买卖主要针对“小产权房”的买卖，既包括城镇居民购买农村宅基地上的房屋，也包括城镇居民购买农村集体经济组织在其他农村建设用地上建造的房屋。③

《物权法》立法过程中对宅基地使用权流转问题讨论颇多。《物权法》第 153 条对宅基地使用权的流转采取保守的态度，规定宅基地使用权的转让“适用土地管理法等法律和国家有关规定”。《民法典》第 363 条仍坚持此态度：“……适用土地管理的法律和国家有关规定”。《民法通则》第 6 条规定：“民事活动必须遵守法律，法律没有规定的，应当遵守国家政策。”目前，在宅基地使用权流转问题上，国家有关规定主要是指《关于加强土地转让管理严禁炒卖土地的通知》第 2 条，据此，农民的住宅不得向城市居民出售，也不得批准城市居民占用农村集体土地建住宅。根据土地用途管制原则，《土地管理法》第 82 条规定：“擅自将农民集体所有的土地通过出让、转让使用权或者出租等方式用于非农业建设，或者违反本法规定，将集体经营性建设用地通过出让、出租等方式交由单位或者个人使用的，由县级以上人民政府自然资源主管部门责令限期改正，没收违法所得，并处罚款。”宅基地使用权人对宅基地使用权的处分权能受限制，城镇居民购买在农村集体所有土地上开发的“小产权房”的买卖合同也就属于非法。在立法论上，有学者对宅基地使用权的流转持否定态度④，也有学者持肯定态度。⑤

在前述政策背景下，国有建设用地使用权和集体建设用地使用权形成二元分立的局面，集体建设用地使用权的流转受到很大的限制。《国务院关于深化改革严格土地管理的决定》第 10 条指出：“……鼓励农村建设用地整理，城镇建设用地增加要与农村建设用地减少相挂钩……禁止擅自通过‘村改居’等方式将农民集体所有土地转为国有土地。禁止农村集体经济组织非

① 最高人民法院公报，2009（12）.

② 王海燕．农村宅基地上建设的房屋能否继承．人民法院报，2015-03-26（7）.

③ 类似观点，参见王洪亮．小产权房与集体土地利益归属论．清华法学，2009（5）。

④ 孟勤国．物权法开禁宅基地交易之辩．法学评论，2005（4）.

⑤ 郭明瑞．关于宅基地使用权的立法建议．法学论坛，2007（1）.

法出让、出租集体土地用于非农业建设。改革和完善宅基地审批制度，加强农村宅基地管理，禁止城镇居民在农村购置宅基地……”据此，产生了城乡建设用地增减挂钩制度，即依据土地利用总体规划，如果农村建设用地地块被整理复垦为耕地（即拆旧区），城镇可对应增加相应面积的建设用地（即建新区），最终实现项目区内建设用地总量不增加，耕地面积不减少、质量不降低，用地布局更合理。

二、“小产权房”买卖合同的法律效力

当前，法院对“小产权房”买卖合同的法律效力认定以无效为原则，以有效为例外。如果买卖双方都是同一集体经济组织的成员，且均办理了宅基地审批手续，才可以认定合同有效。① 当然，法院判决“小产权房”买卖合同无效会引发对买受人信赖利益的保护问题。② 不过司法实践中也存在法院根据案件的实际情况作综合判断，判决“小产权房”买卖合同有效的案例。③ 实际上，《物权法》第153条、《民法典》第363条也预留了立法调整的弹性空间，在宅基地使用权流转问题上立法机关允许通过“国家有关规定”的方式慢慢凝聚共识、探讨出路。2013年年底北京市门头沟区人民法院在一起“小产权房”买卖合同纠纷案件中认为，鉴于我国对“小产权房”的相关法律规定尚未出台，双方当事人就诉争房屋正式产权手续的办理并无明确约定，对于卖房人要求确认合同无效的诉讼请求，不予支持。④

农村房屋买卖多数发生在20世纪八九十年代，彼时作为买卖双方的城镇居民与农民法律意识相对淡薄，对农村宅基地和农村房屋买卖的相关法律规定和国家政策知之较少。农民作为卖房人起诉，要求确认房屋买卖合同无效多数是被拆迁利益驱动。拆迁单位对当地农民进行补偿，补偿结果大多为农民获得高额补偿款或以优惠价格购买回迁房屋。在经济利益的驱使下，许多卖房农民反悔，以当时不懂法或未经家人同意为理由要求确认之前签订的房屋买卖合同无效。法院裁判时对此类案件一般判决确认农村房屋买卖合同无效，并启动对当事人的利益补偿机制，确定补偿标准，使当事人的合法利益得到应有的保障⑤，即居民腾退现有房屋，农民根据房屋买卖时与纠纷发生时房屋价值及地价的差额按比例返还价款。“小产权房”买卖合同被确认无效之法律后果，《合同法》第58条、《民法典》第157条提供了相应的规范依据，这就是根据缔约过失责任，以防止当事人之间利益失衡。

判决“小产权房”买卖合同无效的法律适用路径可能包括如下几种：一是根据《民法通则》第6条以相关买卖合同违反国家政策为由判定其无效。二是根据《合同法》第52条第5项和《土地管理法》第62条等，以相关买卖合同违反法律的效力性强制性规定为由判定其无效。三是根据《合同法》第52条第4项以相关买卖合同损害社会公共利益为由判定其无效。⑥ 第一种路径无法回避原《最高人民法院关于适用〈中华人民共和国合同法〉若干问题的解释（一）》第4条的规定：“合同法实施以后，人民法院确认合同无效，应当以全国人大及其常委会制定的

---

① 2004年2月15日《北京市高级人民法院关于印发农村私有房屋买卖纠纷、合同效力认定及处理原则研讨会会议纪要的通知》。

② 李某与马某买卖合同纠纷案，北京市第二中级人民法院（2007）二中民终字第13692号民事判决书。

③ 陈某诉马某房屋买卖合同无效案，北京市第一中级人民法院（2007）一中民终字第09544号民事判决书。在该案中，鉴于马某在取得该房产权证书后，已将户口迁入并实际居住十余年，已对该房屋形成了稳定的占有关系，法院终审认定马某与陈某于1989年签订的房屋买卖合同有效。

④ 张玉学．小产权房买卖协议被认定有效．新京报，2013-12-17.

⑤ 金川，马敬．海淀法院调研农村房屋买卖合同纠纷案件特点．北京法院网，2010-07-07.

⑥ 戴孟勇．城镇居民购买农村房屋纠纷的司法规制．清华法学，2009（5）.

法律和国务院制定的行政法规为依据，不得以地方性法规、行政规章为依据。”第二种路径所援引的《土地管理法》第62条等规定根据目的解释方法并非效力性强制性规定，不符合原《最高人民法院关于适用〈中华人民共和国合同法〉若干问题的解释（二）》第14条的规定：“合同法第五十二条第（五）项规定的‘强制性规定’，是指效力性强制性规定。”第三种路径将损害公共利益作为合同无效的立法理由，在解释论上更为顺畅。如果合同行为违反地方性法规或者部委规章，将导致损害社会公共利益，则可以根据《合同法》第52条第4项、《民法典》第153条，以损害社会公共利益为由确认合同无效，而不能以地方性法规或者部委规章的相关规定为依据认定合同无效。在当前农村社会保障体制不健全的背景下，贸然放开宅基地使用权或者其他农村集体建设用地使用权的自由流转，取消其成员权属性，不利于保障农村基本生存权益和农村社会稳定。

判决“小产权房”买卖合同有效的法律适用路径在于：根据民法诚信原则，禁止当事人通过恶意抗辩获取不当利益。出卖人受房屋升值或者拆迁补偿等利益驱动主张房屋买卖合同无效，属于恶意抗辩，不应获得支持，以免出现“背信者获利”的现象。法律禁止恶意之人因主张合同无效而获得大于合同有效时所能取得的利益，如原《最高人民法院关于审理建设工程施工合同纠纷案件适用法律问题的解释》第1条规定，承包人未取得建筑施工企业资质或者超越资质等级的建设工程合同无效。然而该解释第2条又规定：“建设工程施工合同无效，但建设工程经竣工验收合格，承包人请求参照合同约定支付工程价款的，应予支持。”据此，工程竣工验收合格后，发包人不能以建设工程合同无效为由拒付工程价款。本书作者认为，承包人也不能反过来以建设工程合同无效为由进行恶意抗辩。承包人“以自己不具备建设资质为由直接提出原、被告之间的建设工程合同无效，旨在规避在有效合同情形下应当承担的违约责任，其行为显属恶意抗辩。所谓恶意抗辩就是指当事人违反诚信原则而针对对方的请求提出抗辩。自己承认违法了，主动提出合同无效，应不是善意的。其行为违反了诚信这一民法基本原则”①。对“小产权房”买卖合同的效力判断能否类推适用原《最高人民法院关于审理建设工程施工合同纠纷案件适用法律问题的解释》第1条和第2条？本书作者对此持否定态度。

有学者认为，在立法论上看，在宅基地使用权流转的法律限制被解除之前，“小产权房”买卖合同的效力被缓和的一种可能路径是借鉴我国台湾地区“民法”第425条之一规定的法定租赁权制度——此时购买农村房屋的非农村集体经济组织成员取得的是房屋所有权和房屋所在宅基地使用权的法定租赁权。此种观点遇到的障碍就是“房地一体”原则。此种观点主张“小产权房”买卖合同既非无效，也非有效，而是部分无效，即房屋买卖部分有效，宅基地使用权买卖部分无效，对该无效之部分可设法定租赁权。②

第四节 《城乡建设用地增减挂钩试点管理办法》评析

一、城乡建设用地增减挂钩制度的背景、依据和法律性质

为进一步加强和规范城乡建设用地增减挂钩试点工作，根据《国务院关于深化改革严格土

① 青岛胶东建筑有限公司诉胶州市华鹏装饰有限公司建筑工程施工合同纠纷案，山东省胶州市人民法院（2007）胶民重字第14号民事判决书；桂子丹与临高县海旺兴业有限公司等宅基地使用权转让纠纷上诉案，海南省海南中级人民法院（2008）海南民二终字第203号民事判决书。

② 韩世远．居民买农房纠纷的裁判之道．人民法院报，2007-12-06（5）．王文军．论农村宅基地上房屋的买卖——“小产权房”的另一种形式．清华法学，2009（5）．刘凯湘．法定租赁权对农村宅基地制度改革的意义与构想．法学论坛，2010（1）．

地管理的决定》（国发〔2004〕28号）的规定，2009年3月2日国土资源部发布、实施《城乡建设用地增减挂钩试点管理办法》，该办法第2条规定："本办法所称城乡建设用地增减挂钩（以下简称挂钩）是指依据土地利用总体规划，将若干拟整理复垦为耕地的农村建设用地地块（即拆旧地块）和拟用于城镇建设的地块（即建新地块）等面积共同组成建新拆旧项目区（以下简称项目区），通过建新拆旧和土地整理复垦等措施，在保证项目区内各类土地面积平衡的基础上，最终实现增加耕地有效面积，提高耕地质量，节约集约利用建设用地，城乡用地布局更合理的目标。"城乡建设用地增减挂钩制度是在《土地管理法》的框架下进行的解释论探索。城乡建设用地增减挂钩制度的依据在于《土地管理法》第17条第6项和第30条。《土地管理法》第17条第6项规定："土地利用总体规划按照下列原则编制：……（六）占用耕地与开发复垦耕地数量平衡、质量相当。"第30条规定："国家保护耕地，严格控制耕地转为非耕地。""国家实行占用耕地补偿制度。非农业建设经批准占用耕地的，按照'占多少，垦多少'的原则，由占用耕地的单位负责开垦与所占用耕地的数量和质量相当的耕地；没有条件开垦或者开垦的耕地不符合要求的，应当按照省、自治区、直辖市的规定缴纳耕地开垦费，专款用于开垦新的耕地。""省、自治区、直辖市人民政府应当制定开垦耕地计划，监督占用耕地的单位按照计划开垦耕地或者按照计划组织开垦耕地，并进行验收。"

城乡建设用地增加挂钩制度有利于解决我国城镇化进程中城市建设用地的供需矛盾，将乡村建设用地腾退、复垦为耕地，实质上扩大了城市建设用地供给侧，既有助于解决城镇化进程中城市建设用地日益增长的需求，又能切实保护耕地，有利于贯彻《土地管理法》第3条规定的土地基本国策："十分珍惜、合理利用土地和切实保护耕地是我国的基本国策。各级人民政府应当采取措施，全面规划，严格管理，保护、开发土地资源，制止非法占用土地的行为。"有学者指出："当前各地政府实施宅基地退出的主要动力，是为了获得宅基地复垦后的建设用地指标，以满足土地用途管制下的城镇建设用地需求。"[①]"各地推行的宅基地置换尽管名称不一，但实质上都是在城市化进程中，试图通过农村集体建设用地制度的改革，来获取本地区城市发展所需要的土地指标以及土地指标背后的财政收入……地方在中央政府耕地指标监管日趋严格的背景下，纷纷从耕地以外的农村建设用地来寻找城市发展用地或用地指标。但是这一过程中，农村和农民的土地权益在某种意义上成为城市发展用地的牺牲品……为了有效地保障涉地农民的住房权，应该将宅基地置换中节余的土地或土地指标出让金一部分以股权化的方式返给涉地农民，并明确规定这部分资金应作为涉地农民及其子女的住房权保障金，并明确专款专用……在宅基地置换中，各区县政府积极主动地推行'土地换镇保'，笔者认为这项政策及其实践，看似维护了农民的生存权，其实质上变相剥夺农民土地权利和生存权保障……但是通过剥夺农民土地权益和土地增值收益的思路并没有实质意义上转变，也没有落实中央政策所要求的农村集体建设用地与国有建设用地应该'同地、同权、同价'。因此，这种模式仅是在侵犯农民土地财产权基础上，在某种程度上维护了农民生存权保障。"[②]

《国务院关于深化改革严格土地管理的决定》中指出："各类非农业建设经批准占用耕地的，建设单位必须补充数量、质量相当的耕地，补充耕地的数量、质量实行按等级折算，防止占多补少、占优补劣。不能自行补充的，必须按照各省、自治区、直辖市的规定缴纳耕地开垦费。耕地开垦费要列入专户管理，不得减免和挪作他用。政府投资的建设项目也必须将补充耕

① 汪莉，尤佳．土地整治中宅基地的退出激励机制——以安徽省为例．政法论坛，2015（4）．杨一介．论集体建设用地制度改革的法理基础．法学家，2016（2）．

② 孙建伟．城乡统筹背景下宅基地置换法律问题实证研究．北京：知识产权出版社，2018：前言．

地费用列入工程概算。”城乡建设用地增减挂钩制度实质上是对建设单位申请取得城市建设用地使用权的限制，而非对已经取得的建设用地使用权的限制。建设单位申请城市建设用地使用权的一个必要条件是根据《土地管理法》第 30 条和国务院上述文件的规定，开垦与所占用耕地的数量和质量相当的耕地或者缴纳耕地开垦费。在解释论上，可以将该必要条件解读为《物权法》第 138 条第 2 款、《民法典》第 348 条第 2 款所规定的建设用地使用权出让合同的必要条款，对接该款第 6 项“出让金等费用及其支付方式”。为了实现城乡建设用地增减挂钩和耕地占补平衡这一规范目的，在解释论上可以将“开垦与所占用耕地的数量和质量相当的耕地”或者“缴纳耕地开垦费”约定为建设单位与县级以上人民政府所签订的建设用地使用权出让合同的特别生效要件。由此，城乡建设用地增减挂钩制度就与建设用地使用权出让合同关联，通过使建设用地使用权出让合同附生效条件的方式实现城乡建设用地增减挂钩。

有学者将城乡建设用地增加挂钩制度及作为其典型实践探索的重庆地票制度解读为建新地块和拆旧地块之间形成地役权，认为“地票交易与地役权的属性完全契合”①：集体经济组织通过对集体建设用地的复垦获得建设用地指标，再将该指标与城市建设单位进行交易。这就通过拆旧建设用地复垦为耕地的方式替代城市建设单位完成了“开垦与所占用耕地的数量和质量相当的耕地”，释放了城市建新地块的开发潜力。此时城市建新地块并非直接通过利用农村拆旧地块的便利来增加自己土地的利益，起决定性作用的是城乡建设用地增减挂钩制度，经由该制度的中介，城市建新地块的用途由耕地变更为建设用地，农村拆旧地块的用途由集体建设用地变更为耕地。城乡建设用地增减挂钩制度是我国土地用途管制原则和耕地占补平衡制度的一个具体表现。

城乡建设用地增减挂钩制度仍然是在我国现行《土地管理法》的框架内进行的制度探索和实践，并未突破城乡建设用地二元结构。2013 年 11 月 12 日中国共产党第十八届中央委员会第三次全体会议通过的《中共中央关于全面深化改革若干重大问题的决定》对农村集体建设用地全面深化改革指明了方向：“建立城乡统一的建设用地市场。在符合规划和用途管制前提下，允许农村集体经营性建设用地出让、租赁、入股，实行与国有土地同等入市、同权同价。”2020 年 5 月 11 日《中共中央、国务院关于新时代加快完善社会主义市场经济体制的意见》进一步要求：“加快建设城乡统一的建设用地市场，建立同权同价、流转顺畅、收益共享的农村集体经营性建设用地入市制度。探索农村宅基地所有权、资格权、使用权‘三权分置’，深化农村宅基地改革试点。”从立法论、分配正义以及民法价值判断问题的实体性论证规则等角度看，基于“同地同权”，应该允许农村集体经营性建设用地进入土地一级市场，没有足够充分且正当的理由，不得限制农村集体经营性建设用地的流转。

二、《重庆市地票管理办法》及重庆地票制度实践

《重庆市地票管理办法》于 2015 年 12 月 3 日由重庆市人民政府第 111 次常务会议通过，自 2016 年 1 月 1 日起施行。该办法第 2 条第 2 款规定：“本办法所称地票，是指土地权利人自愿将其建设用地按规定复垦为合格的耕地等农用地后，减少建设用地形成的在重庆农村土地交易所交易的建设用地指标。”建设用地指标交易对应的地票制度仍然是对城乡建设用地增减挂

① 黄忠．地票交易的地役权属性论．法学，2013（6）．

也有学者指出，新增建设用地指标的异地使用正是复垦宅基地上发展权的异地流转。当前宅基地退出机制中缺少对土地发展权的经济补偿，这正是宅基地退出难以有效开展的根源。汪莉，尤佳．土地整治中宅基地的退出激励机制——以安徽省为例．政法论坛，2015（4）．

钩制度的市场化改革探索。[①] 建设用地指标交易非常类似于排污权交易，排污权交易的规范目的是达到对污染物排放总量的控制，建设用地指标交易的规范目的则是切实保护耕地、守住耕地红线。建设用地指标交易和排污权交易都属于权利交易，而非具体标的物的交易。

《重庆地票管理办法》第 36 条规定：“使用地票办理农用地转用手续的，不缴纳耕地开垦费和新增建设用地土地有偿使用费。”“地票取得成本可以计入土地出让成本。地票取得成本包括地票成交价款、缴纳的税费、财务成本等。”根据该规定，地票交易的价格即地票成交价款主要包括耕地开垦费和新增建设用地土地有偿使用费。这也是对《土地管理法》第 30 条第 2 款规定的耕地开垦费和第 55 条第 2 款规定的新增建设用地土地有偿使用费的具体化。《土地管理法》第 55 条规定：“以出让等有偿使用方式取得国有土地使用权的建设单位，按照国务院规定的标准和办法，缴纳土地使用权出让金等土地有偿使用费和其他费用后，方可使用土地。”“自本法施行之日起，新增建设用地的土地有偿使用费，百分之三十上缴中央财政，百分之七十留给有关地方人民政府。具体使用管理办法由国务院财政部门会同有关部门制定，并报国务院批准。”可见，建设用地使用权出让金作为建设用地使用权的核心对价，并未成为地票交易价格的组成部分，由此也就未实现城市新增建设用地使用权发展增益向农村的实质转移。

实际上，就新增建设用地使用权发展增益的分配而言，不仅拆旧的农村集体建设用地使用权的权利人得不到实质的分享，而且新增建设用地使用权对应地块的原权利人如土地承包经营权人同样得不到实质的分享。《土地管理法》第 48 条第 3 款规定：“征收农用地的土地补偿费、安置补助费标准由省、自治区、直辖市通过制定公布区片综合地价确定。制定区片综合地价应当综合考虑土地原用途、土地资源条件、土地产值、土地区位、土地供求关系、人口以及经济社会发展水平等因素，并至少每三年调整或者重新公布一次。”通过地票交易，拆旧地块的用途发生改变，这也实际上限制了拆旧地块权利人对该地块的发展增益。建新地块的权利人没有像《物权法》第 42 条、《民法典》第 243 条所规定的那样征收拆旧地块，也未进行《物权法》第 44 条、《民法典》第 245 条规定的征用，更未如地役权人对供役地般直接使用拆旧地块。根据城乡建设用地增减挂钩制度，建新地块的权利人实质上限制了拆旧地块权利人的民事权益，因此应当对拆旧地块的权利人进行及时、充分的补偿，此种补偿费用的来源就是建新地块的发展增益（增值收益）。土地发展增益并非来源于土地所有权人或者土地用益物权人，土地发展增益在本质上来源于社会发展，是社会大众共同努力的成果，却因为诸多因素的共同影响而聚集于个别地块之上，故应该经由土地发展权的配置和公共财政安排来保障土地发展增益的全社会共享，实现分配正义和“地利共享”，以防止少数人垄断土地发展增益。如此，也就可以使没有区位优势、无地可征的偏远地区农民也能分享规划区内的土地发展增益。[②] “地尽其利，地利共享。”孙中山在其“平均地权”思想中就曾指出：“地价高涨，是由于社会改良和工商进步……所涨高的地价，应该归之大众，不应该归之私人所有。”[③] 中国共产党第十八届中央委员会第三次全体会议通过的《中共中央关于全面深化改革若干重大问题的决定》强调要“建立兼顾国家、集体、个人的土地增值收益分配机制，合理提高个人收益”。2014 年“中央一号文件”——《关于全面深化农村改革加快推进农业现代化的若干意见》也指出要“抓紧修订有关法律法规，保障农民公平分享土地增值收益”。

① 对地票制度的详细专论，参见黄忠．地票制度研究．北京：法律出版社，2019。

② 陈柏峰．土地发展权的理论基础与制度前景．法学研究，2012（4）．贺雪峰．地权的逻辑．北京：中国政法大学出版社，2010：66. 桂华．城乡建设用地二元制度合法性辨析——兼论我国土地宪法秩序．法学评论，2016（1）．

③ 孙中山．三民主义．长沙：岳麓书社，2000：200.

在农村集体建设用地拆旧复垦过程中，一个附带的“产品”就是新增的耕地。对复垦新增的耕地如何使用或者如何在本集体经济组织成员之间分配?《村民委员会组织法》第24条第1款规定：“涉及村民利益的下列事项，经村民会议讨论决定方可办理：……（四）土地承包经营方案……（九）村民会议认为应当由村民会议讨论决定的涉及村民利益的其他事项。”不管是通过发包的方式实现对新增耕地的分配，还是通过集体使用的方式来实现新增耕地的价值，都属于涉及村民利益的重要事项，应该经由村民会议讨论作出农民集体决议。有学者建议，农民退出宅基地，宅基地被复垦为耕地的，原宅基地使用权人对复垦后所得的耕地享有优先承包经营权。①

本章思考题

1. 案例分析：

马某原为城镇居民。1989年3月31日，马某与陈某签署房屋买卖合同，陈某将其位于北京市海淀区海淀乡肖家河某居民院的3间北房卖予马某，价款为21 000元。马某交纳了相应契税，办理了相关审批手续并取得了北京市房地产管理局颁发的房产所有证。此后，马某于2005年3月将户口迁入当地。2007年6月，陈某突然以根据我国法律规定，农村宅基地不得向城市居民出售，双方签订的房屋买卖合同违反了国家法律规定为由，向法院起诉，要求确认双方签订的房屋买卖合同无效，并要求马某腾退房屋。

北京市第一中级人民法院经审理认为：按照我国法律规定，农村宅基地的所有权属于农民集体所有，宅基地使用权人在对宅基地行使收益和处分权能时，应当受到严格的限制。在此前提下，城市居民购买农村房屋的行为一般应当被认定为无效。但在该案中，马某作为城市居民，其与陈某签订的房屋买卖合同已经过批准。此后，马某取得了该房屋的产权证书，并已于2005年将户口迁入。在十几年的时间内，马某在诉争房屋中实际居住，已对该房屋形成了稳定的占有关系。鉴于此，在综合该案的历史背景及从有利于维护现有的房屋占有关系角度考虑，应该以确认马某与陈某签订的买卖合同有效为宜。据此，法院终审驳回了陈某的诉讼请求。②

请分析法院在审理本案过程中的利益衡量因素。

2. 材料分析：

2011年，有媒体报道称，一场让农民“上楼”的行动正在全国二十多个省市进行。拆迁并镇，无数村庄正从中国广袤的土地上消失，无数农民正在“被上楼”。而此举的背后，是政府将农民的宅基地复垦，用增加的耕地换取城镇建设用地的指标。其政策依据是城乡建设用地增减挂钩。此报道在网民中引起巨大反响，网友纷纷对各地从农民手中“抢土地”的做法表示极大不满。

谈谈你对上述材料的看法，并就如何进行新农村建设提出你的建议。③

3. 九三学社中央《关于进一步盘活农村闲置住房资源的提案》指出：“对闲置农房盘活利用业态同质化现象较严重，主要集中在发展民宿、农家乐等方面，而农村康养、电商、物流等新兴产业偏少……在杜绝用于小产权开发、修建别墅大院和私人会馆前提下，允许适度转变用

---

① 汪莉，尤佳．土地整治中宅基地的退出激励机制——以安徽省为例．政法论坛，2015（4）．

② 陈某诉马某房屋买卖合同无效案，北京市第一中级人民法院（2007）一中民终字第09544号民事判决书。

③ 2011年四川省乡镇公务员考试面试真题。

途，用于支持农村新产业新业态发展。”①

试结合《物权法》《民法典》对宅基地使用权的规定和《土地管理法》对土地用途管制的具体规定，分析农民用“四荒地”或者自家宅基地上所建造的房屋开办民宿、农家乐的现象。如果农民在自己承包经营的土地上或者农村集体经营性建设用地上建设民宿、农家乐，其中的法律问题又有哪些？

4. 集体经营性建设用地、农村承包地和农村宅基地改革过程中如何实现《土地管理法》第 4 条第 1 款所规定的“国家实行土地用途管制制度”？

5. 2014 年 12 月 2 日，中央全面深化改革领导小组第七次会议审议了《关于农村土地征收、集体经营性建设用地入市、宅基地制度改革试点工作的意见》，会议指出，坚持土地公有制性质不改变、耕地红线不突破、农民利益不受损三条底线。

请从集体经营性建设用地入市和宅基地“三权分置”改革的角度谈一谈对“三条底线”的认识。

6. 请结合城乡建设用地增减挂钩制度论述宅基地置换情形下土地增值收益的分配问题，以及宅基地复垦为耕地后的耕地使用分配问题。

① 九三学社中央．关于进一步盘活农村闲置住房资源的提案．中国统一战线新闻网，2020－05－11.

第七部分

房地产保障法律制度

第十五章
基本住房保障法律制度

第一节　城市基本住房保障法律制度及其权利构造

一、城市基本住房保障法律制度概述

房产的生活必需品属性使住房问题的解决不能完全依赖市场，对于社会弱势群体“住有所居”的住房需求，应该努力通过政府提供多层次住房公共服务的方式解决，这也就要求“建立市场配置和政府保障相结合的住房制度，加强保障性住房建设和管理，满足困难家庭基本需求”。2020年5月11日《中共中央、国务院关于新时代加快完善社会主义市场经济体制的意见》要求：“加快建立多主体供给、多渠道保障、租购并举的住房制度，改革住房公积金制度。”有学者指出：“住房保障的目标不是保障人人能‘居者有其屋’，而是保障‘住有所居’的实现，这是住房保障法的主要功能和使命。”①

“住房保障法”于2008年11月被列入第十一届全国人大常委会五年立法规划。在2010年3月第十一届全国人大三次会议期间，有193名人大代表在6个提案中提出：中国现行有关住房保障制度的规定大都属于政策性规定，存在不稳定性。目前市场化商品房制度无法满足中低收入家庭的住房需求。建议加快住房保障法立法进程，建立完善的住房保障体系和法律制度。2013年10月30日公布的《十二届全国人大常委会立法规划》在“条件比较成熟、任期内拟提请审议的法律草案（47件）”、“需要抓紧工作、条件成熟时提请审议的法律草案（21件）”和“立法条件尚不完全具备、需要继续研究论证的立法项目”共三类立法规划中都没有提到“住房保障法”。2015年10月30日全国人民代表大会财政经济委员会发布《关于第十二届全国人民代表大会第三次会议主席团交付审议的代表提出的议案审议结果的报告》，该报告显示：有全国人大代表议案提出，“我国尚未将已出台的关于公积金管理、经济适用房、公共租赁住房、廉租住房建设与管理的部门规章上升到法律层面，缺乏对中低收入居民住房的法律保障，造成实际运作中缺乏明确目标和长远规划、保障性住房供应量不均衡、保障对象覆盖面过于狭窄、资金来源渠道单一、运作不规范等问题，建议制定住房保障法。住房和城乡建设部认为，考虑到我国住房保障制度处在不断探索的过程中，综合各方面意见，建议先制定住房保障的行政法规。2014年3月，国务院法制办公室将《城镇住房保障条例（征求意见稿）》向社会公开征求意见，目前正在根据反馈意见对征求意见稿作进一步修改。

① 申卫星．住房保障法：保障什么？怎样保障？．光明日报，2010－07－08．

财经委员会认为住房保障制度宜由法律予以规定，建议有关部门认真研究代表建议，加快立法工作进程。”

2014年3月28日，国务院法制办公室发布关于《城镇住房保障条例（征求意见稿）》公开征求意见的通知，2014年4月28日前就该条例征求意见稿向社会公开征求意见。至今该条例未出台。《城镇住房保障条例（征求意见稿）》共8章、52条，其立法遵循了以下原则：保障基本，公平公正，全程管理，因地制宜。考虑到国家已通过实施农村危房改造解决农村住房的安全和改善问题，该征求意见稿未对农村住房问题作出规定。《城镇住房保障条例（征求意见稿）》第2条规定：“本条例所称城镇住房保障，是指通过配租、配售保障性住房或者发放租赁补贴等方式，为住房困难且收入、财产等符合规定条件的城镇家庭和在城镇稳定就业的外来务工人员提供支持和帮助，满足其基本住房需求。”“前款所称保障性住房，是指纳入城镇住房保障规划和年度计划，限定面积标准、租售价格等，向符合条件的保障对象提供的住房。”《城镇住房保障条例（征求意见稿）》未直接使用经济适用房和廉租房等概念。[①] 经济适用房、公共租赁住房和廉租房都存在申请、权属/使用、退出等环节，应该本着公开公平公正原则，体现程序正义。城市基本住房保障法律制度的权利构造主要涉及保障住房的申请、使用和退出中的权利归属、利用、收益、处分和相应合同效力等问题。

住房公积金是重要的、更具有惠及性的住房保障制度。我国住房公积金制度是1994年起开始建立的，1999年4月3日《住房公积金管理条例》发布、施行，2002年3月24日进行第一次修订，2019年3月24日再行修正。《住房公积金管理条例》第2条第2款规定：“本条例所称住房公积金，是指国家机关、国有企业、城镇集体企业、外商投资企业、城镇私营企业及其他城镇企业、事业单位、民办非企业单位、社会团体（以下统称单位）及其在职职工缴存的长期住房储金。”第5条规定：“住房公积金应当用于职工购买、建造、翻建、大修自住住房，任何单位和个人不得挪作他用。”住房公积金缴存的比例、范围，住房公积金的提取、贷款、保值增值和监管等，是住房公积金领域的热点问题。

二、经济适用房法律制度

2007年11月19日建设部等部门发布经修订的《经济适用住房管理办法》。该办法第2条第1款规定：“本办法所称经济适用住房，是指政府提供政策优惠，限定套型面积和销售价格，按照合理标准建设，面向城市低收入住房困难家庭供应，具有保障性质的政策性住房。”第30条规定：“经济适用住房购房人拥有有限产权。”“购买经济适用住房不满5年，不得直接上市交易，购房人因特殊原因确需转让经济适用住房的，由政府按照原价格并考虑折旧和物价水平等因素进行回购。”“购买经济适用住房满5年，购房人上市转让经济适用住房的，应按照届时同地段普通商品住房与经济适用住房差价的一定比例向政府交纳土地收益等相关价款，具体交纳比例由市、县人民政府确定，政府可优先回购；购房人也可以按照政府所定的标准向政府交纳土地收益等相关价款后，取得完全产权。”“上述规定应在经济适用住房购买合同中予以载

---

① 之前实践中还有“两限房”，是指限定价格、限定居住面积的保障性住房。目前这类保障性住房已经不再建设。肖源．父女接力贷款买两限房 老人病逝后不能收房退款难．（2017-04-01）．http：//news.ifeng.com/a/20170401/50875738_0.shtml.

另参考北京市住房和城乡建设委员会2010年10月8日《关于加强廉租住房、经济适用住房和限价商品住房审核配租配售管理等问题的通知》。

明，并明确相关违约责任。”[①] 第33条规定：“个人购买的经济适用住房在取得完全产权以前不得用于出租经营。”[②] 2010年4月12日住房和城乡建设部发布《关于加强经济适用住房管理有关问题的通知》，其中第8条规定：“在取得完全产权前，经济适用住房购房人只能用于自住，不得出售、出租、闲置、出借，也不得擅自改变住房用途。”

由上可见，经济适用房购房人取得的并非完全产权，而是部分产权（有限产权）；购房人对经济适用房的收益和转让权利受到法律的严格限制。不具有经济适用房购房资格之人借用具有经济适用房购房资格之人的名义购买的，该借名买房合同损害了弱势群体住房保障这一社会公共利益，因而无效。[③] 经济适用房制度属于产权式保障，而非租赁式保障。经济适用房产权人再出售其所购经济适用房时，该转让合同的法律效力如何？近来法院常采取缓和的态度，根据在一审法庭辩论终结前而非合同签订时该房屋是否已具备上市交易的条件[④]，尽可能在不妨碍经济适用房行政管制目标的前提下促成交易：将相关经济适用房买卖认定为“未来物”买卖——出卖人在签订合同时并无完全产权，只有待相关部门规章规定的5年期满后出卖人方取得完全产权、方可自由处分。

还有学者指出，经济适用房制度下，购房人以购房款出资，政府以免收土地出让金的方式出资，应该建立购房人和政府就经济适用房的按份共有产权制度，以遏制投机，压缩获利空间。[⑤] 经济适用房有限产权配之以转让限制制度，也可以起到遏制投机、压缩获利空间的作用。至于按份共有产权制度的其他合理因素，可以被吸纳为经济适用房有限产权的配套制度。经济适用房有限产权是纯粹法学问题中的解释选择结论，是对经济适用房上市交易转让限制制度的理论概括，本身不含价值判断，也不当然具有价值上的优劣。

三、公共租赁住房与廉租房

2010年6月8日，住房和城乡建设部、国家发展和改革委员会、财政部、国土资源部、中国人民银行、国家税务总局、中国银行业监督管理委员会联合发布、实施《关于加快发展公共租赁住房的指导意见》（建保［2010］87号），对公共租赁住房作了相关规定。该指导意见指

---

① 《城镇住房保障条例（征求意见稿）》第23条规定：“承购人购买保障性住房未满5年的，不得转让保障性住房；确需转让的，由直辖市、市、县人民政府按照原购房价格并考虑折旧和物价水平等因素予以回购。”“承购人购买保障性住房已满5年的，可以转让保障性住房，并按照配售合同约定的产权份额向直辖市、市、县人民政府补缴相应价款，直辖市、市、县人民政府在同等条件下享有优先购买的权利；承购人也可以按照配售合同约定的产权份额补缴相应价款，取得完全产权。但是，直辖市、市、县人民政府规定不得转让或者不得补缴相应价款取得完全产权的除外。”

② 2016年9月1日，上海市第一中级人民法院对一起经济适用住房租赁纠纷案件作出二审判决，认定房主与承租人之间的租赁合同无效，并对相关收益予以收缴。该判决系上海法院首次以民事制裁的形式“喊停”经济适用房出租行为。目前社会上经济适用房出租现象较为普遍，将本属于民生保障性质的住房推向市场违规出租，系利用公共资源谋取个人利益，损害了社会公共利益，对整个社会的诚信、公平和正义均造成了损害，应当受到法律的惩治。上海法院首次“喊停”经适房出租：合同无效，租金收缴．澎湃新闻，2016-09-02.

③ 高某诉庄某借名买房合同纠纷案，北京市朝阳区人民法院（2013）民初字第38388号民事判决书。

④ 许某与贺某房屋买卖合同纠纷案，北京市第一中级人民法院（2012）一中民终字第12866号民事判决书；崔立诉白家连、隋婷所有权确认纠纷再审案，天津市河北区人民法院（2014）北民再字第3号民事判决书。龙卫球．保障住房借名买房合同私法效果研究——评“崔立诉白家连、隋婷所有权确认纠纷再审案”．月旦民商法杂志，2016（12）．

⑤ 申卫星．经济适用房共有产权论——基本住房保障制度的物权法之维．政治与法律，2013（1）．江苏淮安推行共有产权经济适用房．人民日报，2014-02-07. 另参见2011年1月1日起施行的《淮安市共有产权经济适用住房管理办法（试行）》。

相反意见，参见谢增毅．公共租赁住房法律问题初探．中国社会科学院研究生院学报，2011（2）。

出："近年来，随着廉租住房、经济适用住房建设和棚户区改造力度的逐步加大，城市低收入家庭的住房条件得到较大改善。但是，由于有的地区住房保障政策覆盖范围比较小，部分大中城市商品住房价格较高、上涨过快、可供出租的小户型住房供应不足等原因，一些中等偏下收入住房困难家庭无力通过市场租赁或购买住房的问题比较突出。同时，随着城镇化快速推进，新职工的阶段性住房支付能力不足矛盾日益显现，外来务工人员居住条件也亟须改善。大力发展公共租赁住房，是完善住房供应体系，培育住房租赁市场，满足城市中等偏下收入家庭基本住房需求的重要举措，是引导城镇居民合理住房消费，调整房地产市场供应结构的必然要求。"

2012 年 7 月 15 日，住房和城乡建设部审议通过的《公共租赁住房管理办法》开始施行。该办法分总则、申请与审核、轮候与配租、使用与退出、法律责任、附则，共 6 章、39 条。该办法的一些相关规定被《城镇住房保障条例（征求意见稿）》吸纳。该办法第 3 条第 1 款规定："本办法所称公共租赁住房，是指限定建设标准和租金水平，面向符合规定条件的城镇中等偏下收入住房困难家庭、新就业无房职工和在城镇稳定就业的外来务工人员出租的保障性住房。"

2013 年 12 月 2 日住房和城乡建设部、财政部、国家发展和改革委员会联合发布《关于公共租赁住房和廉租住房并轨运行的通知》。该通知明确，从 2014 年起，各地廉租住房建设计划调整并入公共租赁住房年度建设计划。2014 年以前年度已列入廉租住房年度建设计划的在建项目可继续建设，建成后统一纳入公共租赁住房管理。各地公共租赁住房和廉租住房并轨运行后统称为公共租赁住房。公共租赁住房租金原则上按照适当低于同地段、同类型住房市场租金水平确定。《城镇住房保障条例（征求意见稿）》第 19 条第 2 款规定："配租保障性住房的，租金应当低于同地段、同类型商品住房的市场租金水平，并可以按照直辖市、市、县人民政府有关规定，根据承租人的支付能力实行差别化租金，或者对支付租金有困难的承租人，给予租金减免或者租金补贴。"第 21 条第 1 款规定："租赁期届满需要续租的，承租人应当在租赁期满 3 个月前向出租人提出申请。未按照规定提出续租申请的，租赁期届满承租人应当腾退承租住房。"第 22 条第 1 款规定："承租人连续租赁保障性住房不少于 5 年，且符合保障性住房配售条件的，经出租人同意，可以购买承租的保障性住房，并遵守配售保障性住房的有关规定。但是，直辖市、市、县人民政府规定禁止出售配租保障性住房的除外。"① 第 28 条规定："未承租、承购保障性住房的保障对象自行租赁其他符合规定标准住房的，按照直辖市、市、县人民政府的规定，可以申请租赁补贴。"

四、城市棚户区改造

2012 年 12 月 12 日住房和城乡建设部等部门联合发布《关于加快推进棚户区（危旧房）改造的通知》。2013 年 7 月 4 日《国务院关于加快棚户区改造工作的意见》指出："……适应城镇化发展的需要，以改善群众住房条件作为出发点和落脚点，加快推进各类棚户区改造，重点推进资源枯竭型城市及独立工矿棚户区、三线企业集中地区的棚户区改造，稳步实施城中村改造。2013 年至 2017 年改造各类棚户区 1 000 万户，使居民住房条件明显改善，基础设施和公共服务设施建设水平不断提高。"

《国有土地上房屋征收与补偿条例》第 8 条对公共利益作了开放式的例示规定："为了保障国家安全、促进国民经济和社会发展等公共利益的需要，有下列情形之一，确需征收房屋的，

① 公共租赁住房租赁合同和其他租赁合同并无实质区别，不过公共租赁住房具有特定公共政策目的，因此，公共租赁住房租赁合同具有一定的特殊之处，主要表现在承租人的资格、租金、租赁期限和租赁合同的解除等方面。谢增毅．公共租赁住房法律问题初探．中国社会科学院研究生院学报，2011（2）．

由市、县级人民政府作出房屋征收决定：……（五）由政府依照城乡规划法有关规定组织实施的对危房集中、基础设施落后等地段进行旧城区改建的需要……”有学者从立法论上对于笼统规定旧城区改建属于公共利益的做法提出质疑。[①] 实际上，旧城改建涉及被征收房屋的所有权人的私人利益，应该根据经济民主原则，采取多数决的规则（如三分之二以上多数）来决定是否改建，不能以公共利益的需要（如单纯的土地更有效利用）为由强制实施，不能因为少数人的不同意而损害多数人的共同利益，当然也不能因为多数人的决定而侵害少数人的合法合理利益。[②] 旧城区改建的关键是相关利益能否得到公平分配，被征收房屋的所有权人通过决议行为所表决的重点也正是利益分配方案，应该将改建所增加的土地利益按照市场化原则真正还给权利人。

五、共有产权住房：解析《北京市共有产权住房管理暂行办法》

公开资料显示，国内共有产权住房的试点始于2007年，由江苏省淮安市先行探索。按照淮安的做法，中低收入住房困难家庭购房时，可按个人与政府的出资比例，共同拥有房屋产权。其用地由划拨改为出让，将出让土地与划拨土地之间的价差、政府给予经济适用住房的优惠政策，显化为政府出资，形成政府产权。2010年，上海推出共有产权住房，申请人需要具有城镇常住户口3年以上，且在提出申请前5年内无住房出售或赠与行为。此外，国内其他城市也在探索共有产权住房制度。2013年11月，中国共产党十八届三中全会通过《中共中央关于全面深化改革若干重大问题的决定》，提出“健全符合国情的住房保障和供应体系”。2013年12月，在全国住房城乡建设工作会议上，住房和城乡建设部有关负责人在部署2014年工作时明确表示，“要更加注重分类指导，探索发展共有产权住房和强化市场监管”。2014年，住房和城乡建设部等六部委制定《关于试点城市发展共有产权性质政策性商品住房的指导意见》，全面开始推动发展共有产权住房。[③] 2017年9月14日住房和城乡建设部发布、实施《关于支持北京市、上海市开展共有产权住房试点的意见》。2019年12月9日上海市人民政府修正并重新公布2016年3月16日发布的《上海市共有产权保障住房管理办法》。

2017年8月3日至8月10日北京市住房和城乡建设委员会就《北京市共有产权住房管理暂行办法（征求意见稿）》公开征求意见。《北京市共有产权住房管理暂行办法》自2017年9月30日起施行。[④]《北京市共有产权住房管理暂行办法》第2条第1款规定：“本办法所称的共有产权住房，是指政府提供政策支持，由建设单位开发建设，销售价格低于同地段、同品质商品住房价格水平，并限定使用和处分权利，实行政府与购房人按份共有产权的政策性商品住房。”第24条规定：“共有产权住房购房人取得不动产权证未满5年的，不允许转让房屋产权份额，因特殊原因确需转让的，可向原分配区住房城乡建设委（房管局）提交申请，由代持机构回购。”“回购价格按购买价格并考虑折旧和物价水平等因素确定。回购的房屋继续作为共有产权住房使用。”

《北京市共有产权住房管理暂行办法》第4条规定：“市、区住房城乡建设委（房管局）应

① 张素华．房屋强制拆迁制度存在的问题及对策——兼评《国有土地上房屋征收与补偿条例》．法学评论，2012（3）．

② 郭明瑞．在城乡土地一体化利用中需践行财产权和民主理念．山东大学学报（哲学社会科学版），2012（5）．

③ 关于共有产权住房的实践探索历程，参见陈磊．北京拟推出新型政策性房屋政府与购房人共同拥有产权 专家剖析“共有产权”背后法律焦点问题．法制日报，2017-08-10（5）。

④ 对《北京市共有产权住房管理暂行办法》的更详细研究，可以参考肖大明法官的专论文章《〈北京市共有产权住房管理办法〉若干民法问题解析》//肖大明．房地产审判实务研究．北京：中国言实出版社，2020：269-290。

确定保障性住房专业运营管理机构，代表政府持有共有产权住房政府份额，并按照有关规定和合同约定负责具体管理服务工作（以下简称‘代持机构’）。代持机构决策、运营、资金等的管理规定，由市住房城乡建设委会同相关部门另行制定。”第18条规定：“购房人产权份额，参照项目销售均价占同地段、同品质普通商品住房价格的比例确定；政府产权份额，原则上由项目所在地区级代持机构持有，也可由市级代持机构持有。”按照物权法原理，共有产权住房中的政府份额属于国家所有的财产，《民法典》第246条第2款规定：“国有财产由国务院代表国家行使所有权。法律另有规定的，依照其规定。”可见，就共有产权住房中的政府份额的代表行使主体问题，应当由“法律”规定，而非《北京市共有产权住房管理暂行办法》，故需要进一步论证《北京市共有产权住房管理暂行办法》第4条和第18条后段的上位法依据。

《北京市共有产权住房管理暂行办法》第22条规定：“开发建设单位、购房人和代持机构应当按照国家和本市不动产登记有关规定，向房屋所在地区不动产登记部门申请办理不动产登记，房屋产权性质为‘共有产权住房’。登记事项记载于不动产登记簿后，不动产登记部门应向当事人核发不动产权证书，并按规定在附记栏注记共有人姓名、共有方式及共有份额等内容。”参考《不动产登记暂行条例实施细则》第21条，宜将本条后段“应向当事人核发不动产权证书，并按规定在附记栏注记共有人姓名、共有方式及共有份额等内容”修改为“应向共有人分别核发不动产权属证书，共有不动产权属证书应当注明共有方式、共有份额等内容，并列明全体共有人。”

此外，《北京市共有产权住房管理暂行办法》第9条及以下关于以家庭为单位申请购买本市共有产权住房的规定，还应该考虑到家庭变化情况，如申请过程中夫妻离婚或者一方死亡，如何继续推进申购流程。这在其他类型保障性住房法律实践中都是常见事例，对此应该进一步明确为好。例如，根据2010年10月8日起施行的《北京市住房和城乡建设委员会关于加强廉租住房、经济适用住房和限价商品住房审核配租配售管理等问题的通知》，“购房人签订购房合同后，办理房屋产权登记前死亡的，购房家庭中没有其他共同申请成员的，房屋销售单位应终止购房合同，并按照有关法律规定和合同约定结清相关款项；购房家庭中有其他共同申请成员的，由当事人与房屋销售单位按照法律规定和合同约定自行处理”。“购房人在办理房屋产权登记后死亡，购房家庭其他成员可依据继承法律规定办理相关房屋登记手续，产权性质不变。”

共有产权住房制度在住房保障体系中的地位未来可能会进一步加强。2019年1月24日，《中共中央、国务院关于支持河北雄安新区全面深化改革和扩大开放的指导意见》指出：“构建新型住房供给体系。坚持房子是用来住的、不是用来炒的定位，落实职住平衡要求，推动雄安新区居民实现住有所居。针对多层次住房需求建立多主体供应、多渠道保障、租购并举的住房制度，个人产权住房以共有产权房为主。严禁大规模开发商业房地产，严控周边房价，严加防范炒地炒房投机行为。制定与住房制度相配套、与开发建设方式相适应的土地供应政策，完善土地出让、租赁、租让结合、混合空间出让、作价出资入股等多元化土地利用和供应模式。探索不同供地方式下的不动产登记模式，创新购房与住房租赁积分制度。创新投融资机制，吸引各类社会主体参与雄安新区住房开发建设，支持专业化、机构化住房租赁企业发展，支持发行房地产投资信托基金（REITs）等房地产金融创新产品，明确管理制度和运行方式，探索与之相适应的税收政策。支持在雄安新区设立住宅政策性金融机构，探索住房公积金制度改革。”

第二节　农村基本住房保障法律制度

农村基本住房保障法律制度包括惠及全体农村居民的以宅基地使用权为主的制度、以给付行政为理论背景的关注农村低收入家庭住房保障的危房改造工程。考虑到农村居民基本住房建设普遍存在资金缺口，合作建房、集体建设用地使用权流转收益分配、银行贷款、住房保险、互助建房等都是值得探讨的有效弥补途径。

解决低收入家庭基本住房问题是住房保障法的着力点之一。当前对城镇低收入家庭基本住房保障法律制度的研究已经成为一个热点，但是对农村基本住房保障法律制度问题的关注仍然较少。有观点认为，农村居民基于其集体经济组织成员的身份能够免费取得宅基地使用权，农民建房的成本中没有土地使用成本，不像城镇居民买房时建设用地使用权成本在总成本的占比居高不下。① 在住房保障制度的相关性分析中城镇建设用地使用权价格较高是一个重要的考虑因素，但非决定性因素，不能因为农村居民能够免费取得建设用地就不关注他们的住房保障问题。② 实际上，农村居民收入水平远低于城镇居民收入水平，农村居民普遍存在的建房资金短缺问题需要一些配套制度来协力解决；很多农村低收入居民自建房屋的经济压力很大，该部分农村居民住有所居的实现仍然需要社会保障制度协力。

一、农村住房保障法律制度建设的意义

农村住房保障法律制度以行政管理为主，主要关注农村居民基本住房保障中农民享受保障的条件、权利和政府在这个过程中依法行政的措施、责任等问题。可以说，农村住房保障法律制度关乎国计民生。

首先，农村住房保障法律制度关系到社会法体系的完善和公民平等权的实现。

一方面，从法律部门的构成来看，社会法成为中国特色社会主义法律体系中与宪法及相关法、民法商法、行政法、经济法、刑法、诉讼与非诉程序法等相并列的七大部门法之一。社会法是规范劳动关系、社会保障、社会福利等对特殊弱势群体权益保障方面的实实在在的法律制度的总和。③ 社会法不满足于对抽象理念的探讨，还更多地从制度构建上去明晰其内部构成。农村住房保障法律制度是以行政管理为主的制度，社会法在自身调整范围界定上也主要关注在公民基本生活水平维持方面个人责任、社会责任和政府责任的划分，并在此区分的基础上特别关注政府通过行政行为对社会弱势群体的救助④，农村住房保障法律制度属于社会法中亟须充实、完善的有机组成部分。

另一方面，就完善社会法制度的理论来看，当前社会法的实体法律制度分散、不成体系，更加关注城市居民社会保障。在基本住房保障制度方面，城市居民住房保障已经有经济适用房、廉租房、两限房、公共租赁住房等多层次配套制度，而针对农村居民住房困难的制度保障

---

① 根据中国城市地价动态监测系统 2010 年 3 月底发布的对 2009 年城市地价房价比的分析，35 个重点监测城市 2009 年居住地价房价比测算结果平均值为 31.29%，长三角的个别重点城市这一比例甚至已经超过 40%。林劲榆．国土资源部：地价占房价比例已超过三成．新闻晨报，2010 - 03 - 30.

中国社会科学院举行的 2018 年中国房地产高峰论坛发布了 2017 年《房地产蓝皮书》。该蓝皮书执行主编表示，2017 年商品房售价涨幅大幅回落，但是土地价格涨幅在不断扩大，土地成本占房价的比重进一步提高，2017 年土地价格与房价的比值达到了 0.68，地价占房价的比例已达 68%。中国社科院 2018 年中国房地产高峰论坛暨《房地产蓝皮书》发布会．http：//www.china.com.cn/zhibo/content_51187937.htm.

② 在《物权法》起草过程中，在讨论宅基地使用权能否自由流转时，主流观点认为：宅基地使用权除具有财产性之外，还更具有福利性。在当前农村社会保障制度不完善的情况下，应当维持宅基地使用权乃至土地承包经营权的生存保障功能。赵晓钧，孙欣．宅基地怎样行使社保职能．中国经济导报，2007 - 09 - 25.

③ 社会弱势群体的生存维持和福利增进也是社会法这一新兴法律部门的核心本质。星野英一．私法中的人．王闯，译//梁慧星主编．民商法论丛：第 8 卷．北京：法律出版社，1997：186.

④ 这也体现了社会法的保障性、补救性特点．郑尚元．社会法的定位和未来．中国法学，2003（5）.

尚未完善。正义的核心体现不是权利和义务结果的平等，而是对权利和义务的资格的平等，平等就是在相同条件下具有相同义务和权利。[①] 农村居民和城镇居民在居住地域上的差别不影响这两类群体在基本住房需求方面的类似性，社会弱势群体住有所居的要求在农村居民和城镇居民那里是一致的。如果在法律制度上对他们的基本住房保障需求厚此薄彼，就会导致在社会合作利益的分配上带来不平等，这种制度安排会使“某些起点比另一些起点更为有利。这种不平等是一种特别深刻的不平等”[②]。在从2004年至今的社会保障全面深化阶段，“我国社会保障制度的目标是建立城乡统筹的社会保障制度，着力解决我国社会长期存在的、由城乡二元结构导致的农村社会保障制度薄弱问题”[③]。农村居民基本住房保障制度应该是与城镇居民基本住房保障制度并行的住房保障制度，立法设计和行政措施的着力点不能有所偏颇，农村弱势群体不应该被排除在住房保障范围之外。社会保障应该体现全面和普遍的原则，顾及全体居民和各种不同的社会阶层。社会保障应是全面保障，在住房保障的制度供给方面不应有地域差别。从政策、法律方面入手，破除城乡二元结构，将农村弱势居民纳入住房保障范围势在必行。[④]

其次，加强农村住房保障法律制度建设有助于消除城乡不合理差别和保障农民基本住房权益。《经济、社会、文化权利国际公约》第11条规定：“本公约缔约各国承认人人有权为他自己和家庭获得相当的生活水准，包括足够的食物、衣着和住房，并能不断改进生活条件。各缔约国将采取适当的步骤保证实现这一权利，并承认为此而实行基于自愿同意的国际合作的重要性。”经济、社会、文化权利委员会于1991年第六届会议第4号一般性意见中，将前述规定进一步细化、发展并总结出公民适足住房权，认为适足住房权作为人权来源于享有适当生活水准的权利，对于享有所有经济、社会、文化权利是相当重要的。该意见第8条e款要求缔约各国“须向一切有资格享有适足住房的人提供适足的住房。必须使处境不利的群体充分和持久地得到适足住房的资源。”[⑤] 作为该公约的缔约国，我国有义务根据自身发展水平通过立法行为创造具有和该条约相同内容的法律、命令，将该规范变为国内法。此外，住房保障制度作为解决弱势群体基本住房需求的制度应该消除城乡不合理差别，并通过具体制度安排将公民适足住房权落到实处。当然，城、乡居民基本住房保障方面的具体保障措施可能会有很多不同，在未来住房保障法中未必一体规定，可以根据城乡土地使用权状况的不同而分章规定，但是在制度力度上不应差距过多，要扭转对农村住房保障关注相对较少的现状，在一定程度上可以采取合理措施适当倾斜。

最后，农村基本住房保障制度也是统筹城乡发展推进社会主义新农村建设的重要措施。统筹城乡发展从建设社会主义新农村的角度来看，就要立足城乡平等共享发展的成果，推动公共服务和基本生活保障等社会保障体系向农村覆盖。由于特殊的历史和政策背景，社会保障制度的城乡二元区分一直很明显，广大农村居民在家庭承包经营基础上主要依靠家庭保障，用家庭劳动收入来建房对一般农村家庭来说常常都需要花掉3到15年的积蓄[⑥]，而农村弱势群体的住房就更缺乏财力保障。靠长期积累多年存量资金一次性支出在住房建造和修缮上，也会影响在其他消费项目上的支出，不利于消费结构的改善和农村扩大内需的推行。[⑦] 当前国家在城市居

① 凯尔森．法与国家的一般理论．沈宗灵，译．北京：中国大百科全书出版社，1996：280－281.

② 约翰·罗尔斯．正义论．何怀宏，等译．北京：中国社会科学出版社，2009：6.

③ 林嘉．中国特色社会保障制度的发展．人民论坛，2009（11下）.

④ 相同观点参见师元梅．构建农村弱势群体住房保障制度的理论基础．学理论，2009（20）.

⑤ 经济、社会、文化权利委员会第六届会议（1991年）第4号一般性意见：适足住房权［《公约》第11条第（1）款］，载E/1992/23号文件，汇编于联合国文献HRI\GEN\1\Rev.7（2004）。

⑥⑦ 农村：住房教育支出过大 消费结构不尽合理．经济参考报，2007－08－09.

民社会保障方面执法力度需要加大；而在城乡统筹的社会保障制度方面，重要的是进行社会保障立法制度的平等配置。[①] 在住房保障法方面，农村居民基本住房保障制度就是实现社会保障平等并统筹城乡社会保障制度的具体有力措施。

综上，农村居民基本住房保障制度是适足住房权的重要体现，从统筹城乡发展推进社会主义新农村建设的角度看来，农村居民基本住房保障法律制度建设也是落实社会保障方面平等权的重要措施。推进农村居民基本住房保障制度既有重大的意义，又有迫切的必要。

二、农村基本住房保障法律制度的具体设计

农村居民基本住房保障法律制度的具体设计是一个系统工程，应当将农村基本住房保障制度作为“住房保障法”中单独的一章加以规定，可从宅基地使用权的取得、合作建房、集体建设用地使用权流转、农村自建住房的金融支持、农村低收入弱势群体住房保障等方面展开。

（一）宅基地使用权的取得

农村居民要实现住有所居就必须首先解决有地建房的问题。根据我国《宪法》第10条第2款的规定，宅基地属于集体所有。作为集体经济组织的成员，农村居民有权在集体经济组织所有的土地上建造房屋。宅基地所有权和使用权分离。实际上，农村居民用于建房的宅基地使用权并不是通过等价有偿的形式取得，他们并不需要支付宅基地使用权费。农村居民以户为单位申请取得宅基地使用权，这个“户”就是共同居住在一起的有一定血缘亲属关系自然人的一个组合。而理论和立法的一致做法是将宅基地使用权看作是集体所有的宅基地上派生出的用益物权。

宅基地使用权作为一项用益物权是基于我国特有的土地国有和集体所有制度二分而产生的与建设用地使用权并列的用益物权，是中国特色的用益物权。宅基地使用权当前不仅具有用益物权的财产性，还具有一般用益物权所不具有的福利性、保障性，因它是农民的安身之本。我国农村土地承包经营权和宅基地使用权均由农村集体成员无偿取得、无偿使用。宅基地使用权是农村居民基于集体经济组织成员身份而享有的福利保障。当前在社会保障制度尚有较大的城乡差别、农村地区社会保障不健全的情况下，农村土地承包经营权主要解决集体经济组织成员的基本生活来源问题，宅基地使用权主要解决其基本居住问题。这两项制度具有鲜明的社会福利色彩。在某种意义上说，宅基地使用权是针对全体集体经济组织成员无差别的基本住房福利保障制度。[②]

根据我国《土地管理法》第62条第3、4款，农村村民建住宅，应当符合乡（镇）土地利用总体规划、村庄规划，不得占用永久基本农田，并尽量使用原有的宅基地和村内空闲地；编制乡（镇）土地利用总体规划、村庄规划应当统筹并合理安排宅基地用地，改善农村村民居住环境和条件。农村村民住宅用地，由乡（镇）人民政府审核批准；其中，涉及占用农用地的，依照该法第44条的规定办理审批手续。根据上述规定，农村集体经济组织成员要取得宅基地使用权需要经由乡镇人民政府审核批准。派生出宅基地使用权的是农村集体经济组织的宅基地所有权，宅基地使用权作为用益物权也正是限制了宅基地所有权的权能，因此，真正有权决定宅基地使用权的设立（初始取得）的应该是农村集体，而《土地管理法》

---

① 陈新民．德国公法学基础理论：下．济南：山东人民出版社，2002：671-672.

② 全国人大常委会法制工作委员会民法室．中华人民共和国物权法条文说明、立法理由及相关规定．北京：北京大学出版社，2007：279.

第62条没有涉及农村集体的宅基地所有权。该规定的立法初衷是经由审核批准手续来达到保护耕地、符合城乡用地规划的目的。但是审核批准的前提是尊重农村集体作为宅基地所有权人的地位。这种审核批准的做法实际上对农村居民取得宅基地使用权设定了一项行政许可，而非单纯通过登记的行政确认。在审核批准之前农村集体成员不能取得宅基地使用权，这从根本上否认了农村集体对宅基地的所有权。保护耕地、统一规划的目标不必通过行政许可的手段来达成，故这不符合《行政许可法》第12条设置许可的事项范围。行政审核批准应该退出宅基地初始取得的设定程序，恢复由农村集体作为农村宅基地所有权人来设定宅基地使用权，即：符合申请宅基地使用权的农户向村民委员会申请，村民委员会提请村民会议讨论决定，村民委员会根据前述决定与提出申请的农户签订宅基地使用权设定合同。而保护耕地或者统一城乡规划的要求完全可以由地方性法规或者地方政府规章事先统一规定，没有必要通过审核批准逐一解决。①

宅基地使用权为涵盖农村集体经济组织所有成员的住房社会保障措施，应该在立法中规定或者授权地方性法规从正面和反面规定申请者的条件，根据地理因素规定每户申请者的最大申请面积等问题。对于符合条件的申请者，农村集体应该根据“需要产生权利”和集体经济组织成员权派生性的特点，满足申请者的需要。任何组织或者个人不得剥夺或者限制农村集体成员依法获得宅基地使用权的权利，农村集体成员获得宅基地使用权的正当要求应该获得满足，农村集体有义务与其缔结宅基地使用权设定合同。② 对农村集体课加强制缔约的义务，也是保障农户获得基本住房保障用地的重要法律制度措施。

在宅基地使用权初始取得（原始取得）之外，还有原宅基地使用权人转让时他人继受取得的获得方式。这一问题在《物权法》制定前后获得较大的关注。《物权法》将宅基地使用权的取得问题一并交由《土地管理法》来规定，《土地管理法》第62条第1款规定：“农村村民一户只能拥有一处宅基地，其宅基地的面积不得超过省、自治区、直辖市规定的标准。”从文义解释的角度看，该条禁止已经有宅基地的农户再次取得宅基地使用权。实践中出现了村民在继承自父母的宅基地上建设新房，因有两处宅基地而被责令拆除的做法。③ “一户一宅”有特定的适用范围，在父母为子女准备结婚新房、通过继承房屋再次取得宅基地使用权等情形下，一户完全可以取得两处宅基地。④ 另外，随着农村居民外出务工和将户口迁至城市的增多，很多农村出现大量长期闲置的住房，应该本着资源优化配置的思路，允许本集体经济组织的其他成员购买以解决住房问题，而且可以通过租赁的形式解决其他成员的住房困难。对于本集体经济组织成员内部互相购买住房而形成两处宅基地的，购买方的两处宅基地面积总和不超过当地省、自治区、直辖市规定的最大面积标准即可。对于超过部分，购买方不能取得宅基地使用权，可以由集体经济组织收回并出租给购买方一并有偿使用。⑤ 根据《土地管理法》第62条第5款，“农村村民出卖、出租、赠与住宅后，再申请宅基地的，不予批准”。那么，集体经济组织的成员能否将其房屋和宅基地一并出让给非集体经济组织的成员，特别是城镇居民？基于基本住房保障的考虑，对此尚应采否定态度。允许本集体经济组织外的人员，特别是城镇居民到

① 高圣平，刘守英．宅基地使用权初始取得制度研究．中国土地科学，2007（2）．

② 蔡立东．宅基地使用权取得的法律结构．吉林大学社会科学学报，2007（3）．

③ 拥有两处宅基地违法吗？．人民法院报，2001-03-08.

④ 郭明瑞．关于宅基地使用权的立法建议．法学论坛，2007（1）．

⑤ 有的地方采取超面积部分的宅基地适用权有偿使用制度，值得借鉴，但是对超面积部分采出租而非出让的形式可能更有利于集体经济组织以后收回并用来满足其他新农户的宅基地使用需求。梁学钦，路新安，贾景秀．宅基地多占了，怎么办？——定陶县推行农村超占宅基地有偿使用的几点做法．中国土地，2000（10）．

农村买房，短期内虽然有助于盘活村内闲置房屋，增加卖房人的收入，但是长远的结果是农村房价会被外来资金抬得越来越高，以致本集体经济组织内部真正有基本住房需求的成员都买不起本村住房。① 和投资性、享乐性住房需求相比，基本住房需求应该占更优先的地方，后者完全可以通过租赁的方式得到解决。解除对农房买卖的限制可能会危及农村居民基本住房需求更广泛的实现。如果将宅基地使用权完全转让给本集体经济组织外的人员，也会使本集体经济组织成员未来申请宅基地的需求没法进一步被满足。

综上，宅基地使用权作为允许建房于宅基地上的用益物权，具有最基本的对全体集体经济组织成员的住房保障功能，它是集体经济组织对宅基地的所有权和本集体经济组织成员享有的成员权共同派生出的权利。宅基地使用权的取得方式有初始申请取得和继受转让取得的方式，继受取得宅基地使用权的，不能超过最大面积限制。另外，向集体经济组织外的人员转让宅基地目前尚不现实，需考虑本集体经济组织新成员未来的初始申请需求，可以将房屋和宅基地使用权一并出租作为替代措施，这样，对本集体经济组织成员现在和未来的基本住房保障都不会产生负面影响。

（二）可以积极支持农村居民合作建房

农村居民建房既有房在哪里建的问题，也有钱从哪里来的问题。农村居民可以在基于成员身份而取得的有使用权的宅基地上建造房屋，然而农民建房的资金从何而来？在农民现有的年均收入情况下，新房建设平均要花费 3 年到 15 年的积蓄。② 当前农民建房资金缺口大，资金缺口率高，这成为农村居民基本住房保障中的突出问题。实际上，住房保障资金来源的缺乏也是农村居民基本住房保障存在的根本问题。支持农村居民联合城镇居民合作建房，既可以缓解农民建房资金缺口、改善农村居住条件，又能满足城镇居民度假休闲乃至经营的需要，也是统筹城乡的切实举措。

我国《城市房地产管理法》第 28 条允许城市房地开发建设中以土地使用权作价的合作开发经营房地产，农村居民以宅基地使用权与城镇居民以资金合作建房时会涉及建成房屋的所有权在城乡居民间的分割或者农房对城市出资居民的长期出租。根据国务院关于执行农村集体建设用地法律和政策的通知，“农村住宅用地只能分配给本村村民，城镇居民不得到农村购买宅基地”③，据此，城乡居民合作在农村宅基地上建房的方式尚无法律依据。在宅基地上合作建房被认定为实际上是非法转让宅基地，相关的合作协议因违反禁止性规定而无效。④ 本书作者认为，城乡居民合作建房和单纯的转让宅基地使用权给城镇居民的做法不同，合作建房的主要目的是解决农民建房资金缺乏问题，它能够满足农民的基本住房需求，其不会因此而丧失宅基地使用权，不会使住房保障无“地”落实。就合作建房之后房屋的所有权的归属，当前做法有两种：（1）约定按份共有；（2）约定房屋归农民所有，出资建房的城镇居民乃至企业在一定年限内有使用、经营的权利，用于出资的建设资金就充抵了租金。⑤

在汶川地震后的农房重建工作中，中央曾要求“用统筹城乡的思路和办法抓好抗震救灾的灾后重建工作”，成都市等地积极采取有效措施，“积极引导社会资金直接投资重建项目，吸引

---

① 国外已经出现类似的事例，参见章磊．英国农民的住房危机．乡镇论坛，2008（14）。

② 农村：住房教育支出过大 消费结构不尽合理．经济参考报，2007－08－09.

③ 《国务院办公厅关于严格执行有关农村集体建设用地法律和政策的通知》（国办发［2007］71 号）。

④ 宅基地上“合作盖房”协议违法无效．http：//news. sina. com. cn/c/2009－09－03/062316233069s. shtml. 胡新桥．武汉公布两起案例警示 市民到农村合作建房行不通．法制日报，2007－09－11.

⑤ 杭州第二绕城高速引爆地产猜想：城乡合作建房．浙江日报，2008－12－26. “农企合作建房模式”试水安吉山川．http：//cxnews. zjol. com. cn/cxnews/system/2008/01/18/010311995. shtml.

社会资金与农户、农村集体经济合作组织合作，联合重建”①。农民和城镇居民合作建房并共享房产的做法使城乡居民各取所需，加快了灾后农房重建的步伐。这种经验值得推广。②

综上，合作建房，各取所需，合建房可以约定为按份共有，或者以建设资金冲抵租金的形式，将部分合作建房出租给出资的城镇居民乃至企业居住。在未来的住房保障法中，在宅基地使用权“一户一宅”、无偿取得之外，可以考虑增加规定：允许城乡居民通过合作建房的方式解决农村居民建房资金缺乏的状况，合建房可以约定为按份共有或者一定期限内出租给城镇居民乃至使用。

（三）将集体经营性建设用地流转收益的一部分专门用于农民住房保障

城乡一体化很重要的一个方面就是对城市和农村的物权性财产权利要一体对待、平等保护。过去，集体经营性建设用地不允许进入土地一级市场自由流转，集体土地先要变成国有土地，然后才能通过出让建设用地使用权进入市场进行流转。这样，就剥夺了集体土地所有权的一部分处分权能。通过征收制度集体土地变为国有土地后方能进入土地一级市场，造成了同地不同权、同地不同价的现象，集体土地明显地处于劣势地位。而集体建设用地使用权也只能在有限范围内被动流转，其市场价值根本无法得到体现。在国有土地上进行开发建设是常态，在集体土地上进行建设是例外；集体建设用地使用权不得流转是常态，流转只是例外。③

在农村土地改革过程中，对于符合土地利用总体规划、依法取得的农村集体建设用地，逐渐允许其流转并享有与国有建设用地同等权益，由此城乡统一的建设用地市场逐步建立。“此举对于破除我国城乡二元结构、形成城乡经济社会发展一体化新格局，具有革命意义，是新时期我国农村土地管理制度改革的破冰之举。”④ 允许集体建设用地使用权入市流转可以改变国有建设用地使用权和集体建设用地使用权地位不平等的二元分立局面，打破国家对建设用地一级市场的垄断，有利于二者的同权同利。有学者称“农地入市”的举措是继“土地革命”、“人民公社”和“土地家庭承包”之后中国农村“第四次土地革命”⑤。“在符合土地规划的前提下，农民直接将集体建设用地以出租、出让、转让等形式供应给企业，既大大降低了企业的用地成本，又保证了农民可以长期分享土地增值收益，地方政府可以获得企业税收和土地使用费。开放农村集体建设用地直接进入市场，有利于大量企业到中西部落户和促进制造业向中西部地区转移，继续保持我国制造业在全球的竞争优势。”⑥ 农村集体建设用地流转，由于长期处于自发、隐形、无章、无序的状态，虽然在一定程度上增加了农民的收益，但也带来了突破规划计划用地、违法违规用地多发、耕地流失严重、国家土地税费流失、土地纠纷难以解决等问题，农村集体经营性建设用地流转的推行有利于对这种长期以来的隐性做法进行合理引导，使其规范化、法制化。⑦ 农地直接入市，农民获得的土地收益更多了，农村集体建设用地使用权的功能也就更完整了，有利于农民更有机会和实力参与城市化、工业化。国家通过征收垄断建设用地一级市场，但是征收必须受公共利益的实体和程序约束，进行商品房开发不能被认为是为了公共利益需要，此时再不允许集体建设用地使用权（包括宅基地使用权）进入市场自由

---

① 《成都市人民政府关于坚持统筹城乡发展加快灾后农村住房重建的意见》（成府发［2008］46号）第5条之（二）。

② 王全：第一个找城里人建房的农户．http：//zzhz.zjol.com.cn/05zzhz/system/2008/10/19/010041545.shtml.

③ 王菊英．集体建设用地使用权流转的法律障碍和空间．政治与法律，2008（3）．

④ 依法推进集体建设用地有序流转——六论学习贯彻党的十七届三中全会精神．中国国土资源报，2008-11-20.

⑤ 王佴．广东变法：农地直接入市．第一财经日报，2005-09-28.

⑥ 刘守英．中国的二元土地权利制度与土地市场残缺．中国人民大学“民商法前沿”系列讲座现场实录第325期．

⑦ 依法推进集体建设用地有序流转——六论学习贯彻党的十七届三中全会精神．中国国土资源报，2008-11-20.

流转，土地的来源就会枯竭[①]，而“全国集体建设用地总量为 1 700 万公顷，相当于全部城市建设用地 700 万公顷的 2.4 倍”[②]，集体建设用地使用权的流转是解决建设用地匮乏的最重要途径。实际上集体建设用地使用权的流转早在 2004 年就为《国务院关于深化改革严格土地管理的决定》第 10 条所规定：“……在符合规划的前提下，村庄、集镇、建制镇中的农民集体所有建设用地使用权可以依法流转。”中共十七届三中全会决定也已明确指出：“逐步建立城乡统一的建设用地市场，对依法取得的农村集体经营性建设用地，必须通过统一有形的土地市场、以公开规范的方式转让土地使用权，在符合规划的前提下与国有土地享有平等权益。抓紧完善相关法律法规和配套政策，规范推进农村土地管理制度改革。”可见建立“城乡统一的建设用地市场”是大势所趋。

2019 年修正后的《土地管理法》第 63 条允许土地利用总体规划、城乡规划确定为工业、商业等经营性用途，并经依法登记的集体经营性建设用地通过出让、出租等方式入市流转。在集体经营性建设用地使用权流转的具体程序设计上，要注意流转对象、程序和收益分配等几个重要问题。在现阶段，集体建设用地的流转对象限于“土地利用总体规划、城乡规划确定为工业、商业等经营性用途，并经依法登记的集体经营性建设用地”，宅基地使用权不宜放开流转，通过合作建房形式的间接流转不影响农村居民基本住房的建设和保有，故可以允许，单独的宅基地使用权流转尚应禁止。集体经营性建设用地流转的决策主体应该是集体经济组织的成员，“集体经营性建设用地出让、出租等，应当经本集体经济组织成员的村民会议三分之二以上成员或者三分之二以上村民代表的同意”。在村集体经济组织成员同意流转集体经营性建设用地后，不必再由政府审查批准，因审批制会进一步限制农村集体经济组织作为集体土地所有权人的决策权。行政机关完全可以事先通过土地利用总体规划、城乡规划的方式来限制不符合规划的流转，不必采行一事一议式的审批。[③] 集体经营性建设用地使用权流转的收益除缴纳流转增值收益税外，剩余部分归农村集体经济组织所有，并应专门用于本集体经济组织各项基础设施建设、公益事业和农村居民住房保障等社会福利事业。

集体建设用地流转是城乡经济、社会一体化的必然要求，是构建“两种地权，一个市场”的具体举措。集体经营性建设用地流转是第一步。流转的收益留足农村公益建设所需后可以作为专项资金用于农村居民基本住房保障制度建设，这也是解决农村居民建房资金短缺的有效途径。

（四）对农村自建住房采行互助金融等予以支持

农村居民贷款抵押物匮乏，贷款难问题突出。目前对农民贷款更多采用保证的担保形式，制度创新的办法是多户农户组成联保小组贷款。[④]

在农村居民自建基本住房金融支持方面，还可以考虑推行住房保险制度。住房保险是指意外事件致使农房毁损的，可以给予一定补偿。这样有助于减轻受毁损房屋的房主再建、再修房屋时的经济压力。住房保险制度能够集合危险、分摊损失，特别值得在我国自然地质灾害多发地带推行。未来“住房保障法”在农村居民基本住房保障方面推行住房保险制度，有助于提高农村住房保障水平，乃至农村社会保障水平有助于住房灾害救助体系由单一的政府救助方式向社会互助共济的多层次保障体系转变。此外，农村住房保险制度具有低保费、高赔付率、高政

① 王轶．名家剖析“小产权房”现象——中国人民大学法学院“法眼透视”学术沙龙．中国民商法律网，2007-12-09.

② 高圣平，刘守英．集体建设用地使用权进入市场：现实和法律困境．管理世界，2007（3）．

③ 张鹏，王亦白．对农村集体建设用地使用权流转试点的思考．法学，2006（5）．

④ 徐衍平．农村信用社创建农民住房贷款探析．老区建设，2008（20）．

府保费补贴率的特点，是政府运用市场手段和保险机制处理风险多发情况下农村住房保障的有力措施是在农村居民住房保障手段多层次方面的有益探索。①

金融机构在农村居民建房贷款方面目前更乐意采用农民互保的形式。实际上在农村居民建房方面也完全可以由农户采取互助组织的形式进行，农户可以联合起来，互相提供劳动和帮助。《农民专业合作社法》主要是针对家庭承包经营基础上生产经营服务的互助合作，可以试行农村居民基本住房建设方面的短期互助合作，拓宽农业专业合作社的功能范围。据美国在农村居民建房互助方面的经验，农民互助建房可以降低建房成本的25%到30%。② 在建房成本降低意义上，这种互助合作模式也是一种间接的金融支持手段。

（五）建立农村低收入家庭安全住房保障机制

宅基地使用权的取得制度、合作建房、集体经营性建设用地流转收益分配、农村住房保险制度、农民建房互助制度等都是针对全体农村居民的基本住房保障措施。对于农村低收入家庭的基本住房还必须特别结合危房改造等政策措施进一步保障。2018年1月2日中共中央、国务院发布《关于实施乡村振兴战略的意见》，指出："逐步建立农村低收入群体安全住房保障机制。强化新建农房规划管控，加强'空心村'服务管理和改造。"

农村危房改造中最早开始的是政府对农村中小学的危房改造工作③，而当前针对农村居民的危房改造工作主要面向农村低收入家庭，解决的是最困难群众最基本的居住安全保障，其并非面向全体农村居民的普惠措施。2008年，农村居民危房改造在贵州省先行试点。2009年危房改造扩大试点。农村居民危房改造政策是向农村低收入家庭在住房保障方面的合理适度倾斜。农村危房改造补助长期居住在整栋危房或者局部危险房屋中的无能力自我改造的分散供养"五保户"、低保户和其他农村贫困农户。④ 农村危房一般危及的是居住者本身的居住安全，这种危险需要通过修缮或者重建工作来消除。对于存在安全隐患而所有者又无力修缮或者重建的农房，应该由政府适当补助，统一修缮或者重建。

农村危房改造需要各地制定地方性法规来具体落实，具体有以下问题：第一，要完善农村危房改造工作的实施程序，包括特困家庭申请、村民会议进行评议、乡镇政府审查确定危房改造的补助对象和标准、县级政府民政和建设部门统一审批、乡镇政府监督实施、市县政府进行验收、省级政府审计市县政府对补助资金的落实情况及危房改造的总体成效等。⑤ 在具体组织审批方面主要由县级人民政府民政部门确定危房改造工作补助的农村居民对象，主要是低保、特困家庭等，由县级人民政府房屋行政主管部门根据"农村危房鉴定技术导则"确定待改造房屋是否符合危房标准，只有经两部门共同划定的低保、特困家庭的危房方能享受政府补助的政策措施。这就是农村居民危房改造中"最贫困"和"最危险"相结合的认定标准。⑥ 第二，对于政府补助仍不能进行重建或者修缮的危房户，可以补助其租赁村内闲置的房屋进行居住。对于农村"五保户"，可以考虑采集中供养的方式解决其居住问题。第三，对一般的危房户或者一般农村居民，不能借危房改造或者新农村建设的名义强制集中居住，应该充分尊重农村居民在居住问题上的自主决定权。

---

① 浙江政策性农村住房保险运行平稳．http：//finance. sina. com. cn/roll/20080401/09162115492. shtml.

② 盛荣．美国农村住房扶助政策及其启示．农业经济，2003（12）．

③ 《国务院办公厅关于农村中小学危房改造工程实施方案的复函》（国办函［2003］55号）。

④ 《关于2009年扩大农村危房改造试点的指导意见》（建村［2009］84号）。

⑤ 《甘肃省人民政府关于实施全省农村特困群众危房改造工程的意见》（甘政发［2008］18号）。

⑥ 仇保兴．在2009年农村危房改造试点工作会上的讲话．小城镇建设，2009（8）．

三、农村基本住房保障中的政府责任——给付行政的视角

《宪法》第 14 条第 4 款规定，“国家建立健全同经济发展水平相适应的社会保障制度”；第 45 条第 1 款第一句规定，“中华人民共和国公民在年老、疾病或者丧失劳动能力的情况下，有从国家和社会获得物质帮助的权利”。这是对社会弱势群体的物质帮助请求权与国家社会保障制度的规定。弱势群体的物质帮助请求权需要国家社会保障制度来配合，后者正是为了满足前者的需要而设置的。物质帮助请求权并非公民基于“既得权利”而请求政府不得侵犯或者予以承认，该权利是公民个人主观的、公法上的权利。① 其要求政府的积极给付行政与其需求相对应，而给付行政也就是落实国家社会保障制度的具体行政行为。

给付行政涵括了现代福利国家大部分领域，又被称为福利行政，是通过给予公民、法人利益、便利等达到目的的行政活动。给付行政的表现形式很多，大体上可以分为对个人提供特定形式的给付和通过兴建公共设施等形式为社会全体成员提供给付两种形式。② 第一，就对全体农村居民基本住房保障的给付方面，以“一户一宅”为主的惠及全体农村居民的宅基地使用权保障制度已经由法律明确规定，行政机关负有尊重并不侵犯此种“既得权利”的消极义务，应该确立农村集体以所有权人身份对农村居民宅基地使用权的设定权。政府在这个过程中的作用主要是事先进行村庄统一规划，而非一事一议式的审批。可以说，在宅基地使用权取得方面，政府并无给付行政方面的积极义务，因为政府不是集体土地的所有权主体，不能积极为农户设定宅基地使用权。第二，就对农村特定居民的给付方面，针对农村低收入的困难家庭，政府的住房保障义务主要体现在危房改造中的扶助义务，这一义务主要以危房改造中的政府补贴形式出现。此时的政府扶助就是给付行政，而该给付行政的起源就与“生存照顾”的理念密切相关。③ 未来在住房保障法中规定农村危房改造中的政府扶助责任是政府此种给付行政作为义务的表现。

政府给付行政也受法律的基本原则及具体规则的限制。第一，给付行政仍然应该受到行政法治原则的约束。在我国，农村居民基本住房保障方面的立法相对较少，大量的是法规层级以下的规范性文件，还有政府有关部门的政策性文件。应该总结农村危房改造实践中的做法，借住房保障法立法的机会，规定农村低收入家庭住房保障方面的政府扶助义务，使政府救助有法可依。在目前尚无完善的法律规定的情况下，在广义上理解有法可依，依据行政法的基本原则和有关国家政策来实施相关给付行政。④ 第二，在给付行政具体实施过程中还需要遵循平等原则、比例原则等。这具体表现为，在对农村低收入家庭的住房保障中要细化民政部门认定低保、特困家庭的标准，对所有低保、特困家庭要做到同样情况同样处理，不能在危房改造问题上偏差对待。“平等对待要求受给付者与其他人一样有过有尊严的生活的权利；所有符合条件的人都应有机会获得给付，国家应该一视同仁，而不得差别对待。给符合条件的人以特别给付，符合实质平等的要求。”⑤ 第三，政府扶助时也要坚持禁止过低、过高给付，给付要与受给付者的正当需求成比例，给付要与国家的经济发展情况相适应并体现国家扶助的补充性原则。⑥ 第四，从给付行政分类的视角来看，农村低收入家庭住房保障中的政府扶助属于保障行

---

①　马克斯·韦伯．韦伯作品集：法律社会学．康乐，简美慧，译．桂林：广西师范大学出版社，2005：2-3.

②　杨海坤，章志远．中国行政法基本理论研究．北京：北京大学出版社，2004：12.

③　陈新民．公法学札记．北京：中国政法大学出版社，1999：48.

④　刘亚凡．论支配给付行政的若干法律原则——以人权保障为视角．法学杂志，2009（7）.

⑤⑥　王贵松．支配给付行政的三大基本原则研究//刘茂林主编．公法评论：第 1 卷．北京：北京大学出版社，2003.

政的范畴[1]，与作为给付行政的保障行政对应的就不是政府的道德义务，而是法律上的扶助义务，受救助对象的住房权具有可诉性，行政诉讼中的给付之诉就能够“敦促行政主体忠实履行为民众提供生存照顾的基本义务”[2]。

四、总结：农村基本住房保障的两个维度

农村基本住房保障制度包括面向全体农村居民的基本住房保障制度和面向农村低收入家庭的基本住房保障制度两个维度。未来要在住房保障法中将农村基本住房保障制度法律化、系统化，以完善普及城乡的住房保障法律制度。

宅基地使用权的无偿取得是惠及全体农村居民的基本住房保障法律措施，这解决了农村居民有“地”建房的问题。农村居民建房中存在资金短缺问题，会影响农民基本住房的实现。在农村居民宅基地上城乡居民合作建房、将农村集体经营性建设用地流转收益分配给集体成员用于基本住房保障建设、推行农村住房保险制度、实行农村居民互助建房等，都是解决农民建房资金短缺的重要措施，可以适当采取这些制度合力解决农村居民有“钱”建房的问题。在农村低收入家庭住房保障方面，危房改造是特别保障措施，也属于给付行政范畴。政府在这个过程中有积极救助的义务，政府的给付行政也受到依法行政等行政法基本原则的限制。

第三节　《民法典》中居住权的基本住房保障功能

一、居住权具有基本住房保障等多重功能

关于居住权是否为新类型的用益物权，学界早有探索。有学者主张，在家庭关系、婚姻关系中存在因居住而使用他人房屋的习惯做法，有必要以“居住权”的概念将这种权利的物权性加以确定；并认为居住权就是特定人因居住而使用他人房屋的权利。[3] 实际上该种肯定的观点也可以从《婚姻法》第 42 条及原《最高人民法院关于适用〈中华人民共和国婚姻法〉若干问题的解释（一）》第 27 条中找到部分根据。该解释第 27 条第 3 款规定：“离婚时，一方以个人财产中的住房对生活困难者进行帮助的形式，可以是房屋的居住权或者房屋的所有权。”还有对居住权持肯定论的学者拓展了居住权的制度功能，认为在保护离婚妇女、老年人等社会弱势群体的社会性居住权之外，还存在满足人们利用财产形式多样化需求的投资性居住权，这就加强了将居住权法定化的必要性。[4] 在立法论上看，在合资建房、分时度假领域也可以设定投资性居住权。

《物权法》中没有规定居住权。《民法典》将居住权作为用益物权的新类型加以规定，并限于生活居住的需要。居住权是指根据合同约定或者遗嘱设定，对他人的住宅享有占有、使用，以满足生活居住需要的用益物权。居住权采取登记生效主义。居住权不得转让、继承。除当事人另有约定外，居住权人也无权将该他人的房屋进行出租。居住权在期限届满或者居住权人死

---

① 南博方．日本行政法．杨建顺，周作彩，译．北京：中国人民大学出版社，1988：29－30.

② 章志远．给付行政与行政诉讼法的新发展——以行政给付诉讼为例．法商研究，2008（4）.

③ 钱明星．关于在我国物权法中设置居住权的几个问题．中国法学，2001（5）．王利明．中国民法典草案建议稿及说明．北京：中国法制出版社，2004：第五编第三章第五节“居住权”．陈华彬．设立居住权可以更好地保护弱势群体利益．检察日报，2004－02－09.

④ 申卫星．视野拓展与功能转换：我国设立居住权必要性的多重视角．中国法学，2005（5）.

亡时消灭，这体现出居住权的人役权特点。

居住权有助于保护弱势群体的居住利益。在公房租赁领域，居住权有适用空间。被继承人生前可以在自己的房屋上给二婚配偶设定居住权，以保障生存配偶的居住利益，兼顾自己子女对房屋的继承利益，从而可以更好地体现房屋所有权人的意志。离婚时弱势一方可以通过离婚帮助制度获取居住权。房屋所有权人可以通过设定保留居住权的房屋买卖，以实现“以房养老”。房屋所有权和房屋租赁权的二元化房屋利用模式难以满足当事人多样化的需求。居住权具有实现房屋权益和超越租赁权的独特优势。在公租房、合资建（买）房、以房养老、家庭成员垫资购（建）房等形式的房屋利用中，居住权具有无可替代的积极作用。居住权制度有利于实现从“居者有其屋”到“住有所居”的转变。居住权可以在共有产权住房之外进一步完善住房保障体系，有利于避免被保障对象的投机牟利行为。与廉租房、公租房等债权性保障住房相比，居住权制度具有更强的稳定性，能更好地解决弱势群体的住房问题。①

居住权可为房地产改革提供法治思路，如宅基地“三权分置”中，农户若要盘活住宅资产，可以转让房屋的居住权，而只保留虚化的房屋所有权；受让人虽不能获得房屋的所有权，但可以获得优先于所有权的居住权。在“租购同权”政策中引入居住权，在承租人具有居住权时赋予其与住房所有人同样的享受公共服务的权益，可实现“租购同权”。对于房改房、经济适用房、集资房、人才安置房等法律地位模糊的房屋，可以通过居住权制度，达到平衡所有人与使用人的利益之效果。②

《民法典》确立居住权，回应了由“居者有其屋”到“住有所居”的时代需求。房价高企的严峻现实决定了无法实现人人均取得房屋所有权的目标，加之养老、丧偶、离婚等原因特定群体的居住难题更加严峻，需依靠房屋所有权之外的配套制度予以化解。这正是《民法典》回应时代需求确立居住权的实践面向性。居住权“入典”后，可运用私法手段缓解特定群体的居住困境，助力房屋所有权实现形式的多元化，缓和僵硬的物权法定原则。居住权的客体应被界定为房屋（整体或部分）及其附属设施。③

二、以房养老的其他法律探索

面对日益严峻的“老龄化”问题，我国以居家养老为基础，近来实践中还出现“以房养老”的探索。成年人监护制度和以房养老制度都是民法对老年社会的应对之道，以促进实现老有所养的社会理想。

2013年9月13日公布的《国务院关于加快发展养老服务业的若干意见》指出：“开展老年人住房反向抵押养老保险试点。”“老年人住房反向抵押养老保险”又称“以房养老”，是指老年人将自己名下的房屋产权抵押给银行、保险公司等金融机构，可定期获取一定的养老金直到去世。“以房养老”在一定程度上有助于盘活现有房产，以帮助无劳动能力、无生活来源、无赡养人或扶养人或者其赡养人或扶养人确无赡养或扶养能力的“三无”老人。

有学者研究指出：“金融业推动的以房养老方案，最早出现的就是所谓逆向抵押贷款（reverse mortgage），简单地说，就是老人以其房产抵押给金融机构担保贷款，但和一般抵押的现金流方向倒反，不是由债务人一次取得贷款后，再按期支付利息或本息，而是约定以老人死亡

① 申卫星．从“居住有其屋”到“住有所居”——我国民法典分则创设居住权制度的立法构想．现代法学，2018 (2).

② 鲁晓明．“居住权”之定位与规则设计．中国法学，2019 (3).

③ 单平基．《民法典》草案之居住权规范的检讨和完善．当代法学，2019 (1).

或移转房产为到期日（maturity），于该期间每月（或每年）由金融机构支付老人固定数额的金钱（即年金 annuity），并于到期日偿还全部贷款。”以房养老，是要将房产的抽象价值转化为最大可能的养老资源，也将使老人和资源提供者的风险降到最低。养老信托、法定居住权、不动产共有的分管契约等都是老年人自宅养老非常重要的可供探讨模式。[1]

第四节　房地产税

一、房地产税制度的社会背景

2020 年 5 月 11 日《中共中央、国务院关于新时代加快完善社会主义市场经济体制的意见》要求“稳妥推进房地产税立法”。财政部部长刘昆近期撰文提到“按照‘立法先行、充分授权、分步推进’的原则，积极稳妥推进房地产税立法和改革”[2]。中国社会科学院发布的《2020—2021 中国住房发展报告》建议，争取在“十四五”期间，也就是 2021—2025 年开征房地产税。

房地产税是当前社会讨论的热点话题。有学者甚至指出：“政府必须通过劳资关系的调节，改善国民收入第一次分配；必须通过税收和转移支付等手段，实现国民收入分配的第二次调节，更大程度地保障收入和财富的公正分配。目前，当务之急是对家庭确立以房产税为核心的财产税，同时设立赠与税和遗产税，防止财富过分集中到少数人手里，使社会年轻一代在社会竞争中有一个大体公平的起点。可以不夸张地说，这三个税种的设立是当下关系到执政党的生死存亡的大事，自然也是确立人民群众对党和政府信任的关键举措。”[3]

2013 年 12 月 31 日发布的《财政部、国家税务总局关于夫妻之间房屋土地权属变更有关契税政策的通知》（财税［2014］4 号）中规定：“经研究，现将夫妻之间房屋、土地权属变更有关契税政策通知如下：在婚姻关系存续期间，房屋、土地权属原归夫妻一方所有，变更为夫妻双方共有或另一方所有的，或者房屋、土地权属原归夫妻双方共有，变更为其中一方所有的，或者房屋、土地权属原归夫妻双方共有，双方约定、变更共有份额的，免征契税。”“本通知自发布之日起施行。《财政部国家税务总局关于房屋土地权属由夫妻一方所有变更为夫妻双方共有契税政策的通知》（财税〔2011〕82 号）同时废止。”

二、房地产税制度的法律构造

有学者指出房地产税法律制度的本质功能以筹集收入为主，而非调控房市；也无法寄希望于房地产税制度来彻底解决地方政府财政困境。[4] 对家庭唯一住房征收房产税主要涉及其与税收法定主义原则之间的关系及是否存在重复征税等问题。[5]

1986 年 10 月 1 日起施行的《房产税暂行条例》第 5 条第 4 项规定：“个人所有非营业用的房产”免纳房产税。《重庆市关于开展对部分个人住房征收房产税改革试点的暂行办法》从 2011 年 1 月 28 日起施行，该暂行办法开始对存量商品住房征收房产税，规定“首批纳入征收

① 苏永钦．从以房养老看物权的自由化——再谈民法作为自治与管制的工具．2013 年 11 月 16 日社会变迁与民商法发展——第三届两岸民商法前沿论坛（北京航空航天大学法学院、台湾政治大学法学院主办）．

② 刘昆．建立现代财税体制．人民日报，2020－12－23.

③ 党国英．政府公信是社会信任的支柱．瞭望·中国，2012－12－26.

④ 徐阳光．房地产税制改革的立法考量．税务研究，2011（4）．

⑤ 刘剑文．房产税改革正当性的五维建构．法学研究，2014（2）．

对象的住房为：1. 个人拥有的独栋商品住宅……”① 同日起施行的《上海市开展对部分个人住房征收房产税试点的暂行办法》规定：“征收对象是指本暂行办法施行之日起本市居民家庭在本市新购且属于该居民家庭第二套及以上的住房（包括新购的二手存量住房和新建商品住房，下同）和非本市居民家庭在本市新购的住房（以下统称‘应税住房’）。”“本市居民家庭在本市新购且属于该居民家庭第二套及以上住房的，合并计算的家庭全部住房面积（指住房建筑面积，下同）人均不超过60平方米（即免税住房面积，含60平方米）的，其新购的住房暂免征收房产税；人均超过60平方米的，对属新购住房超出部分的面积，按本暂行办法规定计算征收房产税。”② 上述房产税改革试点办法是否符合税收法定主义原则，值得认真思考，其关系到法治国家征税权的主体、行使程序、征税范围等问题。《立法法》第8条第8项规定，“基本经济制度以及财政、税收、海关、金融和外贸的基本制度”只能制定法律。第9条规定：“本法第八条规定的事项尚未制定法律的，全国人民代表大会及其常务委员会有权作出决定，授权国务院可以根据实际需要，对其中的部分事项先制定行政法规，但是有关犯罪和刑罚、对公民政治权利的剥夺和限制人身自由的强制措施和处罚、司法制度等事项除外。”现代国家一般应为税收国家，公民通过向政府纳税获取政府对自己合法权益的保护（税收交换权利保护），“自由依赖于税”，税收的法定主义与否又会影响到自由，税收征纳问题上无法律不纳税，征税权不受法律限制的政府就会演化为“利维坦”③。

《民法典》第359条第1款规定：“住宅建设用地使用权期限届满的，自动续期。续期费用的缴纳或者减免，依照法律、行政法规的规定办理。”住宅建设用地使用权续期费用的缴纳或者减免未来有待结合房地产税一并做顶层设计。

本章思考题

1. 论述农村基本住房保障制度体系。

2. 在回应由“居者有其屋”到“住有所居”时代需求方面居住权有何重要功能？

3. 材料分析：

针对重庆市和上海市房产税改革试点，有专家发表如下评议意见：

“针对很难将税金收上来的质疑，需要说明的是其实在重庆对别墅房就收得挺顺利，百分之九十九点几都收上来了，只有个别实在找不到房主的情况，现在没法儿去征税。但可以考虑满两年后公告社会：房主若再不出现，就将把这种不动产充公。”④

“土地财政导致的地方政府短期行为，不能完全归责于地方政府，完善的分税分级体制将有利于所谓土地财政问题的解决。没有不动产保有环节的税收，土地财政就只能来自土地批租的交易环节，也促成了地方政府的短期行为。从交易环节中一次性尽可能多地收取资金，来支

① 2017年1月13日重庆市人民政府发布关于修订《重庆市关于开展对部分个人住房征收房产税改革试点的暂行办法》和《重庆市个人住房房产税征收管理实施细则》的决定，决定将《重庆市关于开展对部分个人住房征收房产税改革试点的暂行办法》和《重庆市个人住房房产税征收管理实施细则》（重庆市人民政府令第247号）关于“征收对象”和“税率”中的“在重庆市同时无户籍、无企业、无工作的个人新购的第二套（含第二套）以上的普通住房”修改为“在重庆市同时无户籍、无企业、无工作的个人新购的首套及以上的普通住房”。该修订决定自2017年1月14日起施行。

② 2018年11月28日上海市人民政府发布关于《上海市人民政府关于印发〈上海市开展对部分个人住房征收房产税试点的暂行办法〉的通知》继续有效的通知。

③ 陈亮．论税收立法中的税收法定主义——以房产税的开征为例．东方法学，2012（5）．

④ 专家：房产税两年不缴 可考虑将不动产充公．经济观察报，2013－09－16．

持本届政府的政绩，但长期看，地皮批光了，财源就完全没了着落。而有了不动产保有环节的税收，地方政府筹资的内在动力，会驱使其尽心尽力地优化本地投资环境，提升本地公共服务水平，这就会使辖区内的不动产进入升值轨道，每隔几年要重评一次税基，这样，不动产税收就成为地方政府与其合理职能互为依赖的支柱财源。”①

“我国城镇土地都为国有土地，有人认为这迥异于国外在私有土地上可开征房地产税的情况而形成了我国特有的法理冲突。其实国有土地终极所有权与对房地产使用权持有者开征房地产税并无硬冲突，不存在法理障碍。”

对此，有专家则认为：“可行的方案是对高档住宅在销售环节开征‘消费税’，也就是在住房的保有环节不收税，在销售环节，征一定比例的税，这样的税可以使地方政府和住房所有者之间处于‘增量分享’状态。只要自己拥有，而不是投机、投资赚钱就不收税。我认为这比较符合中国的实际。”②

结合上述材料，试从所有权的法律限制、土地财政和税收法定主义等角度对房地产税制度作出评析。

4. 案例分析：

甲乙为夫妻，后二人感情破裂，协议离婚，但对于登记在双方名下的夫妻共同共有房产的分割达不成一致意见。经反复磋商，甲乙最后在离婚财产分割协议中约定，离婚后房产归乙女所有，甲男对该房次卧享有居住权。甲男再婚或者交往女友，则其居住权消灭。离婚财产分割协议达成后，双方办理了房屋转移登记手续和居住权设立登记。在双方达成该离婚财产分割协议前，该房产上已经存在A银行的抵押权并办理了抵押权登记。

请结合上述案例和我国《民法典》的相关规定，不考虑《民法典》的溯及力，直接依据《民法典》相关条文，回答下列问题，并说明理由。

(1) 甲、乙之间是否存在居住权合同？具体如何表现？

(2) 甲所享有的居住权是否有期限？

(3) 乙女默许甲男利用客厅和次卧开设法考培训机构，甲男按月给付乙女一定费用。甲乙此种行为是否合乎《民法典》物权编的相关规定？

(4) 离婚一段时间后，乙女难以接受与甲男同处，悔不当初，遂将该房产出租给丙，并签订了租赁合同。对此，甲可作何法律上的反应？

(5) 离婚一段时间后，乙女难以接受甲男离婚不离“家”、继续在次卧居住，悔不当初，遂基于所有权人身份诉请甲男排除妨害。你作为法官将如何裁断？

(6) A银行的抵押权是否受甲所享有的居住权的影响？

(7) 为了保障离婚向甲男住有所居，除本案例所示居住权外，《民法典》之物权编规定的既有物权类型中还有何种法律方案可资选择，以实现甲男离婚不离“家”？

(8) 甲男再婚后仍主张对案涉房产享有居住权，并主张“甲男再婚或者交往女友，则居住权消灭”的约定违背公序良俗。对此你如何看待？

①② 房产税征收将有法理依据.［2013-11-18］. 中新网，http://hunan.ifeng.com/news/rdgz/detail_2013_11/18/1473095_1.shtml.

后 记

2013年上半年我在中国青年政治学院法学院（现中国社会科学院大学法学院）第一次承担研究生课程“房地产法专题研究”的讲授任务，随后，2014年、2015年、2016年每年上半年我都承担本门课程的讲解。我注重民法原理和民法学方法的运用，注重以科研的态度对“房地产法专题研究”课程备课、讲解。

在研究和讲授房地产法课程之余，我还参与了房地产法学方面的一些学术研讨和社会实证调研，在研讨和调研过程中也加深了对“产权式酒店”“一房数卖”“农民集体决议行为”“房地产证据规范”“建筑物区分所有权与物业管理制度”“不动产统一登记”“房屋承租人的优先购买权”“以房抵债”“南水北调中线工程征收拆迁移民安置”“城市规划与城市设计”等一些专题问题的认识，并深化对土地用途管制、城乡规划、小区善治、乡村治理、房地产市场平稳健康发展和国家粮食安全战略等问题的思考。

在上述四学期“房地产法专题研究”教学和随后一系列相关科研活动过程中，我撰写了《房地产法学》一书，以展现自己对房地产法学这一门综合性（交叉性）法律学科的理解，并力行“以问题为导向”的交叉学科思维方法。该书稿获得中国青年政治学院资助并被校教材建设工作小组评定为“优秀”教材。房地产法学不简单地等于房地产民法学或者房地产经济法学。法律易变，法理长存。我希望在《房地产法学》中将法教义学和相应的法学原理与法学方法有机融合，在梳理房地产法教义学（房地产法基础知识）“是什么”的前提下，探索其背后“为什么”的房地产法原理，兼及“怎么样”的房地产法学方法。

我国房地产法学研究和立法日渐兴盛，房地产法律案件层出不穷，我跟随房地产法理论和实务进展，结合自己参与我国房地产法学理论和立法实务的经历，从自己感兴趣的法学方法和交叉学科研究角度，总结自己对房地产法律问题的思考，呈现自己心目中的房地产法学学科体系、学术体系、话语体系。2020年4月以来，我对此书内容进行全面更新、校订。承蒙中国人民大学出版社法律分社社长郭虹博士帮助，现在得以出版，谨致谢忱。

房地产关乎国计、攸系民生，愿耕者有其田、居者有其屋。愿广厦千万大庇天下寒士俱欢颜，良田沃野粮丰果盛，山川草木清荣峻茂！

王 雷

2021年2月6日于北京市朝阳区

《　　　　　　　》※任课教师调查问卷

为了能更好地为您提供优秀的教材及良好的服务，也为了进一步提高我社法学教材出版的质量，希望您能协助我们完成本次小问卷，完成后您可以在我社网站中选择与您教学相关的1本教材作为今后的备选教材，我们会及时为您邮寄送达！如果您不方便邮寄，也可以申请加入我社的**法学教师QQ群：83961183（申请时请注明法学教师）**，然后下载本问卷填写，并发往我们指定的邮箱（cruplaw@163.com）。

邮寄地址：北京市海淀区中关村大街31号中国人民大学出版社806室收

邮　　编：100080

再次感谢您在百忙中抽出时间为我们填写这份调查问卷，您的举手之劳，将使我们获益匪浅！

基本信息及联系方式：※

姓名：__________ 性别：__________ 课程：____________________

任教学校：______________________ 院系（所）：______________

邮寄地址：______________________ 邮编：____________________

电话（办公）：__________ 手机：__________ 电子邮件：__________

调查问卷：※

1. 您认为图书的哪类特性对您使用教材最有影响力？（　　）（可多选，按重要性排序）

   A. 各级规划教材、获奖教材　　B. 知名作者教材

   C. 完善的配套资源　　D. 自编教材

   E. 行政命令

2. 在教材配套资源中，您最需要哪些？（　　）（可多选，按重要性排序）

   A. 电子教案　　B. 教学案例

   C. 教学视频　　D. 配套习题、模拟试卷

3. 您对于本书的评价如何？（　　）

   A. 该书目前仍符合教学要求，表现不错将继续采用。

   B. 该书的配套资源需要改进，才会继续使用。

   C. 该书需要在内容或实例更新再版后才能满足我的教学，才会继续使用。

   D. 该书与同类教材差距很大，不准备继续采用了。

4. 从您的教学出发，谈谈对本书的改进建议：______________________

____

____

选题征集：如果您有好的选题或出版需求，欢迎您联系我们：

联系人：黄　强　联系电话：010-62515955

索取样书：书名：______________________

书号：______________________

备注：※ 为必填项。